汪熙 著
贾浩 傅德华 编

求索集

【修订版】

上海人民出版社

摄于 1970 年上海

摄于 1977 年(朱天民摄)

为学生授课(摄于 20 世纪 90 年代)

“盛宣怀档案整理小组”：汪熙（右一，复旦大学）、陈旭麓（右二，华东师范大学）、葛正慧（右三，上海图书馆）、季平子（右四，上海师范大学）、朱金元（后右一，上海人民出版社）、齐国华（后右二，上海社会科学院）、徐元基（后右三，上海社会科学院）和朱子恩（后右四，上海人民出版社）等（摄于 1976 年）

“中美经济关系：现状与前景”学术研讨会。前排：复旦大学美国研究中心副主任汪熙（右一），美国伯克利加州大学东亚研究所所长斯卡拉皮诺（右二），复旦大学校长、美国研究中心主任谢希德（右三），伯克利加州大学东亚研究所行政主任坎德尔（左一）（摄于 1988 年）

1986 年访美期间，摄于密歇根大学

1990 年访法期间，摄于巴黎圣母院

摄于书房

1998 年荣获美国宾夕法尼亚大学沃顿商学院“最有学术成就和杰出贡献校友奖”

目录
CONTENTS

第一部分　中国近代经济史

第二部分　中国近现代人物

第三部分　国际贸易、经济合作与保险业

第四部分　欧 美 随 想

第五部分　印度史与英国东印度公司研究

第六部分　“盛宣怀档案资料”主编前言

第七部分　“美国管理协会·斯米克管理丛书”主编前言

附　　录

CONTENTS

CONTENTS

PART TWO Modern and Contemporary Chinese Figures

PART THREE International Trade, Economic Cooperation, and the Insurance Industry

PART FOUR Random Musings on Europe and America

PART FIVE Indian History and the British East India Company

PART SIX Editor's Prefaces, *Archival Data Series of Sheng Xuan-huai*

PART SEVEN Editor's Prefaces, *American Management Association (AMA) Series*

APPENDICES

编者前言

汪熙先生，是享誉中外的著名历史学、中美关系、世界经济学、工商管理学家。生前为复旦大学历史系和世界经济系教授，复旦大学美国研究中心创始人之一和前副主任，全国中美关系史学会副会长。在长达近七十年的学术生涯中，他中、英文著述丰硕，并在学术研究、教育、工商管理和国际合作等诸领域取得了卓越成就，培养了众多中美关系、中美关系史和其他领域的杰出研究与实践人才。

这部《求索集》(修订版)，是汪熙先生近七十年，尤其是自上世纪70年代末中国进入改革开放时期后，研究中国近代经济史、中国近现代史人物、国际贸易、经济合作与保险业、印度史与英国东印度公司等，以及主编"盛宣怀档案资料选辑"和"美国管理协会・斯米克管理丛书"等的著述结晶。

汪熙先生生前，曾于1999年4月出版了他的《求索集》，他还曾于离世前计划出版《求索集》的续集。我们现在谨遵从他的遗愿，在原《求索集》的基础上，调整结构、增补编辑，完成了这本《求索集》(修订版)。原书中有关中美关系、中美关系史的内容及相关增补，因内容丰富、篇幅较多，我们将其放入《汪熙论中美关系》而独立成书。同时，汪熙先生在复旦大学反复淬炼、多年积累的讲稿，经整理后，也将以《中美关系史》一书问世。这两本著作，都将在2018年由上海人民出版社出版发行。

以下，对《求索集》(修订版)的内容、结构、组成部分和特点作一扼要说明。本书共包括七个部分以及附录：

第一部分中国近代经济史，共收录了汪熙先生七篇重要文章。除首篇和末篇论述历史研究的方法外，第二至第六的五篇文章，分别论及中国近代经济史的几个重要问题：即轮船招商局与洋务派的经济活动；晚清的官督商办；洋务派官督商办企业的性质与作用；汉冶萍公司与旧中国的引进外资；以及买办和买办制度。

第二部分讨论中国近现代史的人物，有六篇文章。前三篇分别论述中国三位近代史人物盛宣怀、郑官应和徐润；第四与第五篇，是汪熙先生介绍与评述自己的恩师、跨越四个时代的一代宗师陈翰笙的两篇文章。最后一篇，则是汪熙先生深情回顾与怀念自己的"良师益友"，前上海市市长、海峡两岸关系协会会长，因各方面的建树和成就，包括成功推动和举行海峡两岸"汪、辜会谈"而声誉卓著的汪道涵先生。

第三部分是汪熙先生所从事的又一个专业学术领域：国际贸易、经济合作与保险业。这一部分共有十篇文章，包括："形成有中国特色的国际贸易与国际经济合作理论"（为汪熙先生受中国国家教育委员会委托而编写的重点教材《国际贸易与国际经济合作概论》的前言）；"关于建立我国国际贸易学的几点意见"；"中国的对外贸易"（从鸦片战争前到改革开放后）；"中国的对外经济合作"（新中国成立后三阶段，包括改革开放后）；"关于保险与市场经济"等。

第四部分，是汪熙先生研究或访问欧、美时先后写下的一组共七篇随想文章："从赫德信函想到的一个呼吁"；"美国密西根大学'中国文化研究所'"；"美国的'思想库'"；"从《美国万花筒》说起"；"林肯的一封家信"；"巴黎的小巷文化"；以及"巴黎的地铁"等。

第五部分，收录了汪熙先生关于印度史和英国东印度公司的研究成果。这是他在工作之余，潜心关注和辛勤耕耘了半个多世纪的研究领域。其中"有关1857—1859年印度民族起义的几个问题"一文发表于1959年第8期的《历史研究》。他在这方面研究的主要成果，则是上世纪50年代已写就初稿（后因故未能出版），直到2007年近九旬高龄时才重做修改并付梓的著作

《约翰公司:英国东印度公司》(上海人民出版社 2007 年 3 月版)。该书出版后,得到包括已故中国欧洲研究权威学者、中国社会科学院欧洲研究所前所长陈乐民先生和学界的高度评价。这里收录了汪熙先生为该书写的前言、鸣谢与后记,以便有兴趣的读者熟悉了解和进一步阅读原著。

第六部分收录了汪熙先生为其参与主编的八辑 11 册“盛宣怀档案资料选辑”所写的“主编前言”。1975 年,在陈旭麓、顾廷龙、汪熙三位先生的主持下,复旦大学、上海社会科学院、上海图书馆三家单位(后又有上海师范大学等单位加入)的研究人员,对上海图书馆馆藏的 800 多大包的盛宣怀档案资料进行了整理。最终形成八辑成果,以“盛宣怀档案资料选辑”命名,并于 20 世纪 70 年代末、80 年代初以陈旭麓、顾廷龙、汪熙为共同主编先后出版了四辑。此后因种种原因出版中断,陈、顾二老也先后谢世。最后,在汪熙先生的积极努力和执着推动下,中国工商银行、上海招商局以及中、外学者分别伸出援助之手,资助余下的四辑《中国通商银行》、《上海机器织布局》、《义和团运动》、《轮船招商局》在 2000—2004 年间陆续出版。2015 年,上海人民出版社决定重版这套丛书。新版按历史年代结合专题重新编排,出版过程中又得到汪熙先生的关注与指导,新版八卷 11 册《盛宣怀档案资料》已于 2016 年 12 月面世。

上海人民出版社副总编曹培雷女士回忆道,为使读者更好了解、使用这些资料,每次稿件付梓,汪熙先生都亲自撰写具有导读性质的“主编前言”。这些导读,言简意赅,承继了他一贯的要言不烦、鞭辟入里、见解独到的风格。而“盛档”的整理出版,成为我国史学档案研究和出版史上一项具有开拓性的工作,也是上海史学界合作的一段佳话。“汪先生不顾年事已高,不计个人得失,多方奔走,竭尽心力推动出齐这套重要史料,不仅为学术传承打下了扎实基础,留下了宝贵财富,也是他对学术界的重要贡献。”

第七部分收录了汪熙先生为其和李慈雄先生主编的“美国管理协会·斯米克管理丛书”各辑所写的“主编前言”。其中第一至第五辑各 10 本;此后汪熙先生虽因患脑中风而右半身偏瘫,仍然执着坚持至 2003 年 8 月,第六至第八辑每辑各翻译出版了5本，因而这套丛书全书共有八辑65本。其中第五—八辑的主编前言相同。

上海人民出版社的同仁们深情回忆道，这套丛书表明，“汪先生做学问不像一些传统学者那样两耳不闻窗外事，而是注重将学问与国家建设、社会需求联系在一起，用知识服务于社会”。这套丛书出版后成为上海人民出版社的“拳头产品”，是市场上的“抢手货”，“风光了好多年”。1997年1月7日《人民日报》还为此作了专门报道。社会上更有不少培训和咨询机构依据丛书内容设计培训课程，这套丛书作为培训教材，发挥了相当大的社会功效。

本书最后的附录，由三项内容组成。

首先为“访谈与评介”。其中三篇访谈录，为汪熙先生的个人经历回顾，晚年访谈中对“中美关系介于冲突与不冲突间”的看法，以及对历史研究“史料·观点·构思·表达”的方法论阐述。而评介的四篇文章为，汪熙先生阅评生前好友、“盛档”共同主编、中国近代史研究著名学者陈旭麓先生所著《近代史思辨录》；为另一位好友、“盛档”合作者徐元基先生所著《朴斋晚清经济文稿》作序；为美国宾夕法尼亚大学沃顿商学院著名领导学专家迈克尔·尤西姆所著《大决策大教训——九个经典领导案例分析》一书写的主编前言；以及早年发表于《历史研究》上的《国外研究我国近代政治、经济史动态简况》一文。

第二项内容，是改革开放后汪熙先生历年出国访学的报告与分析文章，分别为：

1981年访英后所写“英国保守党经济政策的评价”。

1984年访美总结报告。

1986—1987年访美总结报告。

1990—1991年访法、访美总结报告。

1991年访日总结报告。

这些访学报告完整发表，以飨读者。不仅因为它们反映了汪熙先生数十年如一日，研究学问、探求真知的人生足迹，而且也历史地记录了他在当年我国发展程度还较低的情况下，在中国和美、英、法、日等国以及复旦大学与合作单位之间，矜矜业业、铺路搭桥，努力为自己学校和同事学子们争取与安排各种宝贵学术资源和机会的感人业迹，从而被国际上和同行们誉为“中美学术界的民间大使”。

附录的第三项也是最后一项内容，是由复旦大学傅德华教授投入不少时间精力，整理编撰的“汪熙先生学术著述目录系年”。

本书得以顺利出版，有赖于上海人民出版社的鼎力支持与真诚帮助，该社同仁们与汪熙先生有着长达四十年成功与默契的合作。尤其是该社副总编曹培雷女士与本书责任编辑张晓玲女士，以对汪熙先生的深厚感情和专业精神，在长达近一年时间的编辑出版过程中，对我们全力支持、专业指导并给予各方面的理解与帮助，使我们深受感动、铭记在心。我们谨在此向上海人民出版社和她们表达最深切的谢意！

值此汪熙先生仙逝一周年之际，谨以本书的编辑出版，表达我们对先生的无尽思念和深切缅怀……

贾　浩

2017 年 11 月 24 日于上海

原 序 言

路曼曼其修远兮，
吾将上下而求索。
《楚辞·离骚》

每一个时代的人都有他们自己的求索。

若干年来，我“求索”到什么呢？实不敢说。

但人非草木，读读看看，感想还是有的，形诸文字的就是断断续续写成的一些文章。兴之所至，文章中有的观点不一定都与那些已形成的定论合拍，有的甚至引起激烈的争论。其实这也没有什么，“横看成岭侧成峰，远近高低各不同”。同样一个事物应该允许有不同的看法，“舆论一律”并不一定正确，若因此给别人戴上这样或那样的帽子，那就更错了。

其实，我集结这本集子，本身就有点不太寻常。回想起来，我生于乱世；长于日寇蹂躏、国家山河破碎之时；青年时吃了几年洋面包；壮年是在一个接一个的政治运动中度过的。等到“史无前例”一来，那日子就甭提了。就这样，一晃几十年，一直等到邓小平他老人家上台总算才松了一口气，让人有了点安全感，觉得个人和国家的前途都出现了一线曙光。这时我虽已步入苏东坡所说的“早生华发，人间如梦”的境界，但突然感到一种“老骥伏枥，志在千里；烈士暮年，壮心不已”的冲动。细心的读者也许会觉察到，这本集子里的文章发表时间差距很大，大多数都密集在70年代以后，大概就是这种“冲动”的结果。

说到这本集子的出版，除了师友们的关注外，我要再一次感谢邓小平他老人家的赐福。他以真正革命家的气魄，启动了中国的改革与开放。在当时的历史条件下，他不畏艰险，不惧怨诽，大破苟且因循，开辟了一个时代。接下来的变化是有目共睹的，真叫人眼花缭乱，目不暇接。改革与开放在中国历史的长河上增添了绚烂的一页。历经磨难的中国，终于在烈火中腾飞起来了——飞出一个金凤凰。中华民族是了不起的，一旦冲天而起，必定一发不可收拾。我在有生之年居然还能亲眼看到这一个百年难遇的大变局，心里躁动难安。往者已矣，怎么才能把失去的岁月夺回来，这倒是我日夜惦记着的事情。记得去年有一位香港报纸的记者在采访我时好奇地问我："您已年近八旬了，还这么起劲，所为何来?"我沉思了一下说："自从中国有了改革开放，我的生命就始于七十了，应该做的事太多，好戏还在后头呢!"请允许我把这本集子作为开锣戏奉献给读者吧!

路是漫长的，我将在这一条看不到尽头的征途上永远前进、求索。

汪　熙

1998年9月于复旦校园

第一部分

中国近代经济史

研究中国近代史的取向问题

——外因、内因或内外因结合[①]

第二次世界大战以后一直到20世纪70年代，美国史学界研究中国近代史的一个流行观点是：中国社会长时期基本处于停滞状态，循环往复，缺乏内部动力突破传统社会的框架，只有到19世纪中叶遭遇西方冲击后，才发生剧变，向近代社会演变。这就是费正清建立的"冲击—反应取向"，强调外部因素对中国社会的正面影响[②]，我们称之为"外因论"。这一主流思想到20世纪70年代遭到猛烈的挑战。首先发难的是当时的年轻学者佩克，他在1969年10月发表了《花言巧语的根源：中国观察家之职业意识形态》[③]一文，以犀利的笔锋论证"冲击—反应取向"是掩盖帝国主义对外侵略的强人理论。他的锋芒直指费正清。费正清作了答辩。这就是有名的"费—佩交锋"。佩克批判的主要对象虽是费正清，但笔锋所及，几乎横扫了整个"冲击—反应取向"学派，使当时研究中国近代史的美国学术界受到很大震动。然而由于佩克没有建立起较完整、系统的批判理论，所以这次

---

① "取向"是英文"approach"的意译，原意指探讨问题时采取的角度、方式。台湾学者译为"取向"，似尚简练，故沿用。本文中"外部因素"、"外部取向"、"外因"皆为同义语；"内部因素"、"内部取向"、"内因"亦为同义语。

② 费正清到晚年思想逐渐有所转变，在此以前，他都是以这个理论模式研究中国近代史。他训练出来的学生，除少数外，都从不同的角度继承了这一理论框架，形成"哈佛学派"。这一理论框架比较典型的表达见邓嗣禹、费正清合编：《中国对西方的反应：文献通考》(麻省剑桥，1951)，第1页。

③ 《关心亚洲学者通讯》1969年10月号，第59—69页。

风暴虽对外因论有所触动(包括费正清本人),但不过是昙花一现而已,未能持之久远。到20世纪80年代,费正清的学生柯文经过十多年的构思与钻研,出版了《在中国发现历史:美国对中国近世与过去的历史论著》①。它的中心思想是,研究中国近代史应把注意力集中在中国社会内部因素,而不是放在外来因素上。他认为中国社会内部结构产生的各种巨大力量会不断为自己开辟前进之路,形成中国的近代史。这就是所谓"中国中心取向"或称"中国中心观"。它强调中国内部因素,我们称之为"内因论"。柯文一书的特点是把他的理论建立在批判的基础上。他对自20世纪50年代以来,美国研究中国近代史的主要著作(约120人)几乎毫无例外地进行了批判,包括他的前辈和老师——费正清。柯文的"中国中心观"虽也有一些重大的理论缺憾(下面还要谈到),但他把自己的理论体系建立在较精密和周全的论证上面,并以各种历史事实加以验证,其基础比较扎实。作为"外因论"的对立面,"中国中心观"的问世受到美国史学界的普遍重视。

20世纪70年代末期,莫尔德在她的博士论文基础上出版了《日本、中国与近代世界经济》一书②,在比较中国和日本经济发展的基础上,指出中、日的内部社会结构基本一样,而中国经济发展迟滞,主要是由于西方经济侵略(她称之为"世界经济")的结果。她反对"冲击—反应取向"的观点。持这种观点的人认为,由于中国内部结构的阻力,即所谓"传统社会"各种落后因素产生的阻力导致了中国经济发展的迟滞。莫尔德则相反,强调西方经济侵略这一外部因素(外因),贬低甚至忽视中国和日本的内部因素(内因)③。莫尔德一书的出版也引起了轰动,不仅是因为她向公认的权威挑战,而且因为她的比较研究显得很有说服力。当然,也有人对她的论点持批判态度。其

① 原书由哥伦比亚大学出版社1984年版,中译本名为《在中国发现历史——中国中心观在美国的兴起》,林同奇译,中华书局1989年版。以下简称《发现历史》。本文自原著引文,除个别地方外,均曾参照中译本。

② [美]莫尔德:《日本、中国与近代世界经济》,剑桥大学出版社1979年版。

③ [美]莫尔德:《日本、中国与近代世界经济》,序言,第6—7页;导言,第2、176页。

中之一就是柯文。因为莫尔德的论证基本上是从外因论出发，虽然是负面效应的外因论（这是她向费正清正面效应外因论挑战的武器），但毕竟贬低甚至忽视了内部因素。这当然不容于柯文①。

研究中国近代史的取向问题是很重要的，因为它涉及如何才能更真实地反映历史事实并对之作出科学的评述。我们认为外因和内因这两种取向都不能偏废。须知19世纪中叶以后西方国家撞击中国的大门，并以各种不平等条约为跳板侵入中国，这是历史的事实。但是任何外来冲击不论是正面的还是负面的，只有通过中国内部的因素才能起作用。中国社会内部自有其运动的规律，它必然会向前运动发展，并且最终决定中国社会发展的进程与结局。因此观察中国的近代史必须从中国社会内部的矛盾运动着眼，从这一角度看，柯文是对的，而莫尔德理论的缺憾恰恰在此，因为在她的比较研究中，贬低甚至忽视了中日两国内部因素的差异，而这种差异是不能忽视的。例如：在横须贺，在当年美国黑船登陆之处，矗立着一块纪念碑，上有伊藤博文的手书"北米合众国水师提督伯理上陆纪念碑"。日本人认为日本民族之所以有今天，同伯理来访不无关联。日本著名的启蒙运动者福泽谕吉就曾写道："嘉永年间（1848—1854年）美国人跨海而来，仿佛在我国人民的心头燃起了一把烈火，这把烈火一经燃烧起来便永不熄灭。"②在中国人看来伯理以坚甲利兵强行叩关是一种凌辱，是不能接受的。但日本认为这一外来冲击是促使日本振兴的契机。李鸿章（伊藤博文的对立面）以及以后的中国人，谁也不会想到要为类似伯理的这些外国人树碑立传。这是两种不同的涉外文化心理。传统的文化力量虽然看不见摸不着，但在社会内部却是很重要的内因，是不容忽视的。

我们这样说，不是认为外因不重要。相反，在一定的历史条件下，外因（在这里指西方的冲击）也可以成为主要的一面。自道光以后，中国的当局

---

① 《发现历史》，第111—125页。

② 《文明概略·序言》（中译本），商务印书馆1959年版。参阅武安隆："日本涉外心理的历史学考察"，《世界历史》1985年第5期。

与知识分子都惊呼中国面临“千古变局”。这“变局”与西方的冲击是分不开的。离开了西方的冲击及其影响，很多中国内部的事就无法解释。例如中国近代社会很重要的阶层——买办，是在西方冲击下，不平等条约的产物[①]。买办阶层的出现及其转化对中国社会经济带来深远的影响。他们中的一部分是外国商品冲击中国市场的桥梁，还有一部分则先后转化为民族资产阶级，成为中国近代工业的先驱[②]。他们的正负作用是中国社会发展与迟滞的一个重要的内因。不研究西方的冲击（外因），便很难理解这股社会力量形成、分化的来龙去脉。又例如20世纪30年代中国实行了币制改革，放弃了银本位，转变为类似管理外汇本位。中国货币脱离了几千年奉行的银本位，这的确是中国社会内部的一个“千古变局”。但是中国的货币改革是被迫的，是美国1934年的白银收购法案促使世界银价猛涨，日本乘机搞白银走私出口，造成中国白银大量外流的结果[③]。所以这一重要的内部因素变动是在一定条件下的外因促成的。因此，从理论和逻辑上说，莫尔德强调外因的作用也未可厚非。外因与内因不可偏废，这两种取向应有机地结合起来。

研究遵循何种取向的一个关键问题是如何估量西方冲击在中国近代史中所产生的影响与后果。“冲击—反应取向”论者在这一方面的思考大体上分三个层次：第一，非恶性论。他们认为中国地域辽阔，人口众多，整个经济规模太大，经济自足程度过高，外国经济入侵，即使有破坏，也不会太大（在一定程度上，也许还会有积极作用）。不论是好是坏，其影响作用，犹如“大象耳朵的跳蚤”，无关宏旨[④]。第二，良性论。认为西方对中国的冲击，肯定

---

① 汪熙：《关于买办与买办制度》，历史研究编辑部等编：《近代中国资产阶级研究》，复旦大学出版社1983年版，第254—295页。

② 从1872—1913年，在10个行业中的224家工厂的300个创办人中，买办出身的有55人(18.3%)。

③ 汪熙：《门户开放政策的一次考验，美国白银政策及其对东亚影响》(1931—1937年)，载入江昭、孔华润编：《美国人、中国人、日本人关于1931—1949年战争时期亚洲的看法》，美国学术资源出版社1990年版，第33、51页。

④ 这一观点以墨菲为代表，但在他的早期著作《上海：现代中国的钥匙》一书中，没有把上海孤立起来，而是放在整个长江三角洲的腹地一并考察的(特别是第1—4章)。

对中国的经济发展起了正面的促进作用①。第三，超级良性论。认为西方对中国的经济冲击，其正面作用是完美无缺的，既引进了资本、技术与先进的管理，成为近代工业的先驱，又不压迫中国的民族资本经济，也不摧残中国的手工业。他们认为西方国家在中国享受的不平等条约的优惠权利，往往被人们夸大了，而中国的民族企业也有其独特的优势，可以同外国资本相抗衡，故中外企业处于共存共荣的状态。西方的投资所得大部仍留在中国进行再投资，不存在资源与财富外流的问题。因此，西方的经济入侵对中国的经济发展起了完全正面的促进作用。促进作用是如此美好与完备，无以名之，只好称之为"超级良性论"，它的代表人物是侯继明教授。②

然而，"冲击—反应取向"的论者必须回答一个无可回避的问题，即：既然西方冲击对中国是无害的或良性的，甚至是超级良性的，那么为什么中国的经济发展还是长期迟滞呢？外因论者的答案是：问题出在中国内部。所以，"冲击—反应取向"的学者大多数都是"传统社会"论者的天然盟友，即认为中国传统社会的种种落后因素阻碍了中国社会向近代化的发展。这就是费正清等人所说的，由于中国社会的一种"明显的惰性"，造成"对西方的挑战回应不力"③。这"回应不力"的原因都根植于中国社会内部，主要的因素有：封建社会结构与腐败的官僚体制④，政府无能⑤，内外战争频仍⑥，封建文化的阻力⑦，农业

---

① 比较有代表性的是德恩伯格，他在《外国人在中国经济发展中的作用》一书中充分阐述了这一观点，见珀金斯编：《从历史上看中国的现代经济》，斯坦福大学出版社 1975 年版，第 39 页。

② 侯继明：《外国投资与中国经济发展，1840—1937》，哈佛大学出版社 1965 年版，第 1、93、130、216、218 页；《外国人在中国经济发展中的作用》，第 46—47 页。

③ 费正清等：《现代化转变》，波士顿 1965 年版，第 81—82、第 404—407 页。

④ 费维恺：《中国早期工业化》，哈佛大学出版社 1958 年版，第 8、第 242—251 页；刘广京：《19 世纪中国的轮船企业》，《亚洲学报》，第 18 卷第 4 期（1959 年 8 月），第 435、445 页。

⑤ 见白吉尔：《论中国欠发展的历史原因》，阿姆斯特丹大学，研究报告，第 33 号（1983 年），第 8、9、11 页。

⑥ 侯继明认为中国近代的内外战争对经济发展迟滞的影响很大，可惜对此问题尚没有很认真的研究，见侯继明"近代中国经济史的若干思考"，《经济史杂志》第 23 卷第 4 号（1963 年 12 月）第 603—605 页。

⑦ 韦伯·马克斯关于中国文化构造是经济发展迟滞的原因的理论在西方的影响将近半个世纪，虽屡经挑战但仍历久不衰。见马利士·利维编：《近代中国商业阶级的兴起》，纽约 1979 年版。

技术的停滞不前[①]。须注意的是，这些虽然都是内部因素，但它们不同于柯文的“内因论”。前者是作为对西方冲击的一种反应而出现的，是消极的、被动的、无所作为的；而后者则是积极的、主动的，不取决于外部冲击而能自我运动前进的。它不是一个惰性十足的社会，而是具有自己运动的能力[②]。这两者之间有本质的区别，也是柯文向“冲击—反应取向”挑战的立足点。

对持“冲击—反应取向”观点的人来说，剩下来要解决的问题就是“帝国主义”的问题了。西方对中国的冲击是帝国主义性质的吗？回答如是肯定的，那么它具有帝国主义掠夺与剥削的性质吗？也许有人会回答说根本没有帝国主义，那事情就更简单了——良性的、超级良性的都站得住脚。然而，到现在为止，我们还没有发现美国学术界有像菲尔德豪斯那样从理论上根本否定帝国主义存在的系统论述[③]。费维恺在20世纪60年代曾经多次认为把近代中国的政治软弱、经济贫困和文化不协调等归咎于“帝国主义”是在从外国找一个“替罪羊”[④]。但是到20世纪80年代，他的老师费正清却也正式承认有些美国企业在中国的所作所为可归之为“经济帝国主义”[⑤]。

近代中国和西方接触所产生的后果是一个很复杂的过程。诚然，这一接触给中国带来工业资本和先进的技术与管理，促进了商品经济的发展，有助于中国走向近代化进程。但这仅仅是问题的一面，而且是非本质的一面。我们不应忘记，自1842年《南京条约》以后，没有一个东西方列强不是通过

---

① 比较突出的是伊懋可的“高水平平衡圈套”，认为中国农业（或整个经济）在19世纪陷入一种圈套，即：农业技术和可耕地不发生变化，就不可能再为不断增加的人口提供粮食增产量。见伊懋可“高水平平衡圈套：传统的中国纺织业技术发明下降的原因”，威尔摩特编：《中国社会的经济组织》，斯坦福大学出版社1972年版，第137—172页。

② 《发现历史》，第92、154、196页。

③ 菲尔德豪斯：“‘帝国主义论’：一个历史的修正”，《经济史评论》第二系列第14卷第2期（1961年12月）荷兰版。菲尔德豪斯从根本上否定了霍布金斯和列宁的论点，认为财政资本的独占不是资本输出的原因（第145、197页），海外投资与殖民地扩张没有关系（第200页），等等。

④ 费维恺：《重写历史：中华人民共和国对过去的解释》，载格兰特等编：《远东中国与日本》，《多伦多季刊》第30卷第3期（1961年4月），第280—281页；费维恺：“在马克思主义外衣下的中国历史”，《美国历史评论》第LXVI卷第2期（1961年1月），第333页。

⑤ 费正清：《模式与问题》，载梅伊、费正清合编：《从历史上看中国贸易》，哈佛大学出版社1986年版，第5页。

不平等条约来到中国的。在这个框架中的国际关系，对中国来讲只能是一个不平等的侵略与被侵略的关系。维护从不平等条约中所获得的权益是东西方列强（包括美国）同中国打交道的基本准则。冲击、反应、内因、外因都是在这一特定的轨道上运行的。这里面没有深奥的理论，只有明明白白的事实和清清楚楚的逻辑。这也并不是什么老生常谈，而是观察中外关系（包括冲击—反应）和近代中国政治、经济、文化变迁的钥匙。假使没有这个不平等条约的“百手巨人”，我们所面临着的中国近代史也许是另一个局面。

说到不平等条约，不能不涉及“政府无能”的问题。挑出这个问题来评说并不是要否定旧中国“政府无能”这个命题，而是因为在这一命题下往往把不平等条约掩盖起来，让它从后门溜走了。有些学者认为享有特权的外国经济势力对促进中国经济近代化起了关键作用。而中国经济落后，主要归罪于政府无能①。这是典型的“冲击—反应论”，即进步的西方冲击，遇到落后（无能的政府）的反应，把事情弄糟了。德恩伯格教授指出：“中国政府它自己才是经济发展最大的和最显著的障碍。它未能创造一个有利的法律、财政和经济的环境来支持中国现代因素的出现。”②很显然，德恩伯格教授立论的缺点是把中国政府当成一个主权完整的政府，其实不是的。在不平等条约的枷锁下，中国政府不是一个主权完整的政府，它的政府职能受到很大的限制。著名法学家柯亨在1970年曾对不平等条约与中国主权问题作过生动的描述，他说：“当外国炮舰在中国内河自由航行时，当中国政府无法向在华经商的外国人课征税收时，中国人民怎么能宣称自己是一个民族—国家（Nation-State）呢？假如它无权制止外国势力对其教育机构和报纸传播的影响；假如它不能禁止外国教会的活动；假如它无权把违反中国法律的外国人绳之以法或驱逐出境，那么在辽阔的中国又如何形成一个统一的国家呢？很清楚，没有一个够格的现代政府能容忍这种羞辱。但治

①② 《外国人在中国经济发展中的作用》，第44—47页。

外法权在日本、土耳其、暹罗都告一段落后，在中国却仍继续行使了一个很长的时期。”[①]费正清曾把治外法权说成是列强在中国不平等条约的“脊梁骨”[②]，这个“脊梁骨”一直到1943年才开始破碎（日本在1899年取消治外法权）。诚然，在旧中国，清政府、北洋军阀、国民党政府的腐败无能是尽人皆知的，随着历史研究的深入，其腐败程度可能比我们想象的还要多一些。不过也不应否认，这些政府在振兴民族工业方面也力图有所作为，但都办不到。除了它自身腐败以外，不平等条约的控制也是一个主要原因。在不平等条约的控制下，中国失去了一个独立国家最基本的权利。它无权制定自己的关税税率，因而无法保护幼稚的民族工业；国家主要收入（关税与盐税）掌握在外国人手里，它们的大部分用来支付对外赔款（或由赔款转化的借款），流入外国成为其他国家的积累（甲午战争对日本的赔款帮助了日本改革币制向金本位过渡）；外国炮舰和驻兵可直达中国的军事要害和政治心脏地带；治外法权使中国在很多重要领域无法真正贯彻国内法。不平等条约使中国主权破碎，对外关系也处于扭曲的状态。一种国际投资在其他国家也许是正常的国际经济交往，但在中国却变成了具有掠夺性，如英国曾经一度成为美国铁路的主要投资者，它只能享有美国法律所允许范围内的权益。但在中国，由于不平等条约的作用，却变成了掠夺，正如魏斐德所说的，在旧中国“一个国家若是很幸运地从中国取得这种（铁路）合约，在每一个环节上它都可以获得资本的利益、治外法权和对自然资源的控制。所有这些都是在牺牲中国人的利益情况下取得的”[③]。因此，不平等条约使中国完全暴露在外国列强恣意侵夺下。中国近代史上由于这样或那样的原因（如抵货运动和第一次世界大战），列强对中国的压力放松时，中国民族经济就有一个跳跃式的发展。当这种情况终止，外国势力卷土重来时，中国民族经济往往

---

① 柯亨：前言，载约翰·劳逊特《治外法权在中国——最后阶段》，哈佛大学出版社1970年版，第9页。

② 费正清：《关注中国》，哈佛大学出版社1987年版，第2页。

③ 魏斐德：《中华帝国的衰落》，美国自由出版社1975年版，第137—138页。

又受到挫折而萎缩[1],外国经济在不平等条约下对中国经济发展的压抑作用是显而易见的。

虽然许多西方学者(包括德恩伯格教授)都承认1949年以后中国工业的绝对值与年增长率远远超过旧中国的年代[2],但却回避回答造成这一情况的根本原因。倒是莫尔德作了正面的回答,她认为1949年以后的中国经济增长主要是由于新中国挣脱了帝国主义的枷锁[3],外来冲击所带来的负面影响——不平等条约在新中国成立以后彻底消除了。

所有这些都想说明一个道理,对于一个受不平等条约牢牢束缚的国家,对一个没有完整主权的国家,把它的政府说成是"经济发展最大和最显著的障碍"是片面的,带有偏见的,它明显地抹杀了或降低了西方冲击的负面作用。

莫尔德在分析中国和日本经济发展的不同时,认为主要在于它们同不平等条约的关系不同。中国始终受不平等条约的束缚,而日本则挣脱了这种束缚[4]。莫尔德的分析抓住了要害,即西方冲击所带来的负面作用是经济发展与不发展的关键。但莫尔德没有进一步回答一个理应回答的问题,即同样被套上不平等条约枷锁,为什么日本成功地挣脱了这副枷锁而中国则没有。她强调外因,所以忽视了问题的另外一面——"内因"。这里我们用得上柯文的"中国中心论"。柯文批评莫尔德忽视了中、日之间的价值观、信

---

① 在第一次世界大战和历次抵货运动中,由于外国冲击减轻,中国民族工业(纺织、面粉、火柴、卷烟、机械等行业)得以崛起发展的历史情况请参阅上海社会科学院编:《荣家企业史料》,上海人民出版社1962年版,第Ⅰ:第39—51、62—69、210—229页;上海社会科学院编:《刘鸿生企业史料》,上海人民出版社1981年版,第Ⅰ:第6—9、155、201—203页,第Ⅱ:第146—147页;上海社会科学院编:《南洋兄弟烟草公司史料》,上海人民出版社1960年版,第21—38页;上海社会科学院编:《中国近代面粉工业史料》,中华书局1987年版,第116—131页;张约翰:《前共产主义中国的工业发展》,爱丁堡大学出版社1949年版,第40、45、46、53、71页。

② 拉斯基:《战前中国经济增长与一体化》,多伦多大学出版社1982年版,第6页,表1.1;第84—85页,表4.1、4.3;第86—87页,表4.4、4.5。

③ 《日本与中国》,第Ⅶ、Ⅸ页。

④ 《日本与中国》,第145、176、184—185页。

仰与世界观领域等这些内部因素的差别①。这个批评是完全正确的。

凡是把近代中国与日本进行比较的人，都不会忽视日本岩仓使团这一重大历史事件。这个包括伊藤博文、大久保利通等日本革新派在内，以岩仓具视为首的庞大使团从1871年12月到1873年9月花了两年时间，遍访欧美12个国家。这些国家的工业生产、西方文化和生产水平使岩仓使团的成员们“始惊、次醉、终狂”②，受到很大的震动。以这些革新派为核心的日本明治维新，励精图治，从1892—1899年经过了艰苦的斗争，废除了西方强加在他们身上的不平等条约，包括领事裁判权、居留地权、协定税率、片面最惠国条约等③。从此以后，中日两国发生了差别。如前所述，日本对外来文化的摄取同中国完全是两种心理状态。他们“崇敬与学习打败自己的人”④，这种涉外文化的历史可追溯到公元603年中日两国为争夺朝鲜半岛的第一次战争——白江口之战。在这一战役中，日本的战败使他们在以后的900年不再涉足朝鲜半岛。接着出现了“亲唐外交”，诚心诚意地大规模吸取汉唐文化。日本这种涉外文化心理状态在伯理叩关和在密苏里战舰上签字投降后都反复地表现出来。外来的冲击加上日本这种内在的文化传统产生了明治维新。

明治维新以后，日本极力从不平等条约中挣脱出来，并以一个主权国家的地位，实行一整套发展工业的政策，走上迅速发展的道路。这是内因与外因相互结合的产物。假使说在过去中日两国都有很强的封建性的话，从这时起，中国和日本的历史就分道扬镳了。

举一些众所周知的例子来说明日本在挣脱不平等条约后与中国不同的景况。1894年日本禁止外国轮船在主要港口间航行⑤，1909年对烟草实

---

① 《发现历史》，第115页。

② 见中江兆民(岩仓使团团员)日记，转引自孙承：《岩仓使团与日本近代化》，《历史研究》1983年第6期，第122页。

③ 洛克伍德：《日本经济发展：成长与结构变化，1868—1938》，牛津大学出版社1955年版，第19页。以下简称《日本经济发展》。

④ 参阅《日本涉外心理》。

⑤ 《日本经济发展》，第546页。

行专卖[①]，1911年全部沿海航行仅限于日本轮船[②]。假使中国在当时也能采取这类措施，就不会有英美烟公司对南洋兄弟烟公司的排挤与打击；而轮船招商局也不会遇到怡和、太古致命的竞争。中国近代经济史（至少是卷烟及航运史）就必须改写。所以中国近代史必须放在不平等条约的框架中去研究。

莫尔德强调外国侵略对中国经济发展的影响是与历史事实相符的，柯文为了保护自己的“中国中心论”，对莫尔德的论点采取十分严峻的态度，甚至批评莫尔德“恶劣地玩弄历史事实”[③]。柯文理论的最大缺点正如他自己批评墨菲的，即：“过分强调中国背景的特殊性，反过来就未能认真深入地研究有关外国的一端。”[④]

在19世纪中叶，正当日本实行明治维新的时候，中国提出了“中学为体，西学为用”的口号。所谓“体”，无非包含两个方面：第一，封建集权的政治体制；第二，为这种政治体制服务的那一部分儒家思想（不是全部）。所谓“用”就是西方的科学技术。“体”是目的，“用”是手段，是为“体”服务的[⑤]。这是在当时西方猛烈冲击下，不得已而提出的一种调和性的口号。因为保留“体”，所以顽固派能接受，因为承认西学为用，洋务派也可有所作为，双方都找到了结合点[⑥]。但明眼人一眼就可以看出“中学为体，西学为用”这一口号是行不通的。“体”与“用”是矛盾的，“目的”与“手段”不能相容，注定要失败。梁启超曾一针见血地说，这是“以顽固为体，虚诈为用”[⑦]。清王朝覆灭以后，“体”作为价值观仍然存在。中国几代人为了保存“体”付出了沉重的代价。但在日本又是另一个图景。日本前首相吉田茂在回顾明治维新时曾

---

① 高家龙：《中国的大企业：在卷烟业中的中外竞争，1890—1930》，哈佛大学出版社1980年版，第41页。以下简称《中国的大企业》。

② 《日本经济发展》，第546页。

③ 《发现历史》，第122页。

④ 《发现历史》，第135页。

⑤ 汪熙：《论郑官应》，《历史研究》1982年第1期。

⑥ 汪熙：《试论洋务派官督商办企业的性质与作用》，《历史研究》1985年第6期。

⑦ 梁启超：《饮冰室全集·文集》之十三，中华书局1989年版，第75页。

说:“德川末期的思想家们曾经设想以‘东方的道德,西方的艺术’或是‘日本的精神,西方的认识’来作为应付这种危机的公式。但实际上一实行近代化就会知道,这一公式是很难使用的。这是因为,所谓文明本是一个整体,并不能单独采用它的科学技术文明。”[①]这就从根本上打破了“体”与“用”的界限。

日本是一个很善于吸收外来文化而又保持自己文化特点的国家,但他们在关键的时刻,能辨明时代的方向,打破“体”与“用”的界限,认识到“文明是一个整体”。这一认识在当时不是没有争议的,但是它在明治维新时期,毕竟成为占统治地位的思想,为各方面的锐意进取创造了条件。中国人几千年的文化熏陶使他们执著地背负着沉重的“体”,冲不出自己的思想牢笼,在日本生机勃勃地进行明治维新时,中国从朝廷到地方正沉湎于“体”与“用”的争辩之中。内忧(“体”与“用”之争也是最大的内忧之一)与外患使中国长期成为帝国主义的捕获物,无法挣脱不平等条约的枷锁。经济发展迟滞乃是必然的结果。

因此,我们说由于内因不同,日本在明治维新以后,废除了不平等条约,西方就不可能像冲击中国那样冲击日本了。从那时以后,中日两国的性质不同,已没有什么可比性了。我们主张观察中国近代史,内外因应该结合起来看。“冲击—反应取向”的创始人费正清晚年的思想似乎也有一些转变,他说:“当我们开始探究事实时,情况就很清楚,两方面(即中外两方面——引者注)都应该研究,关于中外关系的图景必须大大修改。西方的进取与中国消极被动的传统形象都必须舍弃。”[②]他在短短的一段话里,连续用了两个“必须”,看来他对这种“两面看”的观点是很坚定的。

柯文在他的《在中国发现历史》一书中最大的贡献,也许在于“移情”(empathy)概念的表述,即:“进入中国内部,开始了解中国人自己是怎样理

① 吉田茂:《激荡的百年史》,世界知识出版社 1980 年版,第 22 页。
② 《模式与问题》,第 2 页。

解、感受他们最近一段历史的。”①我们认为，妨碍“移情”的最大障碍也许是“偏见”。任何一个历史学家都难免有“偏见”或“偏爱”。但“偏见”若夹杂了意识形态问题，往往就会变得更顽固了。赖德烈教授曾经很坦率地说，“没有一个历史学家能毫无偏见地写历史”，他“出身西方，因此不可避免地以中国局外人的身份来观察革命，而不会像一个中国人那样看”②。赖教授是一位很受人钦佩的资深学者，他的一些有关中国历史的书至今还有很强的生命力。但是我更钦佩他的，是他对自己“偏见”自认不讳的坦率态度。

柯文在批评莫尔德时曾经说，美国有些学者发表了“相当大量的文献”，认为“西方帝国主义在19、20世纪对中国产生的经济作用是很小的，有人甚至断言是有益的”③。我不清楚究竟是这些美国学者的“偏见”在作祟，还是我自己的“偏见”在作祟，总觉得这些“相当大量的文献”的说服力不强，有些结论带有很大的先入为主的痕迹。例如侯继明教授曾说“在中国很难找到任何一个外商企业的产量达到那一类工业行业总产量的20%”④。但英美烟公司的档案证明，从20世纪20年代到40年代该公司的产量平均占中国卷烟产量的60%左右⑤，而1931—1941年的销售量占中国(包括东北区)总销量的三分之二。高家龙在详细地研究了英美烟公司的历史后，也得出同样的结论⑥。侯教授还认为一般外资企业在欠发达国家的再投资率很低，但在中国是一个“例外”，再投资率很高⑦。英美烟公司的财务档案证明中国并不是“例外”。从1902—1937年，英美烟公司85.7%的利润都转移出去了，只有

① 《发现历史·前言》，第2页。

② 赖德烈:《中国近代史》序言，1956年伦敦重印本，第13页。

③ 《发现历史》，第117页。

④ 《中国的外资压迫论》，《亚洲研究杂志》第20卷第4期(1961年8月)，第437页。

⑤ 汪熙:《一个国际托拉斯在中国的历史记录——英美烟公司在华活动分析》；刊陈翰笙:《帝国主义工业资本与中国农民》，复旦大学出版社1983年版，第117页。

⑥ 《中国的大企业》，第199页。在有些地区，如山西(1931年)，四川(1932年)，河南(1938年)，英美烟公司垄断市场的比例甚至高达90%—100%。参阅《一个国际托拉斯在中国的历史记录——英美烟公司在华活动分析》，第11页。

⑦ 侯继明:《对外贸易，国外投资与国内发展:中国的经验》，《经济发展与文化变迁》第10卷第1期。

14.3%留在中国①。英美烟公司的事例是不是极个别的呢？那倒不一定。根据日本专家樋口弘的研究，1936年日本在华两家主要纱厂汇回日本的资金就占总收益额的21.6%，仅仅是日本在华纱厂的汇出款就占日本整个海外收益的10%。这对日本整个的国际收支起了相当大的贡献作用。②

美国学者中对一些重大问题仓促下结论并不是个别的。费维恺曾经说："任何人要声称湖南或四川农民在1930年代……就已经吸过英美烟公司的卷烟……是一个需要证明的大事情。"③其实要证明也不难，郭沫若在《我的童年》(1892—1919)一书中回忆说："(1907)机械产品大洪流到了嘉定，大英烟草公司的'Pirate'所谓'强盗牌'的纸烟也随着它的老大哥鸦片阁下惠顾到我们城里了。"④费维恺教授显然对于英美烟公司早在20世纪初就已经深入中国内地并已开始威胁中国的手工卷烟业的情况估计不足。西方经济进入中国对中国手工业的影响是一个长期争辩的问题，但有一点是肯定的，即中国传统的手工业产品的存在是西方机器产品扩充市场的障碍，有时是它们的劲敌，因此成为它们主要打击的对象。英美烟公司不遗余力地打击手工卷烟业就是一个例子。1926年英美烟公司的负责人指示广东的经销人说："我们在广东的真正劲敌不是南洋烟草公司，而是当地的卷烟业。假如我们不使土烟

① 《一个国际托拉斯在中国的历史记录——英美烟公司在华活动分析》，第139页，由于档案的进一步发现，这个数字与我在1976年及1984年所计算数字略有出入，具体数字如下：

英美烟公司利润分配，1902—1937年　　单位：中国元

	实际利润额		利润再投资部分		利润外移部分	
	金额(千元)	%	金额(千元)	%	金额(千元)	%
1902—1920	106 191	100	72 101	67.9	34 087	32.1
1921—1937	642 525	100	34 805	5.5	607 720	91.5
合　计	748 716	100	106 909	14.28	641 807	85.72

资料来源：英美烟公司财务档。

② 樋口弘：《日本对华投资》(东京，1940)，中译本(北京，1956)，第46、48页。

③ 《中国经济，1870—1911》，密歇根大学1969年版，第17页。

④ 《沫若文集》第6卷，人民文学出版社1958年版，第99—100页。按：1902年英美烟公司收购了美资花旗烟公司的浦东烟厂，1905年改名为大英烟公司，"强盗牌"(或称"老刀牌")，即由该厂生产。嘉定即乐山，地处岷江上游，是四川腹地。

业持续地萎缩，我们就不可能极大地扩展在广东的业务。”①广东江门的土制烟，不但行销国内而且外销南洋各地，但在英美烟打击下，终于一蹶不振。②

侯继明教授“超级良性论”的论点，同英美烟公司自己刊印的《英美烟公司在华事迹纪略》的论点有很多都不谋而合，诸如：“每年仍将大部分盈利归还中国”，“中国获益夫岂浅鲜哉”③。遗憾的是英美烟公司宣传的东西与实际档案材料有很大的出入。这里使我们想到两个问题：第一是柯文提出的“较多地从中国内部出发，较少地采用西方观点来研究中国近代史”④。假使我们从英美烟公司的观点来研究中国近代史，那么，它的结论必然同英美烟公司的利益相吻合，但不一定与客观历史事实相吻合。第二是材料问题。关于外国在华投资，雷麦的《外国在华投资》常常是被人广泛引用并据以下结论的一本书。但雷麦所提供的数据不是没有争议的，它的精确性曾被人公开怀疑⑤。还有一些学者的统计材料都取之于《北华捷报》的财务报告。这当然不失为一个重要的资料来源，但也应该考虑到这些公开的财务报告有多大的可靠性。英美烟公司有很多转移资金的手法。它们曾在“商标专利金”、“制造津贴”等项目下大量转移资金，但并不表现在财务报告中⑥。关于使用材料，威康士提出的意见对历史学家也许具有普遍意义，即“错误地解释自己的资料，从中得出符合自己成见的但事实上根据不足的结论”⑦。我们这样说，不是像约翰·威克斯特所说的，中国学者认为“非中国人对中国的研究都是不好的”⑧。更不是要在“研究中国的英文著作中找岔子”⑨。学术发展的活力在于交流和辩论，而且“找岔子”是双向的，互相“找岔子”，

---

① 江孔殷(香港)致毕尔弗(上海英美烟公司)函，1926 年 4 月。英美烟档 26—B—21，函内引述的是英美烟公司柯布斯给江孔殷儿子的指令。

② “江门烟丝五十年”，《广东文史资料》第 20 辑，第 33—62 页。

③ 《英美烟公司在华事迹纪略》，英美烟公司 1925 年上海版(中文版)，第 13、15、26、57 页。

④ 《发现历史》，第 153 页。

⑤ 古尔：《英国在远东的利益》，1943 年伦敦版，第 82、119、222 页。

⑥ 《一个国际托拉斯在中国的历史记录——英美烟公司在华活动分析》，第 139 页。

⑦ 转引自《发现历史》，第 129 页。

⑧ 威克斯特：“逆转东方文化研究”，《中日研究》第 2 卷第 1 期(1989 年 12 月)，第 22 页。

⑨ 《逆转东方文化研究》，第 19 页。

学术就前进了。威克斯特也许忽略了重要的一点，即从历史发展看，绵延几千年的中国文化的特点正在于不断吸收外来文化并加以融合，中国文化发展的生命力也就在于此。在威克斯特所讨论的时期，中国学者对西方研究成果的注意可能是少一些，但这与其说是学术问题，不如说是政治问题，而且在中国文化发展的长河中这也不过是短短的一瞬间，中国文化本质上不是排他的，而是兼收并容的(印度佛教文化对中国的影响是一个显著的例子)。

我觉得“移情”还有一个重大的功能，就是可以抵消一部分“偏见”，缩短历史学家同历史事实之间的距离。费正清在评述中国人自19世纪50年代以来在美国所经历的悲惨遭遇时，曾引用威尔士·威廉的一句话说，“假使在中国的美国人，受到像在美国的中国人自1855年以来所遭受的十分之一的那样的暴虐待遇，美国必定会因此发动一场[对华]战争”①。“移情”是一种较深层的体会，可惜在美国学者中有这种体会的不多(柯文教授和韩德教授也许是这一代美国学者中少数的例外)，有没有这样的体会大不相同。有这种体会就不会像佩克所说的“对中国革命采取冷漠、敌视、最少是傲慢不恭的态度”②，也不会发出那种不符合事实的评论，即：在19和20世纪，在中国，“不是帝国主义太多了，而是太少了”③。研究中国的近代史，外因同内因常常交织在一起，又常常是互相影响的，有时很难理出头绪。对很多问题，我们现在还不能说已经研究清楚了，还须中外学者一道花很大的力气去探索。柯文提出历史学家应从紧裹着自己的这层“文化皮肤”中抽脱出来④。这的确是一个好主意，我想这不但对美国学者有必要，对中国学者也很有必要，也许“脱皮”以后我们的“偏见”可以更少一些，把事情看得更清楚一些。

[本文为汪熙与魏斐德(Frearic Wakeman, gr.)联合主编的《中国近代化问题——一个多方位的历史考察》一书中的一篇论文，该书的中英文本已分别在中国与美国同时出版。原载《历史研究》1993年第5期。]

① 《关注中国》，第20页。

②④ 《发现历史》，第98、95页。

③ 《发现历史》，第139页(柯文转述德恩伯格的话)。

从轮船招商局看洋务派经济活动的历史作用

从19世纪70年代开始，清政府的洋务派官僚曾经以“官督商办”的形式创办了一些工、矿、交通和银行等企业。同上一阶段的军事工业不同，这些企业吸收了私人投资，并且都是以追求利润为主要目的的资本主义性质的企业。因此，它们的出现，必然同中国资本主义的发生、发展有密切的关系。那么，洋务派的这些经济活动，对中国资本主义的发生、发展究竟起了什么作用呢？这是一个很值得探讨的问题。关于这个问题，我觉得可以从以下三个方面来考察：第一，它们的经济活动是抵制了、还是加速了外国资本的侵入？若是两者兼而有之，哪一种居于主要地位？第二，它们的经济活动是促进了、还是阻碍了民族资本的发生、发展？若是两者兼而有之，哪一种居于主要地位？第三，洋务派官僚所采取的“官督商办”的企业组织形式，对它所吸收的私人投资是起了扶植和保护的作用，还是压迫和摧残的作用？若是两者兼而有之，哪一种居于主要地位？

为了尝试进行较深入的分析，我选择了洋务派的第一个“官督商办”企业——轮船招商局①作为典型，从这三方面来进行一些初步的研究。

---

① 有些书把1885年以前划为招商局的“商办”时期。这大概是因为盛宣怀在1885年整理招商局的章程中曾经提到“非商办不能谋其利，非官督不能防其弊”的原则。其实这种分期是不恰当的。事实上招商局从一开始就是一个不折不扣的“官督商办”企业，李鸿章在1872年设立招商局时，就明确规定它必须是一个“官督商办，由官总其大纲，察其利病”的企业（《李文忠公全集》，译署函稿，卷一，第39—40页）。他不但说得很明确，而且做得也很彻底。在以后归北洋大臣节制的37年中，一直遵循着“官督商办”的成例，1909年改归邮传部管辖时，关于“官督商办”这一点仍“诸承旧贯，毫无变更”。甚至到了北洋军阀统治时期，仍然摆脱不了官督的影响，到国民党统治时期，则进一步由“官督”转变为“国营”（《交通史航政编》第1册，第188—200页）。

一、 招商局产生的历史条件

招商局是洋务派的经济活动由军事工业转向民用企业，由官办转向"官督商办"的第一个企业。这一转变出现在19世纪70年代的初期。这时候，外国资本主义列强一方面已经用大炮打开了中国的大门，一方面又用大炮帮助清政府残酷地镇压了太平天国革命，凭借着一系列不平等条约，对中国展开了日益深入的经济侵略，使中国一步一步地沦为半殖民地、半封建的社会。随着外国经济侵略的加深，洋务派官僚，不但"渐知泰西火器之利"，而且发现廉价的棉织品，精巧的机器，便捷的轮船，以及煤、铁之利等，都是裕财政、浚饷源的捷径。洋务派从上一阶段创办军事工业的活动中，感到要造船、炮、兵器等，离不开煤铁；要"自强"离不开"求富"。但是，"讲求土货则需款，仿造洋货则需款，开采宝矿则需款"①，而这些款项又不是中央政府所能垫拨的。因为对外的战败赔款，对内镇压人民起义的庞大军事费用，已经使清政府的财政十分竭蹶。但是，这时私人资本已有所积累，它们曾经一度对洋务派官僚的"奖掖"与"保护"寄予厚望，幻想依靠封建官府的势力来使自己获得进一步的发展。因此，洋务派官僚就设计了一种"官督商办"的企业组织形式来吸收私人投资。所谓"官督商办"，就是由官掌握用人、理财之权，但"商本盈亏与官无涉"。在这种企业组织形式之下，事业成功了，既可以扩充洋务派官僚个人的政治、经济势力，收"归并商本"之效；企业失败了，又不致因商人的亏损而使官受累。因此，"官督商办"就成为洋务派官僚力图把"自强"与"求富"连接起来，把官吏的管理与商人出钱连接起来的一种企业组织形式。他们想通过这种官商结合的形式来支撑上一阶段难以为继的官办军事工业，也想通过这一形式兴商务、浚饷源、图自强，以达到巩固封建统治的目的。轮船招商局就是洋务派经济活动这一转变的第一次尝试。

除以上的历史背景以外，招商局的产生还有它自己特殊的历史条件：

① 马建忠：《适可斋记言》，卷一，《富民说》，中华书局1960年版，第8页。

1. 外资航运业的入侵

从19世纪40年代开始，清政府在资本主义列强的战争胁迫下，把我国的航运主权先后奉送给外国。1842年的中英《南京条约》使我国丧失了沿岸航行的专有权①，1858年中英《天津条约》向外国开放了自汉口以下的长江内河航行权。与此同时，1843年与英国签订的《通商章程》，1858年的中英《天津条约》和1863年的中丹《天津条约》又剥夺了我国在关税、吨税和内地税（厘金及沿岸贸易税）等方面采取差别税率以保护我国贸易与航业的权利。所以在鸦片战争后的短短二十一年中，外国侵略者就已经从外洋到我国的沿岸，从沿岸到长江内河，建立了一套完整的运输线，为他们进一步扩大掠夺性的贸易准备了条件。1860年《北京条约》签订以后，长江正式对外国开放，以长江流域为腹地的上海对外贸易量激增。1863年上海港的进口总值比1860年增加了将近1倍，出口增加了二成以上，再出口增加了2倍多。随着贸易的增长，外国船舶的进出口也日益频繁，在同期（1860—1863年）内，上海港的船舶进出口数量增加了2倍半，船舶总吨数也增加了2倍以上②。外国侵略者鉴于贸易与航运的迅速增长，为了追求更大的利润，开始以上海为中心建立了一系列的轮船公司。从1862—1881年的二十年间，在上海出现了7家专走江海各线的外资轮船公司，它们的名称、创办年份及资本额如下③：

① 1842年的中英《南京条约》虽没有关于沿岸航行权的明确规定，但"五口通商"实际上已默许外国侵略者享有在我国沿岸航行的权利。故我国沿岸航行专有权的丧失应自1842年算起。

② 据"1859—1863年海关贸易统计"（上海海关档案资料第2—23号）的记载：上海港的进口总值从1860年的41 083 028两（上海两，下同）增至1863年的81 955 505两；出口总值从31 363 880两增至38 485 465两；再出口总值从11 752 164两增至35 583 654两。根据英国领事的报告，若按货物量计算，同期内上海进口总量增加了3.3倍，由293 586吨增至993 890吨（《1862—1864年英国领事商务报告》，1865年伦敦版，第9页）。上海港的船舶进出口数，由1860年的1 979只增为1863年的6 947只；吨数从597 722吨增至1 961 199吨（据《1859—1963年海关贸易统计》，上海部分，无页数）。

③ 刘广京："19世纪中国的轮船企业"（Kwang-ching Liu: "*Steamship Enterprise in Nineteenth-Century China*"），载《亚洲学报》（*The Journal of Asian Studies*），1959年第18卷，第4期，第435页。刘广京此文曾利用哈佛大学商学院所收藏的旗昌洋行档案及剑桥大学所收藏的怡和洋行档案。这里主要是列举以上海为中心的，有江、海航线的外资轮船公司，故未包括会德丰、上海拖驳公司等。

表 1 1862—1881 年上海的外资航轮公司*

行号名称	创办年份	资本额(上海两)
旗昌轮船公司(Shanghai Steam Navigation Co.)	1862	1 000 000
公正轮船公司(Union Steam Navigation Co.)	1867	170 000
北华轮船公司(North-China Steamer Co.)	1868	194 000
中国航业公司或称太古轮船公司(China Navigation Co.)	1872	970 000(360 000 镑)
华海轮船公司(China Coast Steam Navigation Co.)	1873	325 000
扬子轮船公司(Yangtze Steamer Co.)	1879	300 000
印中航业公司或称怡和轮船公司(Indo-China Steam Navigation Co.)	1881	1 370 000(449 800 镑)

* 天祥洋行(W.R. Adamson & Co.)在 1862 年创办的中日航业公司(The China & Japan Steam Navigation Co.)开业两年后即歇业,故未列入。

这些外资轮船公司在 19 世纪 60 年代的初期从航运业中攫取了惊人的厚利,行驶长江的外商轮船,由上海到汉口往返一次,每吨所收运费高达 40 余两,“所收水脚即敷〔轮船〕成本”①。外商轮船的优厚利润,使正在寻找“求富”之道的洋务派官僚,认定航运业是大有可为的,所以李鸿章说“夫欲自强,必先裕饷,欲浚饷源,莫如振兴商务,〔使〕商船能往外洋”以分洋商之利。他在给光绪帝的奏折中说,这是他创设招商局的最初的意图②。

2. 买办资本的积累

买办是外国资本主义侵入我国后开始形成的一个特殊阶级。他们虽然在鸦片战争前就已经存在,但是,买办商人的大量出现,则是鸦片战争以后的事。上海是当时对外贸易和航运的中心,买办人数的增加和买办资本的积累也特别迅速,所谓“沪地百货阛集,中外贸易,惟凭通事一言,半皆粤人为之,顷刻间,千金赤手可致”③,并非虚言。这些买办从外国侵略者所掠夺的高额利润中分取了一部分余沥,逐渐积累了较雄厚的资金。这些资金,除

① 《徐愚斋自叙年谱》,1927 年铅印本,第 9 页。

② 《李文忠公全集·奏稿》,卷三九,第 32 页。

③ 王韬:《瀛壖杂志》,卷一,第 8—9 页。

供他们个人的挥霍外，大体上从四个方面进行再积累：第一，购买田产；第二，购买城市房地产；第三，转化为高利贷资本；第四，投资于中外企业。外资航运业在当时是一个利润很优厚的行业，因此，也成为买办商人投资的主要对象之一。根据近年来对旗昌洋行及怡和洋行早期档案的研究，在旗昌轮船公司的100万两资本中，至少有三分之一是中国买办商人的投资①；在怡和轮船公司的137万两的资本中，至少有45万余两是在港、沪间募集的，其中大部分也是中国买办商人的投资。至于1867—1879年间，外商设立的公正、北华、太古、华海、扬子等五家轮船公司，除太古轮船公司的资本系全部在英国募集者外，其余四家的资本共98.9万两，则全部或大部是在上海募集的，主要也都是中国买办商人的投资②。这些情况引起了洋务派官僚的注意，李鸿章认为"若由官设立商局招徕，则各商所有轮船股本必渐归并官局"③。这些买办商人，不但积累了巨额资金，而且也积累了一定的经营现代企业的业务知识。在外资航运业中，他们有的以买办身份长时期从事实际的经营管理工作，有的以投资者的身份，担任外资轮船公司的董事，参与业务方针的决策。当时怡和轮船公司的董事会就有华籍董事参与其事④，怡和洋行的买办唐廷枢也曾被华人投资者推选为英商公正轮船公司和北华轮船公司的董事⑤。这些熟悉航运业务的买办，如唐廷枢（怡和洋行）、徐润（宝顺洋行）、郑观应（太古洋行）等既拥有雄厚的资金和实际的经营管理经验，又懂得同洋人相处之道，被当时的洋务派官僚看成是不可多得的"熟习生意，殷实明干"⑥的洋务人才，后来都成为李鸿章在设立招商局时罗致的对象，备

---

① 刘广京：前揭文，第438—439页。也有人估计在旗昌轮船公司的资本总额中，华股占一半或一半以上（参阅《愚斋存稿初刊》，卷首，神道碑，第1页，行述，第5页）；还有人估计旗昌轮船公司的资本全部都是华股（参阅马相伯：《一日一谈》，上海新城书局1936年版，第63—64页）。

② 刘广京：前揭文，第438—439页。

③ 王毓藻辑：《重订江苏省海运全案》，续编，卷八，第29页。

④ 艾伦（G.C. Allen）等：《远东经济发展中的西方企业——中国与日本》（*Western Enterprise in Far Eastern Economic Development—China and Japan*），伦敦1954年版，第132页。

⑤ 符华格（Albert Feuerwerker）：《中国早期的工业化》（*China's Early Industrialization*），麻省剑桥1958年版，第111页。

⑥ 《李文忠公全集·朋僚函稿》，卷一三，第24页。

加倚畀。因此，买办阶级的兴起为洋务派官僚创办招商局准备了资金和“人才”的条件。

3. 漕粮运输工具的变化及运输组织的商业化

清初的漕运仍以运河为主，但自嘉庆以后，河运的积弊与河道阻塞的情况已很严重①。一方面由于经办漕运的大小衙门、大小官吏的“节节侵渔”，弄得“民生日蹙，国计益贫”②；另一方面由于运河河道的溃决和阻塞，每运漕一次，其“人事之艰，时日之久，较之海运，难易悬殊”③。因此，道光初年(1825 年)以后的漕粮运输逐渐改为海运(由上海出口航行至天津)，到 1847 年，更在上海设海运总局专司其事。从此，河运日废，海运渐兴，到招商局成立的前夕，漕粮以海运为主已成定局。

漕粮由河运改为海运后，发生了两个重要变化：第一，运输工具的变化。实行海运后，漕粮的运输工具，首先由人力挽曳的民船，改为依靠风力的大型远航帆船(当时称为沙船或沙宁船)；后来在 1866 年(同治五年)，又根据苏松太道应宝时的建议一度试用夹板船(一种早期的机帆船)来运输漕粮④。第二，漕粮运输组织的进一步商业化。在 1825 年试行海运时，已采用“雇用商船，酌给水脚银两”的办法，并以上海“熟悉航务之绅士董其事”⑤试用夹板船承运后，官府“但责成华商承揽，由华商转雇洋商夹板船，抵津后，委员(即海运总局委员——引者)但向华商验收干洁好米，一切交涉皆可不问”⑥。漕粮的运输已逐渐由官府管理的行政工作，转变为由船商包揽，“设有盈绌，归揽者自认”⑦的商业行为了。正是在上述的历史背景下，容闳在 1867、

① 一般都认为运河积弊到道光季年才不可收拾，其实自嘉庆初年就已经很严重了(参阅《漕运途程志略》，道光二十七年抄本，卷下，第 21—22 页——藏上海图书馆)。

② 《清史稿·食货三》“漕运”，联合书店 1942 年版，第 479 页。

③ 《三公奏议》，思补楼校印版，卷八，第 20 页。

④ 王毓藻：前揭书，卷三，第 160 页。应宝时关于以夹板船运漕的建议是在同治五年提出的，比容闳以轮船运漕的建议更早约一二年，至于有人认为，〔同治〕十一年〔浙江巡抚杨〕昌浚请以轮船运漕，从之”(《清史稿》，第 484 页)，则更不确了。

⑤ 同治《上海县志》，南园重校本，卷七，第 22 页。

⑥ 王毓藻：前揭书，续编，卷三，第 79 页。

⑦ 王毓藻：前揭书，续编，卷三，第 46 页。

1868年(同治六、七年)向曾国藩提出了“劝谕华商置造轮船,分运漕米,兼揽客货”[1]的建议。但是,容闳的建议,由于“筑室道谋,主持乏人”,始终没有实现。一直到1872年,一方面由于直隶水灾严重,京仓迫切需米,而沙船日益减少,运输缓不济急,必须筹办轮船运漕;另一方面,为了答复内阁学士宋晋关于江南制造总局和福州造船厂制造轮船靡费太大,应行停造的指责,李鸿章才奏请由闽、沪船厂兼造商轮,并“试办招商轮船,分运江浙漕粮”,以便官局造成商轮后,有商人可以领雇。同年,李鸿章札委经办漕粮的浙江海运总局总办候补知府朱其昂负责筹备。于是,“与运漕一事相辅而行”的轮船招商局就在同治十一年(1872年)十一月十六日正式开业了。

二、招商局同外资航运业的关系及其对民族资本航运业的影响

如上所述,当招商局创办的时候,我国已经逐渐沦为一个半殖民地半封建的社会,外国资本已经开始较大量地侵入我国的航运业并力图垄断我国内河及沿岸的航运。因此,具有资本主义性质、使用轮船行驶的招商局,从它一开始出现就遭到外国资本的仇视。它们当时主要从两个方面来打击招商局:第一,打击招商局的外洋航运业务。招商局在创办的头十年中,曾经数度试图开辟远洋航线:从1873—1881年间先后驶往长崎、神户、新加坡、檀香山、旧金山、海防、伦敦等处。但是,“东洋、吕宋定章多有偏护各该国之商船,而局船争衡匪易;其新加坡、槟榔屿等处乃欧洲各船来华大路,力难与抗,俱中止”(1880年);美国旧金山及檀香山等处的航行“因洋船竭力抗拒,乃于本年停行”(1881年);英国伦敦的航行,“因洋商颇存妒心,遂至无利”(1882年)。到1882年,远洋航线仅存海防一处,这最后一条海外航线,到1883年,“值法越多事……不敢造次放船”,也宣告停航了[2]。外国资本打击招商局的第二个办法是在运费上跌价竞争。招商局开业以后,原来在华的

① 《愚斋存稿初刊》,卷首,行述,第4页。

② 《清查整理招商局委员会报告书》(以下简称《报告书》)下册,1929年版,第29—32页。

外资轮船公司如旗昌、怡和、太古等将日本、汉口、宁波、天津、汕头、广东等远洋、沿岸与内河航线的运价一律减低四成到五成，有些航线的运价甚至照原价削减五分之四（如上海—宁波线运价由每吨2.5元减为0.5元）来抵制招商局①。外资轮船公司的削价竞争，的确给招商局带来很大的威胁，但是招商局有运漕的补贴，又有华商的支持，还颇能与外商周旋；而外资轮船公司在削价中也受到很大的亏损，当时实力最大的旗昌轮船公司，也因亏损过甚，无意经营，于1877年将各埠码头、仓库连同轮船16艘（12 261净吨）一起作价222万两全部盘售给招商局。所以从历史的事实来看，招商局在它创办的初期是一度同外国轮船公司有过竞争的，这种竞争对外国资本的入侵起了一定的抵制作用。但是它同外国资本之间有没有勾结的一面？若是有的话，抵制与勾结究以何者为主呢？这是我们要进一步探讨的问题。

招商局设立以后，一般人都曾寄予厚望，认为从此可以打破外资轮船公司的垄断局面，但是事实上并不如此，在招商局开办以后的第六年（1877年），在李鸿章的同意下，由总办唐廷枢经手就开始同怡和、太古在全国各主要航线上订立了带有垄断性的“齐价合同”（或“齐价合约”）。齐价合同的主要内容及其作用是：第一，由招商、怡和、太古三公司在各条主要航线上共同议订统一的运价，这种约定的垄断价格大大地超过自由市场的竞争价格②。第二，当其他公司的轮船参加航行时，招商、怡和、太古就联合起来，以降低运价的“倾销”办法来打击新参加者，使新参加者陷于亏损，最后不得不倒闭或退出竞争。第三，招商、怡和、太古的水脚收入、货源分配，乃至轮船只数及吨数，都按一定的比例加以规定。如1907年招商局在长江下游的份额被规定为38%③，假如它要增加船只因而超过这个份额，必须事先同怡和、太古商议，不能单独行事。从此，招商局“增减运价，推行航线，悉受洋商操纵，我

① 《交通史航政编》第1册，第257—258页。

② 根据英国外交部的商务报告，这种垄断价格一般高于竞争价格约50%以上（《英国外交与领事的商务报告》第5399号，汉口，1913年，第8页——转引自艾伦前揭书第125页）。

③ 《徐愚斋自叙手谱》，第128—129页。

国商帮大受运送迂缓，运价奇贵之苦”①。事实证明，以招商局这个“官督商办”企业为一方，以怡和、太古等外资企业为另一方的、相互勾结的垄断活动只能是有利于外国资本的入侵：

首先，怡和与太古在“齐价合同”中的共同份额总是居于优势，份额一经规定，它们就可以从垄断中获得更多的高额利润，从而加强了对我国的经济侵略。但是招商局作为一个“官督商办”企业，经营管理极端腐败，高额的垄断利润都被大小吏员在营私舞弊中转入私囊，或在靡费中消耗。试以1877年（正式实行“齐价合同”之前一年）至1893年（再度议订合同之年）的十七年中招商、怡和、太古发展的情况来看：

表2 1877—1893年招商、怡和、太古发展情况比较表②

	怡和轮船公司		太古轮船公司		招 商 局	
	船数（只）	净吨总数	船数（只）	净吨总数	船数（只）	净吨总数
1877年	13*	12 571	5	8 361	33	23 967
1893年	22	23 953	29	34 543	26	23 284

* 系1883年数字。怡和洋行于1881—1882年以49.98万镑（137万上海两）创办了怡和轮船公司。在创办时它以资本总额中的22.2万镑收购了华海轮船公司和扬子轮船公司（皆为怡和洋行于1873年和1879年先后投资创办）的轮船9只；其余的资本22.78万镑则用以订购了新船4只，故1883年怡和轮船公司共有船13只。

从表2可以看出，在1877—1893年的十七年中，怡和的轮船吨数增加了将近1倍（怡和是以10年计算，理由详附表2说明），太古增加了3倍多③，但是，在同期内招商局的轮船吨数反而减少了。在这一段时期，招商局同怡和、太古有八年半处于断断续续的竞争状态，其余年份（1878、1879年上半年、1884—1889、1893年）则处于联合垄断状态。在竞争的时候，各公司都削减

① 《交通史航政编》第3册，第1064页。

② 据刘广京前揭文第440、447—448页编成。

③ 关于太古发展的速度可以参阅郑观应的评述：“该公司（指太古——引者）创办时（1872年——引者）只有两船，往来长江，不到十年，已有轮船二十余号往来长江及北洋各埠矣。”（《盛世危言后编》载“中国近代史资料丛刊”《洋务运动》，第6册，第111页）这一记述可与“表二”刘广京从太古档案中所引用的数字相印证。

运价，资本积累一般是缓慢的(有时甚至是停滞或下降的)，因此，怡和、太古在这一时期的迅速发展，主要是三公司联合垄断的结果。这两个外资轮船企业迅速发展的共同特点是：轮船资产的增加，不是依靠投入新的资本，而是依靠本身利润的积累。从 1884 年年底到 1894 年的十年中，怡和的实付资本仅增加了 50 803 镑；从 1874—1894 年底的二十年中，太古的资本仅增加了 10 万镑①。以它们新增资本的数额同轮船扩充的情况来比较，资本的增加实在是微不足道的。由此可见，由于“齐价合同”所带来的高额利润，使外资航业不必依靠外来的增资，而主要依靠在中国榨取的垄断利润进行了迅速的扩展。但是招商局在 1877—1893 年的十七年中，资本虽然由 75.1 万两增至 200 万两，而轮船吨位反而减少。

其次，“齐价合同”是外资轮船公司挟持和控制招商局的工具。招商局在同外国资本相互勾结的垄断过程中，总是处于被动的地位，外资轮船公司只是在符合它们自己利益的情况下才同招商局签订“齐价合同”。例如 1878 年是招商局同怡和、太古实行“齐价合同”的第一年，但是次年的下半年，当怡和、太古认为这时竞争对它们更为有利时，就首先破坏合同，削价竞争，招商局也不得不随之而卷入竞争。又例如 1890 年，“齐价合同”期满，太古认为它的实力已有所增长，提出须多占水脚份额；要求未遂，就削价竞争，一直到 1893 年在招商局承认了它的要求以后，才又重订“齐价合同”。可见外资轮船公司是在竞争有利时则竞争，在联合有利时则联合；它们用联合垄断以积累利润，扩大规模，又用竞争以挟持招商局，迫使它不断退让。所以，根据“齐价合同”所规定的轮船吨数及只数等份额，只是对招商局的一种束缚，对怡和、太古来讲，实际上是没有什么限制作用的。

再次，招商局同怡和、太古的联合垄断并不能排斥其他外资航运业的入侵，受到扼杀与阻碍的只是民族资本。从 1883—1892 年的十年中，三公司有六年是处于联合垄断状态，从 1893 年以后，“齐价合同”从未间断，但是联合

① 刘广京：前揭文，第 447—448 页。这两个外资轮船公司在这段期间都没有发行巨额的公司债。

垄断的结果，并没有制止外资航运业的入侵，到1905年以前在我国新增设的专走江海各线的外商轮船公司有：英国2家，日本4家，德国2家，法国1家①。1901年日本和德国的在华轮船吨位，即使在三公司联合垄断的情况下，仍然比1891年分别增加了1倍和3倍②。但是，我国民族资本航运业的发展却始终受到三公司联合垄断的钳制，就是在最有利的发展时期，也不能例外。例如在第一次世界大战时期，外商航轮有的停航，有的被征回国，而运价激涨，正是我国民族资本航运业发展的好机会；但是，当三北轮埠公司在1914年设立时，立即受到招商、怡和、太古的联合打击，它们将运价陡减三分之二，迫使三北承受巨额亏损，陷于危殆③。1924年，当三北的长江航运业务稍有扩展时，三公司又联合削减抵制，并由招商局出面，迫使三北承认在六年内不得在长江增加航轮④。可以看出，有招商局参加的三公司联合垄断的打击矛头实际上是指向民族资本的。

当然，我们在评论招商局同外国资本的联合垄断时，应该回答一个问题：即从招商局本身的生存和发展来看，假若不同外国轮船公司妥协、勾结，是不是就一定会陷于亏损，甚至难于生存呢？回答是否定的。

我们试看一下招商局同怡和、太古三次竞争的实际情况：

从1872年底招商局的创办到1877年的五年中，它同外资轮船公司完全处于竞争状态。由于漕运的补贴和华商的支持，招商局的当事人自己也估计“未见我不胜于彼也”，更何况在竞争的时候招商局固然削减运价，而洋商也遭到很大的困难，“洋商方面所受损失亦不资，上海各洋商轮船公司去年(1874年)六月股票值银一百两，今年六月只值五六十两，处此局势之下，招

① 这些公司是：英国的道格拉斯轮船公司(1883年)、鸿安轮船公司(1890年)，日本的大东轮船公司(1896年)、大阪轮船公司(1898年)、湖南轮船公司(1904年)、日本邮船公司(1903年)；德国的北德路易轮船公司(1900年)，汉美轮船公司(1899年)；法国的东方轮船公司(1905年)。这里标明的年份是各该公司在中国领水上实际开始航运业务的年份，同严中平等编：《中国近代经济史统计资料选辑》(科学出版社1956年版，第239—241页)略有出入。

② 《海关十年报告1892—1901年》，第474—475页。

③ 《交通史航政编》第1册，第395页；第3册，第1064页。

④ 王洸：《中国航业》，商务印书馆1934年版，第81—82页。

商局应付之方亦颇不弱”[1]。竞争的结果，招商局在1877年买并了旗昌。但是，即使在这种有利的竞争形势之下，洋务派官僚还是力争在1878年同怡和、太古议订了所谓“齐价合约”。

从1879年的下半年，怡和、太古破坏合约时起，一直到1883年的四年半中，招商局同外资轮船公司都处于竞争状态，但在相互竞争的年月里，招商局的业务仍是大有可为的。如在竞争十分剧烈的时候“招商局本届营业甚为发达，幸赖国人顾全大局，各口装货莫不争先恐后……本届彩结净余六十七万两之多”(1880年)；“华商顾全大局，局船装货尤多，所得水脚数仍能与上届相仿”(1881年)；“各洋商公司船只合计之较招商局为多，然因国人对于招商局表示同情，故乐舍彼就此，因之招商局生意不亚于各洋商公司全体”(1882年)。由于业务情况甚好，在剧烈竞争的年份(1882年)，招商局的股票市价已由每股100两的票面价值升值为200两以上。这反映了社会人士对招商局同外资航业公司的竞争是有信心的。但是，即使在这种情况下，唐廷枢还是亲赴伦敦同怡和、太古商订为期六年(1884—1889年)的“齐价合同”。

1890年，6年的合同期满，怡和、太古不允续订，因此又开始竞争，这次竞争继续了三年(1890—1892年)。1890年的水脚收入“比上一年纵形减少，惟水脚竞跌之年，而能有此，已属难得，是皆由于国人具有爱国热忱所致，故虽有外商竞争，究分主客”。竞争激烈的1891年，“幸北洋水脚尚不抢跌，北洋春间生意极盛，承运漕米未复蒙当道多拨……营业尚称顺利，而经济亦尚宽裕，局中原欠官款至本年年底悉已还清”。1892年的情况是，“幸国人爱国心热，附商局船者多，故是年营业尚佳，得水脚200余万两……净得船余49.3万余两，结余39.7万余两”[2]。尽管如此，李鸿章、唐廷枢等还是在1893年争取同怡和、太古再度建立了联合垄断关系，并且“嗣后合同期满，均

---

① 《报告书》，下册，第23页。

② 以上竞争年份的业务情况均引自《交通史航政编》第1册，第269、276页；《报告书》，下册，第27、29、30—32、41—43页及《北华捷报》所译载的招商局有关年份的业务报告。

经续订”。

从以上的情况可以看出，几乎在每一个激烈竞争的年份，招商局都没有处于劣势的地位。从1874年(同治十三年)第一届结账开始，到1892年底永订“齐价合约”的前夕为止，实际竞争的年份共有十一年半，在这十一年半中，除1876年外①，年年都有“净余”(全部营业收入减去全部营业支出及官利、折旧、花红、报效后的纯盈数)，共计600 340两，也正是在这些激烈竞争的年份，招商局共提存了折旧基金2 239 988两，约相当于这些年份轮船资产平均总值的100%；此外，还在1891年将清政府垫借的官款192.8万两的本息，全部还清②。这说明招商局在它创办的初期固然得到了清政府一定程度的补助，但是更重要的是作为一个中国企业它又有“国人爱国心热”的优越条件。广大中国商民的有力支持，使招商局在同国外资本的抗衡中，能够立于不败的地位③。但是，尽管如此，李鸿章、唐廷枢等还是一而再，再而三地争取同怡和、太古建立了联合垄断的关系。

为什么标榜着与洋商争利的招商局，在可以同外资轮船公司抗衡的情况下，还要投靠外国资本，转而为“息争均利”(盛宣怀语)呢？我认为这是由

① 1876年纯亏35 200两。关于1881年的盈亏数字，根据《交通史航政编》(第1册，第276页)的记述，由于提存折旧45万余两，故无纯盈。但《北华捷报》(1881年9月27日，第320—322页)所刊载的招商局第8届的损益计算书，除提存同额的折旧外，尚有纯盈90 223两。今从《北华捷报》。

② 盈余及折旧数字系分别从《交通史航政编》第1册，第276—279页；《报告书》下册，第29、43—44页；《愚斋存稿初刊》卷三，第20—30页及《北华捷报》在有关年份所译载的、招商局的业务报告中算出。

③ 关于这一点，有的同志说：“1889年齐价合同期满……竞争再起。招商局……一遇竞争，立即亏损”；又说：“1890—1892年的三年停约中，招商局总计亏银一百数十万两”(金立成：“招商局史料”，载《学术月刊》1962年8月号，第19页)。我认为这些评述都是值得商榷的。实际情况是：第一，1889年“齐价合同”并未期满，这一年是自1884年开始的、为期六年的联合垄断合同的最后一年。第二，1889年招商局也并没有“立即亏损”，所收水脚总数比前两年(1887、1888年)都有所增长，“净余”16万余两(《愚斋存稿初刊》卷三，第20—30页)。第三，1890—1892年的3年停约中、招商局虽经历了激烈竞争，但并没有“亏银一百数十万两”而是“净余”206 677两，此外还提存折旧541 900两(参阅各该年招商局营业报告中的损益计算书，载《北华捷报》1890年5月16日，第609—610页；1891年4月24日，第506页；1892年4月14日，第502—503页)。因此，我觉得金先生所作出的在这一时期“只要齐价合同一停止，招商局立即亏损累累”及“可见它已完全依靠合约才得生存”(上引文，第19页)的结论是不能成立的。也正因为事实是如此，所以金先生把招商局同外资轮船公司的妥协、勾结，看成是李鸿章等卖国投降面貌的暴露(上引文第19页)的论点，才更有根据。

以下的一些原因造成的：首先，自从第二次鸦片战争以后，以奕訢为首的洋务派集团就认为对外国资本主义列强的入侵，“引历代夷患为前车之鉴，专意用剿”是不对的，他们力主对这些异族的入侵“犹可以信义笼络”，并且认定“发捻交乘”是“心腹之患”，而“英国志在通商”是“肢体之患”，“即偶有要求，尚不遽为大害”①。这种在政治上的媚外投降政策也必然会贯彻在他们的经济活动之中。例如1891年(光绪十七年)顺直水灾，清政府决定以招商局的轮船运米到北方平粜这原是主权范围以内的事，但是由于“洋商惟利是图，怂恿欧使多方饶舌，甚至索赔，无理取闹”，李鸿章不得不“设法变通，免贻口实”。李鸿章“设法变通”的结果，是准许怡和、太古与招商共同分装平粜米②。洋务派官僚是害怕洋人“无理取闹”的，在他们主持下的企业，虽然在创办时都标榜着与洋商争利，但是在洋人的商业竞争和政治压力之下，很快就转而走向妥协、投降的“息争均利”的道路。无怪乎代表外国资本利益的《北华捷报》在招商局同外国轮船公司实行联合垄断的时候，欣然得意地说：“外国人将满意地看到，在这次的营业报告中(指1888—1889年招商局的营业报告——引者)并没有像前次报告中所表示的，政府要帮助招商局来抑制外人在中国沿海贸易中获利致富。”③其次，招商局同外商轮船公司的勾结是与洋务派官僚的“官督”分不开的。“官督”的弊害(关于这一点，在本文的第三部分还要详细地讨论)从企业内部摧残了招商局。我们不能设想在官僚把持下的一个经营管理极端腐败的企业，一个“止知分利，厚自封殖，而无远大扩充之计”④的企业，会愿意同外国侵略资本竞争，更不必讲进行有效的竞争了。“官督”的结果，不是加强了，而是削弱了招商局同外国资本竞争的力量。正如它的股东们所说的：“况今商战时代，各国来华争权、争利，独惧商民而不畏惧长官者何也，盖长官办事每多因循，不似商民办事之认真，我

① 《筹办夷务始末》(咸丰朝)，卷七一，第18页。

② 《北华捷报》，1890年5月16日。

③ 《李文忠公全集·译署函稿》，卷二〇，第50页。

④ 《交通史航政编》，第1册，叙略，第3页。

商局前加一'官'字将必被外人欺侮。"①对于一群习惯于营私舞弊，而又具有浓厚的崇洋、恐洋思想的大小吏员们来讲，最好是安于现状，因为同洋人竞争就意味着激烈的商战，意味着必须整饬业务，加强管理，因而也意味着他们"厚自封殖"的机会更少了。正如当时(1895 年)一个英国记者所评述的："目前，招商局的经理们，对能够参加贸易以及和外国的敌手们和平共处，已感到满足了。"②当然，这个英国记者所没有讲的是"和平共处"的结果，将是招商局一步一步地沦为外国敌手的附庸。最后，洋务派官僚之所以创办招商局，并不是由于他们欢迎资本主义，而是由于他们害怕资本主义。招商局是洋务派官僚在形势发展不得已的情况下设立的，既经设立以后，他们绝不希望，也不允许再出现第二个类似招商局的资本主义企业(关于这一点，下面还要说到)。恰恰是在这一点上，洋务派官僚同外国资本找到了共同的结合点，因为外国资本主义侵入中国也是害怕中国资本主义发展的，怡和、太古等，也是不希望和不允许中国出现资本主义的航运企业的。于是两者就在这一个共同点上勾结起来了，招商局就以牺牲中国民族航运业的发展为代价，来换取同外国资本"息争均利"的权利，同外国资本一道，用垄断的方法来压制中国民族资本航运业的发展，也就是在航运业中压制中国资本主义的发展。在这里，我们不能不提到近年来美国史学界中越来越露骨的一种谬论——"反压迫论"。持有这种论点的人，认为外国资本对中国民族资本主义的发展并没有起压抑作用，相反地，它们同民族资本之间只是存在着一种相互补充的"分工"关系，因而是有利于中国经济发展的。"反压迫论"的主张者为了证明他们论点的"正确"，还特别举出招商局同外国资本之间的联合垄断为例，来说明两者之间的"相互合作"的关系③。这种说法完全是

① 《商办轮船招商局股东签注部批隶部章程，附意见书》(以下简称《股东签注隶部章程》)，第5—6 页。

② 干德利："中国进步的标记"，《中国近代史资料丛刊·洋务运动》，第 8 册，第 441 页。

③ 侯启民(译音)："关于外人在华投资的压迫论"(Chi-ming Hou: *The Oppression Argument on Foreign Investment in China*)，载《亚洲学报》(*The Journal of Asian Studies*)，1961 年第 20 卷，第 4 期，第 447 页。

对历史的歪曲。要知道,招商局同外国资本的“相互合作”(也就是“息争均利”)正是以扼杀中国民族资本航运业的发展为前提的,这种“相互合作”的结果,固然没有构成招商局本身发展的条件,对于整个民族航运业来讲更不是促进了它们的发展,而是起了更大的压迫和摧残作用。因此,从招商局与外国资本相互勾结的这种“合作”关系中,不能得出“反压迫论”者所主张的,中外资本“相互依存”、“互不干扰”,以及外国资本具有促进中国经济发展的积极作用的结论。历史事实所证明的正好相反:这种相互勾结的活动扼杀了和阻碍了中国民族资本的发展。

招商局除了同外国资本勾结以垄断航运市场的手段来排斥和打击民族资本以外,作为一个“官督商办”企业,它还依靠了封建政权的支持,用排他性的专利权对民族资本的发展横加压抑,以达到“独擅其利”的目的。在19世纪80年代初期,广东和上海的商人曾经多次要求创办远洋和内河轮船公司,都被洋务派官僚所阻止,如1881年(光绪七年)广东商人拟筹组轮船公司,直接运货到英国贸易,被李鸿章所阻止①;1882—1883年上海商人叶澄衷曾申请置造轮船,另立广运局,又被李鸿章批驳“不准另树一帜”②。不但商人创办轮船公司为李鸿章所不许,甚至官府轮船也不准染指于招商局的“势力范围”。当时一个外国记者曾经把这类事当作“一件奇异的事情”记载下来,他说:“就是台湾的巡抚为着帮助该岛发展贸易,曾购买两只火轮,而招商局的保护者们反对这两只船到北方贸易,认为〔这是〕对招商局商场的侵犯!……”这位记者还认为:“但中国人甘心情愿地在香港及马来半岛、新加坡方面向轮船公司投资,并经营轮船,这证明中国人个人并不是不愿意做这类的投机事业的。”③事实上,远在19世纪60年代,随着商品流转量的扩大和买办资本的

① 范文澜:《中国近代史》上册,人民出版社1959年版,第212页。

② 《国营招商局七十五周年纪念刊》,1947年版,第50页;《交通史航政编》第1册,第222页。

③ 干德利:“中国进步的标记”(载《中国近代史资料丛刊·洋务运动》,第8册,第442页)。干德利的话不是没有根据的,中国的民间资本,特别是华侨资本很早就有向航运业投资的要求,1875年新加坡的华侨就在国外建立了新加坡—厦门航线;1890年马来亚的华侨同英国资本(“蓝烟囱”)合作设立了海峡轮船公司;1908年,华商同安南商人联合投资的轮船公司甚至同北德路易轮船公司在汕头、曼谷、海峡等航线上展开了激烈的竞争。

积累，在客观上已经存在着中国商人向近代航运企业发展的必要性和可能性，1868年英国公使就曾经说："查现在沿海各口，华商多有资本在轮船贸易者。"①同年，曾国藩也曾经估计原来经营沿海帆船的船商改营夹板船的可能性，他说："如载运漕粮稍有利益，将来苏沪世业沙船之家，皆可改营夹板船，自能渐次扩充。"②在19世纪60、70年代，上海广东帮商人所组织的广肇会馆，在兜揽轮船货源方面表现了极大的活动能力，他们不仅在各通商口岸，而且远在日本和南洋等地替招商局兜揽了大批的、经常的货源。在广肇会馆的成员中，有不少人既具有雄厚的资金，又在航运业方面同国内外通商口岸建立了广泛的联系，并从长时期的业务活动中积累了丰富的经验，已经具备了向独立的资本主义航运企业发展的条件，假如没有洋务派官僚"不准另树一帜"的压制，完全可以从他们当中孕育和产生出商办的轮船企业。当时，代表外国资本利益的《北华捷报》在评论招商局的专利权时，曾经说："中国商人已经发觉，在高喊着抵制洋人声中设立的招商局，其实际结果只是阻碍了他们（中国商人们——引者）自己的发展……这些商人们还发觉，这个机构根本不是属于他们的，所谓'招商'者也，倒成为他们从事沿海贸易与航运的最大障碍。"③

招商局的专利权在内港航运方面对民族资本的阻碍也是很突出的。尽管清政府在1895年《中日马关条约》第六款中已将"从上海驶进吴淞江及运河以至苏州府、杭州府"的内港航行权奉送给外人④，而日本商人所经营的大东新利洋行（即大东轮船公司的前身）已于1896年开始航行于上海—苏州之间⑤，但是一直到1897年，招商局对中国商人还严格地控制着内港航行的专利权。1897年浙江藩台在取得招商局督办盛宣怀关于"内河小轮之权利招

① 《筹办夷务始末·同治朝》，卷六三，第39页。

② 王毓藻：前揭书，卷三，第18页。

③ 《北华捷报》，1879年4月15日。

④ 王铁崖编：《中外旧约章汇编》第1册，生活·读书·新知三联书店1957年版，第616页。

⑤ 1895年中日《马关条约》以后，日本固然积极筹组苏、杭一带的内港航轮公司，英国领事也于光绪二十二年（1896年）援例声称"有英商多人欲按约创驶内河水轮"；同年7月总理衙门颁行"洋船来往苏杭沪通行试办章程十九款"、江浙一带的内港航行权乃正式对外人开放（参阅吴庆坻重纂：《杭州府志》，卷一七四，交涉，第3页；交通，第7—8页）。

商局不再过问”①的诺言后，才批准戴生昌等几家商办的内港轮船公司行驶于杭州、嘉定、苏州、上海一带②。后来戴生昌居然在苏、杭一带同日本的大东轮船公司及内河招商局“鼎足而三”，并且成为大东轮船公司的有力竞争者。我们能不能把招商局放弃内港航行的专利权估价为像有些同志所说的，这是洋务派所经营的企业在发挥“从各方面替早期民族资本打开了道路”的作用呢？不能。问题很清楚，招商局只是在它自己的专利权已被外国侵略者打破以后，才被迫向中国商人开放这种权利的。没有1895年的《中日马关条约》，就不会有1897年盛宣怀关于“内河小轮之权利招商局不再过问”的诺言；没有1902年的《中英条约》和1903年的中日商约把我国的大川小河的航行权全部对外开放，就不会有1904年“内河航轮关系商务颇巨，请饬谕华商切实推广，以挽权利而维航业”③的议论，也不会有1903年大达内河轮船公司，1904年的嘉沪轮船局和1906年的内河轮船公司的出现④。正因为如此，所以当招商局向民族资本开放内港航行时，外国资本早已源源侵入，横亘在民族资本发展的道路上了。商办轮船公司已经处于“洋商创始于前，而华商踵事于后，利权既分，遂有难与争衡之势”⑤的不利局面。其实，创设内港小轮公司所需资本不大，“其所设公司，多不过数万金，视轨道之动需千百万者难易回诸，华商之力尚能兴办”⑥，但是一直到1897年，特别是1903年以后，民族资本

① 盛宣怀：光绪二十三年（1897年）七月初四日《致浙藩恽方伯函》，《盛宣怀未刊信稿》，中华书局1960年版，第24页。

② 根据严中平等编：《中国近代经济史统计资料选辑》第223页，戴生昌设立于1892年，但据盛宣怀光绪二十三年（1897年）七月初四日及九月二十四日先后致浙江藩台函（《盛宣怀未刊信稿》第24、37页）、吴庆坻等重纂《杭州府志》（卷一七五，交通，第11—12页）及浅居诚一：《日清汽船株式会社三十年史及追补》（1941年东京版，第18页）等资料，其设立年份应为1897年。现从盛宣怀等说。

③ 光绪三十年十一月（1904年12月）《德宗实录》卷五三七，第11—12页。

④ 黄世祚修、王寿曾等纂：《嘉定县续志》，卷二，交通、航业；陈恩、缪荃孙等纂：《江阴县续志》，卷三，建置；《交通史航政编》，第1册，第319页。

⑤ 刘锦藻：《清朝续文献通考》，1936年万有文库版，第11048页。当时华商创办内河轮船公司最忌怕的就是“洋商创始于前，而华商踵事于后”。江西绅商在开办内河轮船公司时说：“何若事先图维，使彼（指洋商——引者）无利可牟，废然思返，故论者虑外人之入室，绅等虑外人之我先也。”（《呈请开办江西内河轮船公牍》，载麦曼宣辑《增辑皇朝经济文新编》，1902年版，卷一三下，邮运，第21页。着重点是我加的——引者）

⑥ 刘锦藻：前揭书，第11048页。

的内港轮船公司才陆续出现，这一情况是与洋务派官僚运用招商局的专利权对民族资本的压制分不开的。李鸿章在设立招商局时曾一再标榜“有裨国计民生”“顺商情而张国体”的“求富”之道，但是，事实上正如刘坤一在1881年所指出的：“今中国轮船，非招商局不可，虽许他人合股，其权操之局员，是利在数人而不在众人，藏富于民之道，亦似不如此。”①所以一度对“官督商办”抱有幻想的郑观应，后来也极力主张“其应兴铁路、轮舟、开矿、种植、纺织、制造之处，一体准民间开设，无所禁止，或集股，或自办悉听其便……”改良主义者王韬、何启等更主张“令民间自立公司购置轮船，用以往来内河……”如“民间有纠合公司购建轮船往还外国者……酌量补助，给予巨资……至于内河轮舶有欲设者，立行批准。”康有为也认为：“轮舟之利，与铁路同，官民商贾交受其益，亦宜纵民行之。”②值得注意的是，依靠封建政权实行专利垄断，并不是招商局特有的现象，而是洋务派经济活动的共同特点。这一特点是洋务派官僚同资产阶级改良主义者根本分歧之所在。前者害怕资本主义在中国的扩展，坚决实行排他性的专利；后者真诚地欢迎中国资本主义在民间的自由扩展，坚决反对阻碍这种扩展的专利和限制。由于两者的根本出发点不同，他们对压迫中国资本主义发展的外国侵略势力也采取了迥然不同的态度：前者采取了依赖和勾结的态度；后者采取了自主和抵制的态度。有些同志往往把洋务派官僚同改良主义者混为一谈，似乎是忽视了他们之间在这些关键问题上的根本分歧。③

① 《刘坤一遗集》，第二册，中华书局1959年版，第624页。

② 郑观应：《盛世危言·商务二》，载《中国近代史资料丛刊·洋务运动》，第1册，第524页；王韬：“弢园文录外编”兴利，载“中国近代史资料丛刊”《洋务运动》，第1册，第489页；何启、胡礼垣：《新政真诠》，史学会主编：《中国近代史资料丛刊·戊戌变法》，第1册，第204页。康有为：《公车上书》，载《中国近代史资料丛刊·戊戌变法》，第2册，第141页。（以上引文的着重点都是我加的——引者。）

③ 关于洋务派官僚同改良主义者的分歧本来是很明显的，洋务派出身，后来在思想上发展为改良主义者的马建忠就在1890年旗帜鲜明地反对上海织布局“专利十年”的规定，他认为织布局的产量有限，“所夺洋人之利，奚啻九牛一毛哉”！因而主张允许民间资本向织布局投资“扩充资本，或再立新局”（《适可斋记言》卷一，富民说，中华书局1960年版，第5页）。殷之辂认为洋务派面临洋纱、洋布和外国资本入侵的局面，实行专利“是何异临大敌而反自缚其众将士手足，反以一身当关拒守，不亦偾夫”“纺织三要”（载《皇朝经世文三编》，卷六一，1898年版第6页）。康有为也认为洋务派在工业中实行专利的结果“徒使洋货流行，而禁吾民制造，是自蹙其国也”“公车上书”。其他的改良主义者如陈炽、何启、梁启超等也都有同样的主张。

总的说起来，招商局依靠外国资本而缔结的“齐价合同”以及它依靠封建政权而享有的专利权，是对中国航运业的双重垄断，这种垄断是符合外国侵略资本和洋务派官僚的利益的，因为它达到了他们阻碍中国资本主义发展和“独擅其利”的目的。在整个19世纪，中国没有出现一家稍具规模的内河和远洋的商办轮船公司，这一情况绝不是偶然的。以中国的一条主要内河航线：上海—宜昌线来看，到20世纪的开始(1901年)外商轮船公司除怡和、太古以外又增加了5家，共拥有轮船27只(2.8万吨)。而中国方面，只有招商局一家，仅有轮船6只(7 000吨)①。一般地讲，中国商办航运企业从1903年以后才有较显著的发展，在此以前，从1872—1902年的30年中，国内民族资本的航轮公司一共才有4家，发展是极微弱的②。甲午战争后的五年，我国商办厂矿增加了59家，超过了以前三十年的总数(54家)，但是在同期内(1895—1899年)，商办轮船公司只增加了一家。从1872年算起，我国商办航运业的发展，比商办厂矿业的发展落后三十余年③。当然，我国民族航运业发展的迟滞，最主要的原因乃是外国资本的入侵，但是问题在于在外国资本入侵的条件下，招商局究竟起了什么作用？它究竟扮演了一个什么样的角色？从总的历史事实来估价，我们不得不承认，它不但没有发挥抵制外国资本的入侵和保护民族资本的作用(更谈不上什么扶植了)，相反地，它的存在却加速了外国资本的入侵，阻碍了民族资本的发展。改良主义者何启、胡礼垣在探究中国资本主义航运业发展迟滞的原因时，曾经说：“轮舶之利，商贾家无不知之，而独不闻有纠合公司，倡设轮舶，周环天下以展鸿图者，其故何居？曰：此由朝廷无以振作之，兴感之之故也。不惟无以振作兴

① 浅居诚一：《日清汽船株式会社三十年史及其追补》，1941年东京版，第18页。又根据宣统元年(1909年)清政府邮传部对在华外资航业的调查：在长江流域(包括长江支流的内港航线)有外资轮船72只，黄河流域6只(内估计数4只)，长江流域30只，闽江流域8只(《东方杂志》1912年11月，第6卷第10期，《调查》，第139页)。

② 据严中平等编：前揭书，第223页，在计算时，除去了拟设的一家，中外合资的三家，专作叨暹罗生意的一家。

③ 航运企业数，据严中平等上揭书第223—224页(资本5万元以上者)；厂矿企业数据上书第93页(平均资本21万元)。

感，而又从而阻止之，遏抑之之故也。”①作为一个“官督商办”企业，招商局在阻止和遏抑中国资本主义航运业的发展上，发挥了它的独特作用。

三、招商局作为一个“官督商办”企业，对它所吸收的私人投资起了什么作用？

从招商局创办的资本来源来看，主要是中国商人的投资，官方虽有垫款，但只取官利，“盈亏全归商人，与官无涉”（李鸿章语）。不过，招商局又是一个在历届北洋大臣控制下的企业，它的用人、理财及业务方针的决策必须由“官总其大纲，察其利病”（李鸿章语）。因此，招商局从它的资本构成来讲，应该是一个股份公司的资本主义企业；但是从它经营管理的方式来讲又是一个“官督商办”的企业。那么，一个资本主义企业在“官督商办”的经营管理之下，究竟是什么样的遭遇呢？一个“官督商办”的企业对它所吸收的私人投资究竟起了什么样的作用呢？这就是我们现在所要探讨的问题。

招商局在它创办的初期曾经受到李鸿章多方的扶助。这种扶助，大体上可以分为以下几个方面：(1)运漕及承运官物。一直到清王朝覆灭以前，招商局始终享有运送漕粮的特权，招商局运送漕粮的完整记录已无从查考，从各方面的材料来看，在1900年以前由招商局承运的漕粮每年平均在50万石左右②，以每石运费0.44两计算③，每年可得运漕水脚约22万两左右。在1893年以前，运漕水脚始终成为招商局的一项较稳定的收入。这项收入在

---

① 何启、胡礼垣：《新政真诠》二编，“新政论义”（载《中国近代史资料丛刊·戊戌变法》，第1册，第203页）。

② 根据1873—1911年的关册记载，由上海北运的漕粮共3 770万石，但其中由招商局运送的总数无法核计。兴登(H.O. Hinton)在《晚清漕运制度》(哈佛大学出版社1956年版)一书中虽列举了1873—1893年招商局的运漕数字，但其可靠性尚值得商榷。如兴登将1879年招商局运漕数列为102 110石，1883年则缺如（上书第86页），但根据《报告书》（下册，第27、32页），前者应为57万石，后者应为39万石。现据1875—1884年（内缺1877、1878年）8年中招商局的实际运漕数（《报告书》下册，第20—34页）平均计算，每年为472 000石，考虑到江、浙漕粮在1884年以后并未减少并略有增加，故估计19世纪以前每年平均为50万石。

③ 1880年以前每石运费为0.56两（比沙船运费多付0.031两），1880年以后为0.531两（与沙船运费相同），1885—1902年为0.38两，1902年以后为0.338 1两，今取其平均数0.44两（参阅《李文忠公全集·奏稿》，卷三六，第33页；卷五六，第2页；《北华捷报》，1887年3月9日，第269—275页）。

招商局同外资轮船公司的竞争中起了一定的补助作用,所以李鸿章曾经说:"承运漕粮,为商局命脉所系"[①],1897年《北华捷报》在一篇社论中也认为"运漕水脚是政府对招商局的一种变相补贴,没有这种补贴,招商局非亏本不可"[②]。1877年,除运漕以外,李鸿章又替招商局奏准了承运各省官物的特权,从而进一步扩大了它揽载的货源[③]。(2)免税。招商局享有从上海至天津随漕运货免天津进口税二成的特权。1886年李鸿章又奏准招商局以卸漕空船载货,可享有免除北洋三江出口税二成的特权。同时,又请准华商以鄂茶搭招商局轮船运天津出口,每百斤减为出口正税六钱,并免交出口半税[④]。这些优惠特权对增加招商局的收入和争取揽载鄂茶都起了一定的作用。(3)贷款、缓息。李鸿章为了帮助招商局克服资金不足的困难,曾在1872—1877年间,对招商局先后贷款四次[⑤],到1877年招商局对清政府的负债一共是192.8万两。这些贷款的本息从1880年开始归还,到1891年全部还清。在此以前,为了照顾招商局的经济困难曾经一度采取"分年还本,缓缴利息"的措施。

毫无疑问,李鸿章的扶助对招商局早期的发展是有帮助的,投资于招商局的私人资本从这里得到了好处。但是有些同志把洋务派官僚的这种扶助作了过高的估计,没有看到这些扶助所起的作用是带有一定的局限性的。首先,随着时间的发展,这些扶助,有的实际效果很少,有的甚至逐渐转化为不利的因素,成为清政府对招商局勒索的一部分。以运漕而论,由于清政府一再降低运价,到1893年招商局在运漕业务中已开始承受亏损,自1899—

---

① 《李文忠公全集·奏稿》,卷三〇,第33页。

② 《北华捷报》,1879年8月8日。

③ 光绪三年十一月《德宗实录》卷六二,第18页。

④ 《李文忠公全集·奏稿》,卷五六,第1页。

⑤ 这些贷款的金额及利息是:1872年的135 000两,年息7厘(《李文忠公全集·奏稿》,卷二十,第33页);1876年的450 000两,年息1分(同上书,译署函稿,卷七,第21—22页);1876年的200 000两,年息8厘(同上书,卷七,26页)1877年的100万两,年息1分(徐愚斋自叙年谱,第18—19页)。

1911年的十三年中承运漕粮，年年亏损，共积亏达98万余两①，因此，自1893年以后，清政府对招商局的扶助，已逐渐转化为招商局对清政府的报效。至于免税二成及鄂茶免税的优待，实际效果也很有限，“总计所得利益，每年不过核银2万两左右，局累既深，实不足以资补救”②。其次，由于“官督”而带来的腐败性，使政府的扶助不能真正发挥应有的作用，相反地，这种扶助倒成为大小吏员贪污中饱的利薮，成为清政府勒索、掣肘的根据。从运漕方面看，“因官有运漕的帮助，凡官荐之人势不能却”，而所荐之人，又都是一些“不士、不农、不工、不商”的“四不象”，徒“挂名文案，得支干铣”而已③；从贷款方面看：“旗昌烂船沈文肃提款买售并入招商，名为官款，遇事掣肘。”④所以由清政府的扶助而产生的利益，实际上大部分已由大小官僚和封建政府加以朋分或索回，招商局所享受的实惠是很有限的。

问题还不在于清政府的“扶助”存在着一定的局限性，更重要的是：作为一个“官督商办”企业，招商局即使不接受政府的扶助，或全部还清了国家的贷款，也逃不了官僚的干预，所谓“并非一缴公帑，官即不过问，听其漫无钤制”⑤。由于“官督”的结果，洋务派官僚对招商局极尽了摧残的能事。这里是洋务派官僚对招商局真正致命的一击。“官督”的弊害，大体上可以分为以下几方面：

1. 官僚把持用人、理财之权

“官督”的最根本的一条就是“用人理财悉听〔督办〕调度”（盛宣怀语）。郑观应曾经说：“查招商局乃官督商办，各总、会、帮办，俱由北洋大臣札委。”⑥北洋大臣掌握了“札委”之权，就从根本上控制了招商局使它成为扩充自己政治、

① 《报告书》下册，第68—69页。

② 葛子源辑：《洋务时事汇编》1898年版，丑卷，第29页。

③ 郑观应：《盛世危言》，载《中国近代史资料丛刊·洋务运动》，第1册，第533页。

④ 麦曼宣：《增辑皇朝经济文新编》卷一三上，邮运，第3—4页。

⑤ 《李文忠公全集·奏稿》，卷四〇，第24页。

⑥ 郑观应：“致招商局总办唐景星观察书”，载《中国近代史资料丛刊·洋务运动》第6册，第111页。

经济势力的重要基地。总计自1872—1911年,招商局先后有过19个总办、督办、帮办、会办、总理、座办等,无一不是由北洋大臣“札委”,或由邮传部“部派”。在李鸿章“札委”的掩护下,招商局成了洋务派官僚亲戚故旧、裙带关系的总汇集地,当局者可以“任意黜陟,调剂私人”,“而股东辈亦无可如何”①。根据1885年的调查,“‘总’之缺(按:指‘北栈管总、广州局总、各船之总’等——引者),向归总办分派,非唐〔廷枢〕即徐〔润〕,间用他姓,必须打通关节,与局中有力者分做,即暗地分财之谓也”。这些“总”“皆不在其事,但挂名分肥而已”②。结果是“各局船栈人浮于事,视太〔古〕、怡〔和〕行不啻三倍,而得用者无多”③。再以各重要分局来看,广州分局长时期控制在唐廷枢兄弟手里,汉口分局控制在盛宣怀的心腹施紫卿手里,天津分局则控制在李鸿章的故旧麦佐之手里,由他们“兄授其弟、父传其子,恬不以为怪……”④

官僚把持“理财”权的结果,实际上是把招商局变成了他们的“私账房”,李鸿章为了调整同朝鲜的关系,要招商局“垫借”巨款,户部因军费不足,要招商局“垫借”巨款⑤,盛宣怀为了“赈灾”也要招商局“垫借”款项⑥。更重要的是洋务派官僚把“理财”之权变成了他们攫取个人私利的工具。这里试以盛宣怀为例来考察一下一个官僚如何利用“官督”的地位来扩展自己的经济势力。盛宣怀虽是官僚地主出身,但从财力上讲,则是一个“空心大老”(徐润语),经李鸿章“札委”以后,历任招商局的会办、督办、董事会会长等职达三十五年(1873—1878年,1884—1902年,1907—1916年)之久。在任职期间,他运用了招商局的资金广为投资,多方控制,曾经一度为他自己建立了一个显赫一时的轮船、电讯、银行、工矿等企业的大集团。在他的“理财”之下,到1893年招商局和它所属的仁济和保险公司对上海机器织布局共投资

① 郑观应:“致招商局总办唐景星观察书”,载《中国近代史资料丛刊·洋务运动》第6册,第111页。

②③ 马相伯:《改革招商局建议》,载《中国近代史资料丛刊·洋务运动》第6册,第125页。

④ 李孤帆:《招商局三大案》,1933年版,第52页。

⑤ 《报告书》,下册,第33—45页。

⑥ 《盛宣怀亲笔电稿》,第14册(藏上海图书馆)。

22 万两。此外，仁济和在织布局还有长期存款 8 万两①，这两笔资金占 1893 年上海机器织布局长短期负债总额 109.029 万两的 27.5%。这自然为盛宣怀控制上海机器织布局，并最后把它的后身——华盛机器纺织厂，转为他个人的私产准备了条件。1887 年设立通商银行的时候，在盛宣怀控制下的两个官督商办企业——招商局、电报局分别投资了 80 万两和 20 万两②，占当时通商银行实收股本 250 万两的五分之二；此外，盛宣怀还分别自招商局、华盛机器纺织总厂抽调心腹干部充任通商银行的董事，从资金到人员把通商银行完全控制在自己手里。当盛宣怀控制了这些"官督商办"企业以后，他又运用这些企业的资金继续吞食其他的企业。这一次的对象是汉阳铁厂和萍乡煤矿。根据 1898 年汉阳铁厂和萍乡煤矿的"创始老股账"，在汉阳铁厂的 100 万两股本中，招商局投资 25 万两，电报局 22 万两，通商银行 32.85 万两，南洋公学(招商局捐办)6 000 两，合计 80.45 万两，占全部股本的 80.4%；在萍乡煤矿的 100 万两中，招商局、电报局的投资也占 45%(招商局 23%、电报局 22%)③。这样，盛宣怀便实际上控制了汉阳铁厂和萍乡煤矿，并逐步把它们转化为自己的私产。到 1910 年为止，在盛宣怀一手主持下，招商局先后投资了 9 个企业共 250 余万两④，占该局当时资本总额的 67.5%。随着招商局对外投资的增加，盛宣怀的"督办"、"董事长"等头衔也接踵而来。盛宣怀以"官督"的地位"理财"的结果，固然使他自己长袖善舞，拥有多资，但是，这是牺牲招商局的发展前途和投资者的利益换得来的。由于对外滥行投资的结果，招商局终于是"局款如洗，异常支绌"，"现金竭蹶，不能复添置新船"了；而招商局的股东们，每届发给股息的时候，发现他们所领到的现

① 一般都说招商局投资织布局仅 10 万两(《交通史航政编》第 1 册，第 315—316 页)，但据盛宣怀在 1893 年对李鸿章的报告，则为投资 22 万两，存款 8 万两(《北华捷报》，1893 年 12 月 29 日)。今从 1893 年盛说。

② "严信厚等光绪二十三年四月二十四日上盛大臣函稿第 10 号"(藏中国人民银行上海分行金融研究室)；《愚斋存稿初刊》卷三，第 12—19 页。

③ 武汉大学经济系编：《汉冶萍公司史》1962 年油印稿，上册，第 2 章，第 7 页。

④ 《交通史航政编》，第 1 册，第 315—316 页。对机器织布局投资作 30 万两计算。

金股息越来越少，大部或全部股息都变成了通商银行和汉冶萍公司等一纸无法兑现的股票[①]。如果是一个真正的资本主义企业，盛宣怀是没有权利这样专擅独断地牺牲股东和企业的利益来扩展他个人势力的，但是作为一个“官督商办”的企业，他完全有权为所欲为，企业中的商股没有任何申诉的余地。招商局这个“官督商办”企业实际上成为洋务派官僚侵吞民族资本，并把民族资本转化为官僚买办资本的有力工具。

李鸿章在设立招商局时，虽然也曾经允许在商股中选出商董，并声称要“听任该商董等自立条议，悦服众商”[②]，但在官僚把持下的“官督商办”，“官督”则有之，“商办”则未必。李鼎颐曾经认为这是“官督商办”必然失败的原因，他说：“兴办矿务当去官督之名，求商办之实。试观轮船招商局，先时定章止有商总、商董等名目，在局办事者亦无司董之称，曾不数年，而初意尽失，私弊相仍，可为殷鉴。故以为‘官督商办’仍未得为经久之计也。”[③]无怪乎后来的民族资本看见“官督商办”四个大字就望而却步了。

2. 经营管理极端腐败

企业内部极端腐败的经营管理，是官僚把持，滥用私人的必然结果，它首先表现为大小职员肆无忌惮地挪欠局款，贪污中饱。如唐廷枢、徐润等都经常以虚假押品在局内押借巨款，局中无款可押时，则以局产向外国洋行抵押，所押款项，或擅抵私欠或自营生意，结果弄得“局无现银”。在上者既然挪欠营私，在下者也就群起效尤，于是“搭客以多报少，影射隐瞒，难为究办”[④]，“江海轮船旅客常满，追稽收数，又无一次不患短绌”[⑤]。局内的“总”、“办”之流，都私设了一系列的行号，如保险公司、揽载船行、栈行等。这些都是以招商局为对象的“分肥”行号。唐廷枢的长裕泰船行及万安栈等，对招

① 《申报》光绪二十三年三月初七日；孙慎钦编：《招商局史稿》，第 39 页。
② 《李文忠公全集·译署函稿》，卷一，第 39—40 页。
③ 李鼎颐：“中国土产钢铁棉花论”，《皇朝经世文三编》卷二六，第 9 页。
④ 刘锦藻：前揭书，第 11046—11047 页。
⑤ 《交通史航政编》第 1 册，第 188 页。

商局“统计水脚旧欠十有一万，新欠更倍于此”①。1884年一年中无法收回的呆账就达18万余两，其中大部分是这些行栈的水脚结欠项目②。至于徐润套用巨额局款，大做地产投机生意，弄得倾家荡产，使招商局备受亏累，那更是尽人皆知的事了。其次是侵吞局产。招商的各种房契、船契等“抽换、抵押、遗失之弊，所在俱有”。有些房产每年结账由大化小，由小化为乌有（如福州分局）；有的轮船，名为招商局产业（如“致远”、“图南”），实际已悬英旗，船契则早被局员押给外国洋行③。第三，官员的需索。在官僚把持下的招商局，一些供职的大小吏员，明知这里是宦海浮沉的所在，因此都存“五日京兆”之心，不顾股东利益，巧立名目，竭力搜括，以饱私囊。在1909年当股东痛诋“官督”之弊时，曾经指出：“官派之总、副、会办，优薪之外，岁分红利，每人各数千两，近年航业不振，无红可分，又易其名为津贴，岁支巨款如故……历任长官坐享官督之利。”④就以这一年（1909年）为例，全年水脚结余仅4.8万两，但正、副会办年终“津贴”就分去2.5万两，占水脚结余的一半以上⑤，这当然还不包括他们的高薪和挥霍浪费。值得注意的是这些营私舞弊的活动，并不是个别地、隐蔽地进行的，而是明目张胆的结党营私。当时一个被李鸿章调到招商局襄理局务的外国人摩斯（H.B. Morse）曾经私下向他的朋友说：“（对招商局）改革的措施常常会堵塞某些人的财路，这些人的亲戚故旧盘踞在局里，结党营私，贪污中饱……每一步改革只要是一碰到这些人的钱袋，就会开罪他们，激起他们敌意的批评”⑥。“结党营私”，这是在“官督”之下，滥用私人和攫取私利相结合的必然产物。

毫无疑问在官僚把持下的腐败经营管理，严重地侵犯了投资者的利益，

---

①③ 马相伯：“改革招商局建议”，载《中国近代史资料丛刊·洋务运动》第6册，第127页。

② 《报告书》下册，第36页。

④ 《股东签注隶部章程》，第1页。

⑤ 《交通史航政编》第1册，第189页。

⑥ 1887年8月25日摩斯致卡特莱特（Cartwright）函，载《摩斯函稿》（*Letter Book of H.B. Horse, 1886—1907*）转引自符华格：前揭书，第144页。

影响了招商局的资金积累，削弱了它的发展甚至生存的能力。“官督”的结果，只有利于少数洋务派官僚和贪污中饱的人，而企业中的商股则备受摧残。这些大小吏员像是一堆封建蛀虫，它们通过“官督”潜伏在招商局内部，日日夜夜地对这个企业进行着贪婪的蛀食。正如户部在1886年的奏折中所说的：“臣等稽之案牍，证之人言，知所谓利权上不在国，下不在商，尽归中饱之员绅。如唐廷枢、朱其昂之被参于前，徐润、张鸿禄之败露于后，皆其明证。”①当时有一个局外人（平步清）曾就户部的奏折加以评论，他认为当初商人投资于这个“官督商办”的招商局，实在是“不知远虑”，受了这些官僚们的欺骗，而“十五年来，局事一如部折（指上引户部折——引者），已成不可挽回之局。中饱者亦悖入悖出。”②复按历史，我觉得户部奏折和平步清的评论都是言之有据的。

3. 业务经营的买办化

有人在参与了清查招商局的工作以后，得出这样的结论：“招商局者，中国旧式衙门与买办制度之混合物也。”③这话说得有理，不过，买办化不是一个随意套用的名词，应该有它具体的内容，我认为招商局的买办化大体上表现在以下几方面：

第一，在业务上是外国资本的附庸。招商局是在同外国资本长时期订立“齐价合约”的情况下经营业务的。这种同外资轮船公司相互勾结的关系，实际上已经使招商局完全沦为外国侵略资本的附庸。依附外国资本的结果，它的利益就必须同外国资本的利益一致，而不是同民族资本的利益一致（关于这一点前面已经讲过，此处不赘）。它是外国资本在我国取得垄断利润的垫脚石，是外国资本扼杀我国民族资本的帮凶。在这一点上招商局已经克尽了一个买办的职能。

第二，在经营管理上实行的是买办制度。当唐廷枢、徐润、郑观应等大

① 光绪十二年三月《户部复陈维持招商局事宜疏》，载《洋务时事汇编》酉卷，第31页。

② 平步清：《霞外捃屑》，中华书局1959年版，第94页。

③ 李孤帆：前揭书，第1页。

买办转移到招商局以后，他们就把怡和、太古等一套买办制度完全移植到招商局：栈务、船务设买办；栈货、货力的赔赚全由买办报销；买办之下又有“二买办”、“三买办”，等等。招商局是在业务、技术上长期依靠洋人的，于是以佣金为基础的买办制度，就成为适应这种“中国资本，洋人管理”的畸形企业的特殊制度。但是，外国洋行采用买办制度，是在洋人的严格监督下实行的，因此能够“以此羁縻，使其（指买办——引者）奋勉，为我招徕”（郑观应语），而招商局是一个官僚把持的腐败衙门，于是洋行的买办制度就给官僚们在招商局进行营私舞弊、贪污中饱提供了制度上的保证。因此，这个制度也就被他们长时期地保留下来了。

第三，在技术上完全依赖洋人。郑观应曾经指出：招商局“各船主、大副、二副、大车、二车皆洋人”[①]。这些洋人雇员大多数都是一些不学无术、生活腐化的“烂水手”，在他们的管理和领航下，招商局的轮船遭受到很大的损失，最严重的时候，五天之内连沉两船。1877 年在“江长”轮触礁时，“该船船主费连美国人，带水人嗦愒呼亦美国人……失事时带水人尚在醉乡”[②]。钟天伟曾经指出招商局雇用的洋人“非赌博宿娼，即酗酒躲懒，行船则掉以轻心”[③]，是一大弊害。这些洋人不但是行船“掉以轻心”，并且贪污舞弊无所不为，如“总船主及揽载洋人白拉，作弊很大，俱各发财而去”[④]。尽管如此，招商局为了雇用这些洋人却花了极大的代价，以 1898 年的情况来看，洋人薪津竟占全局水脚收入的六分之一，占全部开支的四分之一左右[⑤]。在轮船上的洋人平均工资比华籍人员一般要大 8 倍以上[⑥]。那么，是不是中国人的技术没有洋人好，因而必须付出高昂工资雇用这些“掉以轻心”的洋人呢？不是的。以引水人员而论，根据洋人引水自己的记述，在 1878 年时“由于不加节

① 郑观应：《上北洋大臣李傅相禀陈招商局情形并整顿条陈》，载《中国近代史资料丛刊·洋务运动》第 6 册，第 123 页。

② 《报告书》，下册，第 26 页。

③ 钟天伟：《轮船、电报二事如何剔弊方能持久案》，《皇朝经世文三编》卷二六，第 17 页。

④ 《交通史航政编》，第 1 册，第 156 页。

⑤ 《报告书》下册，第 48—49 页。

⑥ 《光绪三十四年邮传部第二次统计表》船政，上卷二，1911 年北京版。

制的放纵习性，外国引水在技术上既不优于中国引水，在工作上也不比中国引水更为可靠”[①]。那么，招商局为什么要以高价雇用技术不高的洋人，甘愿承担各种损失呢？这只能是它在业务经营上买办化的表现。有的同志认为一个封建国家开始创办近代企业，在技术和机器上依赖外国人是必经阶段，不是中国特有的现象，因此，不能作为买办化的标志。我认为这种提法比较笼统；关于“依赖”洋人与买办化的关系应该根据具体的历史情况进行具体的分析。试以日本邮船会社在依赖“洋人”问题上同招商局比较一下。这两个轮船公司几乎是同时设立的，但是到1886年，在日本邮船会社的全部船长中，本国人已占37人，“洋人”仅占26人；在机械人员中，本国人已占104人，“洋人”仅占48人[②]。同时期的招商局在144个船长和机械人员中，全部都是洋人[③]。到1920年日本邮船会社只有一个外国船长了，而招商局一直到1930年还全部雇用洋人[④]。所以问题不在于开始时是否雇用洋人，而在于是朝自力更生的道路上走呢，还是满足于一切都依赖洋人？在洋务派官僚把持下的招商局显然是采取了后一条道路。这是一条买办化的道路。改良主义者陈炽曾经痛心地指出：“惟是官商各局，仿效西法，而综理一切，统用西人，绝不思教养华人，以渐收其权利。夫日本东瀛小国耳，通商卅载，乃学西人之所能者，而尽能之，举华人之所不能者，而皆能之。”[⑤]这段话的确是打中了洋务派经济活动的要害。

第四，在资金上依靠外国资本。

---

① 菲律普(G. Philip)：《上海引水纪事，1831—1932》(*The Log of Shanghai Pilot Service 1831—1932*)，1932年上海版，第93页。

② 日本邮船会社：《日本邮船会社50年史》(Nippon Yusen Kaisha: *Golden Jubilee History of Nippon Yusen Kaisha, 1885—1935*)，1935年东京版，第163—167页。

③ 《中国、朝鲜、日本大事编年与指南，1885年》(*The Chronicle & Directory For China, Korea, Japan... For the year 1885*)，第396—398页。另据《光绪三十四年邮传部第二次统计表》，《船政》上卷二载：到1908年，招商局的175个船长及机械员中仍然全部是外国人。

④ 日本邮船会社：《东方一瞥》(*Glimpses of the East*)，1929年东京版，“N.Y.K. Line”第6页；艾伦：前揭书第132页。还应该指出，在我国航运业中，从1922年开始以本国人“循格升任”高级船员以代替洋人的，并不是招商局，而是其他的民族资本轮船公司。

⑤ 陈炽：“庸书”，“自立”，载《中国近代史资料丛刊·戊戌变法》，第1册，第247页。

从1872—1911年招商局先后向外商洋行、银行借款462万余两①。为了借取外债，招商局不惜以所有的动产、不动产，甚至运费收入作为抵押。它向外国银行借款的条件是非常苛刻的，只要借款利息的交付衍期15天，银行就有“行使其出售或出租抵押品的权利”。在借款期间，招商局事实上对它的财产已经丧失了所有权②，有时在业务的经营上也丧失了支配权③。招商局自创立以后，在我国航运业中就基本上处于垄断地位，一个垄断企业却经常左支右绌，甚至不得不大借洋债，这是一个不平常的现象。试以1883年的外债来看，这一年根据李鸿章的意志，由招商局对朝鲜政府贷款漕平银25万两，局内现金已经支绌，接着上海出现金融风潮，徐润套用巨额局款投机地产的事，完全败露，招商局不得已向天祥洋行与怡和洋行借款74万余两，假使没有李鸿章自作主张的朝鲜贷款，没有唐、徐的营私舞弊，招商局在这一年原可以不必借取外债的。招商局在“官督”之下被盛宣怀挪去投资的约250万两，向政府“报效”的约135万两（见下文），若再加上贪污中饱的数字，从这一方面耗去的资金绝不在500万两以下，这笔资金远超过1872—1911年的外债462万两。若是没有“官督”所带来的这些弊害，我们有理由相信，招商局的财力尚可应付自如，不至于走上大借外债，并受外国资本干预的买办化的道路。

4. 政府的勒索

作为一个“官督商办”企业，对于政府的照顾，如贷款、缓息等，必须有所回报，是为“报效”④。招商局对清政府的第一次报效是1891年，由于缓交利

---

① 这些外债借款是：1877年借旗昌洋行100万两，1883年借天祥洋行、怡和洋行743 000两，1895年借汇丰银行1 180 328两（30万镑），1911年借汇丰150万两。1911年的借款有三分之一被当时的革命政府挪用。

② 《汇丰银行借款合同》，《报告书》下册，第151—153页。

③ 1886年12月2日摩斯在写给赫德的一封信中，透露了当时汇丰银行的代表卡默逊（Camerson）曾经借贷款干预招商局的局务（载《摩斯函稿》，转引自符华格：前揭书，第141、284页）。

④ “报效”不是招商局的特有现象，其他的官督商办企业也有报效。如电报局自1884—1902年先后向清政府报效142万余元（107万余两），约占资本总额220万元的64%（《李文忠公全集·奏稿》，卷六七，第11—12页。《愚斋存稿初刊》，卷三，第6页；卷四，第19—20页）。

息“局基渐固”，由李鸿章奏准报效银 10 万两。以后，1894 年慈禧生日的“万寿盛典”又报效 55 200 余两。同年，政府因军费浩大，由户部向招商局借银 41 万两。这时，招商局本身也缺乏现款，不得已转向天津吸收存款，“凑数筹付”①。到 1899 年，政府明确规定每年必须拨盈余二成以“裕饷需”②。这种报效有以下几个特点：第一，自 1899—1909 年的十一年中（1904、1905 年除外）的实际报效数额是远超过盈余二成的，超过之数，都是从折旧项下提拨，因而使折旧基金减少 57.8 万两。第二，没有盈余也须报效，如 1902 年收支相抵并无盈余，仍须报效 14 万两。第三，假使按规定的项目报效以后其总数少于盈余二成，这一部分多余的差额仍须上缴，如 1904 及 1905 年以盈余二成按规定项目报效后，尚余 3.7 万两，多余之数仍“扫数呈解”或“听候官厅拨用”③。从以上的特点中可以看出，招商局的报效，实际上是对清政府的一种贡赋。这种贡赋是不论企业盈亏，不顾企业发展（以折旧基金拨垫）而必须年年缴纳的。这是招商局作为一个“官督商办”企业对清政府“官为维持”的报偿。从 1891—1911 年，招商局对清政府一共报效了 1 353 960 两④。这笔数字加上承运漕粮的损失（实际上也是一种变相的报效）948 400 两，一共 230 万余两，要占招商局 1907 年资本总额（400 万两）的 58.8%⑤。

---

① 《报告书》，下册，第 43、45 页。

② 《愚斋存稿初刊》，卷三、第 6 页。

③ 《己亥、庚子年招商局账略》（抄本，藏上海图书馆）；《报告书》，下册，第 43—65 页。

④ 一般人在计算招商局报效数时，往往把盈余二成的报效数与其他项目的报效数分开计算，这样就会造成重复计算的错误。实际情况是：先有报效项目及金额，然后提盈余二成报效，不足之数，则由折旧项下提款补足。如 1907 年报效北洋兵轮费 6 万两，实业学堂经费 2 万两共 8 万两，但盈余二成仅 9 200 两，不足之数 70 800 两由折旧基金中拨垫。因此，盈余二成与其他报效项目不能分开计算。招商局报效总数现已无从查考，我根据历年实支核算结果共为 1 353 960 两。郑观应在 1910 年曾经说：报效各项经费“自开办以来计银一百三十余万两”（《股东签注隶部章程》，第 4 页），那么，我的计算还是比较接近实际的。《交通史航政编》所载报效情况缺 1900 年的数字，1901 年也计算错误。符华格（前揭书第 176 页）将盈余二成与报效数分别计算，有重复，故将报效总数多列了 17 万余两。

⑤ 同清政府及洋务派官僚的勒索政策形成鲜明对照的是日本政府对航运业的补助政策，从 1898—1907 年日本政府对航行于我国的日本轮船每年补助约 20 万日元。从 1907—1937 年对日清汽船株式会社一共补助了 2 000 余万日元，平均每年 68 万余日元（浅居诚一前揭书，第 20、29、374、380 页）。

由以上的情况可以看出,“官督”的弊害是严重的,它从内部对招商局进行了致命的摧残。不过,我们若要对招商局这个“官督商办”(严格地讲“官督商办”这个词是不准确的,容易引起误解,因为实际上只有“官督”没有或很少“商办”)的功过作一个最后的评价,还必须看一看民族资本对它的反应。从某种意义上讲,民族资本对招商局的反应,也许是对一个“官督商办”企业最真实的试金石。

当李鸿章初设立招商局时,一般商人对这个“官督商办”企业的反应,开始时对它存有幻想,继而是疑惧,后来则是坚决反对。当招商局设立之初(1872 年)上海绅商中实际入股的只有郁熙绳的 1 万两,其余商股 11 万两,仅登记了姓名,无人缴款;1873 年号称集股 37 万两,实际真正入股的仅 18 万两;1876 年拟募股 39.7 万两,凑足 100 万两资本;但实际入股的仅 82 900 两,距原定目标,还差得很远。商人对于“官督商办”企业的投资是不踊跃的①。当 1877 年收购旗昌时,盛宣怀曾经建议用三种方法从民间筹措资金 152 万两,即:(1)劝说原来投资旗昌的华人股东,转购招商局的股票;(2)向两淮盐商摊销招商局股票;(3)由上海海关道向当地富商摊销股票②。但是,商民反应冷淡,盛宣怀的计划完全落空,实际仅募得 4.7 万两③,只有原订指标的三十二分之一。那么,是不是当时私人资本积累薄弱,无力投资于近代企业,或不愿投资呢? 不是的。在论述招商局产生的历史条件时,我们已经指出,当时私人资本已经有所积累,并且在追求有利的投资机会。例如,徐润在同时(1876 年)设立的仁和保险公司,顷刻之间集股 25 万两,第二年又轻而易举地再增资 25 万两;1878 年徐润再办济和水险公司,集股 50 万两,也是一呼即来,毫无困难④。可见问题不在于商人没有资本,而在于他们不敢投资于“官督商办”企业。当时代表外国资本利益的《北华捷报》曾经分

① 《交通史航政编》,第 1 册,第 269 页。
② 《李文忠公全集·奏稿》,卷四〇,第 23 页;《北华捷报》,1877 年 4 月 27 日。
③ 《李文忠公全集·译署函稿》,卷七,第 28 页。
④ 《徐愚斋自叙年谱》,第 18 页。

析，在1881年以前，从业务的需要来看，招商局的资本是很不充足的，其主要原因在于官僚的腐败管理使中国商人都不愿意成为这个企业的股东①。但是，李鸿章不是这样看法，他认为1877年募股时，“华商无一人入股，可见民心难齐”②。是“民心难齐”吗？恐怕未必，事实上人心向背是很清楚的。还是郑观应说得对：“官商积不相能，积不相信久矣……孰肯以自有之利权反为长官所执。故殷商大贾更事多者，明知其有利，每趑趄不敢应召。”③一句话，商怕官，私人资本害怕官老爷。但是1880—1881年招商局的资本毕竟由83万两增加到100万两，这又怎么解释呢？关于这一点《北华捷报》当时(1881年)曾有评论。它说：“我们认为这是由于中国商人对这个企业渐有信心的表现。只要是官僚们控制着企业，这些商人总是心存戒心的。现在官老爷们，有的离职了，有的不参与管理了，商人们才敢投资入股。”④原来这时候，盛宣怀调署天津河间兵备道，朱其诏调署永定河篆，朱其昂已死，叶廷春母病，请假侍养，招商局的管理权，实际上已转移到唐廷枢、徐润手里。唐、徐虽已捐官，但毕竟还是买办出身，可以赢得一部分商人的信任。所以从资本增加的情况来看，还是反映了商怕官，私人资本害怕官老爷。其实，在1885年以前，招商局历次资本的扩展，主要是唐廷枢、徐润当权以后从亲友中招募来的。当招商局的资本在1883年由100万两扩充到200万两时，徐润自己和他亲友的投资就达100余万两，占当时资本总额的一半以上⑤。徐润及其亲友之所以敢于投资，也无非是因为当时的经营管理权曾一度掌握在徐氏自己的手里，对“官督”能有所防范而已。也正因为如此，所以1884年初，当徐润投机失败，“请假”离职以后，他的亲友就以提存、下股的方式把他们的投资大批地从招商局转移出来。这种资本流动与徐润同进退的情况，正说明这些人对招商局的投资与其说是由于“官督商办”的吸引，勿宁说是

---

① 《北华捷报》，1884年8月1日。

② 《李文忠公全集·朋僚函稿》，卷一七，第13页。

③ 郑观应：“盛世危言”，《洋务运动》第1册，第523页。

④ 《北华捷报》，1881年10月4日。

⑤ 《徐愚斋自叙年谱》，第86页。

对徐氏个人的信任。1897年是招商局资本显著扩展的一年,自200万两增资为400万两,但是究其实情,这一次的资本扩充实际上是在盛宣怀主持之下的内部转账——自公积项下及自保船险公积项下各拨出100万两转入股本账①。并不真正是民族资本对招商局的投资有所增加。

在民族资本对招商局趑趄不前的时候,洋务派官僚却大施“理财”手腕,逐渐掌握了招商局的股票。盛宣怀自1889年被“札委”为督办后,即开始通过各种方法(包括假借招添新股为名,私填股票;压低票价乘机收买等)来套取招商局的股票,到1897年以后,他已经控制了招商局4万股中的1.1万股,成为招商局的大股东了②。这时即使取消盛宣怀的“官督”地位,这位“空心大老”仍将以“董事长”的地位把招商局控制在自己手里,造成所谓“历届股东开会,无非盛氏一手操纵,一家包办,多数股东,绝无权利可言”的局面③。“官督”!“官督”!对于这些洋务派官僚来讲真是得心应手之至。但是招商局的商股在“官督”之下,却深受其痛,他们说,在官僚把持下的招商局“虽谓之官督商办,其实商不敢过问,迄今三十余年,不能推广航路,无发达可言。”他们认为,那些营私舞弊、贪污中饱的巨额漏卮实际上是“移多收股东应享之利,入诸彼辈之私囊者也”④。因此,入股者寒心,未入股者裹足。招商局经过了三十余年的“官督商办”,当1909年改归邮传部管辖时,一度曾有废“官督商办”改为商办之议,消息传来,商界为之“欢声雷动”,对政府中主持商办之议的人“甚至欲供长生禄位”,而已经下跌的股票,在这一消息的刺激下立刻止跌回涨,由每股110余两上升至140余两⑤。这些反应应该是民族资本对“官督商办”公正的历史评价。

有的同志在评价洋务派举办民用企业等经济活动时,曾经说:“事实上

---

① 《交通史航政编》,第1册,第270页。

② 刘声木:《苌楚斋随笔》,直介堂丛刻,1929年版,卷五,第9—10页;《北华捷报》1914年3月28日,第867页;《李国杰破坏整理招商局及把持营私之供状》,第5页。

③ 《招商局文电摘要》,第92页。

④ 《股东签注隶部章程》,第6页;《招商局文电摘要》,《意见书》部分,第10页。

⑤ 盛宣怀宣统元年四月初十日致吴蔚若函;六月初三日致陆凤石尚书函,《盛宣怀未刊信稿》,第169、174页。

洋务派从‘图强’转向‘求富’，从军事工业发展至民用工矿事业的过程中，已逐步采取官商合作的方针，尽量鼓励私人投资近代企业，并加以种种保护，以资提倡。”①从招商局的情况来看，“官商合作”是有的，不过“合作”的结果是官僚吞食了私人投资；“鼓励”也是有的，不过只“鼓励”投资于官僚所控制的企业（这是洋务派官僚“收天下之财为己用”的好办法），除此以外概不“鼓励”，而是“不准另树一帜”；“保护”也是有的，不过对私人投资的摧残远超过于保护。为什么洋务派官僚的“官督商办”企业对它所吸收的私人投资既加扶助又加摧残呢？这是洋务派官僚经济活动目的与手段之间的矛盾，是他们“中学为体，西学为用”的“体”与“用”之间的矛盾。李鸿章在形势迫不得已的情况下，为了挽救封建统治的颓势而创办了招商局——一个资本主义的企业，但又怕它“漫无钤制”，因而采取了“官督商办”的方式，实际上是要把一个资本主义的企业置于封建官僚的控制之下，为封建统治者的利益和他们个人的私利服务②。也正因为如此，李鸿章是不愿意招商局垮台的，他对招商局采取了各种“官为维持”的扶助，但是“官为维持”反转来又成为官僚把持的根据。于是招商局就处在一个不可克服的矛盾之中，在这个矛盾的双方——目的与手段，“体”与“用”，“摧残”与“扶助”——目的、“体”与“摧残”始终是处于矛盾的主要方面，这就是洋务派经济活动的致命伤。招商局作为一个“官督商办”企业，它失败的原因是多方面的，但是归纳起来不外两条：第一，外国侵略者外来的压迫；第二，封建势力内部的摧残。我很同意范老的话，他说：“……资本主义终于不曾应时兴起的原因，固然由于外国侵略者的压迫，同时也由于封建势力的摧残，例如李鸿章就是招商局的扶助者兼摧残者③，不过我要补充一句，以资明确，那就是：李鸿章对招商局的摧残作用远大于扶助作用。

在本篇即将结束的时候，我不能不引述梁启超评论“官督商办”的一段话。

---

① 姜铎：《试论洋务运动对早期民族资本的促进作用》，载《文汇报》1961年12月28日。

② 严中平同志在研究了洋务派所举办的棉纺工业以后，曾经指出这些官僚“都靠‘洋务’一箭双雕；一则拿‘洋务’当政治资本，依以自重；一则拿‘洋务’当营私窟穴，装填自己的荷包”。（《中国棉纺织史稿》，科学出版社1955年版，第117页）。此言深中肯綮。

③ 范文澜：前揭书，第212页。

他说："李鸿章所办商务，亦无成效可观者无他，官督商办一语累之而已。中国人最长于商，若天授焉，但使国家为之制定商法，广通道路，保护利权，自然能使地无弃才，人无弃力，国之富可立而待也。今每举一商务，辄为之奏请焉，为之派大臣督办焉。即使所用得人，而代大匠斵者固未有不伤其手矣。况乃奸吏舞文，视为利薮，凭挟狐威，把持局务，其已入股者，安得不寒心，其未来者，安得不裹足耶。故中国商务不兴，虽谓李鸿章官督商办主义为之厉阶可也。"①这是一个改良主义者在20世纪的初期(1901年)怀着发展资本主义的愿望对"官督商办"的谴责，这个谴责是严厉的，但也是公正的。

四、结　　论

从招商局同外国侵略资本的关系，对我国民族资本航运业发生、发展的影响，以及对它本身所吸收的私人投资所起的作用等三个方面初步考察的结果，我认为：总的讲起来，它同外国侵略资本之间虽一度有过短暂的竞争，但勾结、依赖的一面是更主要的。它依靠同外国资本相互勾结而取得的垄断权，以及依靠封建政权而取得的专利权，对我国民族资本航运业的发生和发展起了阻碍和扼杀的作用。洋务派官僚对招商局所吸收的私人投资虽有所扶助，但是摧残的一面是更主要的。作为一个"官督商办"企业它并没有真正发挥聚集和保护民族资本的作用；相反地，它成为洋务派官僚侵吞民族资本，并把民族资本转化为官僚买办资本的有力工具。这一切都阻碍了我国资本主义的正常发展，为加速和加深外国资本的入侵创造了条件。

当然，从一个企业来考察洋务派的经济活动毕竟是有局限性的。我建议历史学界和经济学界把洋务派所办的几个主要企业(好在为数不多)都逐个地进行较深入的研究，然后再总体看洋务派经济活动的历史作用，也许就比较更清楚一些了。

(原载《历史研究》1963年第2期)

① 梁启超：《李鸿章》(铅印本)，第22页。

论晚清的官督商办

官督商办企业出现在 19 世纪 70 年代，到 80、90 年代达到全盛时期。它发展的势头一直持续到 19 世纪末叶。清王朝覆灭以后，官督商办企业的实体是没有了，但是它潜在的影响仍很深远。官督商办作为中国早期资本主义企业的一种形式，包含着许多尖锐对立的矛盾（官商之间、侵略者与中华民族之间、统治阶级与人民之间、各派政治集团之间，等等），呈现出错综复杂的关系。这些矛盾冲突给 19 世纪 70 年代到 20 世纪初的中国社会经济和阶级关系的变化带来什么影响？既是资本主义性质的企业又处于半殖民地半封建社会的中国，它的历史作用如何呢？它失败的原因是什么？是不是像某些西方资产阶级学者所说的，完全是由于清政府的腐败无能，同外国侵略者无关呢？本文试图就以上一些问题，对官督商办作一点历史的考察，并对它的历史作用作一些初步的评价。

一、历史条件

官督商办是在一个特定的历史条件下，封建主义与资本主义的结合物，在它身上带有明显的时代特征。概括地说，它是在下述条件下产生的。

第一，清政府既不能抵御外国侵略势力，又害怕中国资本主义的发展。两次鸦片战争以后，中国的大门已为大炮所打开，天朝的纸老虎已经被戳穿。强加在中国人民头上的不平等条约使外国侵略活动有了“合法”的依据。在军旗后面，商品像潮水一般地涌来；中国的物产资源成了西方冒险家追逐的对象。从城市到农村，商品经济都在进一步扩大。1869 年苏伊士运河通航，把欧亚航程缩短了将近一半；1871 年海底电线已从欧洲伸延到吴淞口外。清政府面对着西方的"利器"与"商品"，张皇失措，无所适从。但是外国侵略者对清政府迟迟不作出反应，早已等得不耐烦了。1867 年英国公使阿礼国向英国外相报告说，清王朝的"唯一目的是站着不动，对推动他们前进的努力作出消极的抵制"。阿礼国忿激地抱怨清政府对修铁路、架电线、开煤矿等都无动于衷。他向英国政府建议，只有采用强制的手段，才能迫使清政府采取较灵活的政策来改善这一状态。果然，在第二年(1868 年)中外修约时，他们就以强硬的态度作出了推动清政府"前进的努力"，对筑铁路、架电线、开煤矿、航行内河等"同心一意，求之甚切，持之甚坚"，"哓哓再四，不办不休"①。这是一个西方资产阶级"迫使一切民族——如果它们不想灭亡的话——采用资产阶级的生产方式"②的年代。

在急剧的变化中，上海特别突出。19 世纪 50 年代起，中外贸易重心逐渐由广州北移。60 年代初期，上海对外贸易额已为沿海各口之冠，汉口的对外贸易额甚至已超过了广州③。到 70 年代初，兰开夏的纺织品已排闼直入。以纺织品中较典型的本色坯布来看，从 1863—1870 年的几年中，上海进口量激增 10 倍以上④。1869 年英国商人已在尚未通航的长江上游重庆发现"各种牌号的英国本色坯布"⑤。长江早已不是"内河"了。随着贸易的增加，外商轮船公司纷纷以长江为它们的角逐场所，攫取惊人的厚利。在这种形势之下，在上海黄浦江畔出现了第一个带有资本主义性质的官督商办企业——轮船招商局。接着，洋务派又以官督商办的形式办了煤矿、电报、纺织、冶炼、银行等企业，展开了中国近代史上洋务派活动的一个重要方面。

---

① 《筹办夷务始末(同治朝)》，第 30 卷，第 32—34 页。

② 《共产党宣言》，《马克思恩格斯选集》第 1 卷，第 243 页。

③ 1863 年上海进出口贸易净值为 19 686 102 镑，汉口为 7 490 334 镑，广州为 6 046 364 镑。《一八六二—一八六四年英国领事商务报告》第 147 页。

④ 1863 年上海本色坯布进口量为 387 649 匹，1870 年为 4 371 382 匹。分别见 1868 及 1869—1870 年《英国领事商务报告》，第 144、36 页。

⑤ 《一八六九—一八七〇年英国领事商务报告》，第 201 页。

但是若以为封建地主阶级就那么轻易地让出他们的阵地，那也是不符合事实的。他们是在外国资本主义入侵“势所难禁”的形势下，才跨进官督商办的航道的。他们感到矛盾得很。李鸿章说“盖既不能禁洋货之不来，又不能禁华民之不用”①；“既不能禁华商之勿搭洋轮，又何必禁华商之自购轮船”②。张之洞说：“今既不能禁其不来，惟有购备机器，纺花织布，自扩其工商之利，以保利权。”③左一个“既不能禁”，右一个“又不能禁”，反映了他们在强大的资本主义势力入侵的形势下，被迫采用资本主义生产方式的惶惧心情。这些地主阶级洋务派既害怕“中国富商大贾必有仿造洋机器制作以自求利益者，官法无从为之区处”④，又害怕完全商办以后“久恐争利滋弊”⑤，更害怕“倘山陬海域，有不肖之徒，潜师洋法，独出心意，一旦辍耕太息，出其精能，官兵陈陈相因之兵器，孰能御之”！⑥怎么办？于是作为“区处”之道，把资本主义生产方式置于封建大吏监督之下的官督商办就在矛盾中产生了。

第二，洋务派既要“振兴商务”又无资金。在镇压太平天国革命的“借师助剿”中，打着“自强”的旗号兴办起来的官办军事工业，到19世纪70年代初，由于财政竭蹶，已经难以为继了。随着资本主义势力的兴起，洋务派找到一条挽救“自强”的办法，那就是“夫欲自强，必先裕饷，欲浚饷源，莫如振兴商务”⑦。但是振兴商务，谈何容易。正像当时一个熟悉洋务活动的代表人物所说的：“讲求土货则需款，仿造洋货则需款，开采宝矿则需款。”⑧款从何来？当时清政府由于对外的战败赔款，对内镇压人民起义的庞大军事费用，已经精疲力竭。李鸿章说：“军兴以来，凡有可设法生财之处，历经搜刮

① 《李文忠公全集·奏稿》(以下简称《李全集》)，第24卷，第20页。
② 《李全集·朋僚函稿》，第12卷，第29页。
③ 《张文襄公奏稿》，第17卷，第24页。
④ 《李全集·奏稿》，第9卷，第34—35页。
⑤ 《李全集·朋僚函稿》，第15卷，第29页。
⑥ 转引自范文澜：《中国近代史》上册，第189页。
⑦ 《李全集·奏稿》，第29卷，第23页。
⑧ 马建忠：《适可斋记言》，一卷，《富民说》，中华书局1960年版，第8页。

无遗，商困民穷，势已岌岌。”[①]张之洞办湖北织布局，伸手向上面要钱，户部说“部库贮蓄久已空虚，各省饷源同一支绌”[②]，确是实情。封建官僚们的眼睛自然转向商人，特别是看中了当时一些暴发户的买办商人。

《南京条约》规定英商“无论与何商贸易，均听其便”[③]，打碎了垄断的公行制度，洋行与买办大量出现。据 1870 年的统计，上海、香港的洋行共 550 家（其中在上海的有 203 家），雇佣的主要买办不下 700 人。这些买办从 50 年代到 70 年代初积累了巨额的财富，广泛地投资于当时外商企业。很多洋行都是依靠了买办提供的资金才发展起来的。琼记洋行的老板曾经私下说，旗昌洋行的买办陈竹坪是如此富有：“从其拥有的资财来说，他是一个我们要向他磕头的人”[④]！就是这个陈竹坪在 60 年代投资于旗昌洋行和琼记洋行航行于长江的各条轮船就达 21.5 万两。在早期垄断长江航运的两家外商轮船公司（旗昌轮船公司和公正轮船公司）中，买办商人的投资占总资本额的三分之一以上。号称老牌英国资本的怡和轮船公司，在 1873 年创办时的 4 600 股中，买办商人的投资占 20.3%（35 股，60 775 两）。其中，怡和洋行的买办唐廷枢一人就拥有 400 股。其他如外商保险业、码头堆栈业等在 19 世纪 60 年代都有大量的买办商人的资本参与其中。这一情况早已被急于兴利“求富”而又苦于资金短绌的洋务派看在眼里，垂涎三尺了。李鸿章在筹办招商局时说：“近年华商殷实狡黠者多附洋商名下，如旗昌、金利源等，华人股份居其大半。”[⑤]“大都殷商诡寄洋行”[⑥]，“粤商诡寄洋行”[⑦]。没有钱是“官督”不起来的。要如何才能把这些“诡寄洋行”的粤商（按：当系指唐廷枢、徐润、郑官应等人）连人带钱挖过来呢？最好的办法是“商办”。只有用“商办”的方式才能把那些“诡寄”洋行的华人资本吸引过来，官才能有所

---

① 《李全集·译署函稿》，第 3 卷，第 18 页。

② 光绪十五年十月三十日（1889 年 11 月 22 日）户部张之方等奏折。

③ 王铁崖：《中外旧约章汇编》1 册，第 31 页。

④ 转引自郝延平：《十九世纪的中国买办——东西间桥梁》，第 99—100 页。

⑤ 《李全集·译署函稿》，第 1 卷，第 39 页。

⑥⑦ 《李全集·朋僚函稿》，第 13 卷，第 2、13 页。

“督”。所以李鸿章说：“若由官设立商局招徕，则各商所有轮船股本必渐归并商局。”[1]于是，“官督商办”就作为一种“归并”私人资本的手段应运而生了。

第三，买办商人积累了资金，对“官为扶持”存在着幻想。在洋行企业中积累了巨额资金的买办商人，渴望独立经营，追求更大的利润。但是摆在他们面前的是重重的封建阻力。他们对“官督”理解为“官为扶持”。希冀在“官力”和“官权”的庇护下摆脱封建阻力，给他们的投资带来格外优厚的利润，因此对官督商办寄予很大的期望。郑官应曾经幻想“官督商办各有责成”，说“商招股以兴工，不得有心隐漏；官稽查以征税，亦不得分外诛求，则上下相维，二弊俱去”[2]。大买办商人唐廷枢、徐润在把他们的资本“归并”到官督商办的轮船招商局后，曾经雄心勃勃地提出一个如意算盘的预算案，认为以50万两资本，依靠“官为扶持”的帮助，用4条轮船每年只要航行三个月，至少可得20％以上的红利。他们情不自禁地欢呼“此事固创千古未有之局，亦为万世可行之利”[3]。他们简直把“官督商办”神奇化了。正是基于这种理解（或幻想），在早期官督商办企业中，买办商人大量投资[4]。洋务派想借“官督商办”来收“归并”商人资本之效，买办商人想靠“官督商办”来收“万世可行之利”。这就使“官”（封建主义）、“商”（资本主义）两个对立物具有同一性，找到相互联结、相互依存之处，结成了一对特殊的矛盾出现在19世纪70年代的中国。

二、 几个特点

“官督商办”从先天带来的矛盾使得它从一开始就具有一些显著的特点。

---

① 《李全集·奏稿》，第20卷，第32页。

② 郑官应：《盛世危言增订新编》，乙未秋（1895年）版，第4卷，《开矿》上，第19页。

③ 《招商局总管理处汇报》，1929年版，第2—5页。《交通史航政编》，一册，第147—148页。

④ 当时一个深悉官督商办内情的人说：“招商、开平股份，皆唐、徐诸公因友及友辗转邀集。”见经元善：《居易初集》第36—39页。

第一，封建性。主要表现在以下几个方面。

1. 官权侵占商利

假使说官督商办有一条定义的话，那就是李鸿章的两句话："由官总其大纲，察其利病"[①]，"所有盈亏全归商人，与官无涉"[②]。以后所办的官督商办大体上都是以这两句话为准绳。那么这个"纲"是什么呢？具体地说就是用人、理财之权。1896年汉阳铁厂改为官督商办时，张之洞特别在章程里规定："用人、理财，筹划布置……及一切应办情宜，遵照湖广总督札饬，均由督办一手经理，酌量妥办，但随时择要汇报湖广总督查考"，而"督办"则由"湖广总督奏派"[③]。张之洞实际上是总结了李鸿章的一套办法加以条文化而已。督办是总督的代表，他掌握"用人、理财"之权。他的产生是由总督"奏派"，他的行动要受总督的"查考"。封建主义的根子在官督商办企业中是扎得很深的。至于"所有盈亏全归商人，与官无涉"，则是一句空话。若有盈余，具有"理财"之权的督办早就把它"理"掉了，剩下来的只不过是"倘有亏短，亦由商局赔补"[④]而已。官督商办企业一般是没有官股的，在创办时，往往由官方酌量垫款，但本金、利息一律要还清，不得分文短缺。所以把李鸿章的两句话综合起来看，说到底是由封建大吏来控制商人资本，以官权控制商利。他们认为"盖国家所宜与商民公之者利，所不能听民专之者权"[⑤]。既然无"权"那还说得上什么"利"呢？这样，在官督商办企业中就不可避免地产生了"官权"与"商利"之争，而"官权"又居于矛盾的主要方面。许多其他的矛盾都环绕着这个权、利之争而展开。

2. 官方勒索超过了"官为扶持"

"官为扶持"是"官督"带来的好处。应该承认，以封建政权为后盾的"官为扶持"对官督商办企业曾经起过一定的支持作用。综合起来看，"官为扶

① 《李全集·译署函稿》，第1卷，第40页。
② 《李全集·奏稿》，第20卷，第33页。
③ 《张文襄公奏稿》，第28卷，第8页。
④ 《重订江苏省海运全案》(续编)，第8卷，第32页。
⑤ 《张文襄公奏稿》，第43卷，第10页。

持”不外是：

(1) 垫借官款。大多数官督商办企业，由于创办时股本招收不足，往往由政府先垫借一部分官款。

表1 官督商办企业开办时清政府垫借官款情况 单位：两

年 份	企业名称	垫借官款金额
1872	轮船招商局	135 000
1877	开平矿务局	100 000
1887	漠河金矿	130 000
1882	中国电报总局	178 700
1883	上海机器织布局	265 390
1896	汉阳铁厂	5 586 416
1896	大冶铁矿	
1897	中国通商银行	1 000 000

有时因业务上的庞大开支(如招商局收购旗昌轮船公司)、特殊费用(如电报局保护沿途电线的费用)，或企业周转困难等，也常由政府借垫款项。为了“纾商力”，对官督商办企业的政府贷款，有时还采取分年还本，缓付利息的措施。这些款项大多是政府的待用资金，本来就存放在典商生息，不过是把存款的地方换到官督商办企业，照收息金而已，而且息率往往很高。因此从性质上讲，这种官方扶助不同于日本明治政府对工业和航运业的补助政策。但是政府垫借官款毕竟使官督商办企业获得一部分较稳定的营运资金。这对于企业无疑是有好处的。

(2) 免税、减税。官督商办企业享有免税特权虽非定例，但根据李鸿章、张之洞的奏请，在很多重要方面确取得免税和减税的优厚待遇，如招商局享有从上海至天津随漕运货免天津进口税二成的特权；华商鄂茶搭招商局轮船运天津转口输出每百斤减为出口正税六钱，并免交出口半税。电报局的电杆木材和进口的电讯器材享有免进口税及厘金的特权。开平煤的出口税由每吨六钱七分二厘减为每吨一钱。招商局用煤免税。上海机器织布局的成品在上海销售免税（比洋货少负担 5%的进口税），销入内地只完正税（比洋货少负担 2.25%的子口税）。汉阳铁厂免 10%的出厂税等。税赋的减轻对官督商办企业增值收益，加强竞争，自然很有好处。

（3）营业特权。官督商办企业可以通过“官”的渠道获得很多排他性的营业特权。例如招商局从它开办之日起就享有承运漕粮的特权。外商喉舌的《北华捷报》在一篇社论中曾经说，运漕水脚收入是清政府对招商局的一种变相补贴。1877 年李鸿章又替招商局奏准了承运各省官物的特权，进一步扩大了它揽载的货源。此外，如通商银行有铸币、发行和经收官款的特权；汉阳铁厂有供应铁轨的特权等。

官为扶持是封建政权对带有资本主义性质的官督商办企业的支持。这种支持在一定条件下又可转化为勒索，成为官督商办企业的沉重负担。作为官督商办企业对于政府给予的贷款、特权和其他照顾，必须有所回报，是为报效，即无偿贡赋。从 1891—1911 年招商局对清政府一共报效了 1 353 960 两。公认为对招商局的“补贴”的漕运水脚，由于清政府逐步降低运价，从 1893 年开始已成为招商局入不敷出的损失来源。在 1899—1911 年的 13 年中，运漕水脚的亏损共达 98.4 万两。徐润曾经哀叹，漕运“似为独占之利，……年亏一年伊何底止”①。报效与漕运的损失（实际上也是一种变相报效）加起来共计 235 万两，相当于该局 1907 年资本总额（400 万两）的 58.8%。电报局从 1884 年到 1902 年先后向清政府报效 142 万元（107 万余两），约占资本总额 220 万元的 64%。漠河金矿从开办之年就规定要以每年盈利的 30%呈交黑龙江将军衙门“报效军饷”。通商银行在章程里规定，每年必须在余利中报效二成。上海机器织布局，因经营不善，无端被火烧了，其损失却“悉归以后商办各厂按每出纱一包捐银一两”②。报效本来是有条件的（如在一定的时期为特定的政府开支而报效），后来发展为无条件的报效。电报局本来是以官电免费来抵偿官方垫款。但后来却规定，即使在官

① 《徐愚斋自叙年谱》，第 130 页。

② 《李全集・奏稿》，第 78 卷，第 10 页。

款还清后，对于官电“亦不领资，以尽商人报效之忱”①。汉阳铁厂从官督商办之日起就规定，每出铁一吨抽银一两还清官垫(5 586 416 两)，官垫还清后，“仍永远按吨照抽，以为该商局报效之款”②。直到 1907 年汉冶萍改为完全商办后，除继续按吨抽银一两外，还从余利中“再永远报效国家二成”③。报效复报效，似乎没有尽头。对官督商办企业来讲，报效已成为无条件的业务开支的一部分，不论盈亏都要提交。招商局在第二十九届没有余利提存折旧，就在自保船险项下拨 10 万两充折旧，这已经是挖肉补疮的办法；但还有“常年报效”14 万两没有提交，只得又从折旧项下拨款抵充，这更是杀鸡取卵了。而且“报效”所“孝敬”的对象，不仅是中央政府和封疆大吏，“公司若有盈余，地方官吏莫不索其报效，越俎代谋”④。这种从中央到地方的封建剥削，使得企业的“盈余”(假使有的话)只不过是股东的画饼而已。

3. 挟私用人代替了“商业应由商任”

1872 年李鸿章说，在官督商办企业里，应选投资较多的人为商董，然后“听该商董等自定条议悦服众商”，并说“商务应由商任，不能由官任之”⑤。其实这不过是为了招徕商股说来好听的话，从来就没有认真兑现过。1885 年，由他自己批准的官督商办企业“用人章程”就明确规定：“专派大员一人，认真督办，用人、理财悉听调度”⑥。这个由封建政权撑腰的“大员”——督办处于承上启下的重要地位。督办为扩充自己的势力除在“理财”(下面还要说到)上用功夫外，最重要的是挟私用人，培植党羽。“任人唯贤”在官督商办企业是不存在的，“血统关系”、“裙带关系”、“心腹故旧关系”是它用人的

① 《李全集·奏稿》，第 44 卷，第 22 页。

② “盛档·户部折”光绪二十二年六月十二日(1896 年 7 月 22 日)。

③ “盛档·汉冶萍铁厂有限公司章程草议宗旨”(1907 年)第七条。截至 1911 年，汉冶萍已报效 800 万两。《盛档·盛宣怀致财政总长周子沂函》1915 年 5 月 10 日。

④ 郑官应：《盛世危言》，光绪庚子二十六年(1900 年)待鹤斋重印本，第 5 卷，商务，第 8 页。其中“地方官莫不索其报效”一句为乙未秋(光绪二十一年，1895 年)版所无，当为郑官应对官方勒索体会的进一步发展。

⑤ 《李全集·译署函稿》，第 1 卷，第 40 页；奏稿，第 76 卷，第 35 页。

⑥ 《交通史航政编》一册，第 156 页。

准则。从19世纪70年代起,历任几个官督商办企业督办的盛宣怀就是一个典型。中国电报局各地分支机构负责人属于督办盛宣怀的叔父、堂弟、堂侄、姻亲、外甥、女婿的就有31人。盛庚(盛宣怀叔父)长期主管宁波的轮、电两局。无锡电报局的主管人盛宇怀(盛宣怀堂兄)临死时要求由他的儿子盛棣颐继任。盛宣怀的父亲盛康说:"棣颐年甫十七,可暂委殿颐代管并携同棣颐在锡学习。"[①]一个企业机构的负责人居然可以由长兄代幼弟"摄政",可谓奇谈。汉阳铁厂官督商办以后也由盛宣怀的堂侄盛春颐、族侄盛滋颐先后担任总办、坐办等职[②]。而汉冶萍的1 200多名职员中,"大半为盛宣怀之厮养,是其妾之兄弟,纯以营私舞弊为能"[③]。招商局的广州分局长期控制在唐廷枢兄弟手里,汉口分局控制在盛宣怀的姻亲施紫卿手里,天津分局则控制在李鸿章的故旧麦佐之手里,由他们"兄授其弟,父传其子,恬不以为怪",达二三十年之久[④]。无怪乎到了清末有人评论招商局说:"试观历来之总办,何一非挟巨力之大官乎?各船之买办,何一非某巨公之私人乎?盖不特其私人而已,其私人之私人靡不充满其间。"[⑤]在这种"任意黜陟,调剂私人……而股东辈亦无可如何"[⑥],投资者没有丝毫发言权的情况下,所谓"商务应由商任"早已是句空话了。要想依靠这些"私人之私人"来管理好企业,自然是不可能的。《北华捷报》曾经尖锐地评论电报局的人"对电报是一无所知的",招商局的人"对轮船航运的复杂业务并无实际的知识"[⑦]。问题是李鸿章认为荐引私人是理所当然的事,他甚至说:"孔子曰举贤才举尔所知之人,未有不知而举者。同乡则知之尤真,自无避嫌不举之理。"[⑧]挟私用人居然

---

① "盛档·盛康致盛宣怀函"壬辰八月初六日(1892年9月26日)。

② "盛档·汉冶萍人名录"。

③ 《时报》,1913年3月4日。这虽是民国初年的揭发材料,但冰冻三尺非一日之寒,其根子自应追溯到官督商办时期盛宣怀的用人之权。

④ 李孤帆:《招商局三大案》,现代书局1933年版,第52、136页。

⑤ 《刍言报》,宣统二年十月初六日(1910年11月7日)。

⑥ 郑官应:《致招商局总办唐景星观察书》(《盛世危言后编》,第15卷,民国九年铅印本。转引自《洋务运动》第6册,第111页)。

⑦ 《北华捷报》,1900年6月20日;1884年8月1日。

⑧ 《李全集·奏稿》,第42卷,第1页。

“盗亦有道”,封建根子扎得如此之深,官督商办企业的失败是注定了的。

4. 厚自分殖造成积累不足

“正如肥肉自天而降,虫蚁聚食,不尽不止”①。这是一个著名的评论家在清王朝崩溃前夕,对官督商办企业内部极端腐败的情况的写照。应该讲他的刻画是符合实际的。“虫蚁聚食”的根子在“官督”。“聚食”往往是从两方面来进行的。

(1) 营私舞弊。官督有封建政权撑腰,督办的用人、理财之权把清末衙门里的贪赃枉法、贿赂公行的腐朽一套带进了具有资本主义性质的企业。利用职权营私舞弊是普遍的现象。1877 年轮船招商局购买旗昌轮船公司时,发现旗昌还有房产 30 间、洋房 17 所,约值 50 万两。盛宣怀密函李鸿章,建议由心腹集团的几个人另立一个公司收买下来,估计每年可得 8%左右的收益。他说,这样一来“洋产既可收回,贻之子孙,以公司名义,亦不招摇。师如欲附股若干,乞密示。拟令招商局及小村、仲舫数人为之,候示,再唤陈猶到烟密议”②。这不是督办与总督在利用职权勾结营私吗?1897 年芦汉铁路施工,沿线地价眼看就要上涨,当时官督商办汉阳铁厂总办郑官应密函盛宣怀(汉阳铁厂和铁路公司督办):“昨承公面谕拟购汉口铁路车站事宜……叩请立即代购二百亩,如无许多好地或购汉地百余亩,河南、直隶各数十亩亦可。此时彼此均不宜声张。”③这不是总办与督办在利用职权勾结营私吗?至于总办以下,那更是上行下效,如招商局“腐败极矣,六总办,三董事,一顾问,无一非分肥之辈”④。天津电报局的总办是每年可以捞进两万元的肥缺。汉阳铁厂则“成为本国人和外国人进行搜括以饱私囊的对象”⑤。

① 汪康年:《论政界之不宜自营实业》。《刍言报》,宣统三年闰六月初六日(1911 年 7 月 31 日)。

② “盛档·盛宣怀致李鸿章密函”(稿本)。光绪三年十一月(1877 年 12 月)。顺便提一下,几个重要的官督商办企业的总后台——李鸿章在甲午战争之际已经有 60 万两白花花的银子存于怡和洋行了。见《怡和密函档》:1894 年 6 月 10 日,上海—香港,致凯锡函。转引自黎费弗:《清末西人在华企业》,哈佛 1868 年版,第 197 页。[“盛档·蔚霞致盛宣怀函”,光绪十八年十二月初九日(1893 年 1 月 26 日)]

③ “盛档·郑官应致盛宣怀密函”,丁酉年五月二十二日(1897 年 6 月 21 日)。

④ “盛档·郑官应致盛宣怀密函”,光绪三十三年十二月二十三日(1908 年 1 月 26 日)。

⑤ 施丢克尔:《十九世纪的德国与中国》,生活·读书·新知三联书店 1963 年版,第 286 页。

官督商办的股东曾经痛心地说:“招商局腐败极矣,弊端极多,买煤有弊;买船有弊;揽载水脚,短报有弊;轮船栈房,出入客货有弊;用物有弊;修码头,不开标有弊;分局上下浮开有弊;种种弊端不胜枚举!”①弊!弊!弊!这是商股们的控诉。但是他们却没有回天之术,无法制止这种“虫蚁聚食”的状况,因为以整个封建势力为后台的“官督”制度不是商股们忿激的呼声所能动摇的。

(2) 厚取官利。官利,即保证按一定的比例(一般是股本60%至10%左右)按年发给股息红利,借以吸收资金的一种制度。督、抚们在奏办“官督商办”企业时都订有“官利”条款。如汉阳铁厂奏请官督商办时,张之洞在奏折“章程”中第三条载有:“自入本之日起,第一年至第四年按年提息八厘,第五年起提息一分,此为本厂老商必须永远格外优待。办无成效,额息必不短欠;办有成效余利加倍多派。”②一眼可以看出这种不论盈亏都要按成提付的官利是与资本主义企业的经营原则相矛盾的。它们事实上已经成为官方规定的一种费用支出。如招商局在1909年仅有余利32.5万两,只合八厘股息,但规定的官利是一分,只得从自保船险项下补足两成。这种官利看起来是“保商之举”,其实是对企业的残害。所以汉冶萍的总办李维格在回忆官督商办时期的官利时,不禁嗟叹:“事未成功,何来余利?而股款付入,官利即起。……岂有难如制铁事业,方在构机建厂而即须付利?”③日本明治政府对有些企业也采取保证“官利”的措施(如1896年航运业8%的官利),凡盈利不足官利标准的由日本政府从国库拨款补足。而清政府的官利则不论盈亏仍由企业支付。同样是“官利”,其性质迥然不同。

厚自分殖的结果是企业的积累不足,趋于衰败。第一个官督商办企业招商局是一个典型。它从1874年至1883年的营业总支出共3 757 295两,

---

① “盛档·郑官应致盛宣怀函”(附件:汉口股东意见书)宣统二年八月十一日(1910年9月14日)。

② 《张文襄公奏稿》,第28卷,第6页。开平官利条款载该局招商章程第六条(见《申报》光绪三年十二月十九日〔1878年1月21日〕)。

③ “盛档·李经理维格开送曾使述棨,王参议治昌汉冶萍创办概略”1914年6月12日。

其中各项利息、官款利息、官利三项支出就达 3 125 902 两，占总支出的83.2%，折旧费用只有 23 106 两，仅占总支出的 0.56%。1884 年一年中仅“绅商情面挪用未还款”的坏账损失就达 18 万两。这怎么谈得上积累与扩充呢？其他的“官督商办”企业如汉冶萍等也莫不如此，到后来都处于“勺水无源，其涸立待”[①]的局面了。

5. 在富国利民的幌子下，实行军阀集团势力的割据

洋务派在筹办军事工业和民用工业时一直打着“自强”、“求富”的招牌，搞“官督商办”时更加上“兴商务”的内容，似乎处处在为国家民族设想。其实都是假话。在镇压太平天国革命以后，湘、淮军阀集团已经形成，清政府“内轻外重”的局面已经是众目昭彰的事了。正如李鸿章的淮军是以叶志超、卫汝贵等为统领，北洋海军以丁汝昌为提督，军械弹药以龚照欤、张士衔为督办一样，他所主持的“官督商办”企业则是以盛宣怀为核心。“官督商办”企业是李鸿章军阀集团的政治势力和洋务活动的一部分，也是他对外(集团外)扩展势力，对上挟持朝廷的一种工具。湘、淮集团之间壁垒分明。李鸿章创办招商局时，曾经看中了胡光墉(当然是看中了他的钱袋)，颇想拉他入股，曾多次劝说，甚至愿意把招商局改名为“中国轮船公司”。但是作为左宗棠湘军系统心腹的胡光墉终以借口“畏洋商嫉忌”而婉言谢绝了。而以李鸿章为后台的轮、电、纺织等企业也决不许别人插手。尽管盛宣怀以贪污、舞弊等，多次被人参劾，但是李鸿章仍一意包庇，甚至以去留争。1885 年李鸿章劝盛宣怀不要因为屡被弹劾而灰心，说“寂寞身后之名，不知谁何之誉，可一笑置之”，要盛宣怀专心致志把几个“官督商办”企业搞好，“使商务蒸蒸日上”，并告诫他不要一心想做官，因为“做官不如做事，好官时至自为之”[②]。甲午战争后，李鸿章失势，盛宣怀又投靠湖广总督张之洞，接办汉阳铁厂。他明确地对张之洞说，这是“离合肥，就庇宇下”[③]。而张之洞的旗号

① “盛档·盛宣怀致张之洞函”，光绪二十六年七月初八日(1900 年 8 月 2 日)。
② “盛档·李鸿章致盛宣怀函”，甲申十二月二十七日(1885 年 2 月 11 日)。
③ “盛档·盛宣怀致张之洞函”，光绪三十三年十月十九日(1907 年 11 月 24 日)。

则是“吾为楚督，在楚言楚”[①]，一切都得服从“楚”的地方利益。盛宣怀的宿敌袁世凯当上北洋大臣，就一脚把这个显赫一时的盛督办踢开，将电报局收归国有，派心腹杨士琦接管招商局。杨接手后，一下子就把招商局历年的漕余十万两瓜分了[②]。他们“求”的是个人一己之“富”，所“兴”的是军阀集团之“利”。对于这些官场变化和官僚集团的斗争，商股没有一丝一毫的发言权。

第二，买办性。主要表现在以下几方面。

1. 重用洋员

一个工业发展落后的国家，在其赶先进的过程中，引进必要的技术设备并聘用外国技师，这是一个必然经历的过程，本来是无可厚非的。与中国官督商办企业几乎是同时并进的日本明治时期的工业革命就曾经大量引进西方先进技术并使用外国技术人员。但是洋务派的“官督商办”企业在依靠洋员方面却具有以下一些特点，因而带有明显的买办性。

(1) 擅权。“官督商办”企业几乎全部由洋员控制技术大权，有的甚至控制行政管理大权。如招商局的总船主蔚霞、电报局的总管博怡生、开平矿务局的工程师金达、汉阳铁厂的总工程师吕柏、萍乡煤矿的总矿师赖伦、通商银行的洋大班美伦、纺织督销总所的丹科等皆是如此，莫能例外。蔚霞总管招商局船务，各船船主都由他任用、黜陟。连买办出身的郑官应都说蔚霞“跋扈擅专、肆无忌惮”[③]。当盛宣怀预备替蔚霞请领宝星勋章时，郑忿激地说蔚霞“功不抵过”，“若给予宝星，必贻笑中外”[④]。盛宣怀派驻在汉阳铁厂任总办的堂侄盛春颐，早在该厂官督商办的第二年就向盛宣怀发出警告说，洋工程师“吕拍动辄挟制，尤为洋人之冠，往往干预事不干己，宪当洞鉴”[⑤]。

---

① 经元善：《居易初集》第2卷，第39页。

② 1912年郑官应回忆往事还耿耿于怀地说：“（壬寅年）本局所有漕余十万，……自杨杏翁接办后，将漕运余额与各会办分讫……待鹤不与焉。”（“盛档·郑官应致盛宣怀函”1912年2月27日）。

③ “盛档·郑官应致盛宣怀函”，光绪十九年三月二十七日（1893年5月12日）。

④ “盛档·郑官应致盛宣怀函”，宣统二年八月十一日（1910年9月14日）。

⑤ “盛档·盛春颐致盛宣怀电”，1898年3月11日。

在官督商办企业中长期同洋员打过交道的郑官应曾经说:“洋人皆好揽权恃霸,初到性似和平,久者渐形桀傲。”[1]更严重的是洋员为了把持技术大权,对中国技术人员百般压制。事情竟发展到如此地步,“汉厂设立有年,洋人遇事把持,于华匠中见有杰出之材,堪胜任制炼之责者,又必藉端斥退,动遭嫉忌”[2]。洋员在官督商办企业里简直成了太上皇,早已反客为主了。

(2) 偾事。横行霸道的洋员是否都是技艺精湛,认真负责呢?完全不是。仅根据招商局总船主蔚霞自己的报告:1887 年“美富(轮)大副格洛克沉湎于酒,戒而再犯,且质愚钝”[3];1888 年,江裕(轮)搁浅时“带水洋人架力已被酒所迷,不知所云……后查验其卧室,内有威士忌八瓶及啤酒许多……”[4];1889 年富有轮因船主“自不小心”,触礁沉没[5];1892 年“海定船副管轮在船,饮酒过度,发生闹事”[6]。最严重时,在 5 天内连沉两船[7]。电报局的总管博怡生,平时吆五喝六,但在测量水线时,却测量不准,弄得“面皮尽赤,难为情之至”[8]。至于一直被盛宣怀重用的萍乡煤矿总矿师赖伦,到后来连盛宣怀自己也认为是“于萍矿内外工程布置诸多失当”[9]。有的洋员根本不关心职内工作,专以搜集情报为事,“所绘者皆中国各省兵备要隘、宝藏优劣,各图重叠,图成寄回外国”[10]。

(3) 贪利。洋员既然把持操纵一切,便利用职权图谋私利,使企业受到很大的损失。汉阳铁厂一个同洋员共事多年的人说,掌握大权的总矿师赖伦“十数年来,大权在握,购不急之料,费无用之工。矿中各项机器,悉彼经手,惟回佣是问,多购旧式,如煤砖机靡费九万多两,废置无用;如探矿机,尚

① “盛档·郑官应致盛宣怀函”,光绪二十五年九月二十日(1899 年 10 月 24 日)。
② “盛档·肖成浚致盛宣怀函”,宣统元年正月十六日(1909 年 2 月 6 日)。
③ “盛档·蔚霞致盛宣怀函”,1887 年 1 月 2 日。
④ “盛档·摩尔斯致蔚霞函”,1888 年 12 月 29 日。
⑤ “盛档·审查富有轮失事委员会报告书”,1890 年 7 月 25 日。
⑥ “盛档·蔚霞致盛宣怀函”,光绪十八年十二月初九日(1893 年 1 月 26 日)。
⑦ 《报告书》,上册,第 10—26 页。
⑧ “盛档·叶大藩致盛宣怀函”,光绪十八年二月初九日(1892 年 3 月 7 日)。
⑨ “盛档·盛宣怀致李维格函”,1915 年元月。
⑩ “盛档·缪·致郑官应函”,光绪二十三年三月十六日(1897 年 4 月 17 日)。

未用过，其钻头金刚钻已是磨平成废。诸如此类，不胜枚举。赖伦富而公司负债重矣”[①]！招商局总船主蔚霞虽然享有高薪(月薪700余两)，但“招商局在外国所造之船和在沪所修之船并水脚回头，一切九五折皆不归局，故总船主虽富有数十万，尚为洋商看轻，想亦因其不正欤”[②]？看来在官督商办企业里的“虫蚁聚食”，除了土“虫蚁”而外，还有洋“虫蚁”，公司穷而洋员富，就是必然的了。

但是正是这样一批洋员却被盛宣怀认为是“心地忠实，办事勤敏，经营缔造，忠心实力”[③]的人。一直到1908年，汉阳铁厂从总工程师以下10个部门的24名主要技术负责人几乎全部是洋员(只有化铁炉有一个华工程师吴健)，招商局则一直到1930年所有船主都是洋员在把持。与招商局同时大量雇用外国船主的日本邮船会社，逐年以日人代替，到二十世纪20年代只有一个外国船主了。无怪乎改良主义者陈炽要感叹地说：“惟是官商各局，仿效西法而综理一切，统用西人，绝不思教养华人以渐收其权利。夫日本东瀛小国耳，通商三十载，乃举西人之所能者而尽能之，举华人之所不能者而皆能之。”[④]

2. 借洋债

“虫蚁聚食”，厚自分殖的结果是积累不足，资金短绌。于是只有到处伸手借洋债。一个发展中的国家，在保持国家主权和独立自主的前提下，为了加速发展，借助于外资，并没有什么了不起。美国在它的资本主义上升时期(如1850—1873年)，外国投资者持有的美国政府公债、州公债及企业股票(主要是铁路股票)达10亿美元，占当时美国国际收支贷方的10%左右；日本在1896—1913年的国外负债(通过发行债券)也从46.7万日元增至19.7亿日元。关键在于是否坚持国家和企业的独立自主权。在半殖民地半封建

① “盛档·孙德全致盛宣怀函”，民国元年元月二十六日。
② “盛档·郑官应致盛宣怀函”，光绪二十二年十二月二十日(1897年1月22日)。
③ 《愚斋存稿》第14卷，第29页。
④ 陈炽：《庸书》，《自全》，载《中国近代史资料丛刊·戊戌变法》，第1册，第247页。

条件下，洋务派“官督商办”企业动辄以出让主权来换取外资，因而带有强烈的买办性。如招商局自1872年到1911年先后向洋行和外国银行借款462万余两；1877年当该局资本额只有730 200两时，就一次借了外债120万两。开平矿务局到20世纪初已借外债185万两，早已超过了它的资本额(150万两)。汉冶萍更是向英、德、法、俄、日借遍了洋债。伴随着洋债而来的苛刻条件，事实上使企业已经丧失了自主权。如1885年招商局向汇丰银行借款契约规定，必须以该局从上海到厦门的15处“一切基地、码头、房产及全数轮船均作抵押于银行”，而且“前项产业应请能干洋员二人估价，应延银行合意之(洋)人”①。请问从陆地到水上的产业都“一切”抵押光了，留给招商局的还有什么呢？1900年汉阳铁厂向三井洋行借款合同规定“如有外卖生铁，应先告三井，彼此允洽，方可交易”。三井事实上通过借款垄断了汉阳铁厂的生铁。当时参与订约的总办也说：“三井要挟太甚，合同订后反受束缚。”②其实，岂止“束缚”而已，汉冶萍不正是从这里开始，从地下到地上的产业都全部变成了日债的“抵押品”，最后终于沦为日本钢铁工业的一个廉价原料的供应基地吗？还应该看到，由于金贵银贱的外汇变动，“官督商办”企业在偿付外债时往往要承受巨额的“镑亏”，有时甚至要从公积项下拨垫“镑亏”。饮鸩止渴，越发陷于不能自拔之境③，最后一个一个地变成了外国侵略资本的囊中之物。

3. 依靠买办

李鸿章认为在“官督商办”企业，除“官总其大纲”以外，应该由投资较多的“商董等自立条议，悦服众商”④。这里的“商董”与“众商”在当时主要都是大买办商人。轮船招商局的“商总”唐廷枢曾是怡和洋行的大买办，上海“商董”徐润曾是宝顺洋行大买办，其他两个大码头——汉口、香港的“商董”刘

① “盛档·汇丰银行借款合同”第4、5条。《报告书》下册，第151—153页。

② “盛档·盛春颐致盛宣怀函”，光绪二十六年十一月二十二日(1901年1月12日)。

③ 如1894年招商局归还汇丰借款，“镑亏”项下损失达20余万两，被迫从公积项下垫拨。《北华捷报》，1894年4月13日，第569页。

④ 《李全集·译署函稿》，第1卷，第40页。

绍宗、陈树棠也都是当时著名的买办。唐廷枢后来又奉李鸿章札委,创办开平矿务局。曾任太古洋行买办的郑官应则历任招商局、电报局、开平矿务局、上海机器织布局、汉阳铁厂的会办、商董、"专办商务"、总办等职。至于盛宣怀则是由官僚向买办转化的人物。若说早期中国的官督商办企业是由买办当权,这句话也并不过分。作为大买办商人,他们的阶级烙印是很深的,当时一个外国人说,唐廷枢"在思想上与其说是中国人,毋宁说是外国人"①。这些被李鸿章称为"极一时之选"的人,尽管纳资捐官,但是同外国资本仍然保持千丝万缕的关系。徐润任职招商局"商董"以后,琼记洋行还试图把他拉过去任该行的上海总买办。远在19世纪60年代,唐廷枢就接受了怡和洋行赠予的练当保险行的股票,1871年唐又投资怡和洋行400股,1873年唐任招商局"商总"后仍兼任怡和轮船公司的董事,而他的兄弟唐茂枝则继任为怡和洋行总买办。在这种情况下,怎么能期望官督商办企业同外国资本展开激烈竞争呢?招商局在本来可以压倒怡和、太古轮船公司的情况下,还屡次同它们签订了联合垄断的"齐价合同",这就并不奇怪了。马建忠曾经一针见血地指出:"唐(廷枢)、郑(官应)、徐(润)皆该商(按指怡和、太古洋行)素所蔑视之买办,一旦与之抗衡,犹挟主奴之见,所以售地、租埠以及引用总船主,犹有主奴之见存也。"②洋务派当时举办资本主义性质的企业在资金和技术上不得不依靠买办商人。但是依靠这些"倚徙华洋之间,往来主奴之界"③的买办来经营管理企业,希望他们同外国资本相抗衡,那是很困难的。阶级利益和思想感情都不允许他们这样做。

第三,垄断性。主要表现在以下两方面。

1. 依靠封建权势而取得垄断特权

凡是"官督商办"企业在奏请开办时或在经营过程中,总是从北京朝廷或地方督抚取得这样或那样的垄断特权。这种垄断权利的特征是以封建

---

① 泰尔:《田凫航行记》,1881年版,转引自《中国近代史资料丛刊·洋务运动》第8册,第401页。

② "盛档·马建忠致盛宣怀函",光绪十年五月初七日(1884年5月31日)。

③ 鲁迅:"《题未定》草",《鲁迅全集》,人民出版社1958年版,第6卷,第282页。

政权为其后盾，带有法律的强制性。如招商局规定在“五十年内只许华商附股”①。不仅在长江及沿海如此，在内河亦然。1887年由招商局投资拟设的广东“江海民轮局”就规定“只准他人添股，不准他人另设”②。开平矿务局开办时，即由李鸿章批准“距唐山十里内不准他人开采”③；不但“不准另立煤矿公司”，而且“土窿采出之煤应尽商局照时价收买，不准先令他商争售”④。从生产到市场都垄断了。后来以袁世凯为后台的“官督商办”滦州煤矿公司的矿区更比当时《矿务章程》的限制大10倍（330平方里），“矿界以内不准他人开采”，而且“嗣后他矿不得援以为例”⑤。电报局章程规定，独占商务电报，凡商人集资增设电线必须置于该局控制之下。上海机器织布局经李鸿章奏准“十年内只准华商附股搭办，不准另行设局”⑥；华盛纺织总厂设立时，李鸿章再次奏准，全国纱机与布机“即以现办纱机器十万锭子，布机五千张为度，十年之内不准续添”⑦，并设纺织督销公所加以控制和管理。萍乡煤矿一转为“官督商办”即奏准“萍乡县境，援照开平，不准另设煤矿公司”⑧，并规定周围504方里内不准他人开采；汉阳铁厂享有独占供应“官办钢铁料件”及芦汉、粤汉路轨特权，等等。

这些垄断特权是以清政府封建政权为其支柱，因此既是有效的，又是无效的。对国内商人来讲是有效的；对外国侵华资本来讲则是无效的。外国侵略势力依靠大炮和不平等条约，完全可以不受这些垄断规定的约束。《申报》在1892年忿激地指责这种垄断是“损华益洋”的“短视”政策⑨，确是一言中的之语。

---

① 麦仲华：《皇朝经世文新编》，第13卷上，第15页。

② “盛档·招商局禀复饬议粤商拟设内地江海轮船章程”光绪十三年九月十七日（1887年11月2日）。

③ 周叔媜：《周止庵先生别传》，1937年版，第26页。

④ 《愚斋存稿》，第2卷，第16页。

⑤ 《北洋滦州官矿有限公司招股章程》。《北洋公牍类纂续编》，宣统二年，夏降雪斋版，第19卷。

⑥ 《李全集·奏稿》，第43卷，第44页。

⑦ 《李全集·奏稿》，第8卷，第11页。

⑧ 《中国十大矿调查记》，萍乡煤矿，第3页。

⑨ 《申报》，1892年12月7日。

2. 依靠与外国资本勾结而取得垄断地位

假使说上一条垄断是来自封建性的话，那么这一条垄断则是来自买办性。轮船招商局是一个典型。它是打着“专为抵制洋轮”①的旗号开办的，但是却逐步走向与洋轮勾结的“息争均利”的道路。招商局从1878年起就在买办商人唐廷枢、徐润等人的主持下，断断续续地同怡和、太古签订统一运价、联合垄断的“齐价合同”。合同重要的一条是，三公司“务要同心协力，彼此沾益，倘有别家轮船争衡生意者，三公司务须跌价以驱逐他船为是”②。1891年太古的洋大班严吉迪(H.B. Edicott)写信给盛宣怀鼓吹：“大众设法驱逐走江海的野鸡船，俾我三家可以独占其利。”③这里，严吉迪所要“驱逐”的“他船”或“野鸡船”等，主要是指招商局以外的华商轮船。1892年招商局还曾经同怡和、太古酝酿一个更彻底的联合垄断方案，即“将小船归三公司买尽，停泊不走”，达到“禁绝”其他“野鸡船”的目的。它们几经磋商，终于怕“越买越多”，不敢轻易尝试④。其他“官督商办”企业如中国电报局与大东、大北电报公司的联合垄断，汉冶萍公司与日本制铁所的联合垄断等都属于这类性质。一个“官督商办”企业与外国资本相勾结，往往会产生更严重的后果。因为“官督商办”企业一般享有封建政府所赋予的垄断特权。当它同外国资本勾结或受外国资本控制时(如汉冶萍)，就使得外国资本也享有其原来无法获得的、来源于中国封建政权的垄断利益。毫无疑问，其结果只能是巩固和加强了外国侵略资本在中国的垄断地位。

三、 结局与影响

第一，阻滞民族资本的发展。“官督商办”对民族资本发展的阻滞作用，可以从内部(官权侵占商利)和外部(对生产和市场实行垄断)两方面来看。

---

① 《李全集·译署函稿》，第20卷，第50页。

② “盛档·一八八二年十二月二十日招商、怡和、太古订立天津航线合同”第18条。同样条款见于1892年2月25日的宁波、长江航线合同。

③ “盛档·严吉迪致盛宣怀函”(原译件)1891年9月27日。按严吉迪原与郑官应在太古洋行共事。郑译为晏尔吉。

④ “盛档·盛宣怀致陈辉庭函”，壬辰二月十六日(1892年3月14日)。

1. 官权侵占商利

“官督”与“商办”本来就是一对矛盾，它们是在特殊的历史条件下结合起来的。洋务派为了自己的利益，力图把这两者糅在一起为其所用。李鸿章筹办上海机器织布局时，特别强调官商应联合起来。但是他在织布局的人事安排上却把“官务”与“商务”截然分开，“派龚寿图专办官务，郑官应专办商务”①。实际上是以官制商。结果织布局的“官务”与“商务”之间互相攻讦，龃龉不已，矛盾闹得没完没了。龚寿图的后台是翰林院编修戴恒。扯皮的官司一直打到李鸿章那里，李对织布局的商董们说：“戴恒是一个翰林，你们如何同他计较。”②翰林是计较不得的，至于督抚那就更不消说了。所谓官商联合，只能是一个极不平等的联合。张之洞在把湘路改为“官督商办”时说得更明确：“商权官断不侵，官权商亦不抗，乃能相济而成功。”③其实不侵商权是从来没有的事，而“官权商亦不抗”则是丝毫动摇不得的。徐润以买办商人的身份，挟巨资参加了官督商办企业。他曾与拥有“官权”的“督办”盛宣怀多次交锋，但每次都以“泰山压卵，谁敢异言”，“卵石之势无可如何”④而宣告失败。官权与商股的这种“卵石关系”，存在于所有的官督商办企业之中，无一例外。唐廷枢是显赫一时的买办商人，他曾以商董的身份参与招商局和开平矿务局的筹办，除“将自己所有”入股外，并向亲友招募巨股，但死后“家道凋零”⑤。日本华侨富商吴锦堂在汉阳铁厂改为官督商办时，投资10万元，结果是“为祖国各公司股单所受损失甚巨，种种受人鱼肉，实为寒心”⑥。毫无疑问，他们都是“官督”的牺牲品。

---

① 《李全集·奏稿》，第43卷，第44页。

② 经元善：《居易初集》，第2卷，第36—39页。

③ 《张文襄公奏稿》，第43卷，第9—10页。

④ 《徐愚斋自叙年谱》，第39、73页。

⑤ 唐廷枢在谈到招商局招股情况时说：“枢等原是生意中人，因承爵相委任，又荷诸君不弃，故尽将自己所有及邀集亲友极力附股，方将此局成立。”（《交通史航政篇》一册，第184页。唐廷枢死后，广帮商人曾发起抚恤唐的遗孤说：“该故道创办开平备着辛勋，今其身后肖条，子嗣靡依，未能稍食其报，似非酬功劝后之义……”见“盛档·为恩恤唐廷枢遗孤禀”）。

⑥ “盛档·吴锦堂致盛宣怀函”，1913年7月10日。

官权的化身就是"督办",他拥有决定报效、营私舞弊、挪用资金、擅自分肥、滥用私人、勾结外商的"用人、理财之权"。这些"权"严重地戕害企业、侵蚀利润、造成亏损,直接侵犯了商股的利益。但是在"官督商办"的模式里,商股对此是既不能"抗",也无法"抗"的。1909—1911年,招商局的股东以郑官应、严义彬为首同仍要继续执行"官督"之权的邮传部展开过一次大辩论。股东说在官权把持下的招商局"虽谓之官督商办,其实商股不敢过问,迄今三十余年,不能推广航路,无发达之可言"。他们认为那些营私舞弊,贪污中饱的巨额漏卮实际上是"移多数股东应享之利,入彼辈之私囊者也"①。这是经过将近三十年的"官督商办"以后,招商局的商股对"官督"的忿怒指责。晚清一位著名的评论家说得好:"夫以官之积威,商人安能与之较论。于是豪猾之徒,以中国之官权行西国之商法。"②以封建主义的官权来行资本主义的股份公司的西法,能行吗?虽有"豪猾之徒"也是断难行之久远的。随着时间的推移,官督商办的原形终于暴露无遗了。郑官应的《盛世危言》是一个见证。郑官应曾经是一个大买办商人,他当初抱着追求厚利的幻想而被吸引到官督商办中去(当然是带着资财进去的)。从19世纪80年代一直到20世纪初,他不断以会办、总办、"专办商务"或股东代表的身份亲自参与了几乎每一个重要的官督商办企业的经营活动。在同时期,他的名噪一时的《盛世危言》也经历了至少7次的修订再版。到1900年他在《盛世危言》的修订本里全部改写了"商务"这一篇,增加了"官商积不相能,积不相信者久矣"③这一句话。到1909年,在与"官督商办"共处了三十年以后,郑官应终于得出了"名为保商实剥商,官督商办势如虎"④

---

① "隶部章程"第6页。

② 汪穰卿:《商战论》,载《时务报》,光绪二十二年十一月十日(1896年12月14日)。

③ 《盛世危言》光绪庚子待鹤斋重印本,第25卷,商务,第7—8页。我们若把不同时期的《盛世危言》的版本加以比较,就会发现有很多重大的增删之处,从中可以看到郑官应思想前进与倒退的轨迹。所以在引征《盛世危言》时似应注明它的版本年月,尊重郑官应思想的发展和变化。

④ 郑官应:《待鹤山房诗集》己酉(1909年孟)冬铅印本,第2卷,第2—22页。还在70年代末期,外国商人已经敏锐地看到"官督商办"企业中,"官督"的危害性。他们说,招商局及正在筹建中的上海机器织布局的官员们"在经营管理方面衙门式的干预,只会把这些企业引向混乱和垮台"(《北华捷报》,1879年2月21日,第168页)。

的结论。他当初对官督商办所寄托的“万世可行之利”的幻想破灭了，代替的是痛苦的回忆和景况潦倒的晚年。

“商品生产和发达的商品流通，即贸易，是资本主义的历史前提。”[①]鸦片战争以后，随着商品交换的进一步发展，到19世纪60年代已经有不少的人（主要是买办商人和一部分官僚地主）开始寻求投资新式资本主义企业的机会。最初他们是依附外人，如60年代怡和洋行在中国铺设的第一条铁路——吴淞铁路就有相当数量的中国商人的投资[②]。在早期垄断中国市场的外商企业，包括旗昌、琼记、怡和、汇丰等都有华人投资，从30%到80%不等[③]。这些投资者后来有的转化为独立企业主。70年代，“官督商办”出现以后，很大一部分民间资金醉心于“官为扶持”，纷纷入股。如漠河金矿虽远处边陲，但在80年代督理该矿的李金镛说：“股票销路渐畅，近此二三千里内之绅商等争购尤甚。”[④]80年代上海机器织布局创建时，一位经手商董说：“初拟章程招四十万，后竟多至五十万，尚有退还不受，商务联群机缄已将萌芽勃发。”[⑤]80年代后期，唐廷枢为了扩建开平煤矿在上海招收50万两追加资本，也是一呼即来[⑥]。据统计，到甲午战争前夕，清政府通过官督商办形式所吸收的资本约1 900万元[⑦]，这在当时是一个不小的数目。结果“官督商办”变成了一个陷阱。当时有人评论说，富商大贾一经投资于官督商办，“其有资者必尽输出之而后已，……海鱼去海而入河，未见其能活也”[⑧]。以上海机器织布局为例，在它创立时，商情踊跃争相投资，但股东未见半厘股息，股本就亏折三成；继之，由盛宣怀来“官督商办”，是为华盛机器纺织总局，七折

① 马克思：《资本论》，第1卷，人民出版社1975年版，第167页。

② 怡和洋行“上海本埠函”，1865年5月16日及1874年6月2日。（怡和档散装文件）。转引自黎费弗前揭书，第108页。

③ 汪敬虞前揭文第68—69页。

④ “盛档·李金镛致盛宣怀函”光绪十四年四月十三日（1888年5月23日）。

⑤ 经元善：《居易初集》第2卷，第36—39页。

⑥ 《北华捷报》，1889年9月21日，第356页。

⑦ 《旧中国的资本主义生产关系》，人民出版社1977年版，第8页（这一数字虽包括“官办”和“官商合办”，但似应以“官督商办”为主）。

⑧ 《汪穰卿遗著》1920年铅印本，第8卷，第36页。

八扣后，上海织布局的老股竟变成了零。结果，华盛变成了盛宣怀的私产，最后又为汇丰银行所吞噬。这是“官督商办”道路的一个历史的缩影。

“官督商办”好像是一个诱捕器，它把当时正要蓬勃发展的民族资本诱骗“归并”过来，然后以石击卵，加以鱼肉，于是中国资本主义的一点“萌芽勃发”之机就这样被摧残了。

2. 对生产和市场实行垄断

“官督商办”企业依靠封建特权和勾结外国侵略资本而实行的垄断，严重地阻碍了民族资本的发展。我国民族航运业发展的迟滞是招商局的垄断，特别是它与外资航运公司的联合垄断的直接结果。1886 年商人梁元汉在广州建立肇兴轮船公司经营海外航运及贸易受到英国的抵制，不久就倒闭了①；1882 年上海商人叶应忠禀请制造轮船设立厂运局，李鸿章又批复“不准另树一帜”②，还没有出世就被扼杀掉了。同时，招商局又与怡和、太古联合垄断长江及沿海贸易，用跌价竞争的手段来倾轧中国的商办轮船公司。从 1872 年到 1903 年的三十年间竟没有一家华商轮船公司出现，形成刘坤一所说的“今中国轮船非招商局不可”③的局面。无怪乎一度与盛宣怀关系密切，曾负责上海电报局的经元善说：“招商与怡和、太古订立三家合同，但能压抑华商，不能遏制外人，西人决无此措施，自锄同类，背道而驰。”④汉冶萍公司原来要求在该公司的大矿十里，小矿五里之内不准别家开采，后来借助官势，愈推愈远，发展到在半径五百里之内“硬行封禁，业主徒抱契据，空有煤矿，不敢开采”⑤。至于上海机器织布局“不准另行设局”的限制，那更是众人皆知的事了。尽管当时纱布生产的利润优厚，商情踊跃，但是从 1882—1891 年的 10 年间除织布局外却没有出现过一家私立的棉纺织厂。1893 年

① 交通部上海海运管理局：《上海海运十年》，1960 年油印本，第 19 页。

② 《交通史航政篇》，一册，第 221 页。

③ 光绪七年三月初三日（1881 年 4 月 1 日）两江总督刘坤一奏（转引自《洋务运动》，第 6 册，第 66 页）。

④ 经元善：《居易初集》，第 2 卷，第 42 页。

⑤ “盛档·工商部令”1912 年 6 月 25 日；“盛档·汉冶萍公司致李烈钧，谭延闿函”，1912 年 6 月 17 日。

李鸿章的幕僚杨宗濂禀请在织布局内附设纱厂一座，得到批准，于是回到无锡筹款，“在家搜罗，只有三万，尚缺二万，拟将济通典本四万余串并房屋一并作抵”①，凑足5万两。这证明官僚地主有将封建剥削资金转向近代工业资本的愿望，这本来是好事。此事后因织布局被焚，未成事实。但是，即使成了事实也一定是命运多舛的。因为在当时的条件下，杨宗濂要想挣脱“官督商办”的控制，冲破重重阻力，纵然不是不可能，也一定是极端困难的。但是在“官督商办”的垄断被打破以后，就会另是一种情况。甲午战后，由于《马关条约》允许外人在华设厂，在外国资本冲击下，洋务派的垄断也保不住了。同样是这个杨宗濂终于在无锡设立了业勤纱厂，发展成为江南新兴的民族资本企业家。当电报局初创立时，有些商人看见日本电气材料都能自造，而电报局的器材却样样需要进口，就“共筹另设制造电料厂”并请示李鸿章，要求官方有所补贴。李的回答是，“日本果有所取，但诸位如此称扬，要被人骂死耳”，给建议设厂的人兜头一瓢凉水。商人们感叹地说：“吾华欲望振兴富强，如涉大海，茫无崖际，此后之杞忧未艾也。”②“官督商办”电报局不但拥有电讯器材进口的垄断权，而且有不准设厂制造电讯器材的垄断权，这就不能不使商人们感到“茫无崖际”，“杞忧未艾”了。

“官督商办”企业专干“自锄同类”的事，好像是一只拦路虎，它的存在是中国民族资本主义在早期发展时难以逾越的障碍。

第二，产生了第一代的官僚资本。

在半殖民地半封建社会，官僚资本形成的一个重要特征是依靠封建性和买办性的政权力量来攫取或聚集资本。从70年代开始的“官督商办”为这一类资本的产生和发展提供了条件，是为中国第一代的官僚资本③。它的代

① “盛档·盛康致盛宣怀函”，癸巳二月初八日（1893年3月25日），又癸巳六月二十八日（1893年8月9日）函称“杨艺翁又来苏，坚欲我处代为经手向庄家暂借二万，利息酌加一厘……杨艺翁云纺纱局利息三分之外，一有盈余即全归”。

② 经元善：《居易初集》，第2卷，第39—40页。

③ 我认为随着政权的递变，到北洋政府时期以交通系和新交通系为核心形成了官僚资本的第二代，而蒋介石国民党统治时期形成了官僚资本的第三代，也是它的最后一代。

表人物就是在李鸿章卵翼下，历任几个重要的官督商办企业的督办——盛宣怀。

“挟官以凌商，挟商以蒙官”[①]。这是一个非常熟悉官督商办，也非常熟悉盛宣怀的人对官督商办的评语。19世纪末叶的中国社会只有亦官亦商的“督办”才能既“凌商”又“蒙官”，在上下其手间发财致富。

概括地说：盛宣怀的资本积累有以下几个特点。

1. 贪污

利用职权贪污是晚清官场的普遍现象。盛宣怀自1879年到1896年在李鸿章一手保荐下历任天津兵备道、山东登莱青兵备道兼东海关监督、津海关道兼津海关监督等职，掌握北洋枢要。海关道是公认的肥缺，经常有一笔巨额资金可供营运和侵蚀。中日甲午战争期间，盛宣怀又负责“东征转运”经手订购军火器材、军粮物资；同时，他所主持的招商局、电报局也大量向外国洋行订购船只和通讯器材，这就为盛宣怀的贪污、纳贿和收取佣金提供了绝好的机会[②]。这个被王先谦、刘坤一称之为“善揜奇赢”、“挟怍渔利”、“蠹帑病公”[③]的能手，自然是不会放过这些好机会的。1885年8月怡和洋行同盛宣怀达成秘密谅解，凡是由于盛宣怀的影响或由于盛宣怀的介绍而取得的生意，一律由怡和将所得佣金的一半酬谢盛宣怀[④]。1886年5月怡和洋行正好接到盛宣怀一笔20万两的定期存款，接着有人告发盛宣怀在为怡和谋取大量订货。为了怕事机败露，怡和的行东连忙对盛宣怀进行安抚，告诉他

---

① 经元善：《居易初集》，第2卷，第40页。

② 按照当时的习惯，凡向洋行采购器材，经手签字的人，可得九五回佣（见《居易初集》第2卷，第61页）。仅1892年3、4月两月盛宣怀经手购买德国克虏伯的军火就达1 104 795马克，若按“九五回佣”可得佣金52 689马克。“盛档·克鹿卜驻华代办上海信义洋行与盛宣怀订购军火合同”，1892年4月6日（489 999马克）；1892年3月29日（614 796马克）。

③ 光绪六年十月二十六日王先谦奏，光绪十七年三月初三日刘坤一奏（转引自《洋务运动》6册，第37、64页）。

④ 怡和致盛宣怀密分佣金的原函如下：“谨向阁下证实我们之间所取得的谅解：凡由于阁下之影响或由于阁下之介绍而取得之生意，由敝行将所赚得之佣金的半数回报于阁下”（“盛档·W·凯锡致盛宣怀函”，1885年8月18日）。

是“不会受到人们任何怨憎的影响的”，叫他尽管放心，稳住阵脚[1]。当然，盛宣怀贪婪的手不会只伸向怡和洋行。果然在德国财团重贿之下，1887 年电报局成交了一笔德国借款[2]。盛宣怀的这些贪污所得一般都是通过他的私账房存于外商银行[3]或购买洋商股票[4]，有时则进行股票投机[5]。当然，收购“官督商办”企业股票则是很重要的一条去路（下面还要谈到）。盛宣怀究竟从贪污纳贿和收取佣金中捞到了多少钱，尚无确切系统的材料。当时在天津的一个美国领事估计，盛氏每年至少有 20 万两的额外收入[6]。这个数字可供参考。这是他搜刮财富的一个重要来源。

2. 收股

“官督商办”毕竟是股份公司组织的资本主义性质的企业，仅凭官督的身份而没有掌握企业的股权，根子还扎得不牢，宦海的浮沉可能会使“督办”失去对企业的实际控制。因此，盛宣怀一方面极力结交权贵，使自己成为清政府中“不可少之人”（慈禧语）；另一方面，他的一个重要活动是窥伺时机廉价收购或无偿吞并“官督商办”企业的股票。作为“督办”他了解企业的内幕和掌握营业动向，这就更便于他在这一方面采取行动。1884 年盛宣怀利用中法战争期间上海出现金融风潮，股票暴跌的机会大量“赶买”招商局、电报局的股票。当时招商局股票跌至每股 20 余两（正常价格是 81—87 两左右，

① 1886 年 5 月 1 日，上海—香港致 W·凯锡函（转引自黎费弗前揭书，第 185 页）。

② 怡和密函档。1887 年 7 月 28 日，上海—天津致 A·米奇尔函·怡和档（转引自黎费弗前揭书，第 113 页）。

③ 如 1889 年盛宣怀密函他在上海的私账房说：“前嘱将天津汇上银二万两按一年期寄存汇丰银行，即书盛幼记字样，此票请即速寄下。此次约有二十万之数，陆续由津汇沪。”“盛档·盛宣怀致雨记函”，己丑光绪十五年十月十三日（1889 年 11 月 5 日）。（按：“雨记”为盛宣怀心腹杨庭杲经管的私账房的代号，不是徐润的雨记账房。）

④ 早在 19 世纪 70 年代盛宣怀即拥有旗昌洋行股票。“盛档·随吉致盛宣怀函”，光绪三年九月初二日（1877 年 10 月 8 日）。1889 年盛宣怀密函雨记：“望即代买汇丰银行股票，趁此价较贱，请即迅速下手，尽数购买，……挂号即以揆臣二字出名。”“盛档·盛宣怀致雨记函”，己丑光绪十五年十月十二日（1889 年 11 月 4 日）。（按：揆臣即盛宣怀长子盛同颐。）

⑤ 1910 年朱宝奎建议盛宣怀售出地产“收购橡皮股票，不出一二月定可获三四倍之利，……此机万不可失”。“盛档·朱宝奎致盛宣怀函”，宣统二年二月二十五日（1910 年 4 月 4 日）。

⑥ 这是美国驻天津领事瑞德（Read）的估计（转引自费维恺：《中国的早期工业化》，第 56 页）。

最高时达138两)；电报局股票跌至每股60元(正常价格是95元左右)，盛宣怀不失时机地买进了几千股。1888年，正是盛宣怀青云得意之时(1882年任电报局督办；1884年重进招商局，迫使徐润退出局务；1886年奉旨“从优议叙”，简授山东登莱青兵备道兼东海关监督)，他派心腹孙锦麟在上海“坐探以资耳目……如有关系洋务、商务消息，密速禀报，其紧要者即随时公电飞报”①。这个坐探经常将招商局、电报局、仁济和保险公司(招商局附属机构)、开平矿务局的股票行情及市场情况用公电(既可优先发报又能享受免费优待)密报盛宣怀，并代为密购股票。如光绪十四年七月十六日(1888年8月23日)孙锦麟向盛宣怀汇报说：“承嘱收购轮船、保险两项股票，谨当遵办，惟现在竟无趸数，只可陆续购齐……晚自当谨慎秘密。”②据这一年孙锦麟函牍的初步统计，从2月至12月间即代盛宣怀在上海“密购”仁济和保险公司股票30股(合13 037.5两)，招商局股票505股(合43 630两)③。据已有的材料看，盛宣怀收购官督商办企业股票的势头一直持续到80年代的末期④。盛宣怀收购或归并股票的活动往往是以巧取豪夺的手段来实现的。1888年他利用招商局一个商董去世后，家境窘迫的机会，一下子就收进招商局的股票500股⑤。1884年徐润投机失败抵押给招商局的房产，因一时无力取赎，到1890年产值市价已上涨一倍以上，盛宣怀说徐润长期宕账，“面上不雅，我为赎之”，竟按原价赎出归为己有，真是“既沾其利，复沾其名”。徐润慑于督办的官势，只好“痛心千古，付之一叹”。⑥

没有几年功夫，连当初说盛宣怀不过是一个“空心大老”的徐润，也不得

---

① “盛档·盛宣怀致孙祥麟函”，光绪十四年十月二日(1888年11月5日)。

② “盛档·孙祥麟致盛宣怀函”，光绪十四年十月十六日(1888年11月19日)。

③ “盛档·孙祥麟致盛宣怀函”，光绪十四年二月二十二日(1888年4月3日)、八月二十日(9月27日)、十二月二十六日(1889年1月27日)。

④ “前托买轮船、保险股份，现在上海银根甚紧，已经收买若干，即祈示复为幸。”“盛档·盛宣怀致雨记函”，已丑十二月二日(1889年12月23日)。

⑤ “盛档·孙祥麟致盛宣怀函”，光绪十四年十二月二十六日(1889年1月27日)。

⑥ 《徐愚斋自叙年谱》，第38—39页。

不承认"此老财势两足,心敏手辣"[①]了。甲午战后,李鸿章失势,盛宣怀也被参劾,言官指责他,"总办电报,害则归公,利则归己,复克扣军饷,搜罗股票,平日居官,亦多攀援依附"[②]。最后一句自然是攻击李鸿章的,但这一条特别提到"搜罗股票"是值得注意的。在70年代,唐廷枢、徐润等买办商人拥有招商局的股份在40%左右;1885年盛宣怀继唐廷枢主持局务,通过巧取豪夺的方式大量收购或归并股票,到90年代,他已经是招商局的最大股东。1897年招商局增资(实际是老股一股分为两股)400万两时,盛已拥有4万股中的1.1万股了[③]。后来盛宣怀以招商局、电报局为基地,先后对其他官督商办企业进行"联锁投资"(下面还要谈到),于是在每一个企业中他都变成"财势两足",既是督办,又是大股东,形成了一个官僚资本集团。当时有人很尖锐地指出:"使之管招商局,不久而握招商局大权,且为招商局之大股东;使之管电报局,得握电报局大权,且为电报局大股东。"[④]"官督"到哪里,"势"即随之而来;势"之所及,"财"也随之而来。这不正是官僚资本的特点吗?

3. 联锁投资

这是盛宣怀登上第一代官僚资本顶峰的重要一着。凭借了督办的"理财"之权,盛宣怀可以随心所欲地挪用企业资金广为投资,从而逐步扩大官僚资本的阵地。这些投资对投资单位并不能带来好处,相反却造成投资单位的严重负担,影响了它们的利润收入、业务扩充,甚至影响到它们的生存。例如1897年以前招商局的资本不过200万两,但在盛宣怀主持下,投资到其他单位的就有127万两,占该局资本总额的60.3%。20世纪初,仅仅招商局陷入萍乡煤矿的资金就达63万多两,造成该局"资金竭蹶,不能添新船"[⑤]的严重后果;而汉阳铁厂又凭借了与招商局的"特殊关系",积欠水脚,弄得招

① 《徐愚斋自叙年谱》,第15页。

② 王彦威辑:《清季外交史料》,第119卷,第6页。

③ 刘声木:《苌楚斋随笔》,直介堂丛刻初编,第5卷,第9—10页。

④ 《刍言报》,宣统二年十月初六日(1910年11月7日)。

⑤ 《招商局总管理处汇报》,民国十八年印,第4—5页。

商局“局款如洗，异常支绌”[①]。有的投资甚至完全变成坏账损失（如对池州、荆门矿务局投资的2 800两）[②]。到后来招商局股东根本拿不到股息，分红时，盛宣怀就塞给他们一把通商银行、汉冶萍的股票（当然也是拿不到股息的股票），弄得股东们啼笑皆非。盛宣怀曾经自认不讳地说：“敝处素有富名，而实皆辗转抵押，以一钱化三钱，流通布子，所以成就较大公司者在此。”[③]事实也的确如此。为了华盛的资金短绌，盛宣怀可以把招商局的产业抵押给汇丰银行大借洋债[④]；“纺织公司各华商”的经济本来已经左支右绌了，但还要“力顾大局”抽出资金投资到汉冶萍[⑤]。盛宣怀这样擅自挪用资金，严重损害了商股的利益，理所当然地受到商股的指责。电报局的商董经元善私下向郑官应抱怨说，盛宣怀“将电局之余款入铁厂、银行股份，亦绝不商量，试问各商之心洽乎，否乎”[⑥]。不但中国的商情不洽，甚至连外国人也看不顺眼。《北华捷报》在一篇社论里说：“由股东托付给招商局经理人所经营的股本，早已被这些经理人用在股东们所无法控制的地方去了。在每年例行公布的营业报告中，甚至已不再表明股东们是股份的原始执有者的地位了。”[⑦]但是对盛宣怀来说，各商股的“洽乎，否乎”是不值一顾的。他得意地说：“招商、电报、铁路、银行皆属笼罩之中，不必真有商股，自可通筹兼顾。”[⑧]作为一个资本主义企业的经理或董事长，他是无权不顾企业的利益任意“流通布子”的，但作为一个官督商办企业的督办，他却完全有权这样做。当时的舆论已经提出：“凡轮、电两局每岁支拨动辄钜万，京卿专主为之，一纸札下，速于敕令，不闻商之于各股商也。”[⑨]为什么盛宣怀的“札”有这么大的权威呢？因为

---

① 《交通史航政篇》，一册，第186页。

② 《报告书》，上册，第36页。

③ “盛档·盛宣怀致孙宝琦函”，1912年7月1日。

④ 1894年6月25日美国领事瑞德（Read）函（藏美国国家档案馆，转引自卡尔逊前揭书，第127页。周叔媜：《周止庵先生别传》，1937年版，第26页）。

⑤ 《愚斋存稿》，第14卷，第13页。

⑥ “盛档·经元善致郑官应函”，光绪二十五年五月五日（1899年6月12日）。

⑦ 《北华捷报》，1879年4月15日，第349—350页。

⑧ “盛档·盛宣怀致张之洞函”，丙午正月初六日（1906年1月30日）。

⑨ 《苏报》，光绪二十五年九月初四日（1899年10月8日）。

他是“督办”，背后有整个封建政权的支持。盛宣怀利用“官权”大肆“笼罩”的结果，终于完成经元善所说的“总揽轮船、银行、铁政、炼冶、煤矿、纺织诸大政，所谓一只手捞十八颗夜明珠”①的大业，成了中国第一代的官僚大财阀。

表2　盛宣怀对官督商办企业的联锁投资　　单位：两

被投资单位 / 投资单位	上海机器织布局（1893年）	华盛机器纺织总厂（1894年）	汉阳铁厂（1896年）	中国通商银行（1897年）	萍乡煤矿（1898年）
轮船招商局	222 000		250 000	800 000	230 000
仁济和保险公司	80 000	320 000			
中国电报总局			220 000	200 000	
中国通商银行			328 000		220 000
汉阳铁厂					200 000
萍乡煤厂			100 000		
铁路总公司					150 000
(A) 总计	1 020 000	320 000	898 000	1 000 000	800 000
(B) 被投资单位各该年资本账的负债额	1 090 290	1 000 000	1 000 000	2 500 000	1 000 000
(A)占(B)的百分比 $\left(\frac{A}{B}\right)\times100$	27.70	32	89.8	40	80

盛宣怀靠“官督”的力量搞“无本生涯”（徐润语）②，而聚集的资产总额究竟有多少，尚有待于继续发掘材料加以计算。从20世纪初到30年代曾经有人多次对此作过估计，刘声木在《苌楚斋随笔》中估计盛的总财产达数千万两。其他的估计最高的达1.4亿元，最低的是1 000多万元③。根据《愚斋义

① “盛档·经元善致郑官应函”，光绪二十五年五月五日（1899年6月12日）。实际上还应包括“电政”，经元善因本人是上海电报局总办，出于礼貌，在这一封批评盛宣怀的信中回避了与自己有关系的“电政”。

② 《徐愚斋自叙年谱》，第73页。

③ 《中华报》，丙午年七月八日（1906年8月27日）估计为14 000万元；《时事新报》，民国十七年二月二十二日估计为13 493 869两；《外人不平论》，民国十八年八月十一日估计为“一千万强”。

庄资产簿》的记载，在30年代盛氏家族义庄财产总额如下表：

表3　盛氏家族义庄财产(1930年)　　单位:规元两

房地产		1 980 204.15
上　海	1 862 076.00	
杭　州	71 328.15	
苏　州	46 800.00	
投　资		4 891 328.67
轮船招商局	1 903 000.00	
汉冶萍公司	2 698 387.92	
仁济和保险公司	153 616.00	
公　典	136 358.75	
公典存款		34 207.278
总　计		6 905 774.098

资料来源:徐元基同志根据《盛档·愚斋义庄资产簿》的汇总。

据刘声木说:盛宣怀在“未故时，立愚斋义庄，以全数家资四成归慈善事业，六成归子孙分派”①。刘声木是淮系要人刘秉璋之子，接近内幕，其言必有相当根据。若以表3义庄总财产作为四成计算，则加上“子孙分派”的六成，盛宣怀的财产总数当在1 726万规元两左右。20世纪初清政府财政预算的中央收入部分，总共不过1 800余万两，而盛宣怀一家的财产就达1 726万两，堪称全国首富。汪康年在盛宣怀把汉阳铁厂改为“官督商办”的那一年(1896年)曾经不点名地批评盛宣怀是“以倾诈阴险之才，行笼络捭阖之术，尽取天下之利权而归一己，而商人愈困矣”②！督办愈富而商人愈困，这不正是官僚资本与民族资本的对立吗?

1909年，当时的湖北臬司杨文鼎对盛宣怀说:“近数十年追随宫保左右

① 刘声木:前揭书，第5卷，第9—10页。

② “商战论”，载《时务报》，光绪二十二年十一月十一日(1896年12月15日)。

由寒素坐致富厚者指不胜屈。”①还有一个著名的“官督商办”开平矿务局的督办兼大股东——张翼也是“起家微寒”。由“寒素”、“微寒”攀附权贵(张翼的后台是慈禧太后)就能当上“督办”,取得政权力量的支持,并以此为凭借发财致富。这是中国第一代官僚资本,也是旧中国历届官僚资本的共同特点之一。

第三,加速了外国资本的入侵。

洋务派的经济活动受制约于他们所奉行的投降主义的政治路线。还在镇压太平天国革命运动期间,李鸿章在对外关系上就制定了一条纲领性的政治路线:它是“洋人所图我者利也、势也,非欲夺我土地也。自周秦以后,驭外之法,征战者后必不继,羁縻者势必长久。今之各国又岂有异”②!这个被曾国藩赞许为“至理名言”的投降主义的“驭外之法”运用到“官督商办”企业,就是同外国侵略资本的妥协与勾结。其实李鸿章早已预见到外国商人咄咄逼人之势,在办起第一个“官督商办”企业时就心怀忧惧地说:“轮船商务牵涉洋务,更不能由官任之也。”③那就是说,因为牵涉洋务,只好让商人去办。“官督”而又“商办”政治上的原因之一,就是把商人推到第一线与洋人打交道,官在后面隐为“羁縻”。其结果无非是步步退让,引狼入室。口号的变化也清楚地反映了这一情况。19 世纪 70 年代洋务派的口号是办了“官督商办”企业来“藉纾商民之困,而伸自强之气”④,80 年代就变成“冀稍分洋商之利”⑤(妙在“冀”字),90 年代则索性是与洋商“息争均利”⑥了。

外国资本通过“官督商办”企业的入侵,一般是从两个方面来进行的。

1. 通过“官督商办”企业的垄断及其同外国资本联合垄断的渠道

这种垄断对正处于发展时期的民族资本是一个严重的遏制,其理甚明,

---

① “盛档·杨文鼎致盛宣怀函”,宣统元年正月二十日(1909 年 2 月 10 日)。
② 《李全集·朋僚函稿》,第 10 卷,第 27—28 页。
③ 《李全集·奏稿》,第 36 卷,第 35 页。
④ 《李全集·奏稿》,第 25 卷,第 4 页。
⑤ 《李全集·奏稿》,第 43 卷,第 43 页。
⑥ “癸巳(一八九三)三月三公司合同成立,息争均利,遵行至今”。见《愚斋存稿》,行述,第 20 页。

前已论述，不赘。问题是与外国资本的联合垄断是不是给“官督商办”企业本身也带来独立的发展和繁荣呢？回答是否定的。以招商局为例，在与怡和、太古订立“齐价合同”后，它在各条航线上所占的份额都逐渐缩小。早在1883年盛宣怀就承认，“今商局于长江、福州、宁波（各航线）皆吃亏，……长江一口，怡和近年确占商局便宜十分之七”①。甚至连竞争的对手（怡和）都疑惑不解，为什么招商局在订立“齐价合同”时不占足它的份额。这种“驭外之法”的“羁縻”战术连郑官应都看不下去。1883年郑官应指出，“齐价合同”不过是怡和、太古“志在挟制，欲多占便宜耳”②。最奇特的是招商局与怡和和太古在各条航线所订的“齐价合同”都载明，凡三家有争议相持不下时，“即交洋务公所董事决断，该董事判断之事，务须遵依”③。中国的“官督商办”企业竟须置于“洋商公所董事”的控制下，接受他的“决断”。这已经不是企业间的商务合同，而是出卖国家主权的不平等条约了。从1877年到1893年，招商局以大部分时间（9年）用“齐价合同”“羁縻”怡和、太古的结果是招商局的船只由33艘降为26艘，而怡和、太古则分别由13艘和5艘增为20艘和29艘（1893年以后“齐价合同”从未断过）。看来盛宣怀所说的“息争”确是做到了，而“均利”则是自欺欺人之谈。招商局作为一个“官督商办”企业既不准别人“另树一帜”，又要同外国资本勾结“自锄同类”，使中国日益增长的江海航运利益去滋润外国资本，其结果不但怡和、太古强大了，而且日本、德国、法国的船旗在19世纪末已相继“树”于中国内河及沿海一带。无怪乎外国资本喉舌《北华捷报》在90年代的一篇社论中得出这样的结论，即“中国政府并没有扶持招商局来抵制外国商人在中国沿海贸易中获取厚利的意图”，他们对此表示非常满意④。招商局实际上发挥了外国资本入侵的“跳板”作用。另一个著名的“官督商办”的开平矿务局于1900年由督办张翼擅

① “盛档·盛宣怀致李鸿章函”，光绪十六年五月四日。

② “盛档·郑官应致盛宣怀函”，光绪十八年七月二十四日。

③ “盛档·招商、太古、怡和长江轮船合同”，1892年2月15日，第20条。

④ 《北华捷报》，1890年5月16日，第585页。

自将全矿"卖"给英国财团,后来袁世凯又打着"以滦收开"的旗号办了"官督商办"滦州煤矿。滦州煤矿公司最初与英国资本控制的开平煤矿"仅将营业一部分联合组织"①,随后又变成整个企业的全部"联合",结果开平吞噬了滦矿。在这些中外"联合"中,起作用的都是督办与总督们,他们是"官督商办"的真正控制者。其他如中国电报局与大东、大北电报公司,通商银行与汇丰银行,汉冶萍与正金财团等的勾结都是带有垄断性的"官督商办"企业与外国垄断资本通过在这一方面或那一方面的"联合",诱导、加速和扩张了外国资本的入侵,使外国资本进一步控制了中国的经济命脉。

打着"敌洋保利"旗号的"官督商办"企业却千方百计地同外国侵略资本相勾结,这是它的封建性和买办性所决定的。19 世纪 80、90 年代中国民族资本已经崛起,他们为了追求更大的利润敢于也能够同外国资本相较量。以航运业为例,航行于龙口—营口之间的民族资本肇兴公司就同英国和日本的轮船展开过激烈的竞争。最后迫使太古退出了这条航线,它的资本额由 15 万元发展为 100 万元。戴生昌内河航运公司在江浙内河水域与日本轮船的竞争对日资大东汽船会社造成极大的威胁。民族资本能做到的事,难道有"官为扶持"的招商局做不到吗?招商局的主要对手怡和洋行 1885 年在中国的投资总额不过 2 288 384 两,怡和轮船公司的资本也不过 817 560 两,从资力上讲并不是什么庞然大物。事实上招商局在同太古、怡和的激烈竞争年份并没有处于劣势,年年都有余利,提了巨额折旧,还清了官方借款。但是同外国资本竞争是要付出代价的,它需要整饬企业的经营管理,杜绝贪污盗窃的漏洞,把这些贪婪的封建蛀虫统统扫出去。在这官督之下是办不到的。1884 年宁波招商局认为即使同外轮竞争也没有什么可怕,建议"将局内一切浮费撙节,每年可省十余万金;至如长江轮船漏卮,亦可查得十余万金。以上两款可抵减价之数。如此整顿章程可为自立之根本"②。撙节"浮费",杜绝"漏卮",谈何容易!这意味着拿掉各类"虫蚁"们的钱袋,他们是决

① 《滦矿公司禀直隶总督陈文》,宣统三年十二月初十日(1912 年 1 月 28 日)。

② "盛档·盛抃人致盛宣怀函",光绪十年六月十二日(1884 年 8 月 2 日)。

不会罢休的。“自立之根本”可以不要，但“浮费”与“漏卮”则只能听其自然。而且同外国资本竞争“牵涉洋务”，必须运用“羁縻”之法。1891年郑官应很不满意招商局在订立“齐价合同”中步步退让的做法。他在一封私函中恺切地说：“自古和议不足恃……未有不能战，不能守而遽能和也。势均力敌而后和议可久。今若事事迁就以求和好，彼见我中怯，必有要求，势必至吃亏而和。”他主张招商局同怡和、太古应展开竞争，“我既与彼并驾齐驱，彼已知甚难垄断，而后可进可退，可战可和，行无不得也”①。郑官应不愧是一个资产阶级改良主义者，作为招商局的会办，他主张同外国资本的关系应立足于“战”——竞争。但是“征战者后必不继”这恰恰是李鸿章所最害怕的。郑官应的建议与李鸿章、盛宣怀的“驭外之法”的“羁縻”政策不合，自然不被采纳。于是在“羁縻”之中，外国资本以招商局为垫脚石大量拥进中国。

2. 通过“官督商办”企业举借外债的渠道

在李鸿章“借洋债以兴大利”的方针下，开平大借洋债的结果，使英国垄断资本控制了这个利润优厚的企业。到1900年英国侵略者就利用八国联军入侵的混乱局势迫使督办张翼将开平财产全部“卖”给英国财团（张翼居然能擅自卖矿，这是官督商办的督办之“权”发展到极端之一例）。直到1902年，英国人在开平扯下大清龙旗并要“电达本国管理兵队总兵将英国公司之地产设法保护”，才发现开平矿权已被外人所攫夺。中英双方争执开平产权的官司一直打到伦敦的“上诉公堂”，演了一场“虎口夺食”的闹剧。结果是不言而喻的，这场讼案以英国人有权控制开平产权的判决而结束。招商局向汇丰银行押借巨款，把它的水、陆财产押尽当绝，事实上已经沦为一个外国金融资本榨取利息的机构。汉冶萍在“官督商办”时期大借日债导致了日本财团对它的严密控制。即使在1908年汉冶萍改为商办以后，不但仍须供应日本廉价的生铁和焦炭，而且规定除了日本垄断财团外，不得另行向其他来源谋求资金融通，否则“在实业即无联络之道，在帮交即开反目之端”②。

① “盛档·郑官应致盛宣怀函”，1892年5月14日。

② “盛档·小田切万寿致孙宝琦函”，1915年11月16日。

日本大藏省甚至秘密派遣官员进驻汉冶萍充任“最高会计顾问”①，以便实行直接控制。但是这个被正金银行引以为有“亲密关系”②的盛宣怀却认定借外债虽如“扁舟荡漾在风浪中，无论如何颠簸，必须想到登岸时光景”③。事实证明，外债的苦海无边，彼岸难登，终于使汉冶萍从“官督商办”时期开始积累的外债在“荡漾”、“颠簸”中倾覆在日本帝国主义的魔爪中了。

筹借外债是由于资金不足。资金不足从内部来讲是由于企业的积累不足。“官督商办”企业的积累不足最根本的原因在于大小官员的“虫蚁聚食”，无从积累。“虫蚁”之后都有后台。总督、督办就是两条大“虫蚁”，而整个腐朽的封建制度又是大大小小“虫蚁”的总后台。资金不足的外部原因是招徕投资不足。从19世纪70年代以后的情况看，中国社会的“商情”是踊跃的。这种情况一直持续到20世纪初。1910年历经艰难的汉冶萍因与美国厂家订立了销售生铁的合同，在已筹1 100万元的优先股的基础上，“再筹100多万元，数日之内一抢而空，股东公议不复加股，欲其票价增长”④。这说明从19世纪70年代到20世纪初，商股的源头并未枯竭。但是口喊“维护商利”的封建官僚对官督商办企业所吸收的民间资金却加以“鱼肉”，终于造成了如梁启超所说的“已入股东者安得不寒心；其未来者安得不裹足”⑤的局面。一度招股溢额的上海机器织布局，几经波折变成官督商办华盛机器纺织总厂时，只能招足预定股额的三分之一了。为什么？商怕官。何启说：“招股者招之不来，合股者合之不得。此办法之不善，首在官督商办也。”⑥官督商办的神话破产了，私人资本望而却步，于是“勺水无沅，立涸可待”。只有诉诸洋债，把整个企业送给洋人去“鱼肉”。

---

① “昨电（汉冶萍）会计顾问现任大藏省官吏之事，请保严重秘密，因该员称为系正金银行之人以受聘顾问之故”。“盛档·高木陆部致盛宣怀电”，1914年1月17日。

② 富川原编：《横滨正金银行史》，1976年2月28日版，第332页。

③ “盛档·盛宣怀致孙宝琦函”，1914年3月22日。

④ “盛档·盛宣怀致李经义函”，宣统二年二月十三日（1910年3月22日），同时，盛宣怀致吕海寰、李伟侯、杨俊卿等函报道同一情况。

⑤ 梁启超：《李鸿章》（铅印本），第22页。

⑥ 何启、胡礼垣：《新政始基》，第9页，载《新政真诠》格致新报馆版。

事实证明，“官督商办”企业同外国侵略资本的关系，完全可以立足于竞争，而不必多方勾结。它没有这样做，非不能也，是不为也。“官督商办”企业完全可以从内部的整饬加强积累并吸引民间资金，但却搞得左支右绌，不得不把头伸进洋债的绞索，非必然也，是自投罗网也。打着“收回中国之利权”而办起来的“官督商办”企业，竟成为对外国侵略资本送权授利，为虎作伥的机构，这是中国官僚资本的特性。它们不像民族资本那样，希图摆脱或减轻外国资本主义和本国封建主义的压迫，以求得自身顺利发展，而恰是以外国资本主义和本国封建主义的统治作为自身发展的根本条件。这就是第一代官僚资本与民族资本的根本区别所在。

李鸿章在创办“官督商办”企业时，说是要“顺商情而张国体”①。结果“商情”（发展资本主义）既未“顺”，“国体”（巩固封建政权）也未“张”。在这两方面都失败了。它们的结局都很不妙。一些主要的“官督商办”企业，有的最后还是落入封建政权的手中，变成官办（如中国电报总局），有的被外国资本所吞并（如开平煤矿、滦州煤矿、华盛纺织厂），有的长期受帝国主义的控制（如汉冶萍公司），有的在帝国主义与封建主义交相压迫下，奄奄一息，朝不保夕（如轮船招商局、通商银行），有的在边疆危机中，无疾而终（如漠河金矿）。这是官僚资本的必然结局，它们不是倒向封建主义就是倒向帝国主义。

应该承认，“官督商办”企业在很有限的范围内同外国侵略资本曾一度有所抵制。开平由于“地近运便”，自 1882 年后确曾从洋煤手中夺回天津市场；招商局在 1873—1877 年间确曾同外资轮船公司展开过激烈斗争。但是它们抵制外国资本的作用都是昙花一现，“为寿不永”，没有多久都同外国资本“联合”了，成为它们的附庸。这也不足为奇，帝国主义和封建主义都迫使它们走这一条路。

也应该承认，作为早期资本主义性质企业的创办者，李鸿章与盛宣怀走

① 《李全集·奏稿》，第 20 卷，第 32 页。

了一些弯路。盛宣怀在19世纪70年代初期开采湖北煤矿失败后，曾经对李鸿章说："职道于矿学譬如盲人觅径，轨辙难穷，黑夜叩门，枢机莫辨。"①朱其昂在筹办招商局时，从一个葡萄牙人手里购买的一条船，就糊里糊涂地多付了两万多两银子。在早期"枢机莫辨"之时，受到洋人的愚弄，是可以理解的。假使连这一点弯路都不允许他们走，那就太不公平了。可是当他们已经熟悉了洋务以后，竟挟洋务以自重，把"官督商办"作为得心应手的工具，"借官以凌商，借商以蒙官"（第二个"商"包含了许多"洋务"，所以得而"蒙"之），专图一人一家之私利。自从有了"官督商办"以后，以断送国家权利和商股利益为代价来发财致富，是这些新贵们积累财富的特点。这时他们已不再受洋人的愚弄而是愚弄人民了。他们的活动与真诚地发展自由资本主义的人们的愿望是背道而驰的。"官督商办"在19世纪末叶理所当然地受到几乎每一个资产阶级改良主义者的严厉谴责。他们质问盛宣怀"民贫君岂能独富？"②他们说："独任商民，勿加'官督'二字"，"商之必可以办，官之必不可以督"③。

还应该承认，"官督商办"企业毕竟是在中国的土地上搞出了一点新的生产力。这无疑是好的。但是从巩固封建统治的"自强"出发，而发展出来的"求富"，只是把西方资产阶级的生产力点点滴滴地摘过来硬移植在封建体制上面。与此同时，又在企业的内部搞"以石击卵"，在企业外部搞垄断控制，压制自由资本主义的发展。这一点点移植过来的生产力终于成为无源之水，无本之木，形成了官僚资本主义的生产关系。这种反动的生产关系是帝国主义与中国封建主义的结合物，也是真正自由资本主义生产力发展的桎梏。它成为帝国主义入侵中国的桥梁，也是民族资本的陷阱和拦路虎。同他们所形成的这种反动的官僚资本主义生产关系相比较，洋务派移植过来的这点点生产力，是功不抵过的。

---

① "盛档·盛宣怀致李鸿章函"，光绪二年十一月十八日（1877年1月2日）。
② 经元善：《居易初集》，第2卷，第42页。
③ 何启、胡礼垣：《新政始基》，第15页。

还应该看到，“官督商办”是在中国半殖民地半封建社会历史条件下的产物。也正是这种客观的历史条件迫使它走向失败的道路。封建主义和帝国主义都不允许中国资本主义发展，因为这种发展对于它们都不利。太常寺卿陈兰彬在光绪二年就朦胧地看到这一点，他说：“中国制造船炮，彼人毫无猜忌，且愿悉心指授，冀我成功；惟招商局之设，则群怀隐忧。”①官办军事工业不是资本主义性质，矛盾还不大；当具有资本主义性质的官督商办企业出现时，外国侵略者就“群怀隐忧”了。于是，竞争以打击之，“联合”以控制之，借债以束缚之，收买以兼并之……各种手段都使用上了。“官督商办”企业的“官督”对中国老百姓是有权威的，但是对帝国主义却无能为力。洋人的不平等条约的魔法比清政府的官方饬令更高一等。中国的关税不能自主，汉冶萍的铁轨就无法与进口洋轨竞争；《马关条约》签订后，李鸿章的纱、布垄断也成为一纸具文。“官督商办”只有在符合帝国主义侵略者利益的条件下才能幸存。它只能作为帝国主义侵略资本的附庸而存在。在这种情况下怎么能期望它向独立自主的方向发展呢？帝国主义对中国民族资本的打击是无情的，但对官督商办企业也并不姑息。不过前者在受压迫中还有抵制，而后者都走向勾结屈服的道路。近年来西方资产阶级学者花了很大的气力著书立论，证明帝国主义对旧中国的经济侵略很有利于中国的经济发展，它的经济效果是“正面的”。登柏格断言旧中国经济发展的长期停滞与外国侵略无关，主要是由于中国政府的无能。根据这个逻辑，凡是受外国侵略的国家都是由于它自身的腐败，是咎由自取的。这不是一个替外国侵略者洗刷罪名的“理论”吗？难道外国的侵略、奴役与控制不正是一个受侵略国家的政府在政治上腐败无能，在经济上停滞不前的重要原因之一吗？当一个国家的政府在外国侵略下变成了“洋人的朝廷”时，能期望这个国兴旺发达起来吗？我们相信，只要登柏格教授能不带偏见地研究一下近代殖民主义的历史，对资本帝国主义的侵略活动的本质和作用作出实事求是的评

① 见《中国近代史资料丛刊·洋务运动》，第6册，第11页。

价，就会得出更接近于事实的结论。旧中国政府的无能，不等于外国侵略者无罪。“官督商办”的历史就是一个最好的证明。

到清朝末年，“官督商办”实在太臭了，所以清政府在1904年颁布的《公司律》中只列官办、商办、官商合办，不再提“官督商办”。但是后来的野心家仍然不能忘情于它。袁世凯称帝时就曾对汉冶萍和招商局重申“官督商办”，想借以控制这两个关键性的企业。资产阶级革命以后，时代不同了，商股们在《申报》上登出煌煌广告：“我生命财产所系之股东势难坐毙”，大有拼命的架势，坚决抵制。袁氏未能得逞。这是“官督商办”在民国时代的余波。但是“余波”并不意味着事情的结束。果然，在北洋政府卵翼下的交通系和新交通系又以另一种模式形成了一个集团——中国官僚资本在半殖民地半封建的轨道上进入了它的第二代。

（原载《历史学》1979年第1期）

试论洋务派官督商办企业的性质与作用

一

从19世纪70年代起，由李鸿章、张之洞、盛宣怀等人办起的一批有关国计民生的大型民用企业，从诞生那一天起，人们评论其功过得失，便各执一词。洋务企业本身虽然只是一个个的经济实体，但隐藏在它们背后的却是一些复杂得多的历史因素——政治制度、经济结构、文化传统、阶级关系、社会思潮以及外来侵略，等等。纵观这些因素，确实带来了对这些企业进行确切评价的复杂性。但是，经济毕竟是决定性的。因此，判定这些企业的性质，首先从这里出发，展开讨论，也许是恰当的。

在办洋务的年代，凡属国家"要政"的民用企业都要纳入"官督商办"的轨道。张之洞说，这是清朝"煌煌大义，日月不刊"①的政策。因此洋务派所创办的一些有影响的大型民用企业，包括航运、电报、纺织、银行、开矿、冶炼等，几乎毫无例外地都是"官督商办"。这些企业是资本主义性质的，因为它们是吸收商股并以追求利润为目的的企业；但又不是民族资本主义（即自由资本主义）②企业，因为它们的经营管理权并不掌握在商人股东手里，而是掌

---

① 《张文襄公奏稿》卷四三，第8页。

② 按："民族资本主义"（它的相应阶级即民族资产阶级）一词在中国近现代史中的规范用法是指：在中国土地上出现的既区别于外国在华资本，又区别于中国的官僚资本的一种资本形态，是不具有垄断性的自由资本主义。本文所用的民族资本主义一词，就是这个概念。19世纪下半期资产阶级改良主义者常常提到的"民间"资本（它的相应阶级是"民间商人"，据我的理解，就是"民族资本主义"的同义词。）

握在代表封建政权的官僚手里。在私有制的条件下，企业的经营管理权掌握在谁手里，往往是决定企业性质的重要因素。当企业的经营管理权与国家政权紧密联系在一起时，更是如此。这些洋务企业一般都有一个朝廷任命的“督办”代表封建政权进驻在企业内部对它实行严格的控制。督办的地位与权力驾凌在企业的投资者(商股)之上。这一种“官督商办”的制度由李鸿章在1872年奏办轮船招商局开始(“官督商办，由官总其大纲，察其利病”①)，中经盛宣怀的实施推广，最后由张之洞在1896年正式奏订成章程条例(“用人，理财……均由督办一手经理，酌量妥办，但随时择要汇报湖广总督查考”②)。经过四分之一个世纪的实践，逐渐形成了一套完整的“官督商办”制度。李鸿章、张之洞虽也曾提到，在这些洋务企业中“听该商董等自立条议悦服众商”或“督办应由有股众商公举”，但这只不过是点缀应景而已，实际上从未真正做到。所谓“官总其大纲”的“纲”，就是用人、理财之权，也就是企业中的人员黜陟、经营决策、管理方针、资金调拨、盈余分配之权。在洋务企业里的商股，无论股份大小，在用人、理财方面都没有发言权或表决权。也曾经有些大股东或在企业中领有一定职位的商人股东(如招商局的徐润，电报局的经元善等)尝试过在这些方面同督办较量一下，但是都因“卵石之势无可如何”(徐润语)，一个个败下阵来。张之洞曾说，在官督商办企业里，“国家所宜与商民公之者利，所不能听民专之者权”③。在这里，张之洞是把“国家”与“商民”明确地对立起来的。其实商股既然无“权”，那里还有什么“利”呢？正如郑官应后来为争取招商局完全商办向邮传部抗辩时所指出的，清政府在洋务企业中一味“削股东之权，寒股东之心，权与利相因而至，未有事权失而利益大也”④。在这些庞大的洋务企业中，起决定作用的不是代表资本的商股，而是代表封建国家的官权。这种企业的性质当然不是

① 《李文忠公全集·译署函稿》卷一，第39—40页。

② 《张文襄公奏稿》卷二七，《铁厂招商承办议订章程折》。

③ 《张文襄公奏稿》第四三，第10页。

④ 《商办轮船招商局股东签注部批隶部章程，附意见书》(以下简称“股东签注隶部章程”)第42页，宣统元年九月十五日(1909年10月18日)铅印本。

自由资本主义的民族资本，而是中国的早期官僚资本。它的出现是近代中国一定历史条件下的产物，它使中国的资本主义的发展经历了一段曲折的道路，引起了中国阶级关系的结构性的变化，对后来的政治、经济和思想文化产生了深远的影响。

为什么在19世纪70年代封建主义的清王朝要违背自己的心愿，在封建主义的肌体上植入它自己的对立物——资本主义性质的细胞呢？为什么向往投资厚利的商人会十分勉强地把自己的资金投进封建式的衙门企业呢？促使这两种截然不同的势力汇合到一起的是当时特定的历史条件。

鸦片战争后出现的"千古变局"与危机感迫使清政府要寻求自救之道。面临"古今之变局，宇宙之危机"，将何以自处呢？郑官应概括当时的局势是，就"天道、世运、人事"而言，已到了"不能不变，不得不变"①的境地。要变是很艰难的。压力来自外面的侵略者。1867—1869年间英国借修约机会，迫使清政府扩大对外开放范围，其中包括"铁路、铜线、挖矿、贩盐以及内地行栈、内河轮船"等。对于这些要求，奕䜣的态度是"彼虽求之甚力，我亦拒之愈坚"。朝廷转而征求督抚们的意见，曾国藩、李鸿章都认为除挖煤一事可勉强同意外，其他皆不可行，态度也坚决得很②。但是英国侵略者并不肯就此罢休，他们决心不惜用武力胁迫清政府"向前移动"③。于是继沿海航行之后，长江内河也对外开放。长江成为外国轮船公司的"黄金水线"，买办商人大量附股于外商轮船公司。"不得不变"的时间终于到来。李鸿章说，"既不能禁洋人之不来，又不能禁华民之不用"，"既不能禁华商之勿搭洋轮，又何必禁华商之自购轮船"④。前者（"既不能禁"）是外国资本主义的压力；后者（"又不能禁"）是商品经济内部运动的压力。这两种力量都无法抗拒，构成了"其势几难禁遏"的局面。于是口号从"自强"、"求富"逐渐转向带有资

① 郑官应：《易言》（光绪庚辰中华印务总局三十六篇本）上卷，第2页。

② 《筹办夷务始末（同治朝）》卷六三，第8页；卷五四，第2页；卷五五，第9、14页。

③ 1869年10月1日，阿利国爵士致司丹立勋爵函。爱尔兰大学编：《英国国会文件》，第8卷，1971年版，第11页。

④ 《李文忠公全集·奏稿》卷二四，第20页；朋僚函稿，卷一二，第29页。

本主义色彩的“稍分洋商之利”。李鸿章等发现,当初“拒之愈坚”的东西,原来是聚敛厚利的好渠道。这对于财政早已枯竭的清政府和举办军事工业难乎其难的李鸿章来讲,正是摆脱困境的好机会。于是办起了招商局、电报局、纺织局……但是要创办这些企业,需要解决两个先决条件:第一,巨额资本;第二,懂行的管理人才。李鸿章自然把眼光投向那些自上海开埠后,迅速积累起巨额财富的买办。他们既“殷实”又“明干”,钱、才兼而有之。于是名噪一时的大买办唐廷枢、徐润、郑官应都成为李鸿章网罗的对象。在这种情况下,打出“商办”旗号是势所必然的,因为只有“商办”,才能把这些“殷实明干”(李鸿章评唐廷枢语)的人,连钱带人都网罗进来。但是若认为封建统治阶级就会这么轻易地向资本主义让出阵地,那就不合乎历史的逻辑了。清朝统治阶级虽然在变局与危机的压力下,被迫为资本主义开了一扇边门,但这是违背他们的意愿的。所以在“商办”之上一定要加一个“官督”,使商人就范。当时的时评家汪穰卿称此为“以中国之官权,行西国之商法”①。用今天的语言说,就是要把资本主义纳入封建主义的轨道或模式,置于封建势力的控制之下。这是“中体西用”在经济领域的具体实施。至于在商人方面,那些大买办商人正在为他们迅速积累的财富找寻投资的机会,这些新贵们把“官督”理解为“官为维持”,想仰仗它突破一些经商发财的封建阻力;把“商办”当作真正可以一展身手的保证。他们虽然也估计到,在官老爷控制下,会带来一些不测的风险,但在迟疑一阵后,还是跨进了“官督商办”的大门,终于入彀了。洋务派既然把资本主义与封建主义的矛盾引进了企业的内部,而这两者是不可能和平共处在一个统一体内的。在“官督商办”的企业中,从一开始就产生了绵延数十年的“官权”与“商利”的矛盾和斗争。由于有整个封建政权作为“官权”的支柱,所以在企业中,“官权”始终居于矛盾的主要方面。这就决定了它们是官僚资本性质,也决定了它们同整个民族资本(包括企业内的商股)、封建主义和外国侵略资本的关系。一个事物内

① 汪穰卿:“论商战”,载《时务报》,光绪二十二年十一月十日(1896 年 12 月 14 日)。

部的矛盾与斗争，必定会促使这一事物转化或分化，所以洋务企业的本身和参与企业的人员，随着历史进程向前推移，也处于不断的分化与转化之中。这也是它们的一个显著的特点。

二

“官督商办”企业由于是官僚资本性质，理所当然地得到清政府在资金周转上的便利，获得某些官方赋予的垄断特权。这对于从封建经济结构中萌动而出的资本主义性质的事物来说，无疑是有帮助的，也是合乎规律的。从历史上看，英国、法国、日本在王权当政时，都曾出于各自不同的动机，对于一些初生的资本主义性质的实体给予资金上的通融，并使其享有某些排他性的特权。这些受益者，作为报偿也都向王室缴纳一定的贡赋。如英国的东印度公司就是根据伊丽莎白女王的敕令和由她赋予的特权而成立的，公司也以自己收入的一部分向王室报效。后来，公司在王室(詹姆士一世)榨取下几乎濒于危殆[1]。但是，经过英国资产阶级革命，东印度公司逐渐从王权控制下挣脱出来了；又经过工业革命，英国的工业资产阶级终于彻底打破了东印度公司连绵百余年的排他性的垄断特权。中国没有经历这样的资产阶级夺取政权的历史阶段，也没有经历工业资产阶级登上历史舞台的历史阶段。在“官督商办”出现时，封建的清王朝正处于最腐朽的末期，没有新兴的资产阶级在经济上和政治上同它进行强有力的对抗；而且“其势几难禁遏”的“势”并不是中国自身资本主义的迸发，而是来自西方资本主义的强大侵略势力(当时已开始进入帝国主义阶段)。这两个“主义”(封建主义与资本帝国主义)把“官督商办”企业牢牢地钳制住，使它扭曲变形，不能成为真正的民族资本主义。

平心而论，李鸿章并不是不想把他的洋务企业办好。他知道洋枪洋炮的厉害，见过大炮兵舰的威风，他周围的很多幕僚都与江南新兴资本主义势力有密切关系；他对“夷”情的了解和如何才能有效地维护清王朝统治的见

① 凯伊:《东印度公司的管理》(J.W. Kaye: *The Administration of the East Indian Company*)，1853年伦敦版，第112—113页。

解，远比那些腐朽的顽固派高明。和顽固派不同，他贬斥绿营刀箭弓矛之无用；抨击“拘谨之儒”墨守成规；力请开煤铁各矿，制作机器；废小楷试帖而代之以格致、电气之学以作育人才。为了巩固封建统治，他把办理洋务企业当作转弱为强的枢机。但是，李鸿章是那个时代的历史产物，他毕竟无法摆脱历史对他的制约与支配。因此，他在举办企业的同时也为它们的发展设置了重重障碍。假使说，他的北洋舰队是被日本海军所覆没的话，那么覆没洋务企业的正是他自己。李鸿章虽然创办了这些带有资本主义性质的洋务企业，但是，他认为封建官权对这些企业的控制是绝对的，所谓“事虽商办，官仍督察，并非漫无钤制”①是一条动摇不得的基本原则。1881 年当李鸿章勒令荆门矿务总局停办，并在申斥经办人的批语中，列举的一条“罪名”就是该局董事金德鸿“既称不善联络官场，即不必办理此事”②。洋务企业就是一个个“官场”。这些投资于洋务企业的商人必须对“官场”联络和顺从，否则就没有立足之地，因此，洋务企业具有很浓厚的封建性。封建政权把洋务企业当作取之不尽、用之不竭的“金库”，进行最无情的勒索（当然是通过督办），盈亏都不能幸免。郑官应在 1900 年修订《盛世危言》（庚子八卷本）“商务篇”时，特别在他以前写的本子上（乙未十四卷本）加上一句“若有盈余，地方官莫不索其报效”（有重点号的是郑官应增补的字句）③。其实郑官应并没有说完全，勒索报效岂止“地方官”而已，上至中央政府包括慈禧太后都须报效；又岂止“若有盈余”才报效，亏损之年也须报效。如招商局与电报局，“钦定”每年须自盈余中报效 20%，但无盈余的亏损之年，也须动用折旧资金凑足报效份额。自 1899 年至 1906 年招商局向清政府报效 65 万余两，其中以折旧基金垫付的即达 20 万余两，占报效总数的 31.7%④。谁都知道，折旧基金是设

① 《李文忠公全集·译署函稿》卷一，第 39—40 页。

② 陈旭麓、顾廷龙、汪熙主编：《湖北开采煤铁总局、荆门矿务总局》（盛宣怀档案资料选辑之二），上海人民出版社 1987 年版，第 416 页。

③ 郑官应：《盛世危言》（庚子待鹤斋重印本）卷五，商务，第 8 页。可与乙未二十四卷本同篇比较。

④ 数字见招商局各届，账略（缺 1900、1905 年数字），“不得已动用折旧资金垫付情况”在第二十六届账略（第 14 页），二十八届账略（第 5 页）记得最清楚。

备更新的基础，这种封建勒索实际上是从根本上扼杀了招商局的发展生机。难怪郑官应在1909年要忿激地说招商局报效的各项经费“自开办以来计银一百三十余万两”①。这笔数字占招商局该年(1909年)资本总额的32.5%。按盈余提成报效的办法在通商银行、漠河金矿等企业一体照行。上海机器织布局每出纱一包捐银一两，汉阳铁矿每出铁一吨抽银一两，电报局对官电实行免费，等等，原来是作为归还官方垫款的一种措施，但还清官款以后，仍然要“永远报效”。这些封建的勒索不能不构成官督商办企业的沉重负担，也是对它的一种摧残。与此成为鲜明对照的是日本明治政府对资本主义企业的补助。日本邮船会社自1885年成立后，就由日本政府实行保息，即保证投资者每年股息8%，在十五年内不达此数的概由政府补贴。从1900年到1914年，日本政府对资本在30万日元以上的航运公司的补贴占这些公司净收入的77%②。1877年，招商局同日本邮船会社的船舶净吨数(2.3万吨左右)基本相同，但十八年后，前者减少了368吨，而后者增加了4万吨③。用郑官应的话说，两相比较，“真有天渊之隔矣”。封建政权既赋予督办以理财之权，督办就完全可以不尊重商股的意见，不顾企业的发展，随心所欲地挪用资金。商股对他们自己的投资没有监督和控制权。1902年招商局正处于严重亏损的情况之中，但在这一年的资产负债表上却赫然登录着督办盛宣怀动用局款向湖北铁厂、萍乡煤矿、通商银行垫借或投资143万余两④。上海电报局也遭到同样的命运。它的商董经元善曾经质问：“将电局之余款入铁政、银行股份，亦绝不商量不通知一声，准诸商情，然乎，否乎？”当然是“否乎”，但是商股没有否决权，因为“众商畏势不敢言”⑤。招商局是一个航运公

① 《股东签注隶部章程》第4页。

② 洛克伍德：《1868—1938年日本的经济发展》(W.W. Lockwood: *The Economic Development of Japan*, 1885—1935)，牛津大学出版社1955年版，第547页。

③ 日本邮船会社：《日本邮船会社五十年史》(N.Y.K.: *Golden Jubilee History of Nipon Yusen Kaisha*, 1885—1935)1935年东京版，第135页。艾伦著：《近代日本经济史》中译本，商务印书馆1959年版，第94页。

④ “轮船招商局第二十九届账略”第7、12页。

⑤ “盛档·经元善致郑官应函”，光绪二十五年五月五日(1899年6月12日)。

司，并不是一个投资公司，它自身还处于“资金竭蹶，不能添新船”的困境，但是作为督办的盛宣怀却可以为了自己的私利，为了扩充官僚资本的势力不理睬商股的意愿，独断专行。《苏报》当时曾经评述说：“凡轮、电两局每岁支拨动辄巨万，京卿专主为之，一纸札下，速于敕令，不闻商之于商股也。”①为什么盛宣怀的“札”有这么大的权威呢？因为他是“督办”，在他背后有整个封建政权的支持。至于“官督商办”企业的腐败管理带来的贪污私分、滥用私人，那更是封建政权卵翼下的官僚资本的特点。像王韬这样与招商局毫无关系的人，由于同局方当权人有点私交，居然也跻身在一长串的领取“乾修”的名单里，长期在招商局挂名拿钱②。王韬不过是一介穷书生，充其量是混碗饭吃而已，同那些暗设行栈、盗卖船契、私分局款和攀附裙带关系的“办事之才绝少，而舞弊之术乃神”的大大小小的局员相比，王韬是算不得什么的。汪康年说得透彻，这些企业“正如肥肉自天而降，虫蚁聚食，不尽不止”③。假设说盛宣怀这个督办不好，换一个人行不行呢？一样不行。1903年杨士琦依靠袁世凯的支援，挤掉盛宣怀，当上招商局的督办，一下子就把历年办漕余项十万两瓜分掉了④。杨士琦虽曾郑重其事地向股东表白绝不“自私自利”，其实也是一条大虫蚁。“官督商办”企业确为“舞弊之术乃神”的人提供了可供“聚食”的条件。可见问题在于制度，在于企业的性质。“官督商办”的封建性给企业带来灾难，严重损害了商股的权益，理所当然引起了商股的不满。但是在封建官权的背后，隐伏着庞大的恶势力，对于商股形成一种威慑力量。对于戕害企业生机的坏事，商股不能过问，也不敢过问。郑官应在任职会办期间曾有意把揽儎客货的弊端整顿一下，但又“惟恐招怨，为势所摇，事乃中止”⑤。正像一位商股说的“虽谓之官督商办，其实商不

① 《苏报》，光绪二十五年九月初四日（1899年10月8日）。

② “盛档·江浙漕务逐月收支各款细数”，光绪十六年九月至十七年八月（1890年10月至1891年9月）。

③ 《刍言报》，宣统三年润六月初六日（1911年7月31日）。

④ “盛档·郑官应致盛宣怀函”，1912年2月27日。

⑤ “盛档·郑官应致盛宣怀函”，光绪二十一年四月十六日（1895年5月10日）。

敢过问"[1]。何启、胡礼垣是局外人,同盛宣怀个人并无恶感,但是他们说:在"官督商办"企业里"官有权,而民无权;官有势,而民无势,以有权者而与无权者竞,则有权者胜,而无权者负矣",因此,"招股者招之不来,合办者合之不得也。此办法之不善,首在官督商办也"[2]。说到底还是一个官权与商利的斗争,优势明显地在官权一边。官督商办企业不属于民族资本性质应当是很明显的。

凡洋务派举办的官督商办企业除众所熟知的航运"不准另树一帜",纺织"专利十年"以外,其他的企业也都毫无例外地享有那一个行业的排他性的垄断特权,这都是有案可查的,而且总督、督办们也确实在认真地执行。同日本明治政府相反,洋务派的"官督商办"企业的垄断锋芒是向着本国的民族资本的。而明治政府给予日本新兴资本主义企业的垄断特权是专门对付外国资本的。以航运业为例,明治政府除了给予本国航运业大量补贴以外,从1894年开始禁止外国轮船在日本主要港口之间航行,从1911年起整个日本沿海航行只对日本轮船开放,外轮不准参与[3]。洋务派则反其道而行之,首先是严禁商民,特别是严禁那些企图使用机器生产的商民抢先于洋务企业。1896年汉阳铁厂官督商办后,盛宣怀一再申说,铁厂要与开平一样"不准另立公司"。张之洞在批谕中说,大冶、武昌、兴国产铁地区"凡用机器开采煤铁五金各矿"的商民要一律先申请湖广总督核批。若有"擅将各地私买、私卖,置机挖取,一经查出,定将该地封禁充公"。而且规定所有这些地区的铁矿"一律归该厂购买开采,……禁止商民私行勘买"[4]。这对于"官督商办"的汉阳铁厂来说,自然求之不得,但对于那些也想使用机器采矿的民间商民来讲无疑是个严重障碍。轮船招商局则更进一步通过"齐价合同"同外国资本联合起来实行沿海及内河航运的垄断。中国封建主义权势加上外

---

① 《股东签注隶部章程》,第6页。
② 何启、胡礼垣:《新政真诠》格致新报版,第9页。
③ 洛克伍德:前揭书,第546页。
④ "盛档·湖广督部堂批示",光绪二十一年七月十四日(1896年8月22日)。

国侵略资本势力的联合垄断，是洋务企业垄断性质的进一步恶性发展，其后果也更复杂和严重得多。

首先，这种官僚资本与外国资本的联合垄断，打击的矛头指向民族资本。在“齐价合同”内就明确规定三家(怡和、太古、招商)“务要同心协力，倘有别家轮船争衡生意，三家务须跌价以驱逐他船为是”①。1891年怡和大班写信给盛宣怀重申要联合“设法驱逐行走江海野鸡船，俾我三家可以独占其利”②(顺便提一下，怡和把开平的运煤船也列为“野鸡船”，属于一并“驱逐”之列)。这些“他船”、“野鸡船”，主要是指中国民族资本航运业。无怪乎后来虞洽卿办起航运公司时，架不住三公司的垄断打击，要向当时的交通部呼吁“太古、怡和、招商三公司将南北洋线吨价减收三分之二，有意倾轧，不能持久”，要请求救济了③。虞洽卿在1919年发出这个呼吁时已是在三家“齐价合同”签订以后的第三十六年了。真是悠悠岁月，历久不衰。在这些年月里，民族航运业要突破三公司的联合垄断，可谓难矣哉！更奇特的是，在三家联合垄断合同里载明，若有争执，“即交洋商公所董事决断，该董事判断之事务须遵依”④。在中国领土上订出这种条款，说它是丧权辱国也并不过分。第二，“齐价合同”对招商局来讲，至多维持了一个能勉强支撑的局面，但却为怡和、太古提供了迅速发展的有利条件。若以1877年和1897年“齐价合同”签订前后情况来比较，在此期间，怡和的净吨位增加52.5%，太古增加4.1倍，招商反而减少2.8%⑤。以后的年代，在“齐价合同”的覆盖下，三公司的发展趋势也基本上保持在像《交通史・航政篇》所总结的“人日以进，我日以退”的格局中。那就是说，联合垄断为怡和、太古提供了一个迅速积累资

① “盛档・招商、怡和、太古订立走天津轮船合同”第18条，1882年12月20日，在其他各条航线及以后历次合同中均载有此条。

② “盛档・严吉迪(按即晏尔吉)致盛宣怀函”，1891年10月27日。

③ 《交通史航政编》第1册，第395页。

④ “盛档・招商、怡和、太古走长江轮船合同”第20条，1892年2月15日，其他各航线合同均有此条。

⑤ 汪熙：《从轮船招商局看洋务派经济活动的历史作用》，载《历史研究》1963年第2期，第63页。

本、扩大规模的良好条件。而在竞争的条件下，这些洋商企业也会是前途未卜，更不要说是迅速发展了。第三，还应该看到三公司的“齐价合同”为外国资本分享招商局的官方垄断特权提供了一个渠道。例如招商局运米到北方平粜，免征厘税，这是政府特准的优惠待遇，外国公使们虽曾“多方哓舌”请求沾惠都未允准。而怡和、太古因订有三公司合同，李鸿章决定区别对待，准予报装，但“此外无论华洋野鸡轮船装运米麦，概不准领护照”①。这样，招商局就把它享有的一些连中国商人都无法沾惠的排他性特权，通过三公司合同过渡给外国资本，从而进一步加强了它们的垄断地位。第四，招商局同外国资本的联合垄断只起了共同扼杀民族航运业的作用，并没有能抵制外国航运业的入侵。如日本的航运公司(大东、大坂、日清)都在其政府雄厚的补贴支持下侵入我国(日清公司自 1908—1937 年的三十年中领取日本政府补助 2 062 万日元，占它 30 年总收入的 11.9%)②，三公司却无法驱逐这些挂着东洋旗的“野鸡船”，只得让出阵地。到 1905 年，侵入中国水域的新增外国航运公司包括英、日、法、德等国已有 7 家之多。可见所谓“驱逐野鸡船”主要打击的锋芒是指向中国的民族资本。无怪乎在洋务企业长期供职并洞悉其内幕的经元善说：“招商局与怡和、太古订立三家合同但能压抑华商，不能止遏外人，西人决无此措施，自锄同类，背道而驰。”③招商局参与“齐价合同”扮演了一个“为虎作伥”的角色。这种“自锄同类”的角色通常都是由“买办”来扮演的。

当然，招商局同外国资本联合垄断后，确实给自己带来一个喘息的机会，增加了一些水脚收入。但关键的问题是，假如招商局不与怡和、太古签订“齐价合同”是不是就生存不下去呢？从现有的材料看，不是的。它的历年账略报告证明，虽在激烈竞争之年，招商局仍有盈余，并能拨还官款。有一些民族资本航运企业规模远比招商局小，但是依靠自己的力量居然能同

① 《李文忠公全集·译署函稿》卷二〇，第 50 页。
② 浅居诚一：《日清汽船株式会社三十年史及追补》，1941 年东京版，第 20 页。
③ 经元善：《居易初集》卷二，第 42 页。

外国资本进行有效的竞争(如南方的戴昌生与大东汽船会社的竞争,北方的政纪与怡和的竞争)。为什么民族资本能做到的事,招商局却做不到呢?要害在于,要竞争就得锐意经营,进行改革和整顿。这就意味着要扫除那些大大小小的“虫蚁”,拿掉他们的钱袋。而且在商战上要抛弃李鸿章办外交的“力保和局……彼族或以万分无理相加,不得已一应之耳”①的投降主义路线,采取立足于“战”(竞争)的经营决策。所有这一切,在一个受李鸿章严格控制,以官权为重的衙门式的企业里,是决办不到的。其实“齐价合同”不过是一例而已,其他如电报局与大东、大北电报公司,通商银行与汇丰银行,汉冶萍与正金、三菱财团的勾结,以至于督办张翼干脆“未商诸股东已与外人合办”(郑官应语)就把开平拱奉给英国人,都是带有垄断性的官督商办企业与外国垄断资本通过这一方面或那一方面的“联合”(包括借外债丧失了企业的自主权、用洋人损伤了企业的管理权,等等),加速了外国资本的入侵。这同后来的一些民族资本相比较,形成了鲜明的对照。这些民族资本(如南洋兄弟烟草公司、大中华火柴公司、荣氏棉纺织集团等)虽历经曲折,仍敢面对强大的外国资本的竞争和压力,创立和发展自己的事业。所以归根到底,还是企业的性质——官僚资本决定了这些洋务企业同外国侵略资本的关系。明乎此,我们就容易理解为什么资产阶级改良主义者何启、胡礼垣要那么慷慨激昂地大声疾呼:“独任商人勿加‘官督’二字”,“商之必可以办,官之必不可以督”了。②

三

不能说“官督商办”企业对国家社会一点贡献也没有。它毕竟把资本主义的生产关系第一次大规模地移植到中国封建的躯体上,使股份公司这种先进的聚集资本的形式在中国逐步推广,成为疏导社会资金并把它汇集起来从事新式企业活动的阵地。官督商办企业的资本主义性质的一面还是应

---

① 《李文忠公全集·奏稿》卷二四,第1页。

② 何启、胡礼垣:《新政始基》,《新政真诠》三编,第15页。

该肯定的，虽然后来由于它的畸形发展，“使天下之有余财者相率以公司为畏途”（薛福成语）。他们的物质产品也满足和适应过国家的需要。汉阳铁厂的产品为中国早期铁路的兴建提供过铁轨、钢材，招商局的轮船和电报局的电讯在甲午中日战争中，在后勤和军电中起过重要的作用。为了兴办这些企业，洋务派曾经同顽固派进行过激烈的斗争，有些人为此付出了沉重的代价。为了创办新式企业，他们敢于不问出身，起用新人。如唐廷枢等出身买办，被顽固派痛诋为“陋甚驵侩”，但李鸿章认为他们“熟习生意，殷实明干”，毅然起用；李维格不过是湖南财务学堂的普通教师，一介书生，盛宣怀大胆委以汉冶萍总办重任。这些人都能不负所望，作出了贡献。不拘一格使用人才，这是洋务派胆识过人之处。

但是总体来说，洋务派办的“官督商办”企业是一个失败的事业。它的失败原因是很多的，归纳起来不外乎两条：一是外国侵略者的压迫；二是中国封建势力的摧残。

洋务派在举办各种“官督商办”企业时，中国已经是一个半殖民地半封建社会。资本帝国主义强加在中国头上的不平等条约和一些不平等待遇，当然也施及于洋务企业。外国轮船在中国内河航行只要挂上洋旗，所载货物即可享受免税待遇，因此郑官应说，“商务悉入西人掌握，言之可慨，此有心人所痛哭流涕者也”①。根据1880年的中美《北京条约》第三款，中美商轮可在对方享受国民待遇，但招商局驶往檀香山和旧金山的船“因洋船极力抗拒”只得停航；派往英国的船，又因洋商“颇存妬心，遂至无利”②。中国因关税不能自主，进口税极低，汉阳铁厂“所售路轨、生铁，半为欧西大厂铁价相挤”③。至于怡和、太古公然在中国的沿海与内河横冲直闯，给招商局的发展造成很大的压力，这当然也是国家丧失主权的结果。洋务企业同外国的关系，不能不受到当时清政府总的外交方针的制约。曾纪泽曾说，李鸿章办外

① “盛档·郑官应长江日记”，1883年4月21日。
② “轮船招商局第九年账略”第1页。
③ “盛档·盛宣怀致张之洞函”，光绪三十二年一月六日（1906年1月30日）。

交“始终误于三字：曰柔、曰忍、曰让”[1]。这三字方针当然更束缚了洋务企业的手脚，使它们在同外国资本的较量中处于被动挨打的局面。

关于封建主义的摧残，政权的影响固然很重要（这一点前面已经大体谈到了），但封建的文化传统这种无形的力量也是不可忽视的。“官督商办”这种异乎寻常的庞大企业在19世纪70年代的出现，不是中国自身资本主义物质生产和商品经济发展的结果，是在外国资本主义强力催生下早产的一个畸形婴儿。中国各阶层的人士，特别是士大夫阶层，对这样一个突然降临的资本主义性质的外来物，思想准备是很不充分的。这时在欧洲早已经历了由重商主义到自由贸易的大辩论，亚当·斯密的《国富论》发表也将近100年了，但是在中国还正在惶惑于这个“千古变局”，思想认识的差距很大。不过对于“其势几难禁遏”这一点看法大体上是一致的，人们在思索中找出一条解释或解脱的道路，那就是“中体西用”。这个口号是一个过渡性的口号，也是一个行不通的口号。说它是过渡性的，由于在那新旧交替的时代，对于那些崇尚“伦常名教”的人来说，既然是以“中学为体”所以比较放心；对于那些觉得“不能不变，不得不变”的人来说，毕竟承认了“西学为用”，终算前进了一步，所以也比较满意。因此，这个口号洋务派能接受，资产阶级改良主义者也能接受，颇为时兴了一阵。只有顽固派，认为“西学”总有“以夷变夏”之嫌，始终不肯接受。对李鸿章来讲，这个口号总算是解决了“其势几难禁遏”与“中国文物制度，事事远出西人之上”[2]的矛盾。但是这个口号作为过渡性的妥协产物是可以的，认真去做，在当时的历史条件下，却是绝对行不通的，结果把事情搞得不伦不类。“官督商办”就是李鸿章在经济上实行“中体西用”的产物，也是导致失败的一个重要原因。日本吉田茂回忆明治维新的一段话大可参阅，他说：“德川末期的思想家们曾经设想以‘东方的道德，西方的艺术’或是‘日本的精神，西方的认识’来作为应付这种危机的公式。但是

① 《曾惠敏公文集》（光绪癸巳年本），卷五，第9页。
② 李鸿章：《致总理衙门信》。

实际上一实行近代化就会知道，这一公式是很难使用的。这是因为，所谓文明本是一个整体，并不能单独采用它的科学技术文明。”①日本在明治维新时期没有搞“日体西用”，对资本主义性质的企业是“扶上马（大量补贴），送一程（廉价出售给私人）”，收效显著。李鸿章一直到死，还在念念不忘“尽一分心酬圣主，收方寸效作贤臣”②，一个对封建政权（体）这样忠心耿耿的人，对官督商办企业中的官权丝毫也不肯退让，那是不足为奇的。

“官督商办”最严重的失败也许在于它戕害了当时正要蓬勃兴起的民族资本主义。它在企业内部鱼肉商股，在外部实行垄断（甚至与外国侵略资本联合垄断），对中国资本主义的正常发展起了严重的阻碍作用。梁启超说：“官督商办”的官权把持使“其已入股者，安得不寒心；其未来者，安得不裹足耶。故中国商务之不兴，虽谓李鸿章官督商办主义为之厉阶可也。”③值得注意的是，中国近代很多资产阶级改良主义者在谴责“官督商办”的同时，几乎都提到举办铁路、轮船、开矿、种植都应“一体准民间开设”。可以准确无误地理解，他们的所谓“民间”是指真正的民族资本。他们认为这才是中国发展资本主义的正确道路。而且资产阶级改良主义者总是把“民间”与“官督商办”对立起来，也可以看出他们认为这两者不是属于同一个性质的事物，因而必须在它们当中划一条很清楚的界限。梁启超与薛福成的富国必须富民的藏富于民的思想是提倡民间资本的又一发展，因为他把民族资产阶级的利益与国家的利益合为一体，减少了民与官的对立。资产阶级改良主义者鉴于商权没有保障，民间资本受到戕害，进而要求政治、法律上的改革，实行“变法”，从上层建筑自上而下地保障民族资本主义经济的发展。这是他们谴责官督商办，提倡民间资本在思想认识上合乎逻辑的发展。

“官督商办”内部的“官权”与“商利”的斗争一直没有停止过，这个斗争

---

① 吉田茂：《激荡的百年史》，世界知识出版社 1980 年版，第 22 页。

② “盛档·李鸿章致盛宣怀绝笔书”，光绪二十七年九月（1901 年 10 月至 11 月）。

③ 梁启超：《李鸿章》，光绪二十七年铅印本，第 22 页。

又与社会上的资本主义与封建主义在政治和经济上的斗争相呼应。其结果引起了官督商办企业本身及其从业人员的分化与转化。有些转化是一目了然的，如唐廷枢、徐润、郑官应由买办转化为官督商办企业中的商股。其中，徐润后来又转化为民族资本家（由官督商办中转化为民族资本家的还有杨宗濂等）。有的转化则波折迭起，但也比较典型，其中一个就是盛宣怀。盛宣怀攀附李鸿章当上了这些主要的官督商办企业的督办。利用督办所拥有的官权大肆敛财自肥。汪康年说他“使之主管招商局，不久而握招商局大权，且为招商局之大股东；使之管电报局，得握电报局大权，且为电报局大股东”①。语虽率直，倒也是实情。盛宣怀把通过官权所聚敛的财富又以其中的一部分作为商股投资到这些官督商办的企业里，成了这些企业的大商股。所以到了清朝末年，盛宣怀已经是一个亦官亦商的人物了。与此同时，这些官督商办企业的性质也在变化，例如招商局的股东们在1909年同邮传部展开一场大辩论，辩论的中心是招商局究竟继续为“官督商办”，还是改为完全商办。股东们在邮传部批驳股东的隶部章程上又逐条进行反批驳，并且铅印成册，到处分发，这在过去简直是不可想象的事，标志着商权高涨，官权式微。盛宣怀因为身份已在逐渐转变（当时已是招商局的大股东，拥有招商局一半的股权），虽然还是“亦官亦商”，但“商”的成分增加了，所以在背后支持股东们闹事，力争完全商办，结果是股东们取得了一定的胜利。于是盛宣怀摇身一变，又以大股东的身份继续控制招商局，一直到1916年去世。从1896年起，张之洞的汉阳铁厂左支右绌，实在张罗不下去，把包袱丢给盛宣怀。盛接办汉阳铁厂后，确实耗尽心血，锐意经营，最后终于成立了汉冶萍公司（煤铁冶炼的联合企业）。经营汉冶萍，他是历经艰辛的。个人资本卷进去好几百万两，但是局面太大，官方又催逼垫款，几乎每天都在过腊月三十。1906年他曾写信给奕劻说：“中国之大，仅此自办煤铁两矿，制铁一厂，若为外人觊觎，所关军国甚大。宣一息尚存，实不敢将垂成之局任其中

① 《刍言报》，宣统二年十月初六日（1910年11月7日）。

臁，……以创中国不朽之业。总期办成一事，交代一事，不避目下群疑，但求事后公论，……”①。1907 年，汉冶萍稍有转机，但仍困难重重，他写信给赵尔巽感慨地说：“十年来，孤苦困难，呼天不应，宣怀唯有拼此老命，一身肩之。”②1908 年，汉冶萍改为商办，盛仍以大股东的身份统筹全局，力争多出轨，多出钢。在当时的历史条件下，盛宣怀对钢铁事业有此认识，并确实以企业家的精神全力以赴，筹划经营，在中国官僚中确实是罕见的，也是难能可贵的。辛亥革命以后，政权更迭，盛宣怀原来所凭借的官权支柱已全面总崩溃，盛宣怀本人则逋逃到日本，后来以公民身份返回上海定居，仍继续控制招商局与汉冶萍，不过这时他已不是依靠官权，而是依靠股权了。因此，自辛亥革命以后，盛宣怀应该已经转化为民族资本家。这里要提到的是，在盛宣怀主持下，汉冶萍大借外债，历来为论者所诟病。但是对外债的逐条分析表明，在盛宣怀去世前（1916 年）所借的外债主要是两个用途：一是归还紧迫的旧欠。二是利用外债大规模地扩建、改建冶炼、开采等生产设备，提高生产能力。盛宣怀虽也在力图摆脱日人羁绊，另谋出路，但在开拓北美的钢铁市场的活动，略有端倪而未成功后，终于饮鸩止渴，落入日本财团（背后是日本政府）的陷阱。这是一个严重的历史教训。但是盛宣怀对于日本人觊觎汉冶萍并非毫无戒心。1915 年，日本帝国主义提出恶毒的“二十一条”，其中包括汉冶萍的中日合办。对此，盛宣怀是坚决反对的。他写信给当轴，据理力争，说若接受了日本的条件“实则将二十年中华辛苦经营之完全美利之公司，一旦送与他人；明为合办，而其全权必操之东人之手矣。彼盖以实业虚名之公司饵我汉冶萍实在公司也。将来中国必有恍然大悟之一日”，并说“若归[中日]合办，势必太阿倒持，悉以日人为主，有开滦可比，且恐有更甚者”③。虽在垂暮之年，在严拒“二十一条”的同时，盛宣怀对汉冶萍的前途仍充满信心。他对张謇说：“果能国与民一气呵成，得人经理，三年后必有成效

① “盛档·盛宣怀致奕劻函”，光绪三十二年二月十日（1906 年 3 月 4 日）。
② “盛档·盛宣怀致赵尔巽函”，光绪三十三年九月二十九日（1907 年 11 月 4 日）。
③ “盛档·盛宣怀致徐世昌函”，1915 年 2 月 19 日。

可匽，总期外债年轻一年，屹然成立一绝大钢铁公司，垂名于天壤间，实足为全国自强之基础。”①持论恢宏，严守国家利益，是一个民族资本家的气度。综观盛宣怀的一生，由官僚崛起，到拥有多资，以至于最后转化为民族资本家，标志着中国封建势力和资本主义势力的兴衰与递变。

（原载《历史研究》1983 年第 6 期）

① “盛档·盛宣怀致张謇、杨士琦函”，1915 年 2 月下旬。

从汉冶萍公司看旧中国引进外资的经验教训

19 世纪 90 年代(1894 年),在汉水之滨崛起了一座新式的钢铁厂——汉阳铁厂。它是中国也是远东最早的一个钢铁联合企业。它的出现引起了欧洲人士的震动,招来了东邻日本的觊觎。经过三十多年的风风雨雨,这个被张之洞称为“创地球东半面未有之局”[①]的汉冶萍公司终于以失败告终了。比汉冶萍公司迟办两年的日本八幡制铁所主要依靠汉冶萍供应矿石与生铁[②],却发展成日本第一流的钢铁企业。从 1896 年到 1933 年,八幡制铁所的钢产量占日本钢产总量的一半左右,生铁产量则占将近 60%的比重[③]。直到今天它作为日本最大的钢铁企业——“新日本制铁会社”的一个组成部分,继续在发挥作用。汉冶萍是失败了,但是它所经历的坎坷曲折的道路却给我们留下了宝贵的经验教训,值得人们总结和深思。

在旧中国,汉冶萍是一个以借取外债而闻名的企业。它曾经不断地向英、法、德、俄、日等资本集团借款。从 1899 年到 1930 年,它的外债积累总额达 58 383 672 两(海关两)合 42 044 836 美元(参阅表 5)。一个企业同时向这么多国家的资本集团借债,这在当时的世界上也是少见的。这一点常为史学家所诟病,认为“汉冶萍的不幸结局,就是因为大举外债的结果”。然而

---

① 《张文襄公全集》(以下简称《张集》),奏稿,卷二八,第 2 页。1908 年汉阳铁厂、大冶铁矿、萍乡煤矿合并为汉冶萍煤铁厂矿公司。

② 小林正彬:《八幡制铁所》,东京 1977 年版,第 206—207 页,参阅附表四。

③ 威廉·洛克伍德:《日本的经济发展 1868—1938》(William Lockwood: *The Economic Development of Japan, 1868—1938*),伦敦 1955 年版,第 109 页,注 3。

汉冶萍为什么要借外债？该不该借债？外债究竟对它产生了哪些正面的和反面的作用？有没有可能避免这一“不幸的结局”？这些问题似乎都还值得进一步探讨。

一、借外债以前的汉冶萍公司

汉阳铁厂从一开始就遇到困难。它的创办人张之洞在筹建阶段就连续走错了好几步棋。

首先，采购了错误的炼钢设备。张之洞在任两广总督时(1885—1889年)，为了“开利源，塞漏卮”[①]，向英国订购了炼钢设备。承办单位要求首先化验矿石和焦炭的性质以便决定采用哪一种类型的炼钢炉，张之洞拒绝了，下指示说：“以中国之大，何所不有，岂必先觅煤铁而后购机炉，但照英国所用者购办一份可耳。”[②]英国厂家只得照英国酸性炼钢供应了贝色麻炼钢炉，另外配备了一个小型马丁炉。张之洞调湖广总督时(1889年)，机器在英国尚未启运，他就把这套设备改运到湖北汉阳装配。湖北的矿石(大冶矿)含磷较高，用酸性贝色麻炉炼钢，去磷能力较差，炼出来的钢，含磷0.2%，不符合路轨钢材含磷0.08%以下的要求。于是汉阳铁厂的钢材销路壅塞，成品积压，机器搁置，数以百万两的设备投资不能充分发挥作用，造成了巨大的亏损。因此《清史稿》说张之洞“莅官所至，必有兴作。务宏大，不问费多寡”[③]。

其次，选错了厂址。关于汉阳铁厂的厂址，许多人(包括洋工程司)都建议设在近煤或近铁的地点，以减轻运输成本。但是张之洞“屡谏不从”(盛宣怀语)，力排众议，一定要把厂址设在汉阳大别山下，以便就近监督。汉阳距铁矿基地大冶约120公里，距萍乡煤矿约500余公里。每吨生铁为此要多耗用运费69元左右[④]。而且汉阳是一个低洼地，为了防洪，在建厂前招雇了数

---

① 《张集·电稿》卷一二，第50页。

② “盛宣怀档案资料”(以下简称“盛档”，藏上海图书馆)；叶景葵：《汉冶萍史》。

③ 《清史稿》卷四三六，列传二二四，中华书局版，第13380页。

④ 全汉升：《汉冶萍公司史略》，1972年香港版，第66页。

以万计的民工，填土9万余方，耗银30余万两。所有这些都为后来汉阳铁厂无法与洋轨竞争埋下了不利因素。

再次，燃料问题没有解决。炼钢要耗用大量焦炭。筹建铁厂时，张之洞心中只有一个“中国之大，何患无煤”的朦胧概念。建厂以后张之洞先后花了几年的时间派矿师沿长江中下游探测煤矿，足迹遍历数省，“访寻两年有余，试开窿口数十处”①，结果一无所得。由于燃料缺乏，汉阳铁厂无法正常生产，1894年6月28日第一次开炉炼钢，但焦炭供应不上，同年10月就闭炉停产了。不得已只得用高价购买开平煤，甚至日本、德国焦炭。当时生铁市价每吨才20两，而开平煤的汉阳到岸价格每吨已达17、18两，洋煤则更贵。汉阳铁厂的煤焦成本几乎为当时外国钢厂的3倍，炼出来的生铁与钢，在市场上没有竞争能力。开炉炼钢既要亏本；闭炉不炼，每月固定开支也要7、8万两，同样要亏本，真是进退维谷，走投无路。

同日本八幡制铁所对比，可以看出日本对钢铁事业所采取的郑重的态度。1895年底，第九次帝国会议决议设立八幡制铁所后，就责成商务大臣组织专人对铁矿、生铁、钢材、焦炭、耐火材料以及生产费用、厂址的选定等经过11次的反复试验和调查，最后才确定预算与计划②。这与张之洞那种坐在衙门里以意为师的一套完全是两种做法。

二、 借外债中的汉冶萍公司

到光绪二十一年(1895年)在机器、厂址、燃料等问题上几次反复后，张之洞的日子很不好过。当化铁炉无煤供应，停炉七八个月后，他诉苦说：“若炉久不开，每月徒有工费，而无出货，成何事体？每月总需七八万金。以后用款无从罗掘；以前欠债无从筹还。鄙人实无颜再向朝廷请款，亦无词以谢谗谤之口，是死证矣！”③张之洞经过估算，向海军衙门请领的办铁厂的官款是2 468 000余两④，事实上全部工程装配完竣已用了

①③ 《张集·奏稿》卷二一，第5页；电稿，卷二三，第14页。

② 小林正彬前揭书，第182页。

④ 《张集·公牍》卷九，第33页。

5 586 416 两①。超支部分都是东拉西扯挪借来的。开工以后，不但还款无期，而且月月坐亏几万两，廷议与谕旨交相指责。这时张之洞最大的愿望已不再是“开利源，塞漏卮”了，而是如何千方百计把包袱甩掉，越快越好。他先是想把整个厂包给洋人去办，催促他的下属“分电比国、德国各大厂，速派洋匠前来估包”②。结果无人承应。于是转而看中了盛宣怀。张之洞素来鄙视盛宣怀的为人，但这时也顾不得了。他写信给李鸿藻说：“盛之为人，海内皆知之，我公知之，晚亦深知之，特以铁厂一事，户部必不拨款，至于今日，罗掘已穷，再无生机，故不得已而与盛议之，非此则无从得解脱之法，种种苦衷，谅蒙垂鉴。”③盛宣怀的算盘也很精明，他提出的条件是，要接收汉阳铁厂就必须兼办铁路，因为掌握了铁路就掌握了钢材的销售市场。张之洞力求“解脱”，明知盛宣怀有所挟制，也只得隐忍不发，会同王文昭奏保盛宣怀为铁路总公司的总理。接着盛宣怀就接收了汉阳铁厂这个烂摊子，由他任督办负责招收商股，筹还官款。从此汉阳铁厂由官办转为官督商办。时间是光绪二十二年六月十二日(1896 年 7 月 22 日)。

(一) 汉冶萍外债对生产的作用

盛宣怀接办汉阳铁厂后，主要着手解决两个燃眉之急的问题：一是招收商股解决资金问题；二是解决燃料供应问题。

关于第一个问题，成效很少。据郑官应(当时任汉阳铁厂总办)说，铁厂的生产效率只有当时英、德钢厂的一半，美国钢厂的三分之一左右④，根本无法与洋钢竞争，年年亏本。自 1896 年官督商办起，到 1905 年已亏折 2 259 216 两⑤。

---

① “盛档・户部责成湖北铁政局按期归还官本折”(1900 年 8 月)。全汉升(前揭书第 41 页)计算为 6 097 865 两。今从《盛档》。

② 光绪二十一年十月二十六日，张之洞致蔡勇锡电(抄本，张之洞电稿)。转引自孙毓棠编：《中国近代史工业资料》，第一辑，下册，第 819 页。

③ 光绪二十二年张之洞致砚斋中堂函(北京大学经济系藏件)，转引自汪敬虞编：《中国近代史工业资料》第二辑，上册，第 471—472 页。

④ “盛档・郑官应致盛宣怀函”，光绪二十二年九月十一日(1896 年 10 月 17 日)。

⑤ “盛档・汉阳铁厂财务报告”，光绪三十一年十一月十八日(1905 年 12 月 14 日)。

正是“煤矿未成，化铁甚少，外状颠危，人情观望”①。在这种情况下，要吸收商人资金是很困难的。不得已，盛宣怀只得利用他兼任轮船招商局、电报总局、通商银行等官督商办企业督办的职权，从这些企业里抽调了200万两，算作“商股”，投入到汉阳铁厂和萍乡煤矿。但是杯水车薪，哪里济事？事实上燃料问题不解决，生产不上轨道，不能转亏为盈，不但商股招不到，连汉阳铁厂的存在都成问题。折腾了几年，盛宣怀决定还是先解决燃料供应问题。但是要对长20里、宽10里的萍乡煤矿实行新法开采，就需要巨额投资，而且还得修筑铁路把煤从山沟里运出来。在官款奇缺，商本无着的情况下，盛宣怀乃于1899年向德商礼和洋行借款400万马克(合2 680 965海关两)，又于1905年及1907年向日本大仓组借款230万日元(合1 776 010海关两)。利用这笔资金对萍乡煤矿进行了较大规模的建设，包括开凿平巷三条，直井一口，安装矿轨，煤车，起重，抽水等机器，建立大小洗煤机、炼焦炉，还有栈房、码头、医院等基本建设。总共耗银500余万两，其中约300万两是依靠德、日借款，其余则是股款(约150万两)和到处挪借来的债款。采用新法开采以后，逐步见到效果。1900年它的煤产量已足供汉阳铁厂的需要②。萍矿的煤，每吨售价11两，远比每吨十七八两的开平煤便宜。单是煤焦一项每年就可为汉阳铁厂节省约200万余两③。汉阳铁厂的燃料问题总算是解决了。

但是汉阳铁厂的根本问题还在于酸性贝色麻炼钢炉不适合于炼制含磷过高的大冶矿石。这就涉及炼钢炉和相应设备的改造问题。所以盛宣怀说：“逮甲辰年(1904年)萍矿告成，醴路已通，煤焦不虞其匮乏，然后可以扩充钢厂。”④“扩充钢厂”，谈何容易。历年亏损，已经使汉冶萍债台高筑。从1896年到1904年，它的华洋债款总额已达316万两⑤。要摆脱这个困境，除了增加投资、改造设备、扩大销路以外，别无出路。当时的情况是相当紧迫

① “愚斋存稿”卷十四，奏疏，第13页。
② “矿务档”(四)，第2289页。
③ 全汉升前揭书，第90页。
④ “盛档·汉冶萍煤铁厂矿公司注册商办第一届纪略”。
⑤ “盛档·财务报告”光绪二十一年十一月十八日(1905年12月14日)。

的。盛宣怀说："汉厂机炉旧而且少，不能足用，颠覆即在目前。官款无可拨，商股无可加，洋债无可抵，数年以来焦头烂额。"①在这种情况下，他一方面与日本兴业银行洽借300万日元，同时，派汉阳铁厂总办李维格带了两位洋矿师出国考察，先到日本八幡制铁所，再到欧美各国。在英国请专家化验了大冶的铁和萍乡的煤，认为都是上品，问题是矿石含磷过高，若改用碱性马丁炉可以炼出优质钢。李维格回国后就利用日本兴业银行的30万日元贷款着手炼钢炉的改造和扩建工程，包括拆去原来的贝色麻炉和10吨的小马丁炉，安装30吨马丁炉四座、150吨大调和炉一座，又拆掉已废旧的化铁炉，添建250吨化铁炉一座，马丁炼钢炉两座；另外还建立了轧钢、钢轨、钢板厂，扩充了机修厂和电机厂。这一浩大工程于1908年全部竣工，耗银300余万两②。

汉阳铁厂经扩建与改造后，在降低成本和提高质量上有显著的改进。到1909年，盛宣怀已经敢于自称铁厂的出品是"货美价廉"了。他说："总之，'货美'二字，工程司自有公共之法试验，不容假借；'价廉'二字当可与外洋钢价比较。"③这时正是我国大规模兴建铁路的时候，需要大量的钢轨和铁路器材。汉阳铁厂适逢其会，供应了粤汉、京汉等路的钢轨。当时的订货是如此之多，甚至有应接不暇之势④。到1909年，汉冶萍公司的账面上开始出现盈余，虽然只有15 400元，但毕竟是一个转机（参阅表1）。

表1　汉冶萍公司历年盈亏净数1896—1923年　　单位：元

年　份	亏	盈
1896.5—1904.4	1 555 887 066（两）	
1904—1905	703 329 934（两）	
1909		15 400.53
1910		64 151.71

①③　"愚斋存稿"卷六二，电报，第7页；卷一四，奏疏，第22页。

②　《汉冶萍煤铁厂矿概略》载《东方杂志》第6年第8期，第15页。

④　《盛宣怀未刊信稿》，中华书局1960年版，第93页。

续表

年　份	亏	盈
1911	2 301 500.85	
1912	2 872 075.52	
1913	1 538 389.82	
1914	100 967.97	
1915	388 105.93	
1916		1 878 496.83
1917		2 801 872.20
1918		3 779 904.47
1919		2 918 463.63
1920	1 279 588.44	
1921	511 835.03	
1922	3 666 876.36	
1923	2 952 689.86	

资料来源:"盛档·财务报告"光绪三十一年十一月十八日(1905年12月14日)。谢家荣:《第二次中国矿业纪要》,1926年版,第126—127页。

不过也不能因此认为汉冶萍已经立定脚跟了。1908年盛宣怀把汉阳铁厂、大冶铁厂、萍乡煤矿合并成为一个机构——汉冶萍煤铁厂矿公司以后,原来打算招足股本2 000万两,还清所有华洋借款并进一步扩充设备。但是商情不踊跃,反应微弱。到1912年4月,汉冶萍的资本实有940万两(合13 160 009元),但华洋债款却达24 407 600两①。这一年7月,盛宣怀写信给梁启超说:"汉冶萍所负中西[债务]本息两倍于资本金,皆属股东肩任。"②这时汉冶萍所面临的局势是,要么宣布破产,全军覆没;要么再扩充生产,还有一线希望。盛宣怀选择了后一条路。

1913年国内局势已较稳定,盛宣怀又自日本正金银行洽借1 500万日元

① "盛档·李维格致八幡制铁所长官中村雄次郎函",1912年4月3日。

② "盛档·盛宣怀致梁启超函",1912年7月7日。

的借款。以600万日元还清以前所欠大小债务本息，以900万日元在大冶添设新熔铁炉两座，并改良了汉阳铁厂、大冶铁矿和机电厂的设备。由于设备改善，矿石、生铁、钢、煤和焦炭的产量都有较大的增长（参阅表2）。第一次世界大战时，在世界范围的钢材供应很紧张的情况下，汉阳铁厂的生产有了较大的跃进，应当归功于这次抢在大战前的设备更新和扩建。

表2　汉冶萍公司历年产量1896—1934年　　单位：吨

年份	矿石	生铁	钢	煤	焦炭
1896	17 600				
1897	39 000				
1898	37 500			10 000	29 000
1899	40 000			18 000	32 000
1900	59 710	25 890		25 000	43 000
1901	118 877	28 805		31 000	63 000
1902	75 496	15 800		56 000	82 000
1903	118 503	38 875		122 000	93 000
1904	105 109	38 771		154 000	107 000
1905	149 840	32 314		194 000	114 000
1906	197 188	50 622		347 000	82 000
1907	174 612	62 148	8 538	402 000	119 000
1908	171 934	66 410	22 626	392 000	108 000
1909	306 599	74 405	39 000	557 670	117 000
1910	343 076	119 396	50 113	610 447	172 500
1911	359 467	83 337	38 640	610 014	170 000
1912	221 280	7 989	2 521	225 711	29 835
1913	459 711	97 513	42 637	686 855	176 825
1914	505 140	130 000	55 850	800 000	194 414
1915	544 554	136 531	48 367	927 463	249 166
1916	557 703	149 929	45 043	950 000	266 419

续表

年份	矿石	生铁	钢	煤	焦炭
1917	541 699	149 664	42 651	946 086	239 928
1918	628 878	139 152	26 996	694 433	216 014
1919	686 888	166 097	4 851	794 999	249 016
1920	824 490	126 305	38 260	824 500	244 919
1921	650 000	124 360	46 800	808 971	206 087
1922	580 000	148 424		827 870	225 000
1923	486 031	73 018		666 939	208 990
1924	448 921	26 977		648 527	190 100
1925	315 410	53 482		512 300	
1926	85 732	183 685		75 715	
1927	243 632	380 796		183 349	
1928	419 950			168 821	
1929	344 939			233 311	
1930	377 667			147 946	6 500
1931	314 359			163 144	
1932	381 000			192 115	
1933	368 339			172 874	
1934	382 800			227 664	
总计	12 682 234	2 730 695	512 893	15 408 724	4 034 813

资料来源:“盛档·矿务总表”;丁格蓬:《中国铁矿志》,1923年版,第121—123、128—129、209页;谢家荣:《第二次中国矿业纪要》,1926年版,第133页;侯德封:《第四次中国矿业纪要》,1932年版,第122页,《第五次中国矿业纪要》,1935年版,第367、483—485页;全汉升:《汉冶萍公司史略》,1972年香港版,第6、211页;费维恺:《中国十九世纪的工业化——汉冶萍公司》,载《中国与日本的经济发展》,伦敦1964年版,第94页。

若以汉冶萍1900年的产量为基数(钢产量的基数是1907年),到1920年(焦炭为1924年)汉冶萍的矿石产量增长12.8倍,生铁增长3.8倍,钢增长3.4倍,煤增长31.9倍,焦炭增长3.4倍(参阅表2)。当然,这些产量同先进工业国家比较是微不足道的。1920年汉冶萍的生铁产量只占同年英国产量的1.47%、德国的1.88%、美国的0.31%,但却占日本的22.22%。假使我们把汉冶萍的生产情况作一个纵的考察，就会发现它的主要产品（矿石、生铁、钢、煤和焦炭）在1903年、1909年、1913年都有较大的跃进（参阅表2），这都与这些年代引进外资、引进技术，进行大规模的设备投资分不开的（1913年以后的外债，大多用于企业的应急费用，很少设备投资）。因此，我们可以说，汉冶萍的外债对它的生产发展是起了促进作用的。

（二）汉冶萍外债的殖民地性

汉冶萍公司借取的外债具有明显的殖民地性。在同日本的往来中表现得尤为突出：

1. 借款具有很强烈的政治意图

汉冶萍的向日历次借款，表面上是由三井洋行和横滨正金银行出面，实际上背后完全由日本政府在主持其事。早在1905年，日本外务大臣桂太郎给曾弥大藏相的公函中就宣称，日本的贷款目的是借“表面上的商业关系”逐步达到攫取萍乡和大冶的采掘权，并在时机成熟时“控制整个汉冶萍的管理权”①。当然，这是他们插手于英国势力范围——长江流域的好机会。这种侵略性的政治目的支配了它们的贷款条件（贷款时间长、只准以原料偿还贷款、以矿山为抵押品等）。在洽商1904年的300万日元贷款时，日本外务大臣小村寿太郎就密电上海总领事小田切万寿之助，要他把贷款期限拉得长一些，以便根据合同享有的权利，较长期地控制大冶的资源；当张之洞建议取消借款合同中以矿山为抵押的条款时，小村寿太郎指令日本方面的谈判代表说：“删去这一条款的建议是绝对不能接受的。因为这一项规定正是我们贷款的主要目的。”②结果这一条款非但没有删掉，反而规定得更加严格了。1912年日本力主汉冶萍中日合办，1915年在“二十一条”中更提出要把汉冶萍直接置于日本政府的控制下。这些，都是侵略意图的具体表现。

① 1905年8月2日，兼外务大臣桂太郎致曾弥大藏臣函。日本外务省编《日本外交文书》第38卷，第2册，第1117号。

② 1903年3月10日及12月24日，小村寿太郎外务大臣致上海小田切总领事函、电。《日本外交文书》第36卷，第2册，第1015、1075号。

2. 控制购销和价格

在借款合同中(特别是三井洋行的借款合同)总是附有独揽购销的条款。1915年汉冶萍拟委托别家行号购买机器时,日本人就宣称:"查汉冶萍扩充资本系由日本政府招致资本家集合而成,……欲购各种机器均应由东洋行家承揽。"①至于矿石、生铁的供应,日本也采取独占购买的政策。1910年,当汉冶萍拟将多余矿石售于美国西方钢铁公司时,日本就提出"除售[予]制铁所外,能否兼售他国"的质询②。在洽商1910年11月17日正金银行贷款时,日方迫使盛宣怀向若松制铁所保证在借款合同期内(十五年)若有多余的生铁、矿石"当尽先贵所购买,如不愿买,敝公司即售予他人可也"③。更严重的是,售予日本的矿石与生铁的价格不是以国际市场的价格为标准,而是以"制铁所购入价值为标准",由公司与制铁所协商行事④。这一条规定使汉冶萍在欧战期间铁价大涨时,吃了很大的亏。

3. 控制贷款来源

日本政府为了达到全部控制汉冶萍的目的,千方百计地保持"独占贷款人"的身份。因此,在1913年的1 500万日元的贷款合同中就规定汉冶萍今后不得以"非中国自有的资本"来还款,也不得向"非中国自有的资本"去借款。甚至中国政府要代汉冶萍偿清债款时,也得根据这一原则办事,必须是"确在本国内所得中国自有之资金"⑤。日方还迫使汉冶萍公司向日本制铁所和正金银行作出如下承诺:"如敝公司要借大宗长期外资时,在本合同期内,必先与贵所、贵行相商也。"⑥

日本方面的谈判代表小田切万寿之助更把这一问题提到两国政治"交涉"的高度,说"若同一借款,何以不要借日本之款。深恐商业变为交涉"⑦。

---

① "盛档·高木陆郎致李维格函",1915年10月29日。

② 1910年5月20日西泽公雄致外务大臣小村寿太郎函。《日本外交文书》第43卷,第2册,第644—653号。此事经往返辩诘,盛宣怀认为"查照合同无不符之处"。

③ "盛档·盛宣怀致若松制铁所长官函",1910年11月7日。

④ "盛档·汉冶萍公司董事会议事秘录",1913年12月10日。

⑤ "盛档"1913年贷款"别合同"附件。

⑥ "盛档·盛宣怀代表汉冶萍公司复日本制铁所、横滨正金银行函",1912年3月23日。

⑦ 1913年"盛档·张謇致杨廷栋函"(函内引用小田切来函)。

1914 年和 1915 年汉冶萍打算向英国制造师协会和通惠公司(中国公司)洽商借款还清所有华洋债务。日本屡加阻挠,最后甚至威胁说,汉冶萍若坚持向通惠公司借款,则"在实业即无联络之道,在邦交业开反目之端"①。商业交往竟变成了政治恫吓。后来在汉冶萍多次与北洋政府商洽改为国营和官商合营时也受到日本的强行干预。1913 年借款后,汉冶萍一度酝酿官商合办,日本政府即以债权人身份威胁称:"惟自日本方面视之,借款合同成立后,未经几时,并无知照或协商于债权者,而匆率决定之事甚唐突,不免有漠视债权者为门外汉,置之不理之议,似稍抱忿懑者。"②控制贷款来源就是控制抵押品(矿山、厂房、机器及其他财产)和控制汉冶萍的管理权,从而控制日本钢铁业的原料供应。

表 3 汉冶萍矿石、生铁输往日本数量及其占产量的比重 1900—1931 年

单位:吨

年份	生铁		矿石	
	输日数量	占产量的比重%*	输日数量	占产量的比重%*
1900	15 476	25.92		
1901	70 589	59.04		
1902	48 019	63.72	138	0.35
1903	51 268	43.26	12 334	31.81
1904	60 000	57.08	25 130	77.77
1905	95 357	63.64	34 326	67.81
1906	111 414	56.50	33 326	53.62
1907	10 444	60.39	30 890	46.51
1908	133 401	77.59	38 313	51.49
1909	89 061	29.05	65 362	54.74
1910	132 503	38.62	70 875	85.05
1911	112 246	31.23		
1912	204 699	92.51		
1913	273 862	59.57		
1914	290 302	57.47		

① "盛档·小田切万寿之助致孙宝琦函",1915 年 11 月 6 日。

② "盛档·高木陆郎致盛宣怀函",1914 年 3 月 28 日。

续表

年份	生铁		矿石	
	输日数量	占产量的比重%*	输日数量	占产量的比重%*
1915	↓			
1916				
1917				
1918				
1919	2 499 536	45.44		
1920				
1921				
1922				
1923	↑			
1924	260 984	58.14		
1925	136 987	43.43		
1926	117 826	137.44		
1927	183 651	75.38		
1928	380 796	90.68		
1929	394 251	114.296		
1930	401 896	106.42		
1931	271 385	86.33		
总计	6 440 643	56.40	310 469	54.87

各相应年份的矿石及生铁产量见表 2

* 1900—1931 年矿石总产量为 11 417 995 吨;1903—1911 年生铁总产量为 566 278 吨,均自表 2 算出。资料来源:1900—1904 年矿石输往日本数量见“盛档 · 矿务总表”。余见“盛档 · 李维格在第一次股东会上的报告”(1909 年 5 月);丁格兰:《中国铁矿志》,1923 年版,第 209 页;侯德封:《第五次中国矿业纪要》,1935 年版,第 367 页;全汉升:《汉冶萍公司史略》,1972 年香港版,第 6 页;费维恺:《中国十九世纪的工业化——汉冶萍公司》,载《中国与日本的经济发展》,1964 年伦敦版,第 94 页。

4. 使汉冶萍成为日本钢铁工业的原料基地

日本是一个铁矿资源非常贫乏的国家,随着本国钢铁工业的发展,对矿石和生铁的需求日益增加。八幡制铁所在创立初期的全部矿石、生铁供应几乎都取自汉阳铁厂和大冶铁矿(参阅表 4)。自 1904 年起,八幡制铁所采用高炉炼钢,改进了炼钢技术并完备了压延工序,开始建立钢铁联合企业①,

① 永野真孝:《海外贸易振兴会国际经济课》,载[日本]《海外市场》1977 年 11 号。

对汉冶萍生铁与矿石的需要更加迫切。1904年300万日元的借款就是在这种背景下洽谈成功的。从1900年到1928年，八幡制铁所输入矿石总量的41.95%取自汉冶萍(参阅表4)。而盛宣怀为了贪图预付价款的取给方便，也乐于向日本保证“贵国所需钢铁年盛一年……敝厂正在决议推广化铁炉”①。在官督商办的第二年，盛宣怀就说：“去年与桂太郎谈，系我专售生铁与彼，由彼多加马丁炉炼钢，供通国用。”②俨然在日本与中国之间，就钢铁与原料的生产进行了分工。这样的业务方针自然完全适应了日本的需要。于是，汉冶萍矿石产量的56.40%(1900年到1931年)、生铁产量的54.87%(1903年到1911年)都输往日本(参阅表3)。汉冶萍生铁与矿石的供应对日本的军事钢铁工业起了很大的作用。在日俄战争时，日本的军舰和武器所需的炼钢原料，大多来自汉冶萍，沙俄为此提出强烈抗议，而日本政府则向中国坚决主张汉冶萍的生铁与矿石不能作为中立国的“战时禁运品”禁止出口③。

表4 日本八幡制铁所购入矿石总数量及汉冶萍矿石所占的比重
1900—1928年

年份	(A) 八幡制铁所购入矿石总数量(吨)	(B) 购入汉冶萍矿石数量(吨)	(B)占(A)的比重%
1900	41 000	15 000	36.59
1901	100 000	70 000	70.00
1902	54 000	50 000	92.60
1903	50 000	50 000	100.00
1904	68 000	60 000	88.24
1905	91 000	72 000	79.12
1906	150 000	106 000	70.67
1907	152 000	110 000	72.37
1908	197 000	127 000	64.47
1909	205 000	96 000	46.83
1910	244 000	96 000	39.34

① “盛档·盛宣怀致井上馨函”，宣统元年三月六日(1909年4月25日)。
② “盛档·盛宣怀致李维格函”，宣统元年八月十二日(1909年9月25日)。
③ 1904年4月22日，外务大臣小村寿太郎致日本驻华公使内田康哉电，《日本外交文书》第37卷，第2册，第916、917号。

续表

年份	(A) 八幡制铁所购入矿石总数量(吨)	(B) 购入汉冶萍矿石数量(吨)	(B)占(A)的比重%
1911	241 000	121 000	50.21
1912	432 000	262 000	60.65
1913	352 000	195 000	55.40
1914	422 000	250 000	59.24
1915	487 000	269 000	55.24
1916	464 000	276 000	59.48
1917	395 000	300 000	75.95
1918	531 000	360 000	67.80
1919	656 000	350 000	53.35
1920	760 000	362 000	47.63
1921	805 000	250 000	31.06
1922	835 000	273 000	32.69
1923	856 000	293 000	34.23
1924	1 040 000	333 000	32.02
1925	1 029 000	356 000	34.60
1926	737 000	127 000	17.23
1927	1 257 000	367 000	29.20
1928	1 643 000	401 000	24.41
总计	14 294 000	5 997 000	41.95

资料来源:永安渡平编:《八幡制铁所五十年志》转引自小村正彬:《八幡制铁所》,1977年东京版,第206—207页。本表"购入汉冶萍矿石数量"与表三"输往日本矿石数量"的总趋势是一致的,但数字互有出入,其原因当为:第一,两个数字的来源不同;第二,有一部分矿石售予八幡以外的制铁所;第三,汉冶萍与八幡制铁所各自处理账务的方法不同(如结算的会计年度等)。数字差异的确切原因有待于进一步考核。

5. 深入企业内部控制财务与生产

早在1899年的"互易煤铁合同"中就规定日本得派人驻矿"经理购买矿石等一切事宜"。其实这些日本驻矿代表都是探听情况的"代表"。他们经常将汉冶萍的情况,特别是其他外国资本掺入汉冶萍的情况向日本外务省汇报。1904年大借款的前夕,日本对德国工程师在汉冶萍的实力地位表示极为关切,说"德国方面的竞争异常激烈",于是关于所谓德国"竞争"

情况的汇报源源涌向外务省。提供消息来源的就是日本驻矿代表西泽公雄[①]。1913 年 12 月 15 日的借款合同中，更明确规定汉冶萍必须聘用日本"最高顾问工程师"，"公司一切营作改良修理工程之筹计及购办机器等事，应先与最高顾问工程师协议而行"；此外，还要聘请日本"会计顾问"，"关于公司所有收入、支出之事，应与会计顾问协议而实行"[②]。事后证明，这位会计顾问（池田茂幸）原来是大藏省的一位官员，假充为正金银行（债权人）的职员派到汉冶萍代表日本政府实行监督[③]。在会计顾问监督下，汉冶萍所有契约及抵押品单据和地契等都得存放在一个保险柜里，它的钥匙要备一式两份，一份交日本会计顾问保存，"非经双方同意不得将此地契取出"[④]。从此，汉冶萍事实上成为日本八幡制铁所在中国的派出机构，而两"顾问"则成了太上皇。

随着日本贷款的金额越来越大，期限越来越长，对抵押品的控制越来越严，汉冶萍要想摆脱日本的控制也就越来越困难了。

（三）汉冶萍丧失了摆脱外债桎梏的机会

1914 年欧战后，由于战争的刺激，世界钢铁（包括矿石与生铁）的价格迅速猛涨，到战争结束时生铁每吨市价最低 160 元，最高 260 元[⑤]。但是由于 1913 年与日本签订的借款合同规定汉冶萍在四十年内应供给日本矿石和生铁两项共 3 000 余万吨，每年产品须尽先供应日本。在大战高潮期间（1917 年）汉冶萍生产的矿石有四分之三都输往八幡制铁所（参阅表 4），留给自己生产生铁和钢的原料就所剩无几了。特别是受合同的限制，矿石与生铁都不能按国际市场价格调整，吃亏很大。1916 年虽经日本同意把生铁价格提高到每吨 120 日元[⑥]，但也只有日本东京生铁市价的四分之一。

---

① 1903 年 6—8 月，上海小田切总领事致小村外务大臣函。《日本外交文书》第 36 卷，第 2 册，第 1021—1025 号（按小田切的情况来自于西泽公雄）。

② "盛档·聘请最高顾问工程师及会计顾问职务规程"，1913 年 12 月 15 日。

③ "盛档·高木陆郎致盛宣怀电"，1914 年 1 月 17 日。原电为"昨电会计顾问现任大藏省官吏之事，请保严重秘密。因该员阳称系正金银行之人以受聘顾问之故"。

④ "盛档·汉冶萍公司董事会议事秘录"1913 年 7 月 18 日。

⑤⑥ 《盛宣怀未刊信稿》，中华书局 1960 年版，第 265、266 页。

有人计算，汉冶萍在欧战期间售予日本生铁 30 万吨，损失 3 000 万元，若与矿石合计，公司于欧战期贡献给日本的达华银 115 500 000 元[①]。欧战时期钢铁价格猛涨，是汉冶萍还清日债（当时约日金 3 530 万元）[②]，打一个翻身仗的好机会，但是它丧失了这一千载难得的良机。从 1916 年出现的盈余像昙花一现，没有几年工夫又一亏到底了（参阅表 1）。从 1921 年起，战争繁荣已经过去，世界铁价猛跌，只有 1918 年的六分之一[③]。汉冶萍从此更是一蹶不振了。

三、结　　论

任何一个后进的国家要迅速实现工业化都有一个引进资金和技术的问题。美国资本主义工业化比英国迟一步，它也曾大量引进英国资本和技术，这都是尽人皆知的事了。至于日本那更是如此。1896 年建立八幡制铁所时，日本全国的外债总额不过 46 万日元，1904 年兴业银行贷款 300 万日元给汉冶萍时，日本外债总额上升到 420 000 000 日元；1913 年正金银行贷款 1 500 万日元时，日本外债已达 1 970 000 000 日元[④]。当时日本在中国是一个债权国，但在欧洲市场，它却是一个大债务国。除向国外借款以外，从中国掠夺的甲午战争赔款约合 3 800 万英镑，这笔无偿收入，使日本有了充足的准备金转变为金本位制，因而更有利于引进外资。从 1896 年八幡建厂到 1913 年第一次世界大战前夕，日本引进的外资总额（国际收支相抵以后的总额）占这一时期日本生产领域资本的 20%[⑤]。没有这些借贷的与掠夺的资本，日本要在明治维新以后迅速实行工业化是不可能的。钢铁是一个需要巨额投资的行业，在 19 世纪末，一个日本钢铁企业最少须投资 2 800—

---

① 侯厚培：《中国近代经济发展史》，1919 年版，第 129—130 页。

② 据高木陆郎及小田切万寿之助在提出“二十一条”前对公司财产的调查，转引自李毓澍：《中日二十一条交涉》（上），1916 年版，第 228、332 页。

③ 全汉升：“汉冶萍公司史的研究”，载《中国近代史丛刊》，第 2 册，第 344 页。

④ 洛克伍德：前揭书，第 255 页。

⑤ 侯继明：《外国投资与中国的经济发展，1840—1937》（Ji-ming Hou: *Foreign Invetment and Economic Development in China, 1840—1937*），哈佛大学出版社 1973 年版，第 101 页。

3 000万日元，而建立一个纺织厂只需要投资25万日元就够了[①]。八幡制铁所一开始就是国营，主要也是因为在当时只有依靠国家的力量才能把这个投资巨大的工业发动起来。

考虑了以上的一些历史对比的情况，我们可以看出，在19世纪的90年代，张之洞和盛宣怀敢于"务宏大"把钢铁事业搞起来这是很了不起的。这么大的一个企业既得不到政府的支持，又招不足商人资金，要支撑下去，维持生产，只有在外资上找出路。1913年，汉冶萍由于挪借无着，无可开支，面临闭炉停工的危险，一停工每天仅利息的负担就要赔7 000两，盛宣怀向日本人告急说："特是西江之水不及苏涸辙之鱼，若无急救之法，转瞬即入枯鱼之肆。"[②]盛宣怀为了免于"枯鱼之肆"的命运，借外资以增添设备，改建工厂，想从扩大生产中谋求出路。他回忆当时利用外资改造萍乡煤矿，解决了燃料问题后的情景说："萍焦冶铁，初试新硎，居然京汉铁路，除芦保一段外，二千余里，皆属汉厂自造。虽不免亏折，数年间得轨价四百数十万两，练成一班工匠，萍矿亦借此岁月，以竟全工。"[③]这是符合事实的。盛宣怀在临死前两年说："钢铁有富强关系，已经办到七分，只有三分，何忍半途而废，一息尚存，此志实不容少懈。"[④]在当时的历史条件下，对钢铁事业的重要性有此认识，并立志不懈的，尚不多见。

当然，盛宣怀借外债也有其自私的目的。他常以外债作为保护自己的工具。辛亥革命后，为了保存他的财产，免被革命党人没收，力主中日合办，借取巨款[⑤]；1913年为了反对"国营"，他还力图挟日本外债以抵制北洋政府，急不可待地密电高木陆郎"能否出于迅速，以免夜长梦多"，"鄙见总以秘密速办为第一要义"[⑥]。盛宣怀的这些弱点自然被日本人充分利用。正金银

---

① 洛克伍德：前揭书，第19页，注31。

② "盛档·盛宣怀致高木陆郎电"，1913年9月10日。

③ "盛档·汉冶萍煤铁厂矿公司注册商办第一届纪略"。

④ "盛档·盛宣怀致杨廷栋函"，1914年3月23日。

⑤ 陈旭麓、顾廷龙、汪熙主编：《辛亥革命前后》"四、关于汉冶萍公司"，上海人民出版社1979年版。

⑥ "盛档·盛宣怀致高木陆郎密电"，1913年7月20日、1913年8月2日。

行一向把盛宣怀引以为知己，保持着“亲密关系”①。辛亥革命前夕，日本很注意盛宣怀的健康情况，估计他“肺病咯血，今后只能活五年”，恐怕5年以后，“别人取代，关系突然变化，购买铁矿石的事就要落空”②，所以力争在盛宣怀还有一口气的时候把贷款一笔一笔地敲定。具有个人打算的盛宣怀也就一步一步地钻进了日本圈套，最后终于使汉冶萍陷于日债而不能自拔。

汉冶萍之所以失败，带有殖民地性的外债固然是一个原因，但这是外因。外因要通过内因才起作用。汉冶萍的失败还有其深刻的社会经济、制度结构、文化传统和国势力量等原因。没有这些内因，外债也不会对汉冶萍构成那种灾难性的后果。

汉冶萍时代的中国已经部分丧失了主权国家的地位，处于落后挨打的状态。由于关税不能自主，汉冶萍无法享受国家保护关税的庇护，幼稚的工业产品——钢轨，无法与工业先进国家的洋轨竞争（1896年汉阳轨每吨54两，而洋轨的中国到岸价格仅35两③）。汉冶萍的总办李维格曾痛切陈词说：“各国保其本国钢铁事业，加重进口税，使外铁不能侵入。中国则不但不能加重[税]，且并值百抽五之轻税亦豁免，一若故欲洋轨之来与汉厂斗者。”④没有国家保护，汉阳轨被“斗”得一败涂地。1896年以后，日本更挟其战胜国的余威对清政府极尽恫吓、威胁之能事。1904年的贷款300万日元，年息六厘，为期三十年，而且还附有很多苛刻条款，但终于强使中国接受，也是因为中国当时处于一种挨打的地位，没有什么选择的余地。在1912年的300万日元贷款合同中，甚至订明在必要时日本制铁所与正金银行可“暂作代理人”接收整个的汉冶萍公司（合同第七款）。只有殖民地才会接受这种漠视国家主权的强制性条款。汉冶萍也曾试图挣脱日本人的外债桎梏。

① 富川康编：《横滨正金银行史》，1976年东京版，第232页；又见《横滨正金银行史资料》第3集，第2卷，第二回，第63—67页。

② 1911年5月4日北京小田切董事致高桥正金银行总经理电。《日本外交文书》第44卷，第2册，第220、223页。

③ “盛档·郑官应致盛宣怀函”，光绪二十二年八月九日（1896年9月15日）。

④ “盛档·李维格开送曾使述肇、王参议治昌为汉冶萍创办概略”，1914年1月12日。

1901年试销矿石与生铁于美国市场并拟以货价的一部分投资于美国的西方钢铁公司①;辛亥革命以后,多次拟议借用英国资本或由国家担保发行公司债券②等,都是这种企图的尝试,但每次都被日本以有碍"邦交",将引起"交涉"等危词要挟的警告,吓得不了了之。

汉冶萍诞生于中国多事之秋的年代,战乱连绵,政局极不稳定。义和团运动的爆发,使芦汉铁路停工,汉冶萍的生铁无法炼轨,只得向日本寻求销路;辛亥革命在武昌爆发,停工和直接所受炮火损失达370余万两③。民国以后,南京临时政府向日本借款250万日元的应急费,后来也划归汉冶萍承还④。北洋军阀政权统治时期,汉冶萍地区成为湘、鄂、赣、黔诸军的战场,矿工拉为壮丁,厂房充作兵站。汉冶萍的一些负责人如张謇、赵风昌、叶景葵等组织统一党反对同盟会想投靠袁世凯,有所结托,结果整个企业差一点被袁氏手下的新交通系财团一口吞掉⑤。没有一个稳定的政治环境,要发展生产是很困难的。汉冶萍由于不完全是它自己的过错丧失了外债的偿还能力,于是日本人借口保护"债权人"的权益,兵舰游弋在大冶江上,兵士则荷枪实弹登陆,陈兵在大冶山麓。国家积弱与动乱的悲惨处境给汉冶萍带来了穷途末路的命运。外债,作为一种国际信贷,也只有在这种条件下才能成为侵略者肆虐的工具。

晚清政府的昏庸统治和腐朽透顶的官僚政治以及它所推行的封建文化传统,也给汉冶萍带来无穷的灾难。汉阳铁厂的创办人张之洞从一个"由文儒致清要"的清流派⑥转而办钢铁厂,这不能不是一个进步。但是他是力主

---

① "盛档·汉冶萍公司向美国西雅图西方钢铁公司出售生铁及矿石合同"1910年3月22日。汉冶萍进入美国市场后,商情踊跃,盛宣怀也信心百倍到处招股,他写信给李伟侯劝购汉冶萍股票说:"试买千股,计五万元,如不涨价可以罚我。"《盛宣怀致李伟侯函》宣统二年二月二十八日(1910年4月7日)。同样函件也寄给吕海寰、杨俊、李经羲等。

② "盛档·盛宣怀致高木陆郎函",1913年9月29日。

③ 全汉升前揭书,第153页。

④ "盛档·汉冶萍董事常会纪录",1912年6月22日。

⑤ "盛档·陶湘致盛宣怀函",1915年4月1日。

⑥ 《清史稿》卷四三七,列传二二四,中华书局版,第12377页。

“中学为体，西学为用”的。办钢铁厂当然是“西学”，“体”则是四书五经、三纲五常、封建政治。对于西学，张之洞有他自己的解释，但是不管他是怎么想的，“西学”最后总归要导致资本主义的来临。“体”与“用”的矛盾是封建主义与资本主义的矛盾，是目的与手段的矛盾。这样，张之洞就提出了一个他自己也无法解决的矛盾公式。他本来想把办钢铁厂这个“西学”纳入封建的模式，搞成官办，让“体”与“用”统一起来。但是办到后来，焦头烂额，才力求招股商办，结果事与愿违，办出了一个资本主义(股份公司的商办)。搞资本主义，就必须允许“人皆自主，家私其家，乡私其乡……商愿专利，工愿高价”，但是张之洞却说这将是“子不从父，弟不尊师，妇不从夫，贱不服贵，弱肉强食，不灭人类不止”①。真是势不两立，矛盾得很。张之洞的解决办法是在商办前面加一个“官督”，变成“官督商办”。这样他就把封建主义与资本主义的矛盾引进了企业内部。官督商办的企业实际负责人是督办，督办由总督奏请皇帝任命，督办听命于总督，有“用人、理财”之权②。这个权很大，盛宣怀就是靠一系列官督商办企业的“督办”起家，成为晚清富甲中国的第一代的官僚资本家。至于真正的商人呢？张之洞说：“盖国家所宜与商民公之者利，所不当听商民专之者权”③。商人无“权”，自然无“利”。谁愿意来投资？汉冶萍办了几十年，商股从来就招不足，其原因就在于“商情疑惑，何肯出赀”④，而“商情疑惑”的根本原因在于商人在官督商办企业中既无“权”又无“利”。张之洞用卡住“权”、“利”的办法来维护他的“体”，使封建体制不至于坠落，但是却使一个资本主义性质的企业变成了官府衙门，把汉冶萍办得奄奄一息了。当时锺天纬正在汉阳铁厂当文案，他以亲身的体会说，张之洞办厂“每出一差，则委员必十位八位，爵秩相等，并驾齐驱，以致事权不一，互相观望。仰窥帅意，事事喜用官派，故不喜闻商办之说。”⑤这样，“爵秩相等，

---

① 张之洞：《劝学篇·正权》，光绪戊戌年两湖书院刊本，第23页。

②③ 《张集·奏稿》卷二八，第8页；卷四三，第10页。

④ “盛档·盛宣怀致张之洞函”，丁未七月二十一日(1907年8月29日)；光绪二十六年七月八日(1900年8月2日)。

⑤ “盛档·锺天纬致盛宣怀函”，1896年2月12日。

并驾齐驱"地办衙门则可，办企业必亏本。因为是办衙门，所以"公司职员，汉、冶、萍三处，统计不下千二百人，大半皆盛宣怀之厮养，是其妾之兄弟，纯以营私舞弊为能"①。汉冶萍人虽多，因为大都是"厮养"，所以并不顶用，一任洋矿师擅权营私，"十数年来[赖伦]大权在握，购不急之料，费无用之工。矿中各项机器，悉彼经手，惟回用是图，多购旧式。……赖富而公司负债重矣"②。当时上海有一位颇有名气的商人经元善谒见张之洞以后，感到"官气之浓甚于沪上，最是商情所大忌"③。一个资本主义性质的企业，却为资本家所"大忌"，这个企业还办得好吗？但是汉冶萍却被清政府看成是一块大肥肉。由张之洞奏请清帝，自国家定购钢轨之日起，汉冶萍每出一吨生铁抽银一两归还前垫官款(5 586 416 两)，甚至还清官款以后"仍永远按吨照抽，以为该商报效之款"④。这种不计盈亏的"报效"，表明清政府事实上把一个资本主义性质的铁厂变成了封建皇室取之不尽、用之不竭的金库。到 1900 年时，实际报效数已六七倍于当时按吨抽银一两的数额，搞得汉冶萍"勺水无沅，其涸立待"⑤。所有这些都使汉冶萍成为一个生产效率低、成本高的衙门企业。八幡制铁所远自外洋从汉冶萍输入矿石，但它每一吨生铁的成本只有汉冶萍的 77%⑥。在汉冶萍年年亏损的情况下，日本的若松制铁所从 1900 年到 1912 年却年年盈余，累积的净盈利达 600 万日元⑦。身负重债而不讲求投资效果，这是汉冶萍的致命伤。追溯它的根源，就是腐败的官僚政治，昏聩的衙门式的管理，腐朽的封建文化之"体"。

同中国相比，日本正好是一个鲜明的对照。明治政府对工业的发展采

① 《时报》，1913 年 3 月 4 日。

② "盛档·孙德全致盛宣怀函"，1913 年 9 月 26 日。

③ 经元善：《居易初集》卷二，第 39 页。

④ "盛档·户部折"，光绪二十二年五月十六日(1896 年 6 月 26 日)；又参阅《张集·奏稿》卷二七，第 6 页。

⑤ "盛档·盛宣怀致张之洞函"，丁未七月二十一日(1907 年 8 月 29 日)；光绪二十六年七月八日(1900 年 8 月 2 日)。

⑥ "盛档·王勋致盛宣怀函"，1915 年 8 月 26 日。制铁所生铁每吨成本 23 元，汉冶萍为 30 元。

⑦ "盛档·中村男爵关于若松制铁所情况的说明"附件，1913 年 8 月 12 日。

取了加意扶植的政策，由国家给予大量的补助金。他们一心搞资本主义，没有什么“用”与“体”的矛盾。自1868年到1881年，从农业税中拨支了3 400万日元投资于工业部门。这一数字相当于政府税收的5.5%，占政府支出的13%①。对于钢铁事业举国上下都作为一件特等的大事来抓。1900年八幡制铁所第二高炉尚未建成，日本皇太子和伊藤博文首相都亲临视察。1901年八幡点火开炉在当时被日本看成是“本邦创始之大事业”②，举国瞩目。为了签订1904年的300万日元的兴业银行贷款，日本外务大臣同日本驻中国公使和驻上海总领事函电往返达56次，反复推敲商议，而中国方面只有盛宣怀一个人单枪匹马地对阵③。张之洞创办汉阳铁厂的500多万两银子，由于衙门办企业，用于厂地、机炉的只有200多万两，“余皆系浮费，于公司毫无利益”④。而八幡制铁所的400多万日元的预算，用于固定资产和基本建设的就达78.84%(3 229 100日元)⑤。在日本政府的积极支持下到20世纪初，后起的八幡制铁所的生铁产量已为汉冶萍的一倍半(1901—1909年)，钢产量为汉冶萍3倍(1907年到1910年)⑥。日本继八幡制铁所以后，吴工厂两套西门子电炉投入生产(1899年)，大阪工厂的4吨平炉也开始投产(1900年)了。当汉冶萍在外国侵略、国内动乱、政府勒索、衙门管理和腐朽封建的“体”的压力下濒于破产倒闭时，八幡制铁所却日益扩充，走上了日本钢铁自给自足的道路!

* * *

汉冶萍时代是一去不复返了。但汉冶萍的某些经验教训至今仍对我们有用处。其中最主要的两条是:偿还能力与投资效果。

偿还能力的问题，在今天仍然是引进外资的国家普遍存在的问题。第

---

① 费维恺:《中国早期的工业化》(A. Feuerwerker: *China's Early Industrialization*)，哈佛大学出版社1958年版，第40页。

② 小村正彬前揭书第208页。

③ 《日本外交文书》，第36卷，第2册，第1013号至1078号。

④ 徐珂:《清稗类钞》，1920年第4版，第17册，工艺类，第12页。

⑤ 小村正彬前揭书，第208页。

⑥ 参阅本文附表二及小村正彬前揭书，第221—222页。

二次世界大战后的世界经济证明，第三世界在引进外资与技术的基础上，确能促进本国的经济发展，有些国家在其经济迅速发展中的外债总额占其国内总产值(GDP)的很大比重(如巴西1957年到1961年占14.5%，1963年到1966年占22.3%)[①]就是一个明证。但是偿还能力仍然是一个突出的问题，仍以巴西为例，1979年它的外债总额已超过400亿美元。现在所借的外债大部分用来偿还旧债和利息。1978年为此目的而需借的外债即达70亿美元左右[②]。自20世纪70年代中期以来，第三世界非产油国家的外债总额已达其出口额的一倍半，或相当于这些国家官方储备的4倍了[③]。现在一致公认只有用不断提供新贷款的办法才能避免它们债务的总垮台[④]。这个问题也应该引起我们的注意。从历史上看，汉冶萍陷于外债而不能自拔也吃亏在没有认真地考虑偿还能力。如1913年借款合同规定汉冶萍在四十年内供应日本矿石3 000万吨。据地质学家翁文灏的估计，大冶铁矿的蕴藏量为汉冶萍公司所有的总共不过2 000万吨，所以即使把汉冶萍卖尽了，还倒欠日本1 000万吨[⑤]。又如1904年300万日元的借款，年息六厘，每年利息18万日元，因此每年至少须输往日本6万吨矿石(按合同规定每吨3元)才能偿清利息。但1904年实际只输出了38 703吨。若再加上1908、1910、1911、1912和1913年的借款合同，须输往日本矿石1 700万吨和生铁800万吨。很明显汉冶萍无论如何是不可能履行这些合同要求的。最后的结果是无力偿还[⑥]。因而就必须承担不能偿还债务的一切后果。

---

① 罗斯贝恩等编:《关于巴西经济与政治发展的时论选集》(H.J. Rosenbaum: *Contemporary Brazil Issues in Economic and Political Development*)，伦敦1972年版，第97页。

② 《泰晤士报》，1978年9月25日。

③ 复旦大学世界经济系:《第三世界国家经济与反两霸的斗争》(讲义)，第9页。

④ 魏格堪斯编:《通货膨胀的威胁》(G.C. Wiegance: *The Menace of Inflation*)，康涅狄克1977年版，第74页。

⑤ 全汉升:前揭书，第194页。

⑥ 费维恺:《中国十九世纪的工业化——汉冶萍公司》(A. Feuerwerker: *China's Nineteenth Century Industrialization: The Case of Hanyehping Coal and Iron Co. Ltd.*)，载柯文编:《中国和日本的经济发展》(C.D. Cowan: *The Economic Development of China and Japan*)，伦敦1964年版，第108页。

表 5　汉阳铁厂、萍乡煤矿、汉冶萍公司外债一览表 1899—1930 年

日　期	借款者	贷款者	原金额	折成海关两	折成美元	年利率%	年限(年)
1899.4.7	萍乡煤矿	日本制铁所	日金 3 000 000 元	2 359 744	1 722 650		15
1898.8.15	萍乡煤矿	礼和洋行	德金 4 000 000 马克	2 680 965	1 957 104	7	10
1902	汉阳铁厂	大食组	日金 250 000 元	196 850	124 016	8	1
1903.12.14	汉阳铁厂	大食组	洋例银 200 000 两	186 306	119 236	6	1
1904.1.15	汉阳铁厂	兴业银行	日金 3 000 000 元	2 316 602	1 528 957	6	30
1904.4.13	汉阳铁厂	信义洋行	英金 32 600 镑	242 080	159 773	8	2
1904.10.10	汉阳铁厂	大食组	日金 373 107 元	288 113	190 155	7.5	
1904	萍乡煤矿	华俄道胜银行	库平银 131 971 两	130 666	86 240		短期
1905.4.4	汉阳铁厂	信义洋行	英金 32 000 镑	242 080	176 718		
1905.6.26	萍乡煤矿	大食组	日金 300 000 元	231 660	169 112	7.5	2
1906.2.28	汉阳铁厂	三井物产社会	日金 1 000 400 元	772 201	617 761	7.5	3 年 11 个月
1907.5.1	萍乡煤矿	大食组	日金 2 000 000 元	1 544 401	1 220 077	7.5	7
1907.12.13	汉阳铁厂	正金银行	日金 300 000 元	231 660	183 011	7	5
1908.6.13	汉冶萍	正金银行	日金 1 500 000 元	1 158 301	752 900	7.5	10
1908.10.21	汉冶萍	正金银行	日金 500 000 元	386 100	250 965	7.5	10
1908	汉冶萍	麦加利银行	英金 19 314 镑	146 111	94 972		
1908	汉冶萍	东方汇理银行	洋例银 250 000 两	232 882	151 373		
1908	汉冶萍	德华银行	洋例银 130 000 两	121 099	78 714		
1908	汉冶萍	捷成洋行	洋例银 82 000 两	76 385	49 650		
1908	汉冶萍	礼和洋行	洋例银 240 000 两	223 567	145 319		
1909.3.31	汉冶萍	正金银行	洋例银 500 000 两	465 764	293 431	8	2.5
1910.4.9	汉冶萍	华俄道胜银行 东方汇理银行	洋例银 1 000 000 两	931 529	614 809	8	
1910.7.29	汉冶萍	义品洋行	法金 449 000 法郎	132 059	87 159	8	
1910.9.10	汉冶萍	正金银行	日金 1 000 000 元	772 201	509 653	7	
1910.10.20	汉冶萍	汇丰银行	规元 357 000 两	346 710	228 829	9	3
1910.10.25	汉冶萍	汇丰银行	规元 66 000 两	64 098	42 305	7	
1910.10.26	汉冶萍	正金银行	公社银 200 000 两	191 136	126 150	9	
1910.10.31	汉冶萍	义品洋行	规元 222 000 两	215 601	142 297	9	
1910.11.17	汉冶萍	正金银行	规元 1 000 000 两	971 177	640 977	7	15

续表

日 期	借款者	贷款者	原金额	折成海关两	折成美元	年利率%	年限(年)
1910.12.16	汉冶萍	正金银行	日金 612 730 元	473 151	312 280		
1910.12.28	汉冶萍	三井洋行	日金 500 000 元	386 100	254 826	7.5	
1910.12.28	汉冶萍	三井洋行	日金 1 000 000 元	772 201	509 653	9	
1910.12.28	汉冶萍	东方公司	规元 350 000 两	339 912	224 342	8	
1910.12.28	汉冶萍	东方公司	日金 1 000 000 元	772 201	509 653	9	
1911.1.14	汉冶萍	正金银行	日金 614 395 元	465 451	302 543		
1911.3.30	汉冶萍	东方公司	规元 3 000 000 两	2 913 532	1 893 796		
1911.3.31	汉冶萍	正金银行	日金 6 000 000 元	4 545 454	2 954 545	6	15
1911.5.11	汉冶萍	德华银行	英金 30 000 镑	223 256	145 116	6	
1911.5.13	汉冶萍	东方公司	规元 80 000 两	77 694	50 501	9	
1911.8.23	汉冶萍	兴业银行	洋例银 20 000 两	18 631	12 110		
1911.9.7	汉冶萍	兴业银行	洋例银 30 000 两	27 946	18 165		
1911.9.30	汉冶萍	三井洋行	洋例银 100 000 两	931 529	605 494	8.5	
1911.12.5	汉冶萍	台湾银行	规元 30 000 两	29 135	18 938		
1911.12.20	汉冶萍	汇丰银行	规元 84 000 两	81 579	53 026	9	
1912.2.8	汉冶萍	正金银行	洋例银 120 000 两	111 783	82 719	6	
1912.2.10	汉冶萍	制铁所 正金银行	日金 3 000 000 元	2 013 423	1 489 933	6	30
1912.2.22	汉冶萍	三井洋行	日金 2 000 000 元	1 342 282	993 289	7	0.5
1912.5.13	汉冶萍	三井洋行	日金 500 000 元	335 570	248 322	8	短期
1912.6.13	汉冶萍	正金银行	日金 500 000 元	335 570	248 322	6.5	5 个月
1912.12.7	汉冶萍	正金银行	规元 2 500 000 两	2 427 943	1 796 678	第一年8、第二年终 6	
1912.12.16	汉冶萍	三井洋行	日金 100 000 元	67 114	49 664	市息	30
1912.12.16	汉冶萍	兴业银行	规元 10 000 两	9 712	7 187		
1913.1.25	汉冶萍	汇丰银行	规元 90 000 两	87 406	63 806	7	
1913.4.2	汉冶萍	正金银行	规银 186 000 两	180 639	131 866	8	
1913.4.10	汉冶萍	三井洋行	规元 100 000 两	97 118	70 896	8	
1913.4.11	汉冶萍	三井洋行	规元 50 000 两	48 559	35 448	8	
1913.5.19	汉冶萍	三井洋行	规元 50 000 两	48 559	35 448	8	

续表

日　期	借款者	贷款者	原金额	折成海关两	折成美元	年利率%	年限（年）
1913.5.27	汉冶萍	汇丰银行	规元 50 000 两	48 559	35 448	7	
1913.6.6	汉冶萍	汇丰银行	规元 38 300 两	37 196	27 153	7	
1913.11.30	汉冶萍	三井洋行	日金 500 000 元	340 136	248 299	7	
1913.12.2	汉冶萍	制铁所 正金银行	日金 9 000 000 元	6 122 449	4 469 388	前六年6、年终7	40
1913.12.2	汉冶萍	制铁所 正金银行	日金 6 000 000 元	4 081 633	2 971 592		40
1913	汉冶萍	台湾银行	日金 154 097 元	104 828	76 524		
1917.9.7	汉冶萍	安川敬一郎	日金 1 250 000 元	631 313	650 252	6	
1917.12.13	汉冶萍	正金银行	日金 300 000 元	151 515	156 060	7	5
1919.4.25	汉冶萍	正金银行	日金 1 250 000 元	459 434	638 613	6	15
1921.8.15	汉冶萍	正金银行	日金 2 000 000 元	1 273 885	968 153		短期
1924.1.3	汉冶萍	正金银行	日金 2 619 000 元	1 343 077	1 087 892	8	14 个月
1924.10.4	汉冶萍	正金银行	日金 195 000 元	100 000	81 000	8	0.5
1925.1.21	汉冶萍	正金银行	日金 8 500 000 元	4 166 666	3 499 999	6	59 年 3 月到期
1926.2.11	汉冶萍	正金银行	日金 117 000 元	74 051	56 279	日息 0.023	1
1926.9.17	汉冶萍	正金银行	日金 170 000 元	107 595	81 772	日息 0.023	
1926.12.11	汉冶萍	正金银行	日金 100 000 元	63 291	48 101	日息 0.023	
1927.1.27	汉冶萍	正金银行	日金 2 000 000 元	1 388 888	958 333	5.5	32
1930.5.28	汉冶萍	正金银行	日金 177 376 元	192 800	88 687	2	
1930.5.28	汉冶萍	正金银行	日金 116 682 元	126 828	58 341	2	15
1930.5.28	汉冶萍	正金银行	日金 504 192 元	547 980	252 071	无息	23
			总　　计	58 383 672	42 044 836		

资料来源："盛档·汉冶萍公司外债总表及清单"，并参照下列资料校订：日本外务省编：《日本外交文书》各有关年份；徐义生：《中国近代外债史统计资料》各有关部分，1962 年中华书局版；王敬虞：《中国近代工业史资料》，中华书局 1962 年版，二辑、上册，第 120 页；全汉升：《汉冶萍公司史略》，1972 年香港版，第 92、132、156、224 页；费维恺：《中国十九世纪的工业化——汉冶萍公司》，载前揭书，1964 年伦敦版，第 107 页。

本表所列债款较上列资料多 29 笔，均出自"盛档"。同一债款之日期、金额、利息、期限等有歧异者均从"盛档"。海关两与各国货币折合率据各年关册。本表折算工作承徐元基同志协助。

偿还能力又与投资效果有密切的关系。这里所涉及的问题不仅仅是一个经济问题。引进外资的成败常常与一个国家的经济制度、文化传统、技术基础、教育水平有密切关系。引进的外资当然要归还,但伴随引进外资而引进的技术则是不应"归还"的,而要求在自己的国土上生根开花。汉冶萍虽也曾零零星星地派出技工到国外培训但从未认真抓过,因此几十年中只培养出一个像样的中国工程师(吴健),一切技术大权都操在洋人手里,洋人一走,技术也就"归还"了。第二次世界大战后日本的经济在战争的废墟上迅速发展起来,除引进资金与技术外,是同他们自己拥有雄厚的技术基础分不开的。日本的钢铁工业每引进 1 元技术就要投入 2—3 元的研究费用,加以创新提高。新日铁(它的前身是八幡制铁所)拥有的三个研究所的研究费用占营业额的 1.3%(即 1 亿美元)。日本每年有 1 600 多名冶金专业的大专毕业生,比英、德多 7 倍,比美国多 1 倍①。只有积极提高科学技术的水平才能充分保证引进外资的投资效果,否则就要走汉冶萍公司的老路。劳动生产率是取得投资效果的关键问题。汉冶萍的产品由于劳动生产率低,无法与欧美和日本的产品竞争,只能靠卖原料(矿石)过日子,到后来甚至连这一点阵地也保不住了。假使引进外资的投资项目(或企业)劳动生产率低,产品没有世界市场的竞争能力(我们的产品不能关起门来称大王),就无法偿还外债。今天,封建主义的传统、衙门式的官僚主义在有些部门仍然是我们的大敌。不涤荡这些,隐患无穷。汉冶萍封建衙门式的管理在这一点上造成的灾难性的后果是一个沉痛的教训,我们应该引以为戒。

(原载《复旦学报》1979 年第 6 期)

① 《日本钢铁工业的现状》(油印稿),第 5—8 页。

关于买办和买办制度

买办[1]在中国近代史中是一个老资格的角色，作为资产阶级的一部分，他们的出现早于中国的民族资产阶级和官僚资产阶级。他们的活动历久不衰，不像洋务派到19世纪末叶已近尾声；也不像资产阶级改良主义者，仅仅是昙花一现。甚至到1949年后，买办出身的人，在台湾地区还身居高位[2]——他们的存在和活动的时间是很长的。自从中国与西方资本主义接触以来，无论在政治与经济，城市与农村，国内与国外，几乎在各个重要领域和地区都有买办活动的踪迹。在中国近代历次重大的政治事变中，买办都曾扮演过很显眼的角色。依托于外国强大的侵略势力，他们的触角既伸向地主、豪门和权贵，也伸向工人和农民——他们活动的空间是很广的。在中国社会半殖民地半封建化的过程中，买办曾经是中国资产阶级的先导，是西方资本主义入侵中国的桥梁。他们中间一部分人的转化，曾经引起中国社会阶级关系的明显变动。在近代商品经济瓦解中国这个古老经济结构的过

① “买办”一词是由葡萄牙语“采买”一字转化而来（西班牙语也有这个字，但“买办”一词在东方最早当系由葡萄牙语衍生而出）。现在我们所称的“买办”，实际上不仅是“买”，也具有“卖”的功能，所以在使用的含义上早已有所发展。“买办”一词的概念，在我国学术界有两种用法。第一种是狭义的用法：在鸦片战争前，指为外国商船采购伙食、用品或为外国商馆管理内部事务，或从事于行商制度所允许的居间买卖的商人；在鸦片战争后，指充当外国公司、行号、银行、工厂的华人经理或专门推销外国商品的经销人。第二种，是广义的用法，泛指为资本帝国主义的政治、经济、文化利益服务的，或与他们的利益有密切关系的中国人，如买办政客、买办文人、买办性的大资产阶级等。本文是在第一种概念的范围内论述买办与买办制度的。

② 台湾当局的前“行政院院长”严家淦在旧中国曾是德商孔士洋行的买办（上海市工商行政管理局编：《上海华商国际贸易业》，油印稿，第4册，第123页。以下简称《华商国际贸易业》）。

程中，买办的作用从沿海城市一直渗透到穷乡僻壤——他们对中国社会影响的深度，也是不可忽视的。

本文想就买办与买办制度的演变及其历史作用等问题作一些初步探讨。

一、 买办保证责任制度在鸦片战争前后的变化与继承问题

有清一代的对外贸易，在鸦片战争以前虽然经历了海禁时期（顺治元年至康熙二十二年）、多口通商时期（康熙二十三年至乾隆二十二年）、广州贸易时期（乾隆二十二年至道光二十二年）等阶段，但是中央政府的基本政策是闭关自守，重点放在防闲、防夷上面。在清政府看来，对外贸易可有可无，海关税收也是次要的①。但是既允许贸易（哪怕是带有很大限制性的），就不可避免地要发生货物买办、银钱收付、陆地居住、生活供应等问题，因而也就不可避免地要遇到语言隔阂、制度两歧、商情互异、货币不同的困难。既要贸易，又要管理，于是就出现了既是贸易交往中不可缺少的中间商人，又是贸易管理中承上连下的环节人物——行商②、通事、买办、银师等。这些人物在商业交往中各有其专职，但在监督外国商人方面又起着对官方保证，并又互相保证的作用。行商是经过清政府核准的、垄断对外贸易的少数特权商人。到乾隆十年（1745 年）中国官方把保甲制度的成规施之于行商。“行”与“行”互保，同行倒闭，各行行商负责分摊清偿；“行商”保“夷商”，夷商生事或拖欠税款由行商负连带责任，这就是所谓“保商制度”。这种“保商制度”自乾隆十年以后，不断修订、补充，从乾隆二十四年（1759 年）两广总督李侍尧奏定的防范外夷规条至道光十五年（1835 年）两广总督卢坤奏准的管理外夷办法，至少经过大小六次的修订③。到鸦片战争前夕，已经形成一个以监督

① 道光九年谕：“该国[英国]货船每言在粤海关约纳税银六七十万两，在该国以为奇货可居，殊不知天朝视之，实属无关毫末”。（刘锦藻：《清朝续文献通考》卷五七，第 8122 页。）

② 行商有三种：(1)外洋行，“专办外洋各国夷人载货来粤发卖诸务”；(2)本港行，“专管暹罗贡使为夷客贸易纳饷事”；(3)福潮行，“报输本省（广东）、潮州及福建民人往来买卖诸税”。本文所论述的是外洋行行商。

③ 故宫博物院刊：《史料旬刊》，“乾隆外洋通商案”，乾隆二十四年十月二十五日李侍尧折。《粤海关志》卷二八，第 22—23 页；卷二九，第 15—19、273 页。

外商为主要任务的错综复杂的保证系统。按规定,“夷商”只能同行商交易;“夷商”交易完毕,不能留在广州过夏;留驻广州期间,每月只能由通事陪同到指定花园散步几次,不准携带“番妇”、坐轿、雇用中国仆人;至于学习华文、华语,携带武器,与内地沟通消息,更是有干禁令的。为了防止违反规定的“作奸犯科”行为,建立了行商保雇通事、通事保雇买办、买办保雇小工的所谓“层递箝制”①的保证制度。买办的职能较庞杂,在陆地或水上,在商馆内外都可以看到他们活跃的行踪。他们住在外商的商馆里,负责管理商馆内部的生活事务和保管银库并负责现银的收付②,有的承包外国商船的伙食供应③,还有的兼引水及银师职务,也有代行商居间买办的。买办从他们经手收付的现银和货款中收取一定的手续费,并在散商和雇主的交易中抽取佣金④。买办同外人接触最密切,因此也特别为清政府所注目,有些条规就是专为买办而设的。如嘉庆十四年(1809年)两广总督百龄、粤海关监督常显规定,凡是买办必须由“澳门同知就近选择殷实之人,取其族长保邻切结,始准承充,给予腰牌印照”⑤。嘉庆十五年(1810年)又规定若买办因病或转业,必须“将领牌取消,改换新牌,以杜私充滋弊”,还要“将花名列册申送,以凭传验”⑥。道光十一年(1831年)规定商馆内的雇用人员若有“教唆夷商作奸”,“洋商(按:鸦片战争前称行商为洋商)、买办即随时禀请拘究”⑦。那就是说,行商、买办有检举之责。道光十四年(1834年)又规定“夷馆”内的看门、挑夫、看货夫等,“其人夫责成夷馆买办代雇,买办责成通事保充,通事责成洋商保充”;此外,行商还须“按月造具各夷商名下买办人夫名

① 道光十四年七月,两广总督卢坤疏。(《粤海关志》卷二九,第22页。)

② 威廉·亨特:《广州番鬼录》(W.C. Hunter: *The "Fan Kwac" at Canten before Treaty Days*, 1825—1814)1882年伦敦版,第53—56页。

③ 马士:《东印度公司对华贸易纪事》(H.B. Morse: *The Chronicles of the Fast India Company Trading to China*, 1635—1834)1926年牛津大学版,第1卷,第179页,注1。

④ 马士:前揭书,第2卷,第176页。亨特前揭书第53—56页。徐珂:《清稗类钞》,1928年上海版,农商类。

⑤ 《粤海关志》卷二八,第31页。

⑥ 《粤海关志》卷二九,第8页。

⑦ 《粤海关志》卷二九,第23页。

籍，送具存查”[①]。所有这些都是为了加强买办保证与被保证的责任。可以看出，自18世纪50年代末期以后，清政府为了达到闭关自守、防闲、防夷的目的，首先把对外贸易的渠道约束在广州这个窄狭的地区[②]，然后又在这一“瓶颈”地带实行一套“以官制商，以商制夷”的管理制度。在这种“层递箝制”的制度中，买办不过是“层递”底层中的一个环节。他们并不显要，但职能多样化，实际的作用却不小。所以外国商人在反管理的斗争中，总是把摆脱行商垄断和自由雇用买办等作为他们重大的要求。远在康熙五十五年(1716年)英国东印度公司在广州的商馆就向粤海关监督要求自由雇用和解雇买办等人的权利[③]。但是“箝制”行商、买办，并通过他们来“箝制”外商是清政府“驭夷枢要”[④]，这一要求自然被拒绝了。一直到鸦片战争以后，1842年中英《南京条约》第五款规定“凡有英商等赴各该口贸易者，勿论与何商交易，均听其便”。1844年的中美《望厦条约》第八款规定，雇用买办等人“应各听其便”，“中国地方官毋庸经理”[⑤]，这才打破了清政府经营了百余年的“以官制商，以商制夷”的贸易管理制度。其结果是：行商消灭，买办兴起。

鸦片战争后，通商口岸扩增，洋行大量涌现。据统计，19世纪50年代初在华洋行约209家[⑥]，70年代初约550家[⑦]，19世纪末叶增至933家，20世

---

① 《粤海关志》卷二九，第30、31页。

② 梁嘉彬：《广东十三行志》，1936年版，第388页。

③ 马士：前揭书，第1卷，第155—156页。陆丹林在《广州十三行》(载《逸经》1936年5月20日第6期，第19—22页)一文中说东印度公司于康熙五十四年(1715年)提出“自由雇佣奴仆要求”。时间与内容均误。

④ 因“用商人，则夷人曲折无不谙晓”。贺长龄编：《清朝经世文编》卷八三，第23页。

⑤ 王铁崖编：《中外旧约章汇编》，生活·读书·新知三联书店1957年版，第1册，第31、52页。事实上在1842年的中英《江宁条约》英文本中已规定“彼等(按：指英商)自由雇佣仆役、买办、通事等系合法行为，中国政府之地方官不得干预”。但中文约本不载此句。见《海关中外条约》(英文本)，1917年上海版，第1卷，第353页。

⑥ 孔涤庵：“从国际贸易上观察买办制度”，《商业月报》13卷8期(1933年8月31日)，第2页。

⑦ 包括香港地区。见《中国、日本、菲律宾记事与行名录》(*The Chronicles & Directory for China, Japan & the Philippines*)1870年香港版，第221页。

纪的20年代初已达9 511家[①]。买办数量自然也相应增加。据估计，到19世纪末买办总数已达万余人[②]。战后初期买办与洋行之间尚无稳定的雇佣关系，每一笔交易一经结束，双方业务关系也就解除，“犹延律师办案者然”[③]，因此往往一个买办可以兼理几家洋行的业务。随后才逐步发展为有契约的雇佣关系。从唐廷枢在19世纪50年代末到60年代初编纂的中英文对照的《英语集全》一书中“买办问答”[④]的内容来看，当时买办的职能主要是在账务、出纳和保管等方面。但随着商务的开展，买办职能的一个显著变化是向着专业化方面发展(职能的专业化：如账务、保管、采购、销售等；行业的专业化：如轮船、码头、银行、保险等；商品的专业化，如鸦片、丝、茶、匹头等)。值得注意的是出现了一批既是买办，又从事独立经营的商人(这一类商人以及虽非买办但以经销外国商品为主的商人，本文概称之为“买办商人”)。如唐廷枢、徐润、郑官应在他们担任买办的同时，又以独立商人的身份经营茶栈、轮船、典当、钱庄、盐业、揽载行等。一个新兴的阶级正在崛起。所有这些都使鸦片战争以后的买办同战前的买办迥然不同。关于这一点中外学者的论点大体上是一致的。

但是也应该看到，战后的买办与战前的买办也有相同的一面。那就是买办的保证责任制度。

如上所述，在鸦片战争前的广州贸易时期，买办是“保商制度”中的一个不可缺少的环节。那时他们是向行商和清政府履行保证责任。战后，行商退出了历史舞台，原有的贸易制度瓦解，但是在行商时代长期承担保证责任

---

① 费维恺：《二十世纪早期外人在华机构》(A. Feuerwerker: *The Foreign Establishment in the Early Twentieth Centupy*)，密执安大学出版社1976年版，第17页。

② 郝延平：《十九世纪的中国买办——东西间桥梁》(Yann—p'ing Hao: *The Comprador in Nineteenth Century China: Bridge between East and West*)，哈佛大学出版社1970年版，第102页。(郝书利用了较多的早期洋行档案资料)

③ 徐珂：前揭书，农商类，第86页。蓝令等：《上海史》(G. Lanning—S. Couling: *The History of Shanghai*)，1921年上海版，第1卷，第404页。

④ 刘广京：“唐廷枢之买办时代”，《清华学报》第2卷30期(1961年6月)，第170—172页。

的广东籍买办(他们在当时是买办的多数)[①]却继承了这个制度,不过保证的对象换成了外国的洋行和大班[②]。这一点很重要,它是尔后西方资本主义企业得以在中国立足和发展的一个重要因素。

鸦片战争后,外商涌向新辟的口岸,面对着陌生的市场、不同的语言(五口通商的方言都各不相通)、复杂的货币折算、互不了解的信用关系,等等,摆在买办面前的是不测的风险,他们感到寸步难行。正是在这个时候,买办保证责任制度填补了这个缺口。雇用买办的外商企业可以在买办保证责任制的掩护下,长驱直入中国市场。追逐利润而又可以在很大程度上免除企业风险,在当时的世界上,只有中国这块土地上才具备这个条件。无怪乎琼记洋行的行东在鸦片战争后说:"保证责任原则主要是中国的特产,在中国的整个政治体系中都可以看到。对此,我们以完全的信心加以依赖。"[③]另一个经营鸦片贸易的外商甚至说:"我认为,假如售货的款子不由[买办]担保,那还不如不做生意好。因为总有一天,损失会把所赚的利润统统抵消掉。"[④]中国买办对洋行业务的保证可以说是无所不包的。首先,买办自己要有保证金和保证人担保(通常是两者同时具备),有时对保证人还要求连环保,以便外商可以对保证者穷追到底,不致落空。然后,买办对所经手的买卖交易、银钱往来(包括银行票据)、保管的物品(现金和货物)[⑤]以及他所雇佣的

---

① 根据档案资料,鸦片战争后到19世纪90年代,琼记、旗昌、宝顺、怡和等洋行的86个买办中,广东籍的占54人。参见郝延平前揭书,附录A—D。王韬说:上海的买办"半皆粤人为之"。(《瀛壖杂志》卷一,第84页)天津开埠后,怡和(梁彦青、陈祝龄)、太古(郑翼之)、仁记(陈子珍)、礼和(冯商盘)等洋行的大买办都是广东籍。安徽帮的吴调卿(汇丰银行)、宁波帮的王铭槐(泰来洋行)都是"后起之秀"。(毕鸣岐:"天津的洋行与买办"),《文史资料选辑》(全国政协)第38辑,第74—76页)。在福建产茶区,"其买办多为广东人,自道、咸以来操其术者,皆起家巨万"(1881年1月10日《申报》)。

② 鸦片战争前也有行商对外商履行保证责任的。如1823年一家美国商行的买办盗用行款5万元。事发后,买办的保证人行商伍浩官当晚就将缺款全数赔给该外国商行(亨特前揭书,第54页)。这是很个别的例子。更重要的是行商在政治上向清政府担保买办并无"诱夷作奸"违反管理条规等情。

③ 小何德:《香港的毒药事件》。《何德藏件》GQ—2,第9页,转引自郝延平前揭书,第119页。

④ 1862年6月29日,H.G.波尼奇(九江)致A.F.何德(上海)函。"何德藏件"HM—23。转引自郝延平:前揭书,第69页。

⑤ 1935年币制改革前,银行买办对库存现款有保证责任。玉滕·弗兰克:《中国的银行与财政》(Frank Tamagna: *Banking and Finance in China*),1942年纽约版,第93—94页。

人员都得一一保证。此外，他还得担保往来客户的“偿付能力”[①]。总之，买办对他所经手的业务和雇佣的人员负全部保证责任[②]。有的洋行大班甚至在自己的蚊帐里发现一只蚊子时，也要在半夜里把买办找来加以切责，因为买办对他所雇用的仆役的工作谨慎负有“保证责任”[③]。

当然，最主要的还是买办本身的信用保证问题。交付巨额保证金是取得买办身份的重要条件。买办保证金，少的也要1万至3万元（如轮船、仓库买办）[④]，多的要几万至十几万元（如洋行、银行买办）[⑤]。除了保证金以外，还要由保证人和铺保，书面具结“如有意外不测之事各安天命，如果怀私走骗、亏空银两”概由保人负责[⑥]。这些保证关系到19世纪50年代，一般都通过买办雇佣合同以契约的形式固定下来了[⑦]。买办雇佣合同主要是规定买办的保证责任。如日本某洋行和日资中国航运公司的16条和14条的买办雇佣合同中，有三分之一的条款都是关于买办保证责任的规定[⑧]。除另有约定者外，买办一般均无权退保。[⑨]

假使在广州贸易时期，买办是受“箝制”于清政府的话，那么在鸦片战争后，买办在新的情况下，是受“箝制”于外国商人。战后的买办确实不必再向澳门同知领取“腰牌”了，也不必取具“族长保邻切结”了。但以契约形式固定下来的保证金、保证人、连环保等保证制度，迫使买办承担了外商企业在

---

① 马士：《在太平天国的日子里》（H.B. Morse: *In the Days of the Taipings*），1927年麻省，塞勒姆版，第66页。

② 黎费弗：《晚清在中国的西方企业》（E. Le Fevour: *Western Enterprise in Late Ch'ing China*），哈佛大学出版社1968年版，第22页。（按：黎著利用了较多的怡和档案）

③ 小何德：《日记》。何德藏件，FP—4，第114页。转引自郝延平前揭书，第68页。

④ 沙为楷：《中国买办制》，商务印书馆1934年版，第13页。《日清轮船公司的买办》《文史资料选辑》（全国政协）第94期，第24—25页。

⑤ 东亚同文会编：《支那经济全书》1907年大阪版，第1卷，第348页。彭雨新：前揭文，第28页。

⑥ 1859、1860年琼纪洋行唐能、陈玉池保证书影印件。何德藏件，第九箱“契约”。转引自郝延平前揭书，第156、158页。

⑦ 姚公鹤：《上海闲话》，1917年上海版，第64—66页。

⑧ 内田直作：《买办制度之研究》，载《支那研究》，1938年12月，第48期，第7—10页。

⑨ “民国二十一年一月，上海市商会营复江苏商等法院第二分院徐维震”。严独鹤编：《上海商事惯例》，1933年上海版，第149—150页。

谋取利润中，原应由它们自行负担的风险。如1863年唐廷枢任怡和买办时，代怡和洋行在上海定购棉花，在征得怡和行东的同意并受其指令的情况下，付定洋1.8万两。后因美国南北战争的影响及英印棉荒，上海棉价猛涨（由每担17两左右涨至20两左右），大多数棉花行因无力收购交货而倒闭，怡和所付定洋因而变成坏账损失。结果由买办林钦和唐廷枢分别负担了这笔损失①。按商业惯例，这笔损失理应由怡和自行负担，但根据买办保证责任制度，怡和却可以把风险转嫁到买办身上。唐廷枢要抗辩也是不可能的，因为他有6.2万两保证金掌握在怡和手里②。徐润的儿子徐叔平在德国洋行任买办，由徐润担保，结果“致赔巨款，其数之大，骇人听闻”（一说50万两或60万两）③。郑官应为太古洋行买办杨桂轩做保10万元，杨亏空身故，结果“太古追赔之保款经[香港]臬司定案，如无银还，例押一年”，弄得郑官应一筹莫展，只得在香港发出呼吁，恳求“各相好助会”，到处告急，借款了结保证责任④。买办的保证责任为洋行企业筑起了一道抵御风险的防波堤，为它们积累资本、扩展业务提供了良好的条件。

还应该看到，买办和买办商人所交纳的保证金往往成为洋行企业的一个重要的资金来源，垄断中国卷烟生产和销售将近半个世纪的托拉斯——英美烟公司对买办商人经销商收取巨额的保证金。据1937年7月30日该公司账面记载，这笔保证金总额竟达393万元⑤，它比当时英美烟公司的竞

---

① 1868年10月8日，唐廷枢致机惜（W. Keswick）函。转引自刘广京：前揭文（《唐廷枢之买办时代》）第163—164页。据徐润回忆，1863年棉花初上市时每担仅九两八钱，半个月左右涨至每担二十五六两。（见徐润：《徐愚斋自叙年谱》，第11—12页）

② 1871年10月6日，约翰逊（F.B. Johnson）致机惜（W. Keswick）函，转引自刘广京：《英美轮船在华竞争》（Kwang—ching Liu：*Anglo-American Steamship Rivalry in China*，1862—1874），哈佛大学出版社1962年版，第207页。

③ 徐润：前揭书，序言，第2页。阿洛德：《商埠志》（W. Arnold：*Twentieth Century Impression of Hongkong*，*Shanghai & Other Treaty Ports of China*），1908年伦敦版，第556页。大买办郑翼之说：徐润“六子今与禅臣讼案夫结，大约六十万两”。《郑翼之致郑官应函》光绪三十三年七月十八日（1907年8月26日）。“盛宣怀档案资料”（以下简称“盛档”），藏上海图书馆。

④ “盛档·郑官应致李金镛函”，光绪十一年二月（1885年3月）。

⑤ 具体的数字是3 930 761.38元，其有878 120元系永泰和经商系统的保证金。“英美烟公司档案摘录资料”，第33—E—27页。以下简称“英美烟档”，藏上海社会科学院经济研究所。

争对手民族资本的南洋兄弟烟草公司的全部固定资产的总和(350万元)还要大①。假如说,到19世纪末买办总人数已达1万余人的估计是接近事实的话,若以每一个买办向洋商企业平均缴纳1万元的保证金计算,总数有1亿余元。这是一个值得注意的数字。事实上确有不少的洋行仅仅有一个空皮包和招牌,利用了买办提供的保证金或股票、道契等,借水行舟,把它变为自己的开创资本,发了大财。这是在买办保证制度之下的一种特殊形式的资本原始积累。19世纪60年代一些在华经营多年、底子比较厚的洋行,看见后来的"淘金者"居然利用买办保证金,妙手空空地发迹起来,也颇为忌妒地说:"新来者既无资金也无充分的设备,因而享有很大的有利条件。他们所失甚微,而所获甚多。"②"所失甚微,而所获甚多"这不是任何一个追逐利润的资本家梦寐以求的吗?中国的买办保证制度既分担了他们的风险,又为他们提供了一部分创业和营运的资金,这就为他们的梦想变为现实提供了一块乐土。

所以,当我们说鸦片战争前后的买办是有所不同时,还应该看到,战后的买办制度也有一个历史继承的问题。这个继承—保证责任制度,为西方资本主义势力入侵中国创造了条件。

二、关于买办的转化问题

世界上的一切事物都在不断地转化,当事物的转化超过一定的质的界限时,就变成另外一个新的事物。买办也是如此。但有的人不是这样的看法,他们认为事物是凝固的,买办与非买办之间没有一条可以区别的界限,两者无须转化,因此得出买办即民族资本家的结论③。这无疑是说:买办即非买办。还有一些人由于同样的理由把不属于买办类型的人推进了买办类型的阵营④,这

---

① 系1938年数字,不包括香港部分。见上海社会科学院经济研究所编:《南洋兄弟烟草公司史料》,上海人民出版社1960年版,第586页。

② 小何德:《新旧中国》。《何德藏件》GQ—2,第39页。转引自郝延平:前揭书,第186页。

③ 郝延平:前揭书,第112—113页。

④ 如田中忠夫把梁启超、张謇等都划为官僚买办资产阶级"最有力的代表"。(田中忠夫:"帝国主义与中国买办制度",载《世界月刊》1930年8月第5卷第112号,第46—50页);郝延平教授把只有绅商经历的李金镛划为买办似不妥,疑材料有误。(郝延平:前揭书,第128页,表17)

无疑是说：非买办即买办。我想如果我们承认买办与非买办之间是可以互相转化的并且有它转化的条件和界限，也许会更有利于问题的分析和讨论。

鸦片战争后，买办是古老的三百六十行以外的一个新行业。李鸿章说：买办“于士、农、工、商外，别立一业”①，这句话颇能反映当时的实际情况。作为一个新行业，买办是一个很不稳定的集团，进与出的转化都是频繁的。

广东商人、浙江丝商转化为买办，论者已多，就不再赘述了。值得引起我们注意的是绅士阶层向买办转化的问题。因为这种转化涉及买办的另一重要职能——社会渗透（一个常常被人忽略了的买办职能）。

《南京条约》签订以后，公行的壁垒虽然被推倒了，但是跨过公行的废墟，外国商人发现横亘在他们面前的还有一些难以突破的障碍。例如：怡和洋行为了谋取巨额贷款的机会，需要贿赂北京城内的官员，在佣金上讨价还价；为了摸清海军衙门的动态，需要窃取奕劻的函稿，收集来访者的名片；为了行事方便，需要以“借款”结交督抚大员②。所有这些“业务活动”都迫使洋商感到不但需要熟悉商情的买办，而且需要熟悉“官情”的买办。另一方面，买办的丰厚收入也吸引了一些绅士，甚至权贵参加到买办队伍中来。上海开埠初期，一位买办写信给他的醉心于仕途的侄儿说：“我建议你不要投身于宦途……过去十年，外商在上海贩运丝、茶出洋，牟利颇厚，业务极为兴旺……我希望你学习英语（美国人也讲的是英语），然后我将推荐你到外商洋行工作。”③绅士与洋行之间，一个愿卖，一个愿买，于是两江总督沈葆桢的孙子（沈昆山）、禁烟督办柯逢时的公子（柯纪文）、福建知事胡琢之的儿子（胡二梅）、直隶总督李鸿章的同乡（吴调卿）、山东巡抚孙宝琦的把兄弟（王铭槐），甚至翰林院的编修（江霞公）等都变成名噪一时的买办，就不足为奇了④。把

① 《李文忠公全集·奏稿》卷三，第11页。

② 怡和洋行密信卷。1891年1月28日、6月12日致北京英格尼斯(R. Inglis)函。1848、1856年上海现金账。转引自黎费弗前揭书，第122、137页。

③ 马士：《在太平天国的日子里》，第170页。

④ 《新闻报》1924年8月21日；彭雨新：前揭文第28页；阿洛德：前揭书第556、752页；《英美烟公司月报》，1923年9月1日，第98页。

绅士阶层的人转化为买办，满足了外商企业“社会渗透”的需要。天津汇丰银行把淮系的吴调卿延聘为买办后，这根线可直通李鸿章，在贷款业务上果然是左右逢源，得益不少[①]。英美烟公司决定罗致沈昆山为买办时，该公司上海的董事娄斯说：“对于我们绝对重要的事，是要有人能真正探知官场里究竟在搞些什么名堂。要靠一个外国人或我们所经常雇佣的那一阶层的中国人去了解这类情况是太困难了。我担心，除非我们保持高度警惕，也许当我们有一天早晨醒来，会发现事情已经发展得不可收拾了。”[②]一个月后，娄斯怀着满意的心情向伦敦总公司报告说：“最近参加公司工作的沈君对我们帮助极大。他出身于一个总督的家庭。（按：应该说出身于两代督抚的家庭。沈昆山的父亲沈庆瑜曾任贵州巡抚）……由于聘用了沈君，我比以前任何时候都更接近[中国]当权者了。假使能使沈昆山对我们的事业感到兴趣并能聪明地使用他，我相信沈君不但在接近官场方面，而且在加强公司的中国机构方面，都将成为本公司一项极有价值的资财。”[③]英美烟公司在旧中国是把绅士转化为买办搞“社会渗透”的能手。它们曾经使山西土皇帝阎锡山的秘书化名为黄坚（译音）经营全省的批发业务达二十五年之久[④]，也曾经把邬挺生这个牧师的儿子打扮成熊希龄政府的国务院咨议，后来又塞进了上海卷烟业公会担任会长[⑤]。绅士阶层转化为买办，是中国近代社会结构中的一个很突出的情况。

买办虽然出现在一个封建社会濒临崩溃的历史环境中，但封建权势的影响毕竟仍然很大，因此他们之中有不少的人原来也曾寄希望于正途出身。如郑官应是在“小试不售”才“赴沪学贾”[⑥]的；朱志尧先后考了21次，才中了一个秀才，后来又曾经跟随舅父马建忠游学法国和意大利[⑦]。这些人即使做

① 毕鸣岐：前揭文，第89—90页。

② 1924年4月5日娄斯(A. Rose)致戈斯浮德(Gosford)函。“英美烟档”，第4—C—27。

③ 1924年1月26日娄斯致杰弗诺斯(A.G. Jerffress)函《英国烟档》，第4—C—28页。

④ “英美烟档”，第4—C—52页。

⑤ 上海市工商联：《工商业史料》第388号，买办类第122号。

⑥ 郑官应：“复考察商务大臣张弼上侍郎”，《盛世危言后编》卷八，第42页。

⑦ 上海市工商联：《工商业史料·朱志尧事迹》第10页。

了买办以后，也并没有忘情于捞一个封建官衔，甚至捞一个官职。盛宣怀曾经忠告他的一位搞商务的朋友说："目前办理商务，若不愿为他人之下，仍可列主事之衔。"①那就是说，要出来搞搞商务，起码也得要弄一个主事的头衔，否则连拜客都困难，更不要说谈生意了。早期著名的买办(吴健彰、杨坊、唐廷枢、徐润、郑官应等)没有一个不纳资捐官。虞洽卿在30岁任德商鲁麟洋行买办时，还想方设法捐了一个候补道。也许正是凭着这个头衔，他才更有条件结交载泽并"相处很好"吧②。纳资捐官还不算是真正转化为官僚，顶多只能说有转化的趋势。由于种种条件的限制，由买办直接转化为官僚(以其是否有实职官衔和官权为标准)的尚不多见。19世纪比较著名的例子是旗昌洋行买办吴健彰和怡和洋行买办杨坊；20世纪比较突出的恐怕要数前德商孔士洋行买办严家淦了。

买办向官僚转化的一个主要原因是适应封建政权的政治和经济的需要。鸦片战争后，清政府在西方资本主义的侵凌下，"剿抚均不得手"，搞得焦头烂额，以致"夷逆鸱张"，"一筹莫展"，面临着一大堆"夷务"(后来扩大范围，称为"洋务")，棘手异常。迫于形势，道光帝1845年严谕两广总督祁𡎴，要他"不拘资格，即行奏请升调"那些"洞悉夷情，深通韬略"的人③，祁𡎴推荐了"英吉利素所深信"的怡和行的伍崇曜和同旗昌洋行素有往来的同顺行的吴天显④。吴天显的兄弟吴健彰就是因缘这一关系，又因为"大吏以其能作夷语，故倚重之"(其实吴健彰的洋泾浜的英语同他的广东官话一样蹩脚)⑤，才"不拘资格"地在1848年当上了苏松太兵备道(上海道)⑥。吴健彰大概是中国第一个由买办转化为官僚的。杨坊做官的路子基本上同吴健彰一样，所不同的是鄞县人杨坊不是从广东移植过来的，而是上海开埠后新涌现出

① 经元善：《居易初集》光绪辛丑刊本，卷二，第66页。

② 上海市工商联：《工商业史料·虞洽卿年谱》，第64—66页。

③ 《筹办夷务始末(道光朝)》卷五七。中华书局，第5册，第2200页。

④ 《筹办夷务始末(道光朝)》卷五七。中华书局，第5册，第2204页。

⑤ 对吴健彰英语的评论见史韦麟：《中国筹办美国夷务始末》(E. Swisher: *China's Management of the American Barbarians*)，1958年耶鲁大学版，第21页。

⑥ 夏燮：《中西纪事》(光绪戊戌冬月本)卷一一，第8页。

来的宁波帮买办。①

由此可见，19世纪50年代买办向官僚转化具有其特定的条件，即清政府对洋人“一筹莫展”和迫切要求引用“洞悉夷情”的人。同样的条件也适用于19世纪70年代开始的买办向“官督商办”官员的转化。打着“自强”、“求富”的旗号创办官督商办企业的李鸿章急须罗致一批既能与洋人周旋，又熟悉新式企业的经营管理，同时又富有资财的人。买办在当时是最合适的对象。“官督商办”企业是19世纪买办转化的一个很重要的桥梁。唐廷枢、徐润、郑官应应邀参加清政府所主持的“官督商办”企业，并担任商总、总办、会办等职时，都已经辞去了或已不再担任买办的职务（1880—1881年郑观应曾以太古买办的身份兼任上海机器织布局和上海电报分局的总办。1882年3月就任轮船招商局帮办时即辞去太古买办职务）。因此不能再说他们是买办了，而且他们所经办的企业同外国资本在华利益也有直接冲突的一面，并不是代表外国资本的利益，站在买办的立场办企业的。郑官应说：“初学商战于外人，继则与外人商战。”②前一句指的是任职买办的事，后一句指的是参加了“官督商办”企业以后的事。这话符合实际。从他们在“官督商办”企业中的职务都必须由督抚任命并由官方黜陟这一点看，唐廷枢等人是“官”，但是从他们都为企业招来了巨额商本（包括他们自己的投资），代表了商股的利益这一点看，他们是“商”。但是，他们已经不再是买办，这个界限是清楚的。当然，正如吴健彰转化为官僚后，同旗昌的关系仍很密切，终于遭到斥革一样③，买办转化为“官督商办”企业的一员后，同洋行还不免有那么一些千丝万缕的关系，所以人们总是看不顺眼。如读书人出身的马建忠在招商局任会办时就曾经说：“唐[廷枢]、郑[官应]、徐[润]诸人皆该商（按指怡和洋行）素所蔑视之买办，一旦与之抗衡，犹挟主奴之见，所以售地、租埠以

① 清同治：《上海县志》，卷二三，第16页。
② 郑官应：前揭文。
③ 夏燮：前揭书卷一一，第7—9页。

及引用总船主犹有主奴之见存也。”[①]这话不是一点根据都没有，但是总的看来，在“官督商办”企业中，唐、郑、徐等人是忠于他们所代表的商本利益的。这个商本是民族资本。19世纪70年代买办转化到“官督商办”企业中的这一事实，就其影响的深远来讲，远超过他们在50年代转化为官僚。因为70年代的转化，标志着一代民族资本的兴起与发展。

70年代前买办积累的资金有的变成外国（主要是美国）的工业发展资金，更多的是在国内附股于洋商，成为对洋行在中国发展的有力支持（这一点下面还要谈到）。从“官督商办”企业开始，由于有代表性的买办的带头，把买办阶层所积累的巨额资金作为商本吸引到新起的“官督商办”企业[②]。“官督商办”企业的失败，从反面教育了那些手里掌握资金，谋求投资机会的人，他们变聪明了一些，坚决走商办的道路[③]。在这以后，我们看到成批的买办转化为民族资本家（它的特点是：独立经营的企业主、民族的资本主义生产关系、与外国资本竞争因而发生矛盾）。在中国近代历史中，买办比地主、商人更早地转化为民族资本家有其特定的历史条件：第一，他们在较短的时期内（从鸦片战争算起，大约不到二十年）积累了巨额的财富；第二，买办职务使他们更具备经营新式企业的技术、能力和社会联系；第三，他们深悉洋商企业“利市百倍”的内情，渴望独立经营，谋取更大的利润。从翰香同志对第一次世界大战以前江南的三个地区（上海、南通、无锡）的六个行业（棉纺织、面粉、榨油、金属加工、火柴、缫丝）中规模较大的38家民族资本企业进行研究的结果，初步查明其出身的创办人或投资人共42人。其中买办和买办商人26人，官僚10人，钱庄和一般商人6人[④]，从买办转化而来的占绝大多数。另一个范围更广泛的研究报告表明：从19世纪70年代到第一次世界大

---

① “盛档·马建忠致盛宣怀函”，光绪十年五月七日（1884年5月31日）。

② 当时一位熟悉官督商办企业的内情人说：“招商、开平皆徐、唐诸公因友及友辗转邀请。”（经元善：前揭书，第36—39页。）徐润在光绪二十三年上李鸿章的节略中说，当1883年招商的股本是300万两时，徐本人投资48万两，另自亲友处招来的不下五六十两。这两者的总数要占当时招商局实收股本的一半以上，似可较有把握地肯定，徐润的“亲友”大部分都是买办或买办商人（徐润前揭书第37、86页）。

③ 关于“官督”与“商办”的关系，参阅拙著《论晚清的官督商办》，载《历史学》1979年第1期。

④ 从翰香：《关于中国民族资本的原始积累问题》，载《历史研究》1962年第2期，第33页。

战以前，在十个行业中的244家民族资本企业的300个创办人中，官僚地主140人，买办55人，商人99人，其他6人(见表1)①。表内所涉及的地区及行业范围较广，所以买办作为创办人的比重下降了一些。但是仍可以明显看出买办是早期民族资本的一个不可忽视的来源。

表1　十个行业创办人的出身情况表

(1872—1913)

业别	时期	家数	创办人数	官僚地主		买办		商人		其他	
				人数	百分比	人数	百分比	人数	百分比	人数	百分比
棉纺工业	1872—1894	5	14	11	78.6	1	7.1	2	14.3	—	—
	1895—1913	20	27	15	55.6	9	33.3	3	11.1	—	—
	1914—1922	36	59	17	28.8	1	1.7	35	59.3	6	10.2
	合　计	61	100	43	43.0	11	11.0	40	40.0	6	6.0
面粉工业	1895—1913	30	30	11	36.7	10	33.3	9	30.0	—	—
	1914—1922	43	43	8	18.6	6	14.0	29	67.4	—	—
	合　计	73	73	19	26.0	16	21.9	38	52.1	—	—
毛纺工业	1872—1894	1	1	1	100.0	—	—	—	—	—	—
	1895—1913	5	7	4	57.1	3	42.9	—	—	—	—
	合　计	6	8	5	62.5	3	37.5	—	—	—	—
缫丝工业	1872—1894	3	4	2	50.0	2	50.0	—	—	—	—
	1895—1913	9	9	5	55.6	2	22.2	2	22.2	—	—
	合　计	12	13	7	54.6	4	30.8	2	14.6	—	—
水电工业	1872—1894	2	3	1	33.4	1	33.3	1	33.3	—	—
	1895—1913	16	19	9	47.4	5	26.3	5	26.3	—	—
	合　计	18	22	10	45.6	6	27.2	6	27.2	—	—
水泥工业	1895—1913	3	3	3	100.0	—	—	—	—	—	—
榨油工业	1895—1913	9	10	5	50.0	4	40.0	1	10.0	—	—
卷烟工业	1895—1913	4	4	3	75.0	1	25.0	—	—	—	—

① 《旧中国的资本主义生产关系》编写组:《资本家是怎样起家的》,1977年(油印稿),第9—11页。

续表

业别	时期	家数	创办人数	官僚地主		买办		商人		其他	
				人数	百分比	人数	百分比	人数	百分比	人数	百分比
航运业	1872—1894	3	4	1	25.0	3	75.0	—	—	—	—
	1895—1913	9	11	8	72.7	1	9.2	2	18.1	—	—
	1914—1922	8	9	2	22.2	3	33.3	4	44.5	—	—
	合计	20	24	11	45.9	7	29.1	6	25.0	—	—
煤矿工业	1872—1894	10	13	11	84.6	2	15.4	—	—	—	—
	1895—1913	28	30	23	76.6	1	3.4	6	20.0	—	—
	合计	38	43	34	79.5	3	6.5	6	14.0	—	—
总计		244	300	140	46.7	55	18.3	99	33.0	6	2.0

面粉工业“创办人数”栏系“家数”;“商人”栏内包括一部分工业资本家。“其他”栏包括工业、银行资本家,资产阶级技术、文教界人员等。资料来源:孙毓棠、汪敬虞《中国近代工业史资料》第一、二辑。陈真:《中国近代工业史资料》第一辑。严中平等编:《中国棉纺织史稿》、《中国近代经济史》统计资料。中国科学院经济研究所:《旧中国机制面粉工业统计资料》中有关资料综合。

买办一经转化为民族资本家以后,现实的经济利益决定他们自然要同外国资本发生矛盾,迫使他们在很大程度上放弃买办的立场。光绪二年和四年先后集资150万两办起了仁和水险公司及济和水火险公司同外国保险公司争衡的徐润①,当然不是十五年前在宝顺洋行任“华人头目”替洋人“认真考查”业务的徐润了②。同样的道理,被洋行倾轧,最后破产倒闭的丝商胡光墉当然不是当年代左宗棠大借外债时的外债经纪人的胡光墉了。以自己火柴厂同瑞典火柴托拉斯激烈竞争的刘鸿生,当然不是为英国资本服务,替开滦煤矿当煤炭经销商的刘鸿生了。唐廷枢经办开平煤矿成功地在天津抵制了洋煤;郑官应办招商局引起了太古洋行的忌恨。所有这一切都清楚地证明,买办一经转化以后,他们所从事的事业并不是买办生涯的继续。有的论者认为买办出身的人以他的资金创办企业并参加管理,并不一

①② 徐润:前揭书,第8、24、25页。

定会把这个企业变成“买办的企业”①，这个评论是有事实根据的。还应该看到，买办转化为民族资本家后，他们也会遇到民族资本同样的命运。朱志尧在1906年创办的求新造船厂，十三年以后到底还是难逃法国两大财阀（法国邮船公司和歇礼余钢铁企业）的吞并②。朱志尧1930年要求国民党政府担保，由他在美国发行美金1 500万元的公司债举办安徽煤矿、宝兴铁矿，预备沿长江筑铁路并生产煤、铁、钢、水泥、焦炭等③。这肯定不是一个“买办性”的计划。但是和其他把希望寄托在国民党政府身上的民族资本家一样，他的计划也变成了泡影。至于说买办转化为民族资本家后，仍与外国资本有这样或那样的联系，这并不奇怪。因为与资本帝国主义有千丝万缕的联系本来就是中国民族资本的特点。这是中国半殖民地社会的历史条件所决定的。

当然，不是所有的买办都具有转化的条件。有的买办一头扎在外国资本的怀里，他们除了想把自己“转化”为外国人以外，再也没有其他的念头了。英美烟公司的大买办郑伯昭就是一个典型。英美烟公司付给他的一部分经销佣金是直接存在国外银行的郑伯昭账户内④。对于郑伯昭来说，从来就没有一个什么向民族资本转化的问题。还有一些买办虽然也自立门户和牌号，形式上是独立经营的，但是他们所经营的业务实际上是洋行业务的一部分（或延长）。他们是洋行的外围。如抗战前，上海有二十几家较大的丝号、丝栈，没有一个企业主不兼职买办⑤。他们对外国资本有极大的依附性，这些人就其性质来说是买办商人。他们的命运是同外国资本共荣枯的，要转化很困难。家族世袭制也是买办转化的一个障碍。唐廷枢、席正甫、吴少

---

① 约夫楚克：“中国工业在1861—1895年代发展的特点”（С. М. Иовчук：*об особенностях развития Фабрччино-заводскои промыщленности в китае в 1861—1895* годах），载《东方学问题》1959年第五期，第73页。

② 上海市工商联：《工商史料》朱志尧卷，第36号。

③ 上海市工商联：《工商史料》朱志尧卷，第5号。

④ “英美烟档”，第13—F—24页。

⑤ 《华商国际贸易业》（油印稿）第5册，第60页。

卿、丁志乾等这些著名的买办都连续三代任怡和洋行、汇丰银行、瑞记洋行、锦隆洋行的买办。容良家族连续四代任香港麦加利银行买办，先后达半个多世纪之久。徐润继承了他伯父任买办，又分别担保和推荐他的子侄辈任英国和德国商行的买办①。至于父死子继的，那就更多了。买办世袭是把买办当作一种特权继承和传递下来，自然就堵塞了向非买办转化的可能。

买办的转化(转出与转进)是有条件的。条件不同转化的方向和性质也就不同，这就造成了近代中国社会的复杂性。如中国民族资本家的“鼻祖”陈启源的孙子陈廉伯后来转化为香港汇丰银行的大买办，并且是中国第一个拿起枪杆子企图夺取政权的买办②。吴健彰与刘丽川都是广东人，几乎同时在旗昌洋行任买办、通事，但前者转化为封建官吏，而后者却成为小刀会的首领③。由于具体条件不同，他们向相反的方向转化。

由此可见，在中国近代社会中，买办作为资产阶级的一个阶层，具有很大的不稳定性。我们应该追踪它的变化，如实地反映它衍生和转化的动态，注意转进与转出的界限。因此不宜把买办出身，但已确实转化为民族资本家的人仍划在买办的范畴之内，把近代中国民族资本家对工业发展的贡献归之于买办，从而把“中国工业化的先驱”的桂冠戴在买办的头上④。

三、不平等条约与买办制度的演变

中国的买办能够从清政府的官方控制中“自由”地受雇于外国商人，是鸦片战争以后的事。他们的这种身份和地位曾由外国侵略者一再地用条约

① “外国洋行掠夺华丝出口的片断史料”，《文史资料选辑》(上海政协)1979年第1辑，第113页；毕鸣岐：前揭书，第79—80页；《华商国际贸易业》(油印稿)第5册，第16页；郝延平：前揭书，第172—173页；《上海钱庄史料》，上海人民出版社1961年版，第37—38页。

② 和森：《商团事件的教训》，《向导周报》第8期(1924年9月10日)，第664页。

③ 黄本铨：《枭林小史》(申报馆仿聚珍版)，第2页；夏燮前揭书卷一一，第6—7页；1853年9月14日，上海怡和洋行致香港总行信(转引自上海社会科学院历史研究所：《上海小刀会起义资料汇编》，上海人民出版社1959年版，第489页)，徐蔚南称刘丽川于1847年由粤来沪(《上海通志馆期刊》第2本，第331页)，但据罗孝全访问刘丽川记录，刘来沪年份为1849年，时在吴健彰任上海道的第二年(《北华捷报》，1853年10月1日，第38页)。

④ 郝延平：前揭书，第5页。

的形式固定下来，声称对买办的雇佣，“中国官毫无限制禁阻”[①]。因此，中国近代买办的产生是不平等条约的产物。随着侵略势力的深入发展，资本主义列国认为，关于买办的问题，仅仅是不受中国官方的“限制禁阻”已经不够了。于是通过不平等条约，又使买办在法律上享有了更多的特权。其中一个主要的特权是外商对买办的庇护权，根据这个特权，买办可以不受中国政府审讯和拘捕。这种庇护权实际上是外人在华领事裁判权的延长。庇护权见诸于文字首先出现在有关中外涉讼的司法审理的条文中。同治七年(1868 年)的《上海洋泾浜设官会审章程》第三条规定：“凡为外国服役及洋人延请之华民，如经涉讼”，须“将该人所犯案情移知领事官”，并于“讯案时，或由该领事官或由其所派人员，准其来堂听讼”[②]。那就是说，中国政府对华籍买办无权审讯，必须首先将“案情移知[雇主国的]领事官”；即使如此，也不能单独审讯，而必须由领事官或由其指派之人员“来堂听讯”。这自然是对买办的特殊保护，也是对中国司法权的严重侵犯。

这个“章程”行使的范围原来仅限于上海“租地界内”(章程第一条)，但有的国家(如美国)认为买办的特殊司法地位，不仅适用于租界，而且适用于“所有的条约口岸”[③]；还有的国家(如德国)则认为凡须拘捕外人雇用的华人，在“德人住处之内则捕役自不能直入捕拏”[④]。于是买办的庇护权不但由租界扩充到口岸，甚至扩充到任何地点之外人的“住处之内”了。光绪三十三年(1907 年)日本大东公司的买办高庆堂“私运米石，把持漕务，确有凭据”被浙江巡抚张曾敭在上海租界以外拘捕，驻沪日领事大兴问罪之师，指责中国方面“拘解高庆堂，显悖向章，万喙难辞”，并要求赔偿大东公司的损失[⑤]。

---

① 关于外商得自由雇佣或解雇买办的事，除中英《江宁条约》和中美《望厦条约》中有专条规定外，后又于 1858 年的中英、中美、中法《天津条约》(17 款、13 款、11 款)中再次重申这一原则(见王铁崖：前揭书第 1 卷，第 93、98、106 页)。

② 王铁崖：前揭书第 1 卷，第 269 页。

③ 《美国对外关系》，1900 年，第 394—402 页。海约翰及康格交换的信件及附件。

④ 姚公鹤：《华洋诉讼例案汇编》，商务印书馆 1915 年版，下册，第 502 页。

⑤ 姚公鹤：前揭书下册，第 499 页。

日方抗议的"法律根据"就是买办的庇护权。买办庇护权为买办及买办经销商设置了抗拒中国法律管辖的掩蔽所。如民国十三年(1924年)芜湖永泰和卷烟经销商托庇英美烟公司,不择手段地逃税,中国官方对它却无可奈何①。外商企业为了充分利用买办以保证业务的开展,也从来不吝惜使用这种庇护权。在1925年反帝运动的高潮中,各地买办及买办经销商都受到人民群众的冲击。英美烟公司在海门的经销商协升号的经理慑于声势浩大的爱国抵货运动,逃匿在浙江区英美烟公司内,受到保护。事后,浙江区的英美烟公司写给上海总公司的报告说:"我们要指出,假使当时我们不给协升经理以帮助的话,恐怕今后连一枝卷烟也卖不出去了。"②庇护权的最终目的是为了使买办能更好地为外国资本服务,这一点是很明确的。

庇护权还表现在买办可以分享帝国主义通过不平等条约向中国勒索的经济利益。在庚子赔款中,就有一部分是划归为赔偿买办在义和团运动中的财产损失或抚恤买办的遗孤、遗孀的③。天津汇丰银行买办吴调卿从庚子赔款中得到50万两的"损失"赔偿,美商胜家缝纫机的买办庄永峰也得到一大笔"赔偿金"④。

但是当买办与洋商发生利害冲突时,买办的庇护权就自动失效了。他们常常被外国行东逼得走投无路,无所庇护地坐牢、身死。礼和洋行的买办韩登堂、平和洋行的买办杜克臣、瑞记洋行的买办朱壁达、美最时洋行的买办吴元桥等,都在洋雇主的逼迫下坐牢而死或服毒自杀⑤。这些曾为洋行效忠多年的买办,在他们的行东那里却得不到半点庇护权。庇

① "英美烟档",第24—D—364页。

② 1925年7月21日海门英美烟公司致上海英美烟公司销售部业务报告。"英美烟档",第6卷,jj179—C。

③ 1901年柔克义致海约翰函(第42号)附件一,载《美国对外关系》1901年,第104—108页。又见英国国会蓝皮书《中国事务》(*Parliamentary Blue Book on the Affaifes of China*)1902年第1号,第46—49页。

④ 《文史资料选辑》(全国政协)1961年第49辑,第233页;毕鸣岐:前揭文,第76—77页。

⑤ 《文史资料选辑》(全国政协)1963年第38辑,第107页;毕鸣岐:前揭文,第96—97页;彭雨新文章刊《理论战线》1959年第2期第28页。

护权来源于领事裁判权，但却不能与领事裁判权相抗衡。抗战前，法商礼兴洋行的买办蔡风若由于洋行大班拖欠货款5 000两，延请了法国律师到法国公堂告状，官司虽然胜诉，但洋大班最后却逍遥自在地回国了。蔡风若反而倒赔诉讼费500两①。在这种情况下，买办的庇护权早已失去效力，起决定作用的是外商的领事裁判权。所以买办庇护权的殖民地性是很明显的。

根据条约，外商在内地②的贸易活动受到一定的限制，而买办作为中国公民则可以不受此限制。我们称之为买办的"内地权"（与外商相比较而言）。买办的很多职能都来源于内地权。根据1843年的中英《虎门条约》第五款规定，英商"均不可妄到乡间任意游行，更不可远入内地贸易"③。因此，当时的洋行只能委托买办将现银或鸦片带至内地收购丝、茶。到19世纪50年代中期，怡和及旗昌等洋行每年委托买办到内地收购茶叶的金额已达40万两以上④。后来交易的形式又发展为由洋行出资委托买办在产茶区设立茶栈就地收购。如据当时的记载，1854年在浙江嘉善"郡城北门外，开一茶叶栈。有灶百余，系广东人所开，实者夷人本钱也"⑤。由于条约的限制，外商只能留居口岸，对这些茶栈遥为控制。这里面当然发生一个信用问题。尽管洋商也承认"中国人是如此诚实，接受委托的人[买办]，很少有失信债事的"⑥（按：买办的保证责任制当然起了很大的作用）。但他们仍然忧心忡

---

① 《文史资料选辑》（上海政协）1979年第1辑，第102页。

② 关于"内地"一词，公认的定义是"系指沿海、沿江、沿河及陆路各处不通商口岸，皆属内地"（1876中英《烟台条约》，第三端第四条，见王铁崖前揭书，第1卷，第349页）。1886年，当总理衙门为天津自来火公司专利权问题与德国公使交涉时，李鸿章的解释是：该公司"设在紫竹林口外六里余地贺加口，本系内地与租界无关"。（《李文忠公全集·译署函稿》卷二〇，第21页）。按：李鸿章在这里泛指紫竹林为租界地区（实际上紫竹林仅为法租界的一部分）。根据这一解释，租界以外即是"内地"。

③ 王铁崖：前揭书第1卷，第35页。

④ 《怡和洋行档案》，1856年5月1日乔治·费休（G.V.W. Fisher）致约瑟夫·查顿（J. Jardine）函。旗昌洋行档案夹，第21页。（转引自郝延平前揭书，第81页）

⑤ 鹤湖意意生（即王文镕：《癸丑[1853年]纪闻录·甲寅[1854年]五月初二善邑之变》，1962年上海市文物保管会编印，第63页。

⑥ 司卡斯：《在中国的十二年（J. Scarth: *Twelve Years in China*），1860年爱丁堡版，第110—116页。（转引自郝延平：前揭书，第76页。）

忡地抱怨说:“这是很大的风险,根据条约,我们无权进入内地收购,因此一旦发生损失,是无法补偿的。”①在西方侵略者的一再勒逼下,清政府终于在1858年的中英《天津条约》中,就外商进入内地的问题作了让步,允许“英国民人准听持照前往内地各处游历、通商”(第九款)②,从此外人得深入内地,“二百余年旧例,一旦扫而空之”③。以后,清政府对开放内地采取了节节设防的态度④。虽然外商一再要求在内地开行设栈⑤,但1863年的中荷《天津条约》(第三款)载明外商“不准在内地开设行店”⑥。到1896年的中日《马关条约》,清政府被迫同意外商在内地“得暂租栈房存货”⑦,但也只是“暂租”而已。1896年的中日《通商行船条约》(第四款)也只同意在“外国人居住地界之内”才准赁买房屋或租地,不包括内地⑧。这一原则后来由英、美政府相继承认⑨。因此,根据条约,外商不享有在中国内地开行设栈、赁租房屋购置产业的“内地权”。而买办作为中国公民则可在内地享有这些权利。

在内地权方面,条约对外商的限制与对中国公民的不限制,使买办具有代外商在内地经营的特殊职能(买卖货物、租赁房屋、购置地产等),这一买办职能的发挥,使资本主义侵略势力能越过条约的限制,享受到它们原来无法享受的权利。因此,买办就成为外国在华经济活动(有时是政治活动)的

---

① 小何德:《新旧中国》,《何德藏件》GQ—2,第21页。(转引自郝延平:前揭书,第64页。)

② 1858年中法《天津条约》第8款也载明,凡持有执照之法国人“欲至内地及船只不准进埠头游行,皆准前往”;中美天津条约仍规定,美国商民等“不准远赴内地乡村、市镇、私行贸易”。(第12款)但根据最惠国条款,美国也享有英、法商民进入内之地权利。(见王铁崖:前揭书:第1卷,第92、97、106页)

③ 夏燮:前揭书卷一六,第9页。

④ 有的人说清政府不肯开放内地贸易是保守闭关政策的表现,其实也是为了抵制一些外国流氓、海盗在内地的不法行为。如60年代初期(1862年)就有英、美、意等国不法之徒在松江水域拦劫货船并击伤船夫,抢走15 000两银子。这类事在当时是屡见不鲜的。(见1862年8月25日麦华陀致卜鲁士函,载1863年英国国会文件《关于中国叛乱的续件》,附件第85号,第123页。)

⑤ 1862年5月5日,普鲁士致英国驻华各领事通函。载1863年英国国会文件“关于中国叛乱的续件”第88号文件,附件一。

⑥⑦⑧ 王铁崖:前揭书第1卷,第210、616、663页。

⑨ 《美国对外关系》,1897年第72—80页。1896年中日条约后,禁止外商在内地设立栈店的案例参阅《由中外条约关系而产生的法律义务》(*The Legal Obligations Arising Out of Treaty Relation between China and Other States*),1917年上海版,(英文)第102—103页。

一个不可缺少的部分①。

中国近代买办制度的演变都与外国资本使用中国买办的内地权有关。面对着中国辽阔的地域，随着市场的日益扩大，外商要解决扩展销售和收购原料的问题，首先遇到的是如何充分利用买办和买办商人的内地权问题。随着世界性托拉斯的出现和外人在华势力的扩张，以企业为单位的"一家一户"的买办制度，越来越不适应需要了。说得最明确的要算 1925 年英国驻华官员麦克莱爵士对曼彻斯特商人的一次谈话，他说："在中国整个贸易的性质已发生了变化。我们有些大行号已不能简单地满足于把它的进口货通过买办来销售。他们实际上正在自己把货物直接送到中国内地"②。麦克莱爵士的评论着眼于中国的"内地"，但并不意味着要取消中国的买办（这一点他自己是清楚的），而是要调整买办制度，缩短大行号与中国"内地"的距离。一句话，要充分地发挥买办的内地权的作用。麦克莱爵士所说的在中国整个贸易的性质已发生了的所谓"变化"是 20 世纪工业集中，走向垄断的结果。集中垄断的组织、大量生产统一牌号的产品、大规模的广告宣传、不断扩大或争夺销售市场，这是 20 世纪大工业的特点。与此相适应，它们所需要的不再是个别买办的勤慎活动，而是一群与消费者直接接触的买办网。这个"网"要撒在中国辽阔的土地上，深入内地，直到穷乡僻壤。这就是买办经销商制度。所以麦克莱的"把货物直接送到中国内地"的设想，首先由工业垄断组织最集中的美国企业在中国实行起来，就没有什么奇怪了。拉铁摩尔教授说得对，美国商人作为后来者，不像"英国人那样顽固地执着古老的买办制度"③。远在 1894 年美国早期的托拉斯企业美孚油公司就在中国开始了一个"建立仓库、洽定经销人的广泛的计划"，它们的"分支机构遍布各地

---

① 英国政府认为，外国商人依法可以雇佣中国人以中国行号、商店名称在内地代理外商业务，尽管这个中国行号的行名与外国行号一样或其业务资金全系由外国行号所供给。（见英国国会蓝皮书《中国事务》1903 年，第 1 号，第 29 页。）

② 《北华捷报》，1925 年 9 月 14 日。

③ 拉铁摩尔：《亚洲的决策》（*O. Lattimore: Solution in Asia*）1945 年波士顿第 3 版，第 63 页。

区，但中国商人经办实际的零售业务”①。一般都公认这是买办经销商制度在中国的开始，但是另一个国际托拉斯英美烟公司却在这一方面公开地申辩它的领先地位。该公司在向英国总领事的一份正式报告中说：“我们在中国第一个采取与华人经销商直接贸易的做法（代替了老的买办制度）。”②还在1918年，英国商务参赞就建议英美烟公司等企业“要在不开埠地区（按即内地）建立买办销售机构”③。经过多年的经营，英美烟公司果然在调整旧的买办制度的基础上建立了一个层层控制、遍布全国的经销商制度。它主要分两个系统。一个是公司管理机构系统，分为三级，即“部”（全国按地区分四个“部”），部以下辖“区”，“区”以下辖“段”。这些机构主要是监督管理各经销商、调查了解“敌牌”竞争情况、执行公司销售政策等。另一个系统是买办经销商和买办经营的烟栈。这才是英美烟公司开拓市场、歼灭“敌牌”的主力军。经销商也分三级，从大城市、县、镇一直到零售，设“大经销商”、“分经销商”、“零售商”。为了保证供应，在较大县、镇重要据点设烟栈，即储备和供应卷烟的仓库。经销商与烟栈是平行的、互不联系的组织。这两者都委托华人买办或买办经销商办理，以佣金为其收入，订有契约，承办人须提供可靠保证，交纳巨额保证金。英美烟公司通过这种买办经销商从沿海到内地，从城市到穷乡僻壤，从岭南到漠北乃至人迹罕至的山区边陲，建立了一个无孔不入，无远弗届的买办经销网。它们已消除了条约上“内地”与非内地的界限，真正实现了麦克莱爵士所说的“把货物直接送到中国内地”的设想。由于对经销商进行了审慎的挑选并收取了巨额保证金，所以英美烟公司可以自豪地说：“事实证明，中国买办经销商的坏账损失的比重较之本

① 小安德生：《美孚油公司与美国的东亚政策》（I. II. Anderson, Jr: *The Stan dard Vacuum Oil Company and United States Fast Asian Policy*）普林斯登大学1975年版，第19—20、106页。美孚油公司的买办经销商制度的实效可由下列数字中看出，即美国对华煤油输出，在1870年为28万加仑，到1914年增为2亿2 500万加仑，35年内增加80 500倍。（潘序伦：《中美贸易》，1924年纽约版，第226页。）

② 1925年5月28日，英美烟公司致南京英国领事函。“英美烟档”，第13—D—111页。

③ 1918年10月，英商务参赞召集英美烟公司等企业讨论会纪要。“英美烟档”，第13—B—50页。

公司在世界其他任何地方的比重为小。”[①]毫无疑问，这是一个买办保证责任制与充分使用买办内地权相结合的一个独特有效的买办制度[②]。这个制度保证了英美烟公司垄断中国卷烟市场达半个世纪之久[③]。买办经销商制度很快就被其他的外商企业所采用。如英商密丰绒线厂的绒线、德商礼和洋行的缝衣针都是利用买办，采用“把货物直接运到中国内地”的方式，遍撒销售网，大大地扩充了销路。

《马关条约》以后，外商得在中国的通商口岸设厂制造。为了在中国就近取得廉价原料，必须在内地设立原料收购站和加工厂等。这就把在内地大量购置产业的要求提上了日程，因此也就有进一步使用买办内地权的必要。1918年1月25日，英国领事为了替英商企业寻找一条在内地购置产业的办法，曾向英美烟公司建议说：“我的意见是，如你们所建议的那样，把你们的地契以中国人的名义登记，然后从他那里取得一个财产委托书。你们就可以在必要的时候把地契过户到公司名下了。”[④]很显然，这里所说的“中国人”自然是买办；用他的“名字登记”，当然就是使用买办的内地权。事实上，早在1914—1917年，英美烟公司为了在山东、河南、安徽等地区试种美种烟叶，就以山东的田俊川、河南的任伯年（买办兼地主豪绅）的名义或堂名（如任伯年的永安堂）代英美烟公司在内地购置地产、设立收购栈、建立大型烤烟厂[⑤]。通过这个安排它们源源不断地从内地取得了廉价优质的原料供应。

20世纪20年代后期，外国资本为了充分利用买办的内地权以加强销售

---

① 1925年，南京英美烟公司与南京英国领事关于收回未清欠款的往来信件。“英美烟档”，第13—D—111页。

② 有的人称英美烟的经销商制度为“变形的买办制度”。见大井专三：“在华英美烟公司经营形态——在华外资企业之发展及其买办制度之考察”，载《东亚研究学报》，1944年第2期，第40页。

③ 在太平洋战争爆发前十年（1931—1941年），英美烟公司在华销售量占全国（包括东北地区）总销售量的三分之二；在某些地区甚至达到90%或100%的比重（如1931年在山西省，1932年在四川省，1938年在河南省等）。“英美烟档”，第13—A—128—136页。

④ 1918年1月25日，南京英国领事致南京英美烟公司函，《英美烟档》，第15—B—18页。

⑤ “英美烟档”，第14—D—71页；第14—E—28页。

与收购业务，又把买办制度推向一个更高一级的形式——中外合资的买办机构。首创的和最典型的仍然是英美烟公司。建立买办企业机构是在利用买办的“华籍公民身份”的基础上的一个发展。这是一个既要发挥买办原有的职能，又可以对其加强控制的一种殖民地制度。英美烟公司提供资本并吸收一部分华资，在使用邬挺生的基础上设立许昌烟公司和宏安地产公司，在内地收购烟叶和购置房地产；在使用沈昆山的基础上设立英美烟股票有限公司，专门控制华人购买英美烟公司股票的股权①；在使用郑伯昭的基础上，改组设立永泰和烟草股份有限公司，专事加强销售业务。这种买办企业机构有两个特点：第一，由华人出面组织公司，因而企业机构取得中国法人的身份，可以不受条约关于内地权的限制。例如《宏安地产公司章程》明确规定：“其目的是在中国条约商埠以外地区（按即内地）购置地产。”②第二，对这种买办企业机构实行严密控制。例如1921年将郑伯昭的永泰和号改组为永泰和烟草股份有限公司以后，51%的股权必须控制在英美烟公司董事柯森斯手里③。1924年将“红锡包”委托永泰和公司为总结经销时，在契约中第一条就规定由英美烟公司“派驻洋员一名指导有关‘红锡包’的销售事宜”④。宏安地产公司的股票虽分配给9个中国董事，但全部股票必须“委托”英美烟公司保管⑤。上海外商企业的喉舌《北华捷报》曾经吹捧这种买办企业机构是“外商企业把它的一部分重要业务转移给中国机构的一种实验”⑥。英美烟公司自己也吹嘘说，这些买办企业机构是“华商新兴事业”⑦。这的确是一个很不寻常的“实验”，它把华籍买办个人所享有的内地权转化为“华商新兴”企业所享受，而这个企业实际上是外国资本的化身，并受外国

① 为了保持其控制权，英美烟公司股票从不公开出售。华人只能购买其附属公司——“英美烟股票有限公司”的股票。

② 会计部，“公司历史”卷。“英美烟档”，第15—C—1页。

③ 会计部，“公司历史”卷。“英美烟档”，第5—E—200页。

④ 法律部，屉柜第5—W，第3卷。“英美烟档”，第13—B—28页。

⑤ 会计部，“公司历史”卷，“英美烟档”，第14—D—80页。

⑥ 《北华捷报》，1926年3月17日，第53页。

⑦ 《英美烟公司在华事迹纪略》，1925年上海版，第43页。

资本的严密控制。

中国买办制度的演变不同于印度的班尼安(Banyan)制和日本的“番头”制,有其自身的规律和特点。但是我们总可以从不平等条约的递变中找到它演变的轨迹。不平等条约与中国买办制息息相关的联系,证明中国的买办与买办制度是外国资本帝国主义侵略中国的产物,它的不同形式的变化也是为了满足外国资本主义势力侵略中国的需要并为它的利益服务的。

四、买办的积累、收入与投资

近代中国的买办不是以高官厚爵、名门望族而煊赫于世的。引人侧目的是他们拥有多资。鸦片战争后的中国豪富并不出自地主阶级而是出自买办。买办的资财是怎样积累起来的呢?

中国的买办积累了巨额的财富不是由于他们的才能出众或特别善于经营,也不是像有些外国学者所推崇的那样,是由于他们接触了西方,有了更多的先进思想。主要的原因是由于在中西交往愈益频繁的条件下,机遇的发展把他们置于中外贸易、城乡贸易的具有垄断性的中间商人的地位。“垄断”从来就是厚利的来源,没有清政府同意和强行规定的垄断特权,就没有广东十三行的豪商。鸦片战争以后,行商垄断虽然取消,但外国商人仍然由于语言困难、商情隔阂,特别是要依赖买办的“保证责任制”以抵御风险,借重买办的“内地权”以深入腹地,因此一切交易都要经过买办之手。另一方面又由于种种条件的限制(如洋泾浜的英语、可靠的家族渊源、广泛的社会联系、巨额的保证金,等等),能充任买办的人也不多。于是在中外贸易(它的数量与日俱增)以及因此而衍生的城乡贸易(它的范围越来越广)中,就形成了为数不多的具有垄断性的中间商人集团。

在买办的收入中,薪水的收入并不是一个主要的部分。假如在 1786 年广州贸易时期,外国商人必须花 300 元才能雇到一个买办的话[1],100 年以后,到 19 世纪 80 年代,买办薪水变动的幅度并不大。但薪水以外的佣金、营

① 马士:前揭书《东印度公司编年史》第 2 卷,第 129 页。

运洋行资金、差价、巧立名目以及其他的收入则大大增加了。这些收入是同营业额成正比例的，也成为推动买办为外国资本开拓业务的一个强大的动力。

从19世纪末到20世纪20年代，买办人数基本上稳定在一万人左右①，在此以前的人数可能还要少一些。这些人在中国进出口贸易中约得2%的佣金；若货物转输内地和沿途保险，则轮船和保险洋行买办可再分得2%左右的佣金；货物若由经销商出售，又可得1%—2.5%的佣金②。中国土产出口，则从收购直到打包出口，每一个环节经过洋行买办也要照抽佣金。可以说，只要商品在流转，他们的收入就有保证。而且这种收入是中间性的手续费性质。因此，不会发生什么“亏损”问题。这笔巨大的佣金收入是在为数不多的具有垄断性的买办集团中分配的。

除佣金以外，买办由于经营洋行的银钱、账务，可以利用职务的便利，将洋行多余的资金用“日拆”的方式，短期拆放给银行、钱庄。这样一来，洋行既有收入，买办也可从中赚取佣金及利息。据琼记洋行的行东在19世纪50年代末期的计算，买办每年可从这项资金拆放中获得5 000—6 000元的额外收入③。当然，买办还可以利用保管资金的便利，挪用一部分洋行资金来经营自己的生意。1871年，唐廷枢在任怡和买办时就曾私自挪用怡和应收货款的庄票8万余两应付银根奇紧的压力，使他自己经营的钱庄得以渡过难关④。朱志尧

---

① 20世纪20年代外国在华企业约9 511家，按每家银行有一个总买办计(买办间的工作人员不计算在内)买办人数当在1万左右，他们是买办佣金的主要收入者。

② 19世纪下半期，买办大量兴起之时，进出口佣金及轮船水脚佣金为2%左右；内地收购佣金约1%(如福建买办收购茶叶佣金)；鸦片交易佣金每箱5两左右。随着时间的发展，买办的佣金率在20世纪以后有降低的趋势。参阅《北华捷报》，1864年10月1日，第158页；1875年8月18日，第218页；同年8月28日，第213、215页；《英国领事在华商务报告》1869年，天津，第15页；1862年8月14日，威勒(G.F. Weller)致何德(A.F. Heard)函，何德藏件HM—49；1885年12月24日，克拉克(B.A. Clarke)致机惜(J.J. Keswick)函，怡和档；1866年6月22日，勃力治(H.G. Bridge)致何德(A.F. Heard)函，何德藏件，HM—23(怡和及何德档见郝延平前揭书，第92—93页)。

③ 1859年9月17日，A.F.何德致约翰何德函。何德藏件，HL—14(转引自郝延平前揭书，第93页)。《上海钱庄史料》，第28—30页。

④ 1871年6月1日，约翰逊致机昔函，怡和档。引自刘广京前揭文(《唐廷枢之买办时代》)，第148—151页。

在东方汇理银行任买办时也做过这类“决不为外人道”的事，据他的亲属回忆：“东方汇理的银库，常常被他（朱志尧）临时调拨到自己的事业上去。当时往来，硬碰硬要把银子一箱一箱地搬来搬去。因此每到年关，或当洋大班要来查银库时，就会急得像热锅上的蚂蚁，到外边向熟悉的钱庄、银行朋友借款，凑足应付。”[①]有了洋行的银库作后盾，买办在资金运转上就取得特别优异的条件，“多财善贾”，难怪他们在自己的业务经营中，总是那么得心应手了。

收买土产时压低收价，向外国行东高价报出，赚取其中的差价收入，是买办收入的又一个重要来源。19世纪50年代，有一位深入产茶区调查的洋人，详细计算了每担茶叶（中上级）的生产成本及运输、税金、包装等费用后，发现在上海的每担茶叶售价（22两）高于成本（14两）达60%以上。他认为经纪人从中“获得了优厚的收入”[②]。美最时洋行的买办王伯年在北洋军阀时期，利用军阀混战，交通阻隔的机会，把每担5元收购的芝麻，以每担10元的价格出售给洋行，在一笔交易中就赚了10万元。[③]买办收购土产的高额利润（或佣金）实际上是农民血汗。有些买办为了取得廉价的原料，往往用发放“青苗”贷款的办法，通过贷款契约，事先就把收购价格压低一成左右。英美烟公司的买办在山东、安徽收购烟叶就是这样干的[④]。中国的一些重要出口商品（丝、茶、糖等）都成为买办和买办商人猎取差价利润的对象，吃苦的则是农民，因为洋行只相信买办，而农民也只有通过买办或买办商人才能把土产出售给洋行。

由于买办居于垄断性的中间商人地位，他们可以用巧立名目的手段肆意榨取。以丝业为例，上海买办买进每一包丝须向客户收佣金银一两；代客

① 上海工商联：《工商史料·朱志尧事迹》，第16—17页。

② 福钦：《中国茶区纪行》(R. Fortune: *A Journey to the Tea countries of China*)，伦敦1852年版，第270页。

③ 金宝善：“汉口的美最时洋行”，载《文史资料选辑》（全国政协）第44辑，第181页。

④ 陈翰笙：《工业资本与中国农民》(*Industrial Capital & Chinese Peasant*)，纽约1939年版，第103页。

打包收打包费一两六钱(实际支出一两三钱);每包分量规定要扣除袋皮一磅(实际袋皮每只重半磅);旧布袋掉换新布袋,由客户贴费四钱八分(实际不需此数)。此外,洋行支付现款,买办付给客户改为10天期票,从中可赚取10天利息,如客户要求付现,每一千两须贴息三两①。这还是在上海市场的情况,若在农村收购,买办对付农民的"名目"就更多了。

此外,买办还可以通过商品和外汇行情涨落所进行的投机活动②和通过对买办间(即买办办公室)职工的剥削所进行的榨取活动③取得意外的或经常的收入。

自从买办问世以后,他们的财富积累的迅速和规模之大,的确是令人侧目的。19世纪60年代琼记洋行老板在一封私函中曾经评论旗昌洋行买办陈竹坪,说他除了在旗昌有投资13万两外,还有4条轮船,"在租界里的房地产有一半是他的"④。宝顺洋行买办徐润,仅房地产收入"每日可得租金四百二十两"⑤。即使是这个"地皮大王",在19世纪70年代末还不得不承认"上海地皮产业首推汪泽堂"(丽泉洋行买办)⑥。在19世纪下半期,中国由于内外战乱频繁,经营军火的洋行大发其财,买办也从中捞到不少油水。郑官应说,中日战争时"天津信义洋行承办军械,该行买办尚分得20余万,其获利之厚更信而有征矣"⑦。王韬通过耳闻目睹的观察说:"中外贸易,惟凭通事一

---

① 《外商洋行掠夺生丝出口片断资料》,载《文史资料选辑》(上海政协),1979年第1辑,第110页。

② 如徐润等买办商人在1882年一次外汇投机中就"亏数已在三四十万"(徐本人"实亏五万两")。当然,有亏必有赚,这方面的投机收入也是很可观的。见徐润:前揭书,第9—11页。

③ 如抗战前英商公和祥码头买办甘翰臣承包一座三层楼仓库的管理工作,每月由公和祥付给294元。实际甘翰臣只雇佣3个职员和1个学徒管理仓库全部事务,平均工资每人10元,甘净得254元。买办管理仓库少者几座,多者几十座。(见陈敬:"帝国主义霸占上海港码头的罪恶",《学术月刊》,1965年第11期,第45页)。

④ 1862年4月18日,A.F.何德致小何德函。何德藏件HL—36(转引自郝延平前揭书,第99—100页。)

⑤ 徐润:前揭书,第116页。

⑥ 徐润:前揭书,第26页。

⑦ 郑官应:《盛世危言》(庚子待鹤斋重印本),卷五,商务,第7页。

言”(可见“通事”颇有垄断权威),“顷刻之间,千金赤手可得”①,想来也是“信而有征”的。

由于记载不全,资料不齐,对买办财产(即便是著名的买办)尚无法作一个全面的统计,现将不同类型的几个买办的财产估计数示例如下:

表2　若干买办财产的估计　　单位:两

姓　名	财产额	姓　名	财产额
徐　润	6 000 000	吴懋鼎	7 500 000
叶澄衷	8 000 000	郑翼之	10 000 000
虞洽卿	3 400 000	郑伯昭	37 500 000(元)

资料来源:(1)《徐愚斋自叙年谱》第34—37、82页;(2)1899年9月《中外日报》;(3)《虞洽卿论》,载《杂志月刊》12卷12期(1943年11月)第47页;(4)《文史资料选辑》(全国政协)第49辑,第228—229页。按:每年平均收入30万两,以担任汇丰银行买办25年计算;(5)徐景星:“天津近代工业的早期概况”,载《天津文史资料选辑》1978年第1辑,第141页;(6)程仁杰:“英美烟公司买办郑伯昭”,载《文史资料选辑》(上海政协)1978年第1辑,第148页。

本表有些人在他们的后期生涯,已经或正在向非买办转化。

以上这些数字以估计成分居多,而且买办活动的积累与自营企业的积累的界限很难划清,尚有待于用更确实的材料加以订正。但买办居于近代中国的国民收入中最高一层则是毫无疑义的。

买办阶层收入的总数,历来曾有过不少统计。严中平估计为600 002 000多两(1890—1913年)②,张仲礼估计为500万两(19世纪80年代)③,郝延平估计为500 003 000两(1842—1894年)④,黄逸峰估计为4亿两(1840—1894年)⑤。从现在的资料情况看,还不具备作更进一步较精确估计的条件。若以1868—1936年中国进出口贸易总数382亿美元计算⑥(这是唯一不需要估计的数字),按4%的佣金套算(包括进出口佣金2%,保险、运输及其他佣

① 王韬:《瀛壖杂志》卷一,第8—9页。

② 严中平:《中国棉纺织史稿》,1955年版,第155页。

③ 张仲礼:《中国绅士的收入》(*The Income of the Chinese Gentry*),1962年西雅图版,第191页。

④ 郝延平:前揭书,第105页。

⑤ 黄逸峰:《关于旧中国买办阶级的研究》,载《历史研究》1964年第3期,第97页。

⑥ 具体数字为38 240 589 000美元。据郑友揆:《中国的对外贸易和工业发展》(*Foreign Trade & Industrial Development of China*),1956年华盛顿版,附录一。

金 2%)，则从 19 世纪 60 年代末期到抗战前夕，买办收入达 1 500 002 900 美元。若加上避开海关检征的走私部分[①]及郑伯昭式的经销商佣金和金融买办的佣金，则买办收入的总数当会更大一些。

买办收入的去路如何，它对近代中国的政治、经济有什么影响呢?

买办收入的投资从其发展的过程看，大体上有一个从外洋到中国，从官督商办到私人经营的过程。这个过程是伴随着中国资本主义的发展而存在的。鸦片战争前后的中国对外贸易，实际上是外国资本主义的原始积累过程。这对于新兴的美国资本主义尤其是如此。美国第一代的富豪阿斯托(J.J. Astor)在 1848 年去世时留下 2 000 万美元的遗产。他就是靠同中国做皮毛、人参和鸦片贸易起家的[②]，最后成为纽约的大地产商和中央铁路公司的大股东[③]。后起的琼记洋行和旗昌洋行的行东也先后把在中国聚集的财富转移到美国成为新英格兰纺织工业和密执安中央铁路公司的股东[④]。有的则成为美国政府公债的巨额投资者[⑤]。活跃的美国投资市场也吸引了中国商人的资金。鸦片战争前后旗昌洋行经常从伍浩官那里获得 50 万两的资金以充实它们在美国的投资。到 19 世纪 80 年代旗昌结束它在华业务时，积欠伍浩官的款项已达 100 万两[⑥]。据说这笔欠款，后来竟不了了之[⑦]。中国在当时缺少一个资本主义

---

① 早期走私的大宗商品是鸦片。20 世纪 30 年代，日本侵入东北、华北后，走私进口达到惊人比重。据统计，1931 年到 1936 年走私进口约 5 亿海关两，占进口总额(包括正常与走私)约 2 700 004 000 万海关两的 18.24%。(参阅郑友揆前揭书，第 86 页。)

② 莱特:《美国经济史》(C.W. Wright: *Economic History of the United States*)，1941 年纽约版，第 1037 页。

③ 浦特:《约翰・阿斯托》(K.W. Porter: *John J. Astor*)，哈佛 1937 年版，第 1 卷，序言，第 19、150 页。在阿斯托档案中至今还保存着严泉行潘浩官在嘉庆十一年正月二十二日阿斯托开具给广州严泉行潘浩官预收人参货款的收据。

④ 海克:《美国资本主义的胜利》(L.H. Hacker: *The Triumph of American Capitalism*)，1940 年纽约版，第 236—237、265 页。

⑤ 1870 年 3 月 5 日，"旗昌轮船公司股东会记录"，转引自刘广京:《英美轮船公司在华竞争(1862—1874)》(*Anglo—American Steamship Rivalry in China*，1862—1874)，哈佛大学出版社 1962 年版，第 201 页，注 120。

⑥ 洛克伍德:《琼记洋行》(S.C. Lockwood: *Augustine Heard & Co*，1858—1862)，哈佛大学出版社 1971 年版，第 86 页。

⑦ 小横香室主人:《清朝野史大观》，中华书局 1951 年版，卷七，第 43—45 页。

发展的土壤，于是中国商人的资金成了美国工业资本的一部分。

鸦片战争后，随着贸易数量和洋行户数的增长，在中国本土投资的机会增多了，买办积累的资金开始以向洋行垫款的方式谋求出路。在19世纪70年代初期，琼记洋行的每一年支出，就有半年是由买办垫付的，总数达79 000余元[①]。一位美国商人斯密士(E.M. Smith)在一年之中向他所雇佣的买办先后借了7.8万多两和1.5万元，几乎等于他全部的营运资金[②]。有的洋行老板的私人生活费甚至都是由买办垫付的。对那些"除了到中国的船票那点微小的'投资'以外，别无长物"的外资企业[③]来讲，买办的垫款和保证金，从来就是它们资金的主要来源。即使是有一定历史的洋行(如天津仁记洋行)在内地收购土产的资金，也几乎全部依赖买办的垫款[④]。在遇有紧急的情况下，买办垫款，常常是洋行免于倒闭的救命稻草。据一位专门研究上海历史的外国作者说："只是由于买办的慷慨支援，才多次把外国洋行从破产中挽救出来。"[⑤]至于有些"洋人串通华人开洋行者，洋人为行主，华人为买办，拟俟大买丝茶下船后逃遁"[⑥]，那更是等而下之的了。

随着洋行业务在中国的发展，它们的生财之道逃不过买办的眼睛。优厚的利润诱使着熟悉内情的买办也跃跃欲试。于是买办的资金开始以附股的形式，大量投入外资企业。早期开辟长江及中国沿海航运的美商旗昌轮船公司的股本中有三分之一是买办的投资；后继的、与旗昌展开激烈竞争的英商怡和轮船公司有20.3%的股本属于买办及买办商人[⑦]。旗昌洋行的买

---

① 1871年琼记洋行现金账，第56卷。何德藏件第二部分。转引自郝延平：前揭书，第41页。

② 《北华捷报》，1880年2月19日，第147页。

③ 克罗：《花花世界里的洋鬼子》(C. Crow: *Foreign Davils in the Flowery Kingdom*)，1941年伦敦版，第40、299页。

④ 黄献廷："三十年来英商仁记洋行在天津的掠夺"，《文史资料》(全国政协)1963年第44辑，第197页。

⑤ 墨菲：《上海——现代中国的钥匙》(R. Murphy: *Shanghai, Key to Modern China*)，哈佛大学出版社1953年版，第68页。

⑥ 郑官应：《盛世危言》(光绪庚子待鹤斋重印本)，卷五，商务三，第13页。

⑦ 1863年1月28日金能亨(Cunningham)致福卑士(P.S. Forbes)函(福卑士藏件)。1877年11月15日及21日，约翰逊(F.A. Johnson)致惠尔妥(J. Whiltol)函(怡和档)，转引自刘广京前揭书(《英美轮船在华竞争》)，第29—31、141页。

办陈竹坪个人投资于旗昌及琼记洋行的轮船即达 25.5 万两①。在 19 世纪 60 年代,买办投资外商企业的总头目是怡和洋行买办广东人唐廷枢。由于他熟悉洋情,精通英语,曾被华商投资者推选参加英商公正轮船公司和北华轮船公司(在这两家公司,华商均拥有三分之一以上的股份)以及一些其他外资企业的董事会,以看守华商股东的利益②。根据汪敬虞的一个有根据的综合研究,买办投资外商企业的趋势愈来愈强烈(这当然与买办资金的迅速积累有关),在整个 19 世纪中,华商附股于外资企业(包括航运、保险、银行、码头、仓库、房地产、工业等)的资本总计在 4 000 万两以上。在有的外商企业中,华商附股的比重甚至达 80%以上。这些华商投资大部分是买办和买办商人(在已查明出身的 47 名最大的股东中,买办及买办商人占 89.4%)③。历来公认是怡和洋行所造的中国第一条铁路(吴淞铁路),其实也有大量的华人投资④,其中买办和买办商人当是主要投资者。琼记洋行老板在评论大买办陈竹坪的雄厚资财及其广泛投资的情况时说,“从其拥有的资财来看,是一个我们要向他磕头的人”⑤。“磕头”的目的,无非是要想从买办手里招募更多的资金。当然,买办附股于洋商的一个重要原因是想托庇于外人的领事裁判权保护自己的投资利益,正如郑观应说的“华商久以资附洋贾”,其原因是商人“畏官之威与畏官之无信而已”。他建议“诚能尽祛其畏官之隐衷而予谋生之大道,则凡闽省之盐商、上海宁波商号皆可罗而致也”⑥。

---

① 1862 年 4 月 18 日,A.F.何德致小何德函。何德藏件 HL—36、EL—1、EQ—5。转引自郝延平:前揭书,第 121 页。

② 1868 年 10 月 8 日,唐廷枢致机昔函(怡和档)。转引自刘广京:前揭文(《唐廷枢之买办时代》),第 164—165 页。

③ 汪敬虞:“十九世纪外国侵华企业中的华商附股活动”,《历史研究》1965 年第 4 期,第 68—69 页。此外,海关报告估计 80 年代,华商附股占外资企业股本的 40%(《海关十年报告》,1882—1889 年,第 341 页)。盛宣怀估计汇丰银行、怡和洋行“华商资银亦不少”(《愚斋东游日记》),第 49 页。

④ 1865 年 5 月 16 日,未装订信件(怡和档)。转引自黎费弗:前揭书,第 108 页。

⑤ 1862 年 4 月 18 日,A.何德致小何德函。何德藏件 HL—36,转引自郝延平:前揭书,第 99—100 页。

⑥ 郑官应:《救世揭要》,《论中国轮船进止大略》(无页数)同治癸酉(1873 年)仲春本。

从郑观应这一段在《救世揭要》里的评论来看，“官督商办”已经呼之欲出了。

19 世纪 70 年代洋务派办起了带有资本主义性质的“官督商办”企业，为买办的投资活动开辟了一个新的领域。当时，急于创办新式企业的李鸿章看见“近年华商殷实狡黠者多附洋商名下”①，早已眼红心急，千方百计地要搞一个既能使这些资金“并归商局”②，又可以罗致那些“熟精洋学”（李鸿章对唐廷枢的评语）③的买办人才的渠道。于是产生了“官督商办”企业。在封建体制的重重压力下，买办和买办商人若是果真能依靠“官权”的保护发展资本主义，那肯定是会比“诡寄洋行”要带来更多的利润。基于这种期望（或幻想），名噪一时的大买办如唐廷枢、徐润、郑观应等相继连人带钱投进了规模庞大的官督商办企业。他们都成了轮船招商局、开平煤矿、中国电报局、上海机器织布局的大股东。通过他们的影响又吸收了大批的买办资金。但是在“官督商办”企业中，“官权”大为肆虐，对吸收的商股极尽摧残的能事。唐廷枢、郑观应可以说是把半生的精力和全部的财产贡献给官督商办企业的。唐廷枢去世时，郑观应说他“一生精力尽销磨于商务、洋务中，数十年备尝艰苦”，但结局是“外强中干，有名无实，身后谅可想见”④，实际上是“身后萧条，子嗣靡依”⑤。而郑观应自己在晚年虽然挂上招商局会办的头衔，实际上“清贫如故，尝为时流讥笑”⑥。至于徐润在招商局与代表官方的督办盛宣怀多次交锋以后，除大骂盛宣怀“心险手辣，公理无存焉”⑦外，也不得不败下阵来，退出招商局。后来徐润又想攀附袁世凯东山再起，但被袁世凯折腾了一阵子，糊里糊涂地把招商局代理总办一职也给开革了⑧。“官督商办”企业本来可以使买办资金转化为“商本”，但它竟完全没有做到使投资者“祛其畏官之隐衷”，反而变成了商人资本的一个大陷阱。作为投资者，买

①②③ 《李文忠公全集·奏稿》，卷二〇，第 32 页；译署函稿，卷一，第 39 页，奏稿，卷四，第 41 页。

④ “盛档·郑观应致盛宣怀函”，光绪十八年八月二十一日（1892 年 10 月 11 日）。

⑤ “盛档·请恩恤唐廷枢禀”，光绪十八年八月（1892 年 10 月）。

⑥ “盛档·郑观应致盛宣怀函”，宣统二年十二月七日（1911 年 1 月 7 日）。

⑦⑧ 徐润：前揭书，第 15 页、第 126 页。

办的财富和希望却变成了泡影了。当郑观应愤激地高呼“名为保商实剥商，官督商办势如虎”[①]时，它的确从反面教育了拥有资财的买办。从此，谋求投资机会的买办都谨慎地绕过些个“陷阱”，摆脱“官督”，力求“商办”。这样，他们才真正踏上了发展民族资本主义的道路。

买办转化为民族资本家有一个过程。任职买办，同时又兼营自己的生意在习惯上是允许的。因此早期的大买办如唐廷枢、徐润、郑观应等在任怡和、宝顺、太古洋行买办时都曾经营自己的钱庄、当铺、揽载行、茶庄、监生意等。唐廷枢甚至明确向怡和洋行的行东说，他在香港拥有四家当铺的股份，每年可获25%—45%股东的利润[②]。那时他们既是买办，又是买办商人。这是向独立经营迈出的第一步。但是买办认真考虑到作为自主的资本家来经营企业，大约是19世纪90年代的事。这时拥有资财的买办及买办商人对“官督商办”的幻想已经破灭，痛定思痛，不再寄希望于“官权”的维护。同时，清政府逐渐接受了资产阶级改良主义者关于“商战”的鼓吹，开始考虑颁布商律，甚至对于投入巨资兴办新式企业的人，不问出身都可以给予奖叙。“生意人”的地位提高了，社会风气正在转变。当然，最重要的推动力，是作为一个独立的企业主，他们可以获得更大的利润。正如徐润在1908年接办景纶纺织厂时说的，其目的是“希得无穷之利”[③]追逐利润和更大的利润，在一定历史条件下，推动买办把他们的资金转向独立经营的道路，转化为民族资本。根据比较全面，但还不是囊括无遗的统计，民族工业（1895—1913年）和航运业（1890—1926年）的资本总额约一亿二千三百万元，其中，买办出身资本家的投资约占12.46%，计1 500余万元。投资的范围以轻工业和航运业为主。（见表3）

值得注意的是买办出身资本家的投资主要集中在少数几个人身上，祝大椿等7人的投资就占买办出身资本家投资总数的80%。（见表4）

---

① 郑官应：《待鹤山房诗集》，己酉（1909年）孟冬铅印本，第21—23页。

② 1866年1月4日，唐廷枢致怡和洋行机昔函。转引自刘广京：前揭文（《唐廷枢之买办时代》）第157页。

③ 徐润：前揭书，第104页。

表 3　在民族工业及航运业投资总额中，买办出身资本家的投资额

(1895—1913 年)

单位：元

行　　业	(A) 商办资本①	(B)买办出身资本家投资额	(B)占(A)的比重%
燃料采掘工业	9 847 000	160 000	1.62
金属加工业	2 287 000	699 000	30.56
水电业	17 871 000	2 648 000	14.81
火柴业	3 375 000	420 000	12.44
烛皂业	805 000	50 000	6.2
纺纱业	10 454 000	1 840 000	17.6
缫丝业	11 584 000	545 000	4.7
呢绒业	3 217 000	350 000	10.88
织麻业	1 000 000	280 000	28
碾米业	921 000	400 000	43.43
面粉业	8 622 000	1 060 000	12.29
榨油业	4 752 000	340 000	7.15
革草业	3 524 000	769 000	21.82
杂项工业	890 000	280 000	31.46
航运业②	44 555 622	5 572 000	12.5
总　　计	123 704 622	15 413 000	12.46

资料来源：根据汪敬虞编：《中国近代工业史料》，第 2 辑，下册，第 869—924、1901 页；严中平等编：《中国近代经济史统计资料选辑》，第 223—226 页等资料综合计算。①不包括官办、官督商办、中外合办企业的资本。②航运业的起迄年份为 1890—1926 年，其中以银两计算的资本均已按当时比率折合为元。

表 4　在民族工业及航运业中若干买办出身资本家的投资额

(1895—1913 年)①

单位：元

姓　名	投资额	占买办出身资本家投资总额的比重%
祝大椿	2 985 000②	19.36
王一亭	930 000	6.03
叶澄衷	420 000	2.72
虞洽卿	4 750 000	30.82
朱志尧	1 709 000②	11.09
吴懋鼎	1 119 000	7.26
朱葆三	420 000	2.72
其他买办的投资	3 080 000	20
买办出身资本家投资总额	15 413 000③	100

资料来源：同表 3。①航运业投资起迄年份为 1890—1926 年。②不包括对官商合办企业的投资。如祝大椿对龙章纸厂及朱志尧对溥利呢革厂的投资，均不计算在内。③数字来源见表 3，第三栏。

从表4可以看出，截至20世纪初，买办出身资本家的投资总额并不占民族资本总额的显著比重，而少数买办的投资又占买办出身资本家投资总额的极大比重。这一事实表明：自鸦片战争后，买办问世以来，虽经过将近半个世纪的岁月，但他们向民族资本的转化是很缓慢的，而且是有限的。这一时期，他们的积累转化为民族资本的1 500余万元，折合美元只有770余万元，仅占同期(1895—1913年)买办收入总数3亿1千3百余美元①的2.5%。大多数买办的收入与积累可能继续以附股的形式投资于外资企业或转向土地和房地产投资去了。还有一些则通过不同的渠道流向国外(如郑伯昭之流)。因此，买办积累虽是中国近代民族资本的来源之一，但他们转化的人数只占民族资本家的18.3%(见表1)，转化的资金只占民族资本总额的12.46%(见表3)，都不占重要的比重。不过在早期官督商办企业出现时，他们对这一带有资本主义性质的混合体在资金上和经营管理上曾给予强大的支持；后来他们当中有一部分人也确实较早期地转化为民族资本家并且从事了广泛的投资②，这也是事实。

五、 对买办的评价

买办在中国的社会地位向来是不高的。在鸦片战争前，清政府认为外国商行“设有通事买办，为伊等奔走驱使”③。在那个看不起“夷”人的时代，供“夷”人“奔走驱使”的买办，自然也在看不起之列。有身份的体面人士是不屑做买办的。只有那些“郁郁不得志，或贫乏无赖之徒，既无处栖枝，则亦姑妄为之”④。事实也确是如此。第一代买办的出身，有的是摆小钱摊的(仁

① 1859—1913年中国进出口总值为7 842 947 000美元(据郑友揆前揭书，附录一)。考虑到买办佣金率在20世纪后有降低趋势，佣金收入按4%计算，买办收入为313 217 880美元。

② 朱志尧是一个典型，他投资的范围包括采掘业、榨油业、机器业、造船业、纺织业、水电业、面粉业、印刷业、航运业。根据他晚年的名片，在一长串头衔中，他还是安徽宝兴铁矿厂公司的董事。(参阅上海工商联《工商史料》“朱志尧事迹”。)

③ 1795年(乾隆二十四年)《防范外夷规条》第3条。故宫博物院：《史料旬刊》，第9期，第307—309页。

④ 甘作霖：《论洋行买办之利害》，《东方杂志》第18卷，第11号(1919年11月)，第36页。

记洋行李福臣），有的是贫苦道士还俗的（新泰兴洋行买办），有的是外轮的跑仓（汇丰银行吴懋鼎）①。唐廷枢、徐润、郑观应，虞洽卿等的出身都很低微。晚清的大买办千方百计要纳资捐官，大概也是想弥补这种社会地位的缺陷。但是康有为却为此叫屈，他说："吾华人百万之富，道府之衔，红蓝之顶，乃多为其一洋行之买办，立侍其侧，仰视颜色。"②头戴"红蓝之顶"而仍要对洋人"仰视颜色"，这自然无助于改变买办的社会地位。到后来，随着外国侵略势力的扩展，外国在华商人在中国的政治和经济地位同华人比较俨然高人一等，甚至督抚有时还得仰他们的鼻息。买办的社会地位也有所改变。但这时反抗、排外的思想又在中国社会占主导地位。人们总觉得买办有些"夷膻"气，看不顺眼。王韬与西人虽接触较多，但就是不肯把女儿嫁给买办姚某，"以其为西人供奔走，美其名曰买办，实则服役也"③。有些人虽不得已而做了买办，但也并不以此为荣。容闳尝过当买办的滋味，他说买办不过是"奴隶之首领"④。李鸿章在办官督商办企业时，罗致了一批买办，对他们评价很高，认为这些人"熟精洋情"、"殷实明干"是"极一时之选"⑤的人物。看样子买办有出头的日子了。但又不然，尽管李鸿章吹嘘推挽不遗余力，仍抵不过社会上的习惯势力。《二十年目睹之怪现状》的作者说："那班洋行买办，他们向来都是羡慕外国人的，无论什么都是外国人好，连外国人放个屁都是香的。"⑥这种看法是鄙"夷"和排外思想的混合物，在当时颇有点代表性。至于具有资产阶级改良主义思想的人，虽然赞成学习西方，但对买办并不厚爱。冯桂芬说："今之习于夷（务）者曰通事……其质鲁、其识浅、其心术

① 华鸣岐：前揭文，第71—72页。

② 康有为：《3月27日，保国会上演讲会会辞》。转引自黎光："1840—1864年，中国的买办商人，《史学月刊》1957年第11期，第13页。

③ 谢无量："王韬——清末变法论之首创者及中国报导文学之先驱者"，《哲学与研究》1958年第3期，第41页。

④ 容闳：《西学东渐记》，第48页。

⑤ 《李文忠公全集》，朋僚函稿，卷一三，第24页。

⑥ 吴趼人：《二十年目睹之怪现状》，人民出版社1959年版，第175页。

又鄙，声色货利之外不知其他也。”[1]20世纪初，章太炎把社会职业按其道德水平及有无道德而依序分为16种；最后一种即“雇译”（买办）。章太炎说他们是最无道德、最低级的“白人之外嬖”[2]。鲁迅则把买办评为是“倚徙于华洋之间，往来于主奴之界”，具有“西崽相”[3]的人物。所以终晚清与国民之世，尽管买办的财势日隆，但人们对他们社会地位的评价则不太好。

买办之不受中国人尊重，自有其深厚的社会原因。最根本的一条就是买办的功能与行为适应了外国侵略势力在中国扩张的需要；而一当上了买办，由于种种原因（雇佣契约、保证金及个人追求财富的欲望等），他们的利益总是与外国资本的利益是一致的，因此常常是站在中国民族利益的对立面。

外国经济势力在近代中国的迅速扩张是与买办的效劳分不开的。在早期，外国企业在中国的成败与兴衰，常常是各自买办力量较量的结果。怡和、太古轮船公司以后起之秀终于立定脚跟，最后迫使旗昌轮船公司退出了长江水域，其中一个重要原因是雇佣了唐廷枢和郑观应这两个得力的买办。在19世纪60年代，琼记洋行倚重买办甚至到了这种程度，“当买办生病，所有的业务就停顿了”[4]。外国洋行本身对开拓中国市场常常感到无能为力。而买办的特殊功能则使他们在掠取财富的道路上得心应手。1894年美孚油公司“欲自行贩运煤油来华，不须各洋行经手”[5]，但却不得不依靠中国的买办经销商来“经手”，结果销路大开，使煤油的贩运与设备成为美国在华投资的最大项目之一。在外商企业处境困难时，它们特别感到需要买办。1948年英美烟公司被迫由上海撤退到华南，它们的广州经理焦虑而紧迫地盼望能找到一个“年长的、有经验的、有影响的、可以信托的买办”[6]。一家在华的

① 冯桂芬：《校邠庐抗议》卷下，第37—38页。

② 章太炎：《革命之道德》，转引自汤志钧编《章太炎政论选集》，第315—318页。

③ 鲁迅：《〈题未定〉草》，《鲁迅全集》，1958年版，第6卷，第282页。

④ 1862年9月11日，G.F.威勒致A.F.何德函。何德藏件，HM—49。转引自郝延平：前揭书，第24页。

⑤ “盛档·郑官应致盛宣怀函”，光绪二十年五月九日（1894年6月12日）。

⑥ 1948年5月10日，史特瑞克（J.A. Stericker）致沙维琪（E.S. Savage）函“英美烟档”。密卷类。

外国报纸说，买办不仅是负载着西方在华商业得以运转的车轮轴心，而且是轮毂、轮辋和轮福[①]。有一点是可以肯定的，不管是车轮还是轴心等，它们只能在有利于外国资本的轨道上运行。

买办不仅适应了外国经济在华扩展的需要，而且使他们自己的利益与外国资本的利益完全一致起来。1925 年在全国反帝爱国运动进入高潮时，英美烟公司的经理惴惴不安地对他们的买办和华籍雇员说："你们的成功完全依赖于公司的成功，当公司的利益受到损害时，你们的利益也受到损害。"[②]这一段话揭示了一条重要的原则，即买办与外国资本之间的利益一致的原则。根据这一原则，买办对洋行的忠诚是外国资本的绝对要求。唐廷枢在他的买办时代，曾经不止一次地向怡和行东表示："我从来没有像其他的华籍雇员那样对你进行过丝毫的非法欺诈和暗地中饱活动。"[③]唐廷枢的忠诚赢得了怡和行东的信赖与重用。买办所遵循的与外国资本利益一致的原则，在民族矛盾上升时，表现得更为突出。1937 年英美烟公司的一位宁波地区的经销商曾经向董事会写了一封列述"忠诚"记录的信，颇有代表性，摘录原文如下："先严（丁忠茂）服务贵公司已垂四十年，其间虽经意外风波，未尝稍事畏葸。始于抵制美货之际，各地经理莫不畏缩，而先严仍克尽厥职勤慎从事；此后五卅案起，抗英急进会将所设老源记广货号施以捣毁；旋于中华民国十七年春间复被就地不良分子加以同样蹂躏，而先严处此积威之下，态度泰然，继续努力，不敢稍懈。"[④]这封信的重要性在于，它表明了一个买办经销商，历经两代人的岁月，在中国近代的几次激烈的反帝风暴中（1905、1925、1928 年），却始终不渝地忠诚于外国资本的利益。当然，保护英美烟公司利益，"未尝稍事畏葸"的买办经销商不止宁波这一处，在沈阳、徐州、芜

---

① 转引自"买办：它在中国国际贸易中的地位"，载 *Economic Journal*，1911 年 12 月号。

② 1925 年 6 月 19 日，英美烟公司汉口分公司致全体买办及中国雇员函。"英美烟档"，第 JJ—179。

③ 1868 年 10 月 8 日，唐廷枢致机昔函。怡和档，转引自刘广京：前揭文（《唐廷枢之买办时代》），第 165 页。

④ 1937 年 11 月 28 日，宁波老源记号致颐中烟公司董事会函。"英美烟档"，法律部，第 5—W 抽屉。

湖、陕西各地的英美烟公司的买办经销商，有的利用商会会董的身份扣压了外地鼓吹抵货运动的传单（沈阳）；有的贿赂当地的官员压制抵货（徐州）；有的甘冒大不韪仍然秘密代销（芜湖）①。买办把与外国资本利益的一致放在民族利益之上必然引起中国人民的反感。买办和买办商人对此也很敏感。虞洽卿就曾经郑重声明："查和德与荷兰人共事历有年所，而生平所办各事未尝有为外人周全之处，此商界之公言，非一人之私言也"②。但当中国人民反对日本帝国主义侵占东三省，发动抵日货运动时，虞洽卿就毫不犹疑地大声疾呼表示反对了③。反帝爱国的激烈斗争迫使买办及买办商人表明他们的利益是与外国势力的利益是完全一致的。

为了笼络买办，洋行也采用了种种"羁縻"的手段。郑观应任职怡和买办时就采用给回扣、贴房租、荐买办等办法"以此羁縻、使其勤奋，为我招来"④。随后，这种"羁縻"的花样逐渐增多，最通行的一种是用让售股票的办法把得力的买办变成股东（当然是不掌权的股东），以便更紧密地把买办与企业的利益拴在一起。怡和洋行就曾经把盈利甚丰的谏当保险公司的和怡和轮船公司的股票让售给唐廷枢及有影响的买办⑤，作为他们积极扩展业务的酬劳。一直到中国解放前夕，英美烟公司还在使用这一古老的"羁縻"法，由该公司将股票让售给中国的大银行家李铭，以便李铭参加驻华英美烟公司的董事会，发挥作用。⑥

与外国资本利益一致的原则，不但使买办分得外国资本赚取的余沥，积累了巨额的财富，而且得到外国政府所给予的政治上的褒奖。一些大买办

---

① 1925年7月15日及1925年8月，英美烟公司沈阳、徐州、芜湖地区业务报告。"英美烟档"第JJ—179、26—B—340、26—B—446。

② 《民国日报》，1917年9月11日。

③ 《字林西报》，1931年7月8日。

④ 郑官应：《盛世危言后编》，商船下，卷三，第32—38页。

⑤ 1868年12月29日、1872年4月18日，约翰逊致机昔函。怡和档。转引自刘广京：前揭文（《唐廷枢之买办时代》），第156页。

⑥ 1948年7月29日，英美烟公司董事会记录：柏来士（R.J.E. Prlce）股票转移书。"英美烟档"第5—E—110。

如张子标、韦玉、何东、虞洽卿、高星桥等都分别获得葡萄牙、英国、荷兰、德国王室的封爵、赠号、奖章等[①]。但是放在民族利益的天秤上衡量，与外国资本利益一致的原则使买办成为中国人民厌恶的对象。外国政府颁给买办的政治荣誉并不能改变中国人民对他们的鄙视与憎恨。

买办与买办商人在近代中国政治舞台上并不得势。他们突出的政治活动是数得出的几件事。鸦片战争后，清政府突然被“夷”兵、“夷”炮搞得晕头转向，一时间不知如何对付才好，急于要找“洞悉洋情”的人出来周旋。于是吴健彰、杨坊居然以买办身份做了上海道台，对镇压太平天国和小刀会起义出了力。以后，以买办而任实职道台的，终晚清之世，竟找不出几个人。大概对“夷情”有所洞悉以后，就不愿再让买办插手了。不过买办和买办出身的人的政治倾向是明显的。他们愿意看到中国的政治有所变革。一般地说，凡有利于资本主义和资产阶级改良主义的活动，他们都支持和赞成。郑观应是买办出身的著名的资产阶级改良主义者，他曾经在1894年请托盛宣怀介绍孙中山(那时还是改良主义者)拜见李鸿章。郑观应的亲笔信表明，他对孙中山当时设想的一套“讲求养蚕之法”、“设书院教人”、“履勘荒矿”[②]等改良主义的办法颇为赞赏(但是，当孙中山真的闹起革命来，他又反对，骂革命者是“异端会党”[③])。天津买办吴懋鼎在戊戌变法时沾了边。变法失败，险遭不测，逃到英国公使馆，才免于难。康有为逃亡香港时，离开警署就成为大买办何东的座上客[④]。他们是同情变法的。辛亥革命时，虞洽卿曾以巨款支持江苏独立；二次革命时，虞站在反对帝制的一面(拥护帝制的上海商人是周金箴)[⑤]。在同封建政府作斗争时，虞洽卿在政治上倾向于革命。

---

① 上海市工商联：《工商史料》第167号，虞洽卿，第7页。高勃海：“天津买办高星桥发家史”，《文史资料选辑》(全国政协)第44辑，第216页。郝延平：前揭书，第190页。

② “盛档·郑观应致盛宣怀函”，光绪二十年五月(1894年6月)。

③ “盛档·郑观应致盛宣怀函”，光绪三十一年十月二十六日(1905年11月22日)。

④ 王树槐：《外人与戊戌变法》，1965年台北版，第183—184页。郑官应虽然对康梁变法有看法，但在康有为逃亡后，也“念其救国之心，罹此重祸”主动接济康有为100元的养家费。(《盛世危言后编》卷一五，第6—7页。)

⑤ 上海市工商联：《工商史料》第167号，虞洽卿，第15页。

但1927年当斗争的锋芒指向帝国主义和资产阶级时，他的政治态度就改变了。蒋介石把总司令部移到南昌后，虞洽卿本人是否亲自“很快就跑到南昌去了”，这点在史实上还可以存疑①，但他确实在蒋介石与江浙财阀之间起了穿针引线的作用，从政治上和经济上支持了蒋介石，则是无可怀疑的。买办作为国际资本主义势力的一部分，随着中国人民革命斗争的深入发展，他们反共、反进步的立场是很明显的。他们总是害怕和阻止革命，因为这将直接危害他们赖以生存的后台老板——外国侵略资本的利益。

买办是资本帝国主义侵略中国的桥梁和得力的帮凶，外国侵略资本对中国经济发展的阻滞和对中国人民的剥削都有买办参与其事。当然，另一方面，外国经济势力的入侵，也使中国加速了商品经济的发展。买办所参与的推销洋货、收购土产的活动震撼了中国家庭手工业与小农经济相结合的顽固结构。茶叶的收购造成“家家蓄艾，户户当炉”②的局面。在外销的推动下，南浔丝推出了新品种——方经、大经、花车经等，使双杨一带“特开风车，衣食所资，子孙攸赖”③。所有这一切都使自给自足的自然经济遭到破坏，为资本主义的发展创造了条件。在这一过程中，买办起了媒介和中间的作用。买办积累以商本的形式投入“官督商办”企业，标志着他们向民族资本家的转化。虽然由于“官督”的反动作用，商本在官督商办企业中的结局是不幸的，但是社会资金毕竟通过股份公司的形式在聚集，并且转向交通运输、煤矿、炼钢、纺织等领域，这是符合当时历史发展方向的。尔后，买办积累更多地向民族资本的转化，自然有助于促进中国经济的现代化。如天津在1900年前只有四个近代工厂，其中有3个就是吴懋鼎创办的④。当买办一经转化

① 据一份与虞洽卿有密切关系的当事人回忆：“据我所知虞洽卿并未到九江去过。……但虞经营轮船业，当时长江航路停顿，他为本身事业关系，愿意与新政府多多联络，恢复营业是可能的。彼时招商局是傅筱庵接管，傅无法与新政府接近，虞想趁机夺取营业优势，命他儿子虞顺懋（三北轮船公司副经理）到九江去过，通过陈布雷关系同北阀军联系。去九江的主要任务，是恢复长江营业。”（引自上海市工商联：《工商史料》第167号，虞洽卿，第17页）特录此以供继续研究。

② 夏燮：前揭书，卷二三，第20页。

③ 周庆云：《南浔志》卷三二，第220页。

④ 徐景星：“天津近代工业的早期概况”，载《天津文史资料选辑》第1辑（1978年12月），第140页。

为民族资本，他们的利益与外国资本一致的原则就破坏了。作为民族资本，他们在经济利益上不可避免地要同外商发生矛盾。1905年抵制美货运动使徐润欣慰地看到他所经营的景纶纺织厂终于“销路稍通”[①]，透过了一口气。1935年英美烟公司对许昌烟叶实行垄断收购时，同民族资本卷烟业利益有关的虞洽卿呼吁政府“力予制止，俾免贻害地方而维人民生计”[②]。虞洽卿的三北轮船公司就是在同怡和与太古轮船激烈竞争中诞生和发展起来的[③]。至于刘鸿生与瑞典火柴托拉斯的竞争，那更是众所周知的事了。买办积累转化为民族资本是违背外国资本意志的，是一个历史的进步，在中国近代史中应给予实事求是的评价。

（原载《近代史研究》1980年第2期）

---

① 徐润：前揭书，第103页。

② 《新闻日报》，1903年10月14日。

③ 汪熙：《从轮船招商局看洋务派经济活动的历史作用》，载《历史研究》1963年第2期，第64页。

在非经济领域也要有点竞争[①]

关于社会主义经济领域开展竞争的必要性和重要性，现在已经为越来越多的同志所认识。那么，在非经济领域，要不要有点竞争呢？我认为，回答同样应该是肯定的。

在资本主义社会，竞争主宰着几乎所有的经济领域，同时，它又扩展到经济领域之外。例如在科学、文化和人才培养等方面，竞争都发挥着它强大的作用。日本企业家认为"国际间的竞争就是技术竞争，而这种技术竞争就是教育竞争"。他们不惜工本地进行人力投资，加紧培养和选拔有竞争能力的人才。日本著名的物理学家朝永振一郎在总结日本物理学创立自己的科研体系，培养科研人才的经验时说："我的经验归纳起来，就是自主、交流、竞争。这样才能使科学研究工作有生气，有发展。"

毫无疑问，社会主义社会的竞争同资本主义社会的竞争有着本质的区别。但是，既然社会主义社会还必须保留并发展商品经济，既然价值规律仍然是社会主义经济的重要规律，那么，竞争同样将深深植根于社会主义的经济基础之中。很显然，这种竞争势必也要扩展到非经济领域。

经济领域的竞争要求流通与生产领域选用杰出的技术人才和管理人才，因而对调动人才的潜力和提供新的人才提出了要求。很明显，只有通过竞争

---

① 初版时汪熙注：这篇文章发表到现在已经 18 年了。18 年中发生了很多变化，那种一提到"竞争"就"谈虎色变"的时代已经过去了。文章中的有些设想，已在实施中。但本文想说明的一些道理与建议，有的似乎还未过时，故仍选入。

与选拔，才能满足这种要求。同时，社会主义社会的科学、文化、人才也有尖端成果与非尖端成果、创造性成果与非创造性成果、先进与非先进、勤奋与非勤奋的差别。有差别就有比较，有比较就有选择，择优选择就是竞争。可见，在社会主义社会的非经济领域存在并需要竞争，这是题中应有之义。

有人担心在科学、文化和人才的培养中搞竞争会不会滑向“社会达尔文主义”？这是一种误解。所谓社会达尔文主义是一种资产阶级的社会学流派，它把达尔文关于生物的生存竞争和自然选择的学说，用来解释人类社会的发展以及人与人的关系。然而，这种“主义”并不能科学解释资本主义竞争产生的根源与本质，自然更不能同社会主义竞争混为一谈。社会主义社会在科学、文化、人才和其他非经济领域的竞争，同资本主义社会的“强者”生存，“弱者”死亡的竞争根本不同，它有着自己显著的特点：第一，它只承认诚实的劳动和优选的原则；一切资本主义的金钱特权和封建主义的官僚、世袭特权以及非社会主义的歪门邪道都被认为是不道德的、不合法的。第二，竞争可以使我们办事有一个客观标准，就像价值规律所支配的竞争使企业和商品受到最严肃的、最公正的考验一样，优劣判然，勤惰分明。优选的事物与人物理所当然地要获得较多的政治鼓励与物质分配，这就能更准确地体现社会主义按劳分配的原则。第三，竞争会产生淘汰，这是正常的现象。淘汰会使有些人有“危机感”，觉得混不下去了，促使他们力争上游，不是好得很吗？不断优选、不断淘汰，将使我们的社会处于恩格斯所说的生机勃勃的“永恒的流动之中”，而不是一潭死水，这也是一件大好事。何况在竞争中遭到淘汰的人物，也不会像资本主义社会那样遭到破产、弱肉强食的命运。在国家和社会的帮助下，人们有充分的机会再一次勤奋地赶上去，至少可以获得生活和工作的保障。第四，竞争将受到社会主义法律的保护与制约，任何把竞争引上邪路的活动都将受到法律的制裁。既然如此，它与社会达尔文主义又有什么共同之处呢？

在我们谈到社会主义竞争时，人们往往提出社会主义劳动竞赛，并且认为只有它才是社会主义范畴内的事物。其实社会主义劳动竞赛可以作为竞争的补充形式，但不能代替竞争。在经济领域，竞争本源于商品交换、市场和价值规律，所以它可以深刻得多地完成通常劳动竞赛所不能担负的使命。在非经济领域，劳动竞赛只提供奖励（有限的奖励），而竞争则本源于事物矛盾的差异，它既提供优选也实行淘汰。无论经济领域还是非经济领域，竞争对于企业、事业和劳动者责任心和劳动热情的刺激与促进，远较劳动竞赛长久得多、强烈得多，也有效得多。

为了保护和促进非经济领域的竞争，我觉得，采取下列的措施应该是可取的：(1)由国家颁布“竞争法”。宪法的精神是鼓励诚实的劳动和公平的竞争。凡用不正当的手段破坏公平竞争的，一律绳之以法。(2)在非经济领域的各行各业根据自身的特点制订工作要求（有的要求由国家统一颁布）。由党、政、群（包括专家）组成的专门委员会，根据工作要求定期衡量工作人员的实际劳动效果。好的应在评级调薪中优先考虑，其中杰出的应破格提拔使用。差的应调动工作或“暂时失业”。(3)在教育和人才的培养上，坚决贯彻通过竞争（考试或其他方式）择优选拔、培养的原则。(4)实行干部和技术人员考试制度，不限学历，自愿报名。通过考试，选拔才、德兼备的人才，破格使用，待遇与级别可作相应调整。(5)在一定范围内允许人才的自由流动。当一个人的才能在所在单位不能发挥作用，而另一单位又迫切需要时，应该允许其转移工作岗位，所在单位不得强行扣压。(6)由国家设立专门的学术评定委员会每年对科学、技术、文学、艺术等方面杰出的成就或著作进行评奖（名额不必过多），对获奖者给予相应的荣誉及物质奖励，达到评选一个，带动一批，树立标准，普遍提高的目的。(7)将公平竞争列入社会主义的道德规范，在社会中形成力争先进为荣、安于怠惰为耻的社会风气和尊重先进、学习先进、相互帮助的道德风尚。

社会是在矛盾的运动中发展的。新陈代谢是社会前进的不可抗拒的规律。我们相信，通过社会主义竞争的开展和发展，将会有利于加速社会主义现代化的建设，促进社会主义社会生机勃勃的发展。

（原载《解放日报》1980年7月21日）

第二部分

中国近现代人物

论盛宣怀

盛宣怀其人是时代的产物。

盛宣怀具有他的前辈所没有的一些特点：

1. 以一个家庭出身算不上特殊富有的“空心大佬”，只用了二十五年左右的时间就成为独揽轮船、电报、纺织、煤铁矿、铁路、银行诸大政，拥有资本5 000余万两的大资本家。就其企业门类之多和规模之大来讲，在世界企业家发家史中也算是很快的。到清末民初，盛宣怀已成为中国首富，家族和个人的财产达1 700余万两以上。

2. 以一个朝廷命官而同时兼任大企业主，在有清一代尚属少见。

3. 他是中国近代第一个从封建地主阶级的营垒中向官僚资产阶级转化的代表人物。这种转化同英国的新贵族和日本的华族旧高级官僚向资产阶级转化均有所不同。

盛宣怀的上述特点与以下的一些事实有关：

1. 始终投靠有权势的封疆大吏和王公贵族。在他一生中，盛宣怀首先投靠李鸿章，后来又投靠张之洞、奕劻，依靠这些后台，他以一个没有军功的捐纳道员，虽屡经参劾，还是爬上了封建统治阶级的上层，最后当上了邮传部尚书(大臣)。封建势力和权贵的支持是盛宣怀政治与经济扩张的坚强支柱。正因为如此，当他的死对头袁世凯掌权后，盛宣怀失去了权贵的奥援，连多年苦心经营的招商局都保不住了，从此一蹶不振。

2. 盛宣怀是一个集“勤于官、通于商、谙洋务”三者于一身的人物。官与商结合，古已有之，不足为奇。但亦官亦商而又“博通洋务”，在当时则是不可多得的。在帝国主义加紧侵略中国的年代，任何像样的商务都离不开洋务。盛宣怀自称能把“商务、洋务合为一手”。

3. “官督商办”形式为盛宣怀把权力转化为资本提供了便捷的途径；商品经济的发展，又为他把资本转化为权力创造了条件。

4. 以个人的经历来看，盛宣怀官职的升迁都直接或间接地同他所掌握的洋务企业的发展和扩充有关。而官职的升迁和封建实力派的支持又加强了他对这些企业的控制权。

盛宣怀（当然也包括李鸿章等）能顶住顽固派的抨击，敢于把新式的资本主义企业引进中国，这在中国近代经济发展中是一个突破，应该承认他们在这一方面的功绩。但是由于文化传统、封建制度、外国资本的阻挠和个人利害得失的考虑，使他们只能在封建的躯壳上移植星星点点的资本主义，他们不愿舍弃“官督商办”，结果是把封建主义与资本主义的矛盾引进了企业内部，以强大的封建势力为后盾的“官督”扼杀了企业内部具有资本主义性质的“商办”。庞然大物的“官督商办”企业又运用了它的垄断与优惠特权压制了企业外部的真正民间资本，从而阻碍了中国资本主义的正常发展。盛宣怀在这些活动中起了主导的作用。

盛宣怀并不是封建主义的叛徒。在戊戌变法、辛亥革命和二次革命等前进的潮流中，他都坚决站在封建主义一边，主张严厉镇压。资产阶级改良主义者几乎没有一个对他有过好评，因为盛宣怀搞的资本主义不是真正的自由资本主义，是附属于封建政权的官僚资本主义。

盛宣怀也不是外国资本的对立物，他办的企业虽也多少与外国资本有过一些矛盾，但妥协与退让的一面是主要的，有时甚至相互勾结。

盛宣怀并不是一个卖国贼，虽然他有很强烈的买办性。在中日甲午战争中，盛宣怀总理后路转运，为了支持前线抗击倭军，曾作出过他的贡献；甲午战争后，中国面临瓜分危机时，盛宣怀的一些建议并不是出于卖国的意图，当时的资产阶级改良主义也提出过同样的设想；辛亥革命后，汉冶萍的中日合办，他不应负主要责任。

恩格斯说过，对于一个历史事件或一个历史人物是“有着无数的错综交叉力量”在起影响作用。盛宣怀不可能越出时代对他所规定的范围。对盛宣怀的功过应作具体分析。从中引出必要的历史结论。

（1992年“洋务运动学术讨论会”发言提要）

论郑官应

一、 一个与中国近代史相始终的人物

“噫！世变无常，富强有道，惟准今酌古，勿狃于陈言；因时制宜，勿拘于成例。力行既久，成效自征。”[①]多富有生命力的语言！它强调“世变”，谴责“陈言”，贬损“成例”，对变革的未来充满着希望。这几句不寻常的话是19世纪70年代后期，危难的中国正处于乌云密布、内外交迫、存亡绝续之际，一位不寻常的人说的。他的名字叫作郑官应。

郑官应（1842—1923年）又名观应[②]，字正翔，号陶斋，另号杞忧生、慕雍山人、罗浮偫鹤山人。郑官应虽籍隶广东香山县，但又“世居澳门”[③]；父亲是一个“设帐授徒”[④]的清贫的教书匠，而他“庭训夙承，不敢自弃”[⑤]，因此中学还有些根底。青年时期到上海又从傅兰雅学英语，并“日与异国人相接”[⑥]，而且对时势很留意，所以对西学和西方情况也很熟悉。他当过上海大洋行的买办头子，后被李鸿章和盛宣怀所赏识，成为洋务派的一些重要新式企业的筹办者和开拓者。

---

① 《易言》（三十六篇本），中华印务总局1880年刊印，上卷，第2—3页。（以下除另有注明者外，均引自此本）。

② 本书“郑观应”、“郑官应”通用，保持汪熙先生发表时原样，未作修改。——编者注

③ 《救时揭要》，同治癸酉（1873年）仲春镌版（共1册，24篇，56页。末篇《论中国轮船进止大略》共8页，原书未计页数），第3页。以下简称《揭要》。

④ 《盛世危言后编》，1920年铅印本（共15卷），第5卷，第48—49页。以下简称《后编》。

⑤ 《揭要》，第2页。

⑥ 《易言》（二十篇本）自序作于光绪元年中秋日，上海淞隐阁刊印本。

郑官应是一个勤奋的作家。热爱祖国的深厚感情，发展资本主义的热切愿望，再加上他个人向往飞黄腾达而屡遭挫折的坎坷境遇，促使他常把"内患外忧萦绻绻，天时人事感茫茫"[①]的忧时愤世的感慨和针对时弊的建议寄情于诗歌或写为文章。他既熟悉西学，又有长期从事洋务活动的实践经验，而且同当时中国正在崛起的资本主义经济有广泛深厚的联系。他遗留下来的诗文，我们今天读起来还能感触到强烈的时代气息。他这些著作的历史影响也很深远。《救时揭要》、《易言》出版后，很快就流传到日本和朝鲜等地，风行一时。朝鲜政府多次派人来购书[②]，至于国内的影响那就更大了。甲午战败后，孙家鼐（礼部尚书）、邓华熙（江苏布政使）把《盛世危言》推荐给光绪帝，光绪帝命总署印刷 2 000 部分发给大臣们阅看。从此，这部书"天子嘉叹，海内传诵，当世贤豪士大夫莫不知陶斋共人矣"[③]，而"都中各处求索者络绎不绝"[④]。甚至"场中考试常出该书所序时务为题目"[⑤]，据郑官应自己估计，辗转翻刻的《盛世危言》达 10 余万部[⑥]，这在当时确是一个很大的数字。从影响的延续性来看，郑官应的著作也是很突出的。伟大的资产阶级革命家孙中山在他从事"富强之大经，治国之大本"的早期活动中，有着明显的郑官应思想痕迹；无产阶级革命家毛泽东同志在他的年轻时代，常常漏夜阅读《盛世危言》。[⑦]

郑官应的一生多次起伏升沉，这虽是他个人的际遇，但与当时的政治变化有密切的关系。他生于鸦片战争后，签订《南京条约》的那一年，以后亲身体验到中国面临的几次瓜分危机，目睹清王朝由衰微而至于灭亡，听到武昌

① 《罗浮偫鹤山人诗草》宣统己酉仲夏上海著易堂本，卷一，第 22 页。以下简称《诗草》。

② 《盛世危言增订新编》，乙未（1895 年）刊印本（14 卷本），凡例。以下简称《增订新编》。《后编》第 2 卷，第 35 页。《诗草》卷一，第 15 页。

③ 《诗草》卷一，序，第 1 页。

④ "盛宣怀档案资料"，以下简称"盛档"（藏上海图书馆），《郑官应致盛宣怀函》，光绪二十一年三月三十日（1895 年 4 月 24 日）。

⑤ "盛档・郑官应致盛宣怀函"，光绪二十三年三月十四日（1897 年 4 月 30 日），附件："译上海洋新闻报（1897 年 3 月 2 日）"。

⑥ "闻各省书坊辗转翻刻已售至十余万部之多"（"后编"第 3 卷，第 38 页），"危言十万播遐荒"（《诗草》卷一，第 22 页）。

⑦ 斯诺著、董乐山译：《西行漫记》，生活・读书・新知三联书店 1978 年版，第 109 页；萧三：《毛泽东同志的青少年时代》，北京 1949 年版，第 13 页。

起义的枪声，亲历北洋军阀的混战，在垂暮之年又看到无产阶级登上历史舞台的五四运动。他的一生是与中国近代史相始终的，是旧中国的一个缩影。

二、 思想格局

郑官应继承了鸦片战争以来有识之士的“变局”思想，认为要把中华民族从危亡中拯救出来，就必须承认自鸦片战争以后，中国面临着一个 3 000 年来未有的大变局，因此中国也需要变。他认定要与资本主义列强抗衡，就“不得不亟思控制，因变达权”①。

关于“变局”的想法，到 19 世纪 60、70 年代，其实也已经不是什么新鲜思想，早期如黄钧宰、黄恩彤，后来如冯桂芬、丁日昌、郭嵩焘、薛福成都曾经说过，甚至李鸿章也承认西洋各国侵入中国是“三千余年一大变局也”②。关键的问题是如何变？正是在这个问题上，郑官应的思想达到一个新的高度。

在郑官应那个时代，任何一个思考“变”的人都不能回避一个“体”与“用”的问题(或“本”与“标”、“道”与“器”、“本”与“末”的问题)。在呈给光绪帝的十四卷本《盛世危言》的自序中，郑官应赞同并引用了张树声的话：“育才于学堂，论政于议院，君民一体、上下同心，务实而戒虚，谋定而后动，此其体也。轮船、火炮、洋枪、水雷、铁路、电线，此其用也。中国遗其体而求其用，无论竭蹶步趋，常不相及；就令铁舰成行，铁路四达，果足恃欤?”在这里，表面看起来，他并没有触及到“中学为体，西学为用”的问题，实际上是对“中学为体”的否定。所谓“中学为体”的基本内容无非是两条：第一，从思想上来说，是三纲五常、孔孟之道；第二，从政治体制上来说，是封建的君主专制。但是，郑官应却说，“体”首先是“育才于学堂”。值得注意的是，郑官应历来都主张把设“学堂”与废“科举”、授“西学”紧密地联系在一起。他说：“不修学校则人才不出，不废帖括，则学校虽立，亦徒有虚名而无实效。”“时文不废，则实学不兴，西学不重，则奇才不出。必以重时文，而移之于重西学，俾

① 《易言》上卷，第 2 页。

② 《李文忠公全集·奏稿》，第 19 卷。

人人知所趋向，鼓舞而振兴之。”所以，“育才于学堂”就是用西学培养人才，否定了以孔孟之道为基石的科举制。其次，他认为“体”是“论政于议院”。应该指出的是，郑官应不但是近代资产阶级改良主义者最早提出议会政治的，而且是第一个主张赋予议会以治国之“权”的。他认为议会应“揽庶政之纲领”，“百僚升降，权归议院；期会之令，出自君主；选举之政，操自民间”；因此，议院“每有举措，询谋佥同，民以为不便者不必行；民以为不可者，不得强”。[①]所以“论政于议院”就是移君权于议会，否定了封建的君主专制。既然从思想和政治体制这两个根本方面，否定了“中学”，“中学为体”也就大打折扣，或虚有其名了。郑官应的这种体、用观，不但使他在思想上区别于洋务派，而且超过了冯桂芬、王韬、薛福成等在这个问题上的认识水平，是一个重大的突破。郑官应在思想上的另一个突破是对西学的估价和对它含义的理解。首先他认为，把西方的技术仅仅看成是浮浅的“长技”是一种皮毛之见。他指出，那些西洋人恃以雄峙海外的科学技术是“积数百年研究之功始得，一旦贯通其学，神而明之，存乎其人，非偶然矣”[②]。由此而提出了组织力量译述西学，设学堂培养人才的建议。其次，他把西学分为天学、地学、人学三部分。所谓“人学”，既包括语言、文字，也包括一切政教、刑法、食货、制造、商贾、工技诸艺[③]。这样，他就打破了当时对西学的狭隘理解。由此得出的逻辑的结论，就是学习西学不仅是学习“长技”，而且要学习西方几乎所有的人文科学，包括资产阶级上层建筑的政法制度。他极力主张把这些列入考试科目，代替科举的八股取士。

以这样的体、用观为基石，郑官应提出了他的政治和经济纲领，那就是在君主立宪体制下的民富与国强。这三者又是互相联系，相辅相成的。他认为要抵御外国的侵略就必须民富，而民富又必须国强来保护；要民富、国

---

① 《增订新编》自序，第1—2页。《庚子八卷本》，自序，第1—2页。体用之说，郑官应是转述张树声的话，但郑显然是同意这一表述的。参阅《盛世危言》甲午五卷本，第1卷，第27、28、36页。

② 《易言》上卷，第1—2页。

③ 《增订新编》第1卷，第28页。

强则必须改革政治，削减君权，实行代表资产阶级利益的君主立宪。郑官应所谓的民富就是要像欧美各国那样任民间发展资本主义工商业。他明确地说："欲强国先富国，欲富国先富民，而富民之道则不外以实业为总枢，欧美各国历史昭昭可考。"①郑官应认为要达到欧美资本主义列强那样"士马之强壮，船炮之坚利，器用之新奇，用以雄视宇内"②，依靠当时清政府的君主专制政体是不行的，对于专制政体，他失望、悲愤、谴责，要求改革。他认为这个专制政体对外已丧失御侮的力量，对内也不具有保护资本主义工商业的能力。这种"专制政体利于官，利于外人耳。利于官者，借压力以朘削百姓；利于外人者，借官力以压迫百姓"③。他失望地说："外夷挟天子，执柯以伐柯。"④这样的"天子"已成为外国侵略中国的工具了，还谈得上什么御侮自强呢？他认为若不进行政治改革，那些数不尽的"破家知县，灭门督抚"⑤总会像走马灯一样轮流地骑在老百姓的脖子上，振兴商务永无希望。他说，若不实行君主立宪，"恐毁商之刽子手彼去此来，亟盼从根底上做起，提纲挈领，开国会"⑥。郑官应是一个立宪迷，他认为只有在君主立宪的体制下，才能实现资本主义的民富国强。这就是郑官应以西学为基石的政治与经济纲领。他的卷帙浩繁的论文、诗篇、函札、日记（除学仙谈道者外）差不多都是以这一思想格局为中心推衍开来或抒发出来的。

三、 君主立宪派的右翼

郑官应是中国近代最早提出立宪与议院政治的思想家。19 世纪 90 年代汤震在《危言》（1890 年）中议论到议院问题，但郑官应在 70 年代就把变法

① 《后编》第 6 卷，第 10 页。郑官应在他的晚年仍坚持这一看法，说"夫强始于富，富始于振兴工商"（《后编》第 7 卷，第 32—33 页）。

② 《增订新编》第 5 卷，议院上，第 1 页。

③ 《后编》第 3 卷，第 19 页。

④ "盛档·郑官应致盛宣怀密函"附件：《舟中客谈东三省事书忿录呈诲正》，宣统三年九月十四日（1911 年 11 月 4 日）。

⑤ 《后编》第 3 卷，第 4 页。

⑥ "盛档·郑官应致盛宣怀函"，1909 年（无月日）。

与议院联系起来了，而且坚持不渝，一直到辛亥革命前夕，他还在积极参与立宪活动，对广东的宪友会“慨助巨资”[①]。和所有的立宪派一样，他既反对专制，也仇视共和，对君主则忠诚不贰，但又坚决主张削减君权。他说：“立法、司法、行政三权并重，实为立宪国家神圣不可侵犯之高贵机关。”[②]他浩叹“宪法不行专制严，官吏权重民太贱”[③]。

同康有为、梁启超相比，郑官应的立宪活动，似乎更多地是停留在宣传和笔墨上，他除了在1898年一度应康广仁之邀，在上海参加过《自强报》的编辑[④]以外，与康、梁的关系是冷淡的，甚至有点敌意。郑官应自称与康、梁“交谊泛泛”[⑤]，后来听说言官奏参女子学堂事牵涉他，便密函盛宣怀探听参折中是否也涉及康、梁，并忧心忡忡地说：“康、梁办事毫无道理，不知度德量力，将来必有风波。”声称自己不是康、梁的同党[⑥]。随后又密报：“梁卓如扮日装到沪。”[⑦]据经元善说，郑官应曾诋毁康、梁为叛逆[⑧]。后来，当康有为逋逃国外以后，郑官应虽然“念其救国之心，罹此重祸”[⑨]主动汇了100元给康的亲属，表示同情和关照，但这并不能掩盖他在戊戌变法前后所表现的政治上的冷漠和软弱的态度。素以立宪相号召的人，一旦进入行动阶段时，却回避了、后退了，这是真正的“叶公好龙”。据郑官应自己说，他同康、梁的主要分歧是因为康、梁操之过急，“事速则不达，恐于大局有损无益”[⑩]。其实他的这

---

① “盛档·广东宪友会李家驹致郑官应函”宣统三年七月三日(1911年2月6日)。应该指出的是，“慨助巨资”一般都是客套话，根据郑官应当时的经济情况，捐助恐无法太“巨”。

② 《后编》第3卷，第28页。

③ 《诗草》卷1，第24页。

④ 《后编》第15卷，第5—6页。

⑤ “盛档·郑官应致盛宣怀函”，光绪二十四年五月十六日(1898年7月4日)。在这封信里郑官应对康、梁编《经世文编》没有收进《盛世危言》甚为不满。

⑥ “盛档·郑官应致盛宣怀函”，光绪二十四年九月十五日(1898年10月24日)。

⑦ “盛档·郑官应致盛宣怀函”，光绪二十四年八月七日(1898年9月22日)。按梁启超8月10日逃日本，康有为8月5日离京南下督办官报局，梁卓如来沪之说，想系郑官应传闻之误。

⑧ “盛档·郑官应致盛宣怀密函”，光绪二十七年正月(1901年2月至3月)。

⑨ 《后编》第15卷，第6—7页。

⑩ 郑官应在给经元善的信上说：“康南海召见时，有问弟政治能即变否？弟云事速则不达，恐于大局有损无益。”(《后编》第15卷，第6页)。

些政治态度同他个人的境况当然是有联系的，在1898年中国政治上的大动荡时，正是他在澳门蛰居多年后，重进招商局任会办并先后协助盛宣怀整顿汉阳铁厂，合办宣城煤矿；在此以前，山西巡抚胡聘之又奏调他到山西开矿。自从织布局事件（下面还要谈到）倒霉一阵后，看来又有出头的日子了。他当时的政治经济地位和珍惜自己东山再起的局面，都理所当然地促使他在政治上采取谨小慎微的态度。不过，若认为郑官应对戊戌政变完全无动于衷，那也不是的。庚子、辛丑以后，他读了《波兰兴亡史》，很有感慨，曾赋诗寄托他对光绪帝的期望，诗曰："傥更独秉乾健纲，讵逊明治大彼德。"[①]"己亥建储"时，经元善因为一封要求归政光绪帝的电报，搞得家破人亡，逋逃澳门。这些事郑官应都是清楚的，他居然还敢要光绪帝"独秉乾健纲"，并以明治相期许，倒也还有点像立宪派的味道。

假使说郑官应在戊戌政变时的表现，证明他是立宪派的右翼的话，那么他对辛亥革命前夕的保路运动的表现就更差了。四川保路运动原来是立宪派搞起来的，但它能迅速在四川成为燎原之火，原因固然很多，其中一个主要的原因是资本主义的规律在起作用——股份公司通过股票把股东吸引在自己的周围，并为保护自己的投资而斗争。川汉路所招收的股银（或所摊派的）1 300万两，通过民股、租股、商股等方式遍撒在全川，上至地主、土豪，下至商民、走卒，几乎都成为"股东"，资本把人民的利益同川路的前途紧密地连接在一起。资本主义股份公司的股东保卫自己的投资利益，成为调动川民反抗铁路国有的强大的动力之一。保路运动高潮时，郑官应正在上海赴重庆视察招商局局务的旅途中，闻讯有感而赋诗。诗中，他坚定地站在邮传大臣盛宣怀的一边，主张铁路国有，并替盛宣怀以川路押借外债辩解，说"势须借洋债，为国而蒙垢"，警告保路运动"暴动必遭殃，毋为狂妄诱"，劝说实行立宪可以"和衷无掣肘，君民共一心"。这样，他就不但站在保路运动的对立面，而且站在他自己一贯的主张的对立面了（如保护投资、保护股本、保护

① 《诗草》卷2，第11页。

利权，等等)。他已经失去了19世纪70年代冲锋陷阵的光彩，而远远地落在时代的后面了。

辛亥革命终于席卷中国大地，郑官应无可奈何地接受了这一事实。但是好些事他都看不顺眼，一直到民国六年(1917年)他还在对北洋政府的所谓“民主立宪”颇多评论，说当时的参议员是“无窍匏，绣花枕，没字碑，大腹贾”①，颇为鄙视。看来立宪老人在晚年的时候还在怀念他的君主立宪呢！

四、强调抵御外侮的爱国主义者

处理对外关系(在当时主要是抵御外侮)是郑官应的“立宪、民富、国强”思想格局的一个重要组成部分。在早期的资产阶级改良主义者思想家中，郑官应对国际形势的分析，对瓜分危机的估计，对清政府投降政策的揭露以及对抵抗外侮的政策建议，是比较有远见、有胆识和中肯的。他在这一方面的著述和活动启迪过很多人。

鸦片战争前后，清政府的孤陋寡闻，妄自尊大，使我国在处理对外关系中受到过很多愚弄，吃了很多亏。自道光年间传下来的“夷务只可粗枝大叶去画，不必细针密缕去缝”②的怪论，居然也作为办外交的箴言传了下来。于是同外国办交涉叫作“抚夷”，丧失了权利叫“怀柔”，投降让步叫“羁縻”，反正是天朝至上，夷夏有别，粗枝大叶，显得大国风度。奇怪的是，当时只有很少的人敢于倡言泯灭夷夏之别，其中一个就是郑官应。他批评了妄自尊大“定于一尊”的对外政策，指出：“夫地球圆体，既无东西，何有中边？同居覆载之中，何必强分夷夏？”他认为中国应该加入国际社会，以免“孤立无援，独受其苦”③。

取消了夏夷之别是不是天下太平了呢？不是的。郑官应认为，这些既非夷人的西方列强，远比历史上的匈奴、突厥厉害多了。他们有西学，又搞

① 《后编》第3卷，第27页。

② 黄恩彤：《道光抚夷纪略》，同治四年(1865年)抄本(藏上海图书馆)。

③ 《易言》上卷，第3—4页。

兵战和商战，还要进一步裂土瓜分，因此应该认真对付。他极力主张清政府应该用主要的力量来对付这个外侮。他提出了一个重要的国策，即：防外患重于防内乱。他指出："今日门户洞开，防外寇更甚于防土匪。"[①]批评清政府"上下日相蒙，只知防内乱"[②]的错误政策。

为什么要把抵御外侮提到很重要的地位呢？因为郑官应已经体察到当时中国所面临的危险的国际态势，瓜分亡国之祸已迫在眉睫。远在他早期的著作《救时揭要》中，郑官应就提出了"砧上肉、釜中鱼"的警句[③]。随着形势的发展，他特别强调抵御沙俄侵略的重要性，不断揭露沙俄要率先瓜分中国的凶残面貌。"防俄为先"是郑官应抵御外侮的中心思想之一。在甲午战后，他就正确地估计到"所虑群雄居要区，恃强蚕食逞所欲，俄人窥伺尤叵测"[④]；义和团运动时期，他指出"俄德兵最凶，杀人如犬豕，淫奸复枪毙，妇孺全惨死"[⑤]；庚子条约以后他大声疾呼，"痛哉列国议瓜分，虎视眈眈伺我隙，俄人阴谋最恣肆，直欲包举如卷席"[⑥]。在面临被瓜分的危机面前，郑官应对清政府的投降政策作了最尖锐的揭露。他说："虽日受外国人欺侮，仍然泄泄沓沓苟且偷安，甚至割地求和，恬不为耻。"[⑦]他一字一泪地抨击那些身居高位的人面对亡国灭种的危险，却还在搞那种欺骗老百姓的"羁縻术"，愤激地说："怪哉据要津，犹自耽安逸，无复计变通，只用羁縻术，……虎视兼狼吞，海疆终决裂，奋笔作此诗，字字含泪血。"[⑧]爱国愤激的火焰一直烧到皇帝身上，他说："外国动辄挟天子令诸侯、制百姓，故有'外人怕百姓，百姓怕官，官怕皇帝，皇帝怕外人'之谚也。"[⑨]这是一个大胆的揭露。专制无望，郑官应

① 《增订新编》第10卷，第38页。在《庚子八卷本》中，将"更甚于防土匪"改为"更重于防土匪"(第7卷，第35页)。

② 《偫鹤山房诗集》己酉(1909年)孟冬，铅印本，第1卷，第30页。以下简称《诗集》。

③ 《揭要》第27页。

④ 《诗草》卷二，第5页。

⑤ 《诗草》卷二，第25页。

⑥ 《诗草》卷二，第13页。

⑦ 《后编》第7卷，第28页。

⑧ 《诗草》卷一，第27页。

⑨ 《后编》第3卷。

在政治上把御侮的希望寄托在立宪上面:“若不立宪政难变,危险犹如寝漏舟,干戈四起强邻迫,豆剖瓜分遂所谋。”①他希望在君主立宪的体制下,实行民富、国强,并废条约,练新兵,搞商战,把祖国从危亡中拯救出来。

在处理国际关系方面,郑官应同当时的大多数人一样,由于国家的虚弱,把希望寄托在“以夷制夷”上面。郑官应力求同日本联盟的设想就是一个最显著的例子。19 世纪末叶,关心国际形势的人(包括梁启超),都把当时的国际对峙局面同春秋战国时相比拟,把沙俄视为“强秦”,搞的是连横;因此,为了保卫自己的国家,就要搞“合纵”,寻求与国。郑官应瞩目的是日本,对日本寄以很大的幻想。他献给伊藤博文的诗说:“须念黄种共支流,深期赤手援饥溺。”②甲午一战,虽使他略为清醒(乙未未刊诗稿有“倭奴恨失训”等诗——《盛档》),但由于沙俄的咄咄逼人,他仍把希望寄托在与日本的联盟上面,主张对日本“勿念宿嫌”,实行英、日、美、中联盟来对付沙俄,特别是抵制沙俄对我国北方领土的蚕食与鲸吞③。日俄战争前,日本极力想拉拢中国,孤立沙俄。1897 年日本驻沪总领事小田切万寿之助曾通过郑官应向盛宣怀(督办铁路总公司事务大臣)试探,“甚愿合中联英以顾大局,唯不悉中国政府如何耳”;郑官应也认为“如果英、日联盟助我,其水师足以拒俄、法、德三国”④。到 1898 年,郑官应同小田切打得火热,合办“亚细亚协会”(打的招牌是“自强立宪”),拉进了一些有影响的人士,鼓吹“除却联盟无他术,英美亟宜合日中,同心拒俄毋分别”⑤,还说“春秋安攘有大义,从来休戚思同舟”⑥。日俄一战后,日本暴露了对东北的囊括鲸吞的凶恶面貌。辛亥革命前夕,日本迫使中国订立安奉铁路国境通车协约,进一步侵略东北,郑官应有感而发地说:“唇亡齿必寒,小弟欺阿哥”⑦。他的中日联盟的幻想连同君

① 《诗草》卷一,第 55 页。
② 《诗草》卷二,第 13 页。
③ 《诗草》卷二,第 33—34 页。
④ “盛档·郑官应致盛宣怀函”,光绪二十三年十月二十五日(1897 年 11 月 16 日)。
⑤ 《诗草》卷一,第 34 页。
⑥ 《诗草》卷一,第 41 页。
⑦ “盛档·舟中客谈东三省事书忿录呈诲正”宣统三年九月十四日(1911 年 11 月 4 日)。

主立宪的愿望一起破灭了。

最难能可贵的是，郑官应虽由李鸿章一手提拔起来，但是中法战争期间，他坚定地站在抗法的一边；中日战争期间，他曾经建议“直捣倭两京，用雪敷天同恨”，他反对屈辱求和，认为苟且求和，虽然能使“文官保全禄位，武官保全身家”，但“如此委曲求和，苟且急就，书之国史，实为中国万世之羞……痛哉！哀哉！夫复何言！”①当他在垂暮之年，眼看北洋军阀的混战给帝国主义列强提供了一个侵略瓜分中国的好机会时，在80岁的诗集中，感叹地说：“只愁罗掘中原尽，难御交侵外侮狂”。抗御外侮，拯救祖国，是他终身耿耿于怀的一件大事。

五、鼓吹发展资本主义的理论家与实践家

郑官应的“国强”是以“民富”为出发点，而“民富”又是以发展资本主义为出发点的，因此可以说，发展资本主义是他的“民富”与“国强”的灵魂，而“立宪”则是为了从上层建筑来保护资本主义的发展。“富强由来在商务，商出农工须保护”②，是这一思想最简明的概括。

19世纪60、70年代，是中国民族资本主义正在破土而出的时代。它的成长受到两方面的压制，一是外国资本主义的入侵，二是中国封建势力的阻碍。郑官应的最大功绩是向这两方面进行猛烈的批判与揭露，并提出了自己的方案，为中国资本主义的发展呐喊开路。

郑官应在他早期的著作《救时揭要》中就提出“寓兵于商”③的思想，后来较完整地发展为“彼不患我之练兵讲武，特患我之夺其利权，凡致其力于商务者，在所必争”，“兵之吞并，祸人易觉；商之掊克，敝国无形”④。他针锋相对地提出了与“兵战”相并列的“商战”，甚至说，为了对付外国资本主义的侵

① “盛档·郑官应致盛宣怀函”，甲午十二月十八日（1895年1月13日）附件：《条陈时事》。

② 《诗草》卷二，第29页。

③ 《揭要》，《论中国轮船进止大略》（无页数）。

④ 《盛世危言》光绪二十四年（1898年）图书集成局三编合编本，初编，第3卷，第9、11页，以下简称《三编合编本》。

略，“习兵战，不如习商战”[①]。为了打赢这场商战，他提出要培养“通格致、精制造”的人才，废除不平等条约，收回内河及路矿权利，制订商律，裁撤把持中国行政大权的洋人（如赫德之流），保护民族工商业以加强其与外国资本的竞争能力等建议。在19世纪60、70年代，面临着西方资本主义节节进逼的千古变局，有的（如顽固派）仍在挥舞着“祖宗成法”的布幡在胡言乱语；有的（如冯桂芬）在认识上已发展到新思想的契机，但欲言又止，逡巡在新旧界线上。在这个时候，郑官应提出“以商立国”[②]的口号，真心诚意地把发展中国的资本主义同抵抗外国资本主义列强的侵略问题直接联系起来，把发展资本主义工商业作为国家生死存亡的问题提出来，这在当时是很突出的。

为了商战的需要，郑官应要求清政府从各方面鼓励、保护资本主义的发展，但不要对私人资本加以干预。正是在这个关键所在，他遇到了那一个时代最棘手的问题——官商关系问题。他个人在这个问题上的踣踬不幸的遭遇和数十年同官场打交道的实践，使他的论文和诗篇成为揭发封建主义压迫资本主义的最有力的控诉。

在郑官应的时代，商人完全处于无权的地位。正如他所说的，官方对民间工商业“视如熟肉、随意封割”[③]。郑官应以买办出身而跻身于“官督商办”企业，虽有一个候补道的衔头，但毕竟是买来的。马建忠就很看不起他，曾说：“唐（廷枢）、徐（润）、郑（官应）诸人皆该商（按指怡和洋行等）素所蔑视之买办，一旦与之抗衡，犹挟主奴之见，所以售地、租埠以及引用总船主犹有主奴之见存也。”[④]郑官应也感到自己是商人出身，遇事掣肘，很难施展。1897年他要求调离汉阳钢铁厂，原因之一就是有这种不得已的苦衷，他对盛宣怀说：“铁厂诸董多属本地候补人员，将为朝廷伟器，自愧商务出身，才疏德薄，焉能为群贤所推重，貌从心违，恐不能收臂助之功，反致贻误公事。”[⑤]封建习

① 《三编合编本》，初编，第3卷，第11页。
② 《三编合编本》初编第3卷，第9页。
③ 《后编》第7卷，第32—33页。
④ “盛档·马建忠致盛宣怀函”，光绪十年五月七日（1884年5月31日）。
⑤ “盛档·郑官应致盛宣怀函”，光绪二十二年十二月一日（1897年1月3日）。

惯势力看不起买卖人，商人不为人所推重，要振兴商务是困难的。郑官应认为应该改变商人所处的社会地位，“予以体面”。他明确地说，做生意赚钱要比做官刮老百姓光彩得多。他建议中央设商务部，各省通商大埠设商务局（由素有声望的绅商为商董），府、县设商务公所。有关商务方面的事，“凡有所求力为保护”①。郑官应的这些建议，实际上是从上到下建立一套保护资产阶级的组织，便于资产阶级为自己的阶级利益同封建官僚的“病商”苛政相抗衡。这是对封建体制的一个挑战，当然不会被清政府轻易接受。于是郑官应只好单枪匹马地同“官”作斗争。斗争的结果，自然是一败涂地。电报局收归国有时，郑官应作为创办人之一，早经商董决议应发薪俸 7 200 元，官方一个不给。在几经争取无效后，郑愤慨地说：“窃思专制之严，功臣如猎狗，不为人烹已属幸甚，何敢再辩！”②商务出身的郑官应显然斗不过庞大的“官”势。

郑官应的另一个不成功的奋斗是力主商办、反对官办和官督商办。斗争的焦点是承不承认商人私有财产的权利，以及基于这种权利而产生的对自己财产的支配权和管理权。中国 19 世纪末叶举办的一些有关国计民生的大企业，差不多都在官办、官商合办、官督商办、商办等几个泥坑里来回折腾过，但是翻来覆去就是翻不出一个真正的商办来。洋务派早期创办的军事工业，由于管理腐败，实在撑不下去了，产生民用企业的“官督商办”形式③。虽是“官督”，毕竟出现了“商办”两字，按理说是向可喜的方向跨前了一步。它也确实对富有资财的商人具有一定的吸引力。其实当时官商之间都各有打算，李鸿章想借助于这种形式招纳他当时最需要的两种东西：资金和具有管理技术的人才。商人也对“官督”存有幻想，企图以它作为护身符，抵御封建专制，在发财致富的道路上来一个突破。郑官应就是最初对“官督”具有

① 《增订新编》第 3 卷，第 10—12 页。

② 《后编》第 12 卷，第 26 页。

③ 官督商办的历史背景及利弊等，不赘述，请参阅拙文《论晚清的官督商办》，载《历史学》1979 年第 1 期。

很大幻想的人。在《救时揭要》中他已经设想:“诚能尽祛其畏官之隐衷而予谋生大道,则凡闽省之盐商,上海、宁波之号商皆可罗而致也。”[①]“官督商办”实际上已经呼之欲出了。他在《盛世危言》中又多次说,“官督商办”以后,可以收商人集资经营之利,又可借“官威”阻止土棍捣乱,抵制吏役的需索,这样“上下相维,二弊俱去”[②],实在是再理想不过的了。但实践的结果,使郑官应的幻想破灭。“官督”最厉害的两点是“官”尽管没有股份与投资,却把持了企业理财、用人之权。这些被官札委的督、总、会办和委员等并不是企业家,也不懂得如何经营近代企业,一切以官派行之,把企业变成了衙门。用郑官应的话说,他们“只知假公济私,通同作弊,昔本穷汉,今成富翁,起居拟于王侯,锱铁等于泥沙……股东势弱,敢怒而不敢言”[③]。有的利用理财权,既不与股东商量,对企业资金就滥施调用,扩充自己的经济势力(如李鸿章、盛宣怀等),结果戕害了企业发展的生机;有的甚至利用官督的权力擅自将厂矿盗卖给外国资本家(如张翼盗卖开平给英国资本集团)。郑官应在他的庚子八卷本的《盛世危言》中对乙未十四卷本的“商务(二)”进行了大量的修改(由190余字增至250余字),几乎完全重写,修改的重点就是申诉商股无权,揭发官方札委的官老爷“位高而权重,得以专擅其事,假公济私,〔商股〕位卑而权轻,相率听命,不敢多言”[④]。这种封建把持的局面当然会损害投资人的利益。郑官应自己买的冕宁和建平金矿股票,“十年本利无着”,他说“究其故,非矿不佳,乃官督商办用人不善所致也”[⑤]。“官督”的封建戕害与腐蚀作用,把“官督商办”弄得声誉扫地,商人视为畏途,结果“华人相信洋商,不相信官督商办”[⑥]。“官督商办”企业当初吸收商人资金的魅力已经没有了。

有的同志对19世纪70年代出现的一些近代企业给予很高的评价(包括

---

① 《揭要》,《论中国轮船进止大略》(无页数)。
② 《增订新编》第4卷,第19页。
③ 《后编》第6卷,第10—11页。
④ 《增订新编》第3卷,第8页。《庚子八卷本》第五卷,第八页。
⑤ 《后编》第11卷,第31页。
⑥ 《后编》第12卷,第5页。

对支持创办这些企业的李鸿章的评价)。诚然,在那个年代,出现了这些带有资本主义性质的企业(差不多都是官督商办),是历史的一个进步,不应轻易否定。但也应该看到,当时“官”与“商”的矛盾,即封建主义控制资本主义的矛盾,不但存在于企业外部,而且通过官督商办的形式引进了企业的内部,这就使得这些带有资本主义性质的企业虽然出现了,却是很畸形的,带有根深蒂固的内在缺陷并由此产生了一些不利于资本主义发展的因素,其影响所及,甚至对企业内外的资本主义发展起了遏制作用。

郑官应晚年慨然浩叹“名为保商实剥商,官督商办势如虎,华商因此不如人,为丛驱爵成怨府”①。这是大家所常引用的公认是郑官应晚年对官督商办的总结。他还说:“官应虽不敏,然经营商务垂数十年,颇知其故。查中国之所谓大公司者,唯电报局、轮船招商局、开平矿务局,表面观之,畴不谓成效大著,差强人意。设纯粹商办而非官督商办,则其收效果宁有涯矣。盖官督商办者,既有委员监督,而用人之权操自督办,股东不能过问。……呜呼!以办有成效之三公司犹以官督商办之故,不能与泰西竞争于世界舞台,此中国之所以日居退败也。”②郑官应在这些官督商办企业中历任总办、会办、帮办,关系很深,同官督商办打过几十年的交道,他的看法,应该是可信的。还值得注意的是,中国的资产阶级改良主义者,从何启一直到梁启超,没有一个不对官督商办采取严厉的批判态度。郑官应曾说:“何沃生《新政真诠》论官督商办公司不善,列陈一切利害如数家珍,可谓纤悉靡遗。”③一直到民国元年,人们还在说:“数十年以来,商办之公司其内容之腐败,弊窦之丛集,如满清之衙门。然若何故耶?曰:无他,商办而官督之弊也。”④

通过实践,逐渐认识到“官督商办”的弊害以后,郑官应倾注他的感情到“商办”上面,而且越来越坚定。乙未十四卷本《盛世危言》只说“开矿之事似

① 《诗草》卷二,第29页。
② 《后编》第8卷,第43页。
③ 《后编》第8卷,第49页。
④ 《民强报》,民国元年九月九日,第1页。

宜商办"，在庚子八卷本则改为"开矿之事宜商办"，删掉了"似"字。作者的字斟句酌，说明了思想发展倾向[①]。但清政府在它覆灭的前夕，仍然死死抓住官督商办不放。1909年，邮传部硬要把招商局的"商办"两字去掉，成为一个更纯粹的"官督"企业，说什么招商局的"完全商股与完全商办不同……尤未便以完全商股混入完全商办"[②]。推行这种混账逻辑的目的，无非是想去掉"商办"，把招商局这块肥肉通过"官督"的渠道直接纳入邮传部的荷包，这自然是倒退，在商股中引起了一场轩然大波。郑官应在《隶部章程》上签注说，邮传部这种做法是"削股东之权，寒股东之心。权与利相因而至，未有事权失而利益大也"[③]。他以70岁的高龄仆仆往来于京沪道上，又是登报，又是开报告会，又是向北京请愿，要求承认招商局是"完全商办"的官督商办。他的努力起了一些作用，但由于他自己和时代条件的限制，他没有也不可能真正动摇根深蒂固的中国封建势力。到80岁时他还在哀叹："南北东西独远行，历挽商权原鹿梦。"[④]

总的来说，郑官应在要求发展资本主义的理论中，没有拿出更有力的武器，他在整个国民经济中还是比较突出地强调商业的地位，把商业的让渡利润当作财富的主要来源，基本上没有超过重商主义的水平[⑤]。同后来的康有为、梁启超一样，在郑官应的经济政策中，农业是一个薄弱环节，只提垦荒、水利、使用机器和化肥，这些冯桂芬早就讲过了。他对农业中的核心问题——土地问题基本上采取了回避的态度。此外，由于他同洋务派的关系密切，在发展资本主义的设想与方案中，在思想上难免受到洋务派的影响，在行动上也受到他们的限制。这就使他的理论和实践存在着很大的局限性。但是从19世纪60、70年代起，他就响亮地提出发展资本主义的口号，

---

① 《增订新编》第8卷，第19页。《庚子八卷本》第6卷，第52页。

② 《商办轮船招商公局股东签注部批隶部章程》第3页。以下简称《隶部章程》。

③ 《隶部章程》第42页。

④ 《唱和集》第1页。

⑤ 郑官应也很崇拜代表新兴资产阶级利益的经济学家亚当·斯密，说他"才优识广，见理极明"（《增订新编》第6卷，第8—9页）。但郑是否真正弄懂了亚当·斯密的理论则很难说。

而且终生不渝地为这一理想而奋斗，这是难能可贵的。

六、 封疆大吏的“槃槃大才”

1906年岑春煊奏留郑官应总理商办粤汉铁路公司时，说郑官应“迭经曾国荃、左宗棠、李鸿章、彭玉麟、刘坤一、王文韶、张之洞、盛宣怀诸臣奏调委用，各省疆吏争相倚任，交章荐保，曾奉旨嘉奖”①，其实，在这一名单后还可以加一长串王公贵族和封疆大吏的名字，如醇亲王、胡聘之、邓华熙、王之春、林肇元，等等。难怪盛宣怀要称誉郑官应为“槃槃大才，中西兼贯”②了。

那么这些封疆大吏看中了他哪一点呢？

李鸿章说他：“才识兼优，条理精密，久为中外商民所信服。”彭玉麟看中他：“明干有为，熟谙洋务。”邓华熙奏保他“深谙洋务，志虑忠诚。”胡聘之赞赏他：“志趣广远，才识优长及通达时务。”盛宣怀评价他：“一清如水，刚健不阿，于洋务、商务均能悉心研究。”③归纳起来看，最主要的恐怕是因为郑官应是一个“深谙洋务”和“通达时务”的人才。在当时，像这种坐能言、起能行的洋务人才还不太多，于是他就作为“洋务技术人员”被各方争相罗致了。

郑官应是一个过渡性的人物，尽管他是一个著名的资产阶级改良主义者（这是我们后人送给他的称号），他毕竟生活在半殖民地半封建社会逐步形成的时代，由于他自身的封建思想和习惯势力的影响，也由于在官场和商场中周旋取得较有利的身份，他曾三次捐官（1869、1870、1875年），由员外郎而郎中，最后弄到一个候补道，再由三品衔晋为二品顶戴。在80岁的诗集里，他一开始用几句话勾画了他一生的事业，“初服贾于船业，旋从戎于粤防，侦敌西贡，备兵江左”④，对从政生涯似乎颇沾沾自喜。

说到郑官应的后台，不能不提到盛宣怀这个中国近代史中的很复杂的

---

① 《后编》第9卷，第50页。

② “盛档·盛宣怀致郑官应函”，光绪三十三年二月二日（1907年3月15日）。

③ 《后编》第7卷，第5、6页；第4卷，第20—21页。“盛档·郑官应致盛宣怀函”，光绪二十三年十月十二日（1897年11月6日）；“盛档·盛宣怀致郑官应函”宣统三年（1911年），附件。

④ “盛档·郑官应致盛宣怀函”，光绪九年十月二十七日（1883年11月26日）；《侍鹤山人唱和集》辛酉（1921年）沪北公学同人校刊本，第1页。以下简称《唱和集》。

人物。盛宣怀曾经说过，他自己“从事轮、电、路矿垂四十年，与陶斋共事最久，相知亦深”①。郑官应从19世纪70年代末到80年代初由于办理赈务就认识了盛宣怀，从此两人的关系越来越密切，一直持续到1916年盛宣怀去世，可以说友谊交往将近四十年，历久不衰。他们俩的关系，总的说起来是封建性的利害关系，分开讲是僚属关系、派系关系、相互依赖关系。从郑、盛关系中可以从一个侧面反映出郑官应的面貌，有助于我们对他的理解。

首先是僚属关系。郑官应1882年进招商局(以后又几次进出)在此前后进入电报局、纺织局、汉冶萍、铁路总公司等，都是盛宣怀的僚属。这种僚属关系，随着盛宣怀的官运日隆和郑官应的景况日蹙，变得更加定型了。在19世纪80年代和90年代的往来信函中，郑官应对盛宣怀基本上是平辈称呼(“杏荪仁兄大人”，“弟郑官应顿首”，等等)。大体上从90年代末开始，称呼已经明显地有尊卑之分了(“毗陵宫保我师钧鉴”，自称“门下士”，“职道”，等等)②。郑官应为人较耿直，事业心较强，敢于在企业中“锄奸，剔弊”③，不怕得罪人，也较为清廉(除在织布局出过毛病以外，尚未发现其他重大贪污弊端)，而且懂行。盛宣怀遇到棘手的问题总是找他。张之洞把汉阳铁厂移交给盛宣怀时是一个烂摊子，是郑官应理出一个头绪来的。招商局是一个官督商办积弊很深的老大难，盛宣怀曾经说过：“招商局非陶斋入局整顿不可。”④而郑官应对盛宣怀也很钦佩，把自己推广商务的理想寄托在盛宣怀身上。1896年盛宣怀当上了铁路督办以后，郑官应写信说：“窃我公欲立非常之功，有关国运，不知天意如何？唯不避艰险，苦心孤诣，实令人钦佩无已。”⑤电报局、招商局、汉冶萍等企业先后都能有所发展，同两人始终融洽的僚属关系是分不开的。

---

① 《诗草》参言，第1页。

② 辛亥革命后，一度改称盛宣怀为“止斋先生”、“止叟先生”，自己署为“待鹤谨上”或“待鹤山人”等。

③ “盛档·郑官应致盛宣怀函”，宣统二年三月十七日(1910年4月26日)。

④ “盛档·盛宣怀致林竹邻电”，宣统元年元月十五日(1909年2月5日)。

⑤ “盛档·郑官应致盛宣怀函”，光绪二十二年九月十九日(1896年10月25日)。

其次，派系关系也是他们之间的一个很强的纽带。盛宣怀同袁世凯虽都是李鸿章一手培植起来的，但两人关系势同水火。1902年袁世凯授北洋大臣以后，对招商局和电报局来了一个“一锅端”，一下子就把盛宣怀挤出来了（这是“官督”的威力，大官可以“督”小官）。袁世凯派系的人向来把郑官应看成是“盛党”或“武进党”（盛为江苏武进人），而郑官应自己也确是以“武进党”自居，在一封“阅后付丙”的信里，甚至说在梦中还觉得自己是“武进党”人①。在袁世凯以北洋大臣掌握招商局和电报局以后，对郑官应当然也不客气，多方排挤，甚至连车马费都扣留不发了，郑官应被迫离开招商局②。为了表示对盛宣怀的忠诚，郑官应在蛰居澳门时给盛宣怀的密禀中表示，决不依附袁世凯。他说：“袁宫保署北洋以来，党同伐异，职道固穷守节，安命待时，不献一策，不发一言。”③在招商局股东中向来分为以盛宣怀为首的“两江派”（江苏、浙江籍股东）和以徐润为首的“港粤派”。郑官应是广东人，但却是坚定的“两江派”，在争夺招商局的权力斗争中，他是站在盛宣怀一边对抗徐润的（徐润一度攀附袁世凯排挤盛宣怀及“盛党”诸人）。郑官应作为一个企业家，却深深地卷入政治派系的斗争中去了，这也许是封建社会的特点。

最后，郑、盛关系最根本的一条是两人的利害一致，相互依托对两人都有好处。郑官应在织布局案受到牵累和袁世凯掌握北洋后，曾两度蛰居澳门，想从此隐退，又因“家贫亲老”，欲罢不能，公私交迫，很是狼狈。这两次都是盛宣怀拉了他一把，使他能渡过难关，东山再起。所以郑官应后来对盛宣怀说：“感激之私，沦肌浃髓”④。后来山西巡抚胡聘之奏调郑官应到山西开矿，郑想留在江南有所作为，很想不去，又由盛宣怀呈北洋会衔奏留。郑感激之余说：“从此益当懋勉从公，夙夜匪懈，以副明公倚畀至意”⑤。盛宣怀则是利用郑官应的忠诚来巩固自己在企业中的地盘。郑官应熟悉商情、洋

① “盛档·郑官应致盛宣怀函”，光绪二十九年十一月一日（1903年12月19日）。
② 《后编》第4卷，第32页。
③ “盛档·郑官应致盛宣怀函”，光绪二十七年十月二十九日（1901年12月9日）。
④ “盛档·郑官应致盛宣怀函”，光绪十一年四月十七日（1885年5月23日）。
⑤ “盛档·郑官应致盛宣怀函”，丁酉十月晦日（1897年11月23日）。

务，所以企业中有关洋务的差事，盛宣怀对他是备加倚畀的，如电报局与大北、大东订合同，中法、甲午战争局船的换旗，与太古、怡和订立齐价合同等同洋人打交道的事也只有郑官应才能胜任。他们两人总是不失时机地利用职权做一些私人经营，如1897年在"彼此均不声张"的约定下，购进汉口铁路车站附近的地皮。甲午战后，外人可以在华设厂，1898年吴淞自行开辟为商埠后，他们预见上海地价会猛涨，私托招商局专管地产部的洋人密尔顿在吴淞、杨树浦、虹口一带抢购了一批土地①。盛宣怀后来在《苏报》上公开声称"杏荪与郑毫无私谊，乃道义交"②，恐怕用的是障眼法。

郑官应虽与封疆大吏的关系很深，但从未被封建朝廷重用过。正像他的知交何卓勋说的："先生抱救时之略，怀济世之才，虽曾为当道诸巨公所赏识，而不能大行其所学。"③使用而不倚重，这大概就是一个资产阶级改良主义者在中国这样的封建社会的必然遭遇吧。

七、坎坷的岁月，潦倒的晚年

1885年郑官应在蛰居澳门时，曾经说："侍鹤年逾不惑，备极轗轲，静而思之，惟有自悼。"④一个正当壮年的人，说出这样的话，显得有些消沉。但事实确是如此。从他一生看，他的事业的高峰是在1880—1883年。1880年李鸿章认为他"公正廉明，稳练精细，众望尤服"⑤，起用他为织布局总办，次年又札委为上海电报局总办，再次年札委为轮船招商局帮办。1883年因劝捐山东赈款得力，光绪帝传旨嘉奖；同年，醇亲王委派他驻沪采购枪械。真是身价百倍，红极一时。但是从1884年起，他就开始走下坡路了。以后，虽迭有起伏，但从未得意过。到60岁时，自己总结为"茫茫尘海一任升沉，碌碌浮生毫无建

---

① "盛档·郑官应致盛宣怀密函"，丁酉五月二十一日(1897年6月21日)；光绪二十四年闰三月十七日(1898年5月7日)；光绪二十四年四月一日(1898年5月20日)。

② 《不平则鸣公启》，《苏报》，光绪二十三年二月十四日(1897年3月16日)。

③ 《诗集》，第8页。

④ "盛档·郑官应致盛宣怀函"，光绪十一年四月十日(1885年5月23日)。

⑤ 《后编》第7卷，第5页。

树”[①]。自此以后，晚景更为凄凉。郑官应坎坷的一生有他自己应负责的原因，但总的来说，封建社会的压抑是主要原因。具体说，他有以下一些不幸的遭遇。

首先是织布局案与太古追赔。郑官应总办(商务)织布局期间，曾将收到的股金押放生息(借款人有不少是织布局的股东，抵押品就是他们自己的织布局股票)；后因支付机器、地价等开支，郑官应又用织布局股票(并没有被认购的空头股票，实际上有点类似由织布局签发的公司债)向其他行庄押借现金(14 万两票面额的股票，押借 7 万两)。中法战争期间，上海市面大坏，银根紧，股票跌，于是织布局的放款收不回，借款还不出，形成亏损倒挂的局面[②]。1884 年初，郑官应奉彭玉麟奏调到广东参加军务后，李鸿章就叫盛宣怀来收拾残局，后又札委经元善、邵友濂、马建忠来清理，清理中发现另一位总办(官务)龚寿图挪用局款 8 000 两，经元善一个报告打到李鸿章那里，要求龚寿图及时归垫。这位候选道龚寿图也不甘示弱，禀报李鸿章，将织布局内幕和盘托出，并将责任全部推到郑官应身上。于是李鸿章雷厉风行，移咨彭玉麟要郑官应立即回沪清理，被彭玉麟顶回去了。据郑官应向盛宣怀说，这件事是龚寿图“只知诿过罗织，徒欲置弟于死地”[③]。此案后来由郑官应赔出 2 万两结案[④]。郑官应在《盛世危言》中承认自己“失察”[⑤]。但是在他写给盛宣怀的信中屡次说“一端不谨，万事瓦裂”，“惭恨悔惧，百端交集”[⑥]，联系到别人指责他利用股金拆放牟利，恐怕不是没有根据的。祸不单行的是，由郑官应等三人作保的一个太古洋行的买办杨桂轩，亏空 10 万两，太古洋行向郑官应追赔(因其他两个保人无力赔偿)，并趁郑官应在香港代彭玉麟租船、购械时，向香港英国法院控告，经法院判定，无力赔款即判刑一

① 《偫鹤山人六秩寿诗唱和集》上卷，第 1 页，小序。

② “盛档·郑官应致盛宣怀函”，光绪十年一月二十九日(1884 年 2 月 15 日)。

③ “盛档·郑官应致盛宣怀函”，光绪十年十一月二十九日(1885 年 1 月 14 日)。

④ 《不平则鸣公启》，《苏报》，光绪二十三年二月十四日(1897 年 3 月 16 日)。

⑤ 《庚子八卷本》第 8 卷，第 16 页。按：关于织布局案的叙述，在 1895 年的《增订新编》中是没有谈到的，到《庚子八卷本》才补进去。

⑥ “盛档·郑官应致盛宣怀函”，光绪十年一月二十九日(1884 年 2 月 25 日)；光绪十一年四月十日(1885 年 5 月 23 日)。

年。看来郑官应是被拘留了一段时间的，他向李金镛的求救信中说："弟在网中，鱼雁难传。"①郑官应本来想宣告破产了事。后经朋友从中斡旋并保证分期赔款，又因身体有病，才交保出来，脱身回澳门。一波未平又起一波，由郑官应合伙开设的仁泰昌号被债务人泰吉庄控告亏欠不还(据说约 10 万两)，郑官应是头面人物，而且表示过愿出面了结。于是泰吉号由广东巡抚关提控告到两广督辕，郑官应只得认赔了事②。这些倒霉的事，在一个短时间内(1884 年下半年到 1885 年上半年)接二连三地找上来，使郑官应在经济上受到很大的打击，窘态毕露。比经济上的损失更重大的是名誉上的损失。他悲叹地说："惟今身败名裂，不足取信于人，虽到处乞怜，终难应手。"③可以说，看尽了世间的白眼。平心而论，郑官应在织布局案所应负的责任肯定比"失察"要严重得多。但是这一问题闹得这么大，追得这么凶，还有更复杂的原因。错综复杂的官商矛盾(官务总办龚寿图与商务总办郑官应的矛盾)及湘淮矛盾(彭玉麟与李鸿章的矛盾)都使得织布局案更加复杂化。郑官应则成为这些矛盾相互倾轧的一个主要的受害者。

第二个使郑官应日益消沉的原因，是他的经济情况每况愈下。封建社会也是商品社会，特别是晚清年代，连道员都可以用钱买，官衔实际也商品化了。李鸿章之所以极力把唐廷枢、徐润、郑官应等人拉进洋务企业，一个很主要的原因是看中了他们的钱袋。所以经济情况的好坏，常常是当时一个商人、买办攀附权贵向上爬的一个重要条件。国外有些学者认为郑官应在买办期间就积累了巨额财富，变成了"暴发户"④，并且根据 1906 年《香港华字日报》的记载，说郑官应是当时粤汉铁路两个最大的股东之一⑤。我觉

---

① "盛档·谢家福致李金镛函"，光绪十一年二月十三日(1885 年 2 月 29 日)，附件：《郑官应致李金镛函》。

② "盛档·郑官应致盛宣怀函"，光绪七年十一月二十九日(1885 年 1 月 14 日)。

③ "盛档·郑官应致盛宣怀函"，光绪十年十一月二十九日(1885 年 1 月 14 日)。

④ 郝延平："郑官应：买办改良家"(The Comprador as Reformer)，《亚洲研究季刊》(*The Journal of Asian Studies*)第 29 卷，第 1 期(1969 年 11 月)，第 16 页。

⑤ 郝延平：《十九世纪的中国买办：东西间桥梁》(*The Comprador in Nineteenth Century China: Bridge between East and West*)，哈佛大学出版社 1970 年版，第 132 页。以下简称《十九世纪的中国买办》。

得这些评述似还值得商榷。郑官应在招商局肯定是有股份的[①],但从现在已发现的材料来看,他的投资并不大,约 275 股[②](这在 4 万股中只占很小的比重)。电报局投资约 200 股(9 000 两)[③]。估计他在织布局的投资是不会多的。因为织布局资本虽号称 100 万两,却是分两期收款,第一期 50 万两,又只收半数(25 万两);后来暴露,这 25 万两也并未收足,只实收了 11 万两。有人说郑官应投资织布局 10 万两,看来不大可能。在汉冶萍的投资 100 股(约 5 000 两),还是由盛宣怀垫款代购的[④]。郑官应在杨树浦曾购地 30 亩(连涨滩约 50 亩),估计值 5 万两,这块地在郑官应离沪赴粤期间由龚寿图擅自划归织布局了(可能郑在购地时挪用或部分挪用过局款),郑只得"将原契检出持赠织布局"[⑤]。郑官应在招商局的薪水收入连补贴花红约 6 000—9 000 两[⑥],他自称:在上海商界要混得体面一些,每年至少要 4 000 两左右[⑦]。因此,薪水所得,剩余无几。织布局、太古、仁泰昌的赔款好几万两,对郑官应的经济是一个很大的压力,在赔款中有一部分是朋友(谢家福等)替他请会凑款,帮助解决,等于是救济性质[⑧]。综上所述,似乎可以这样讲,郑官应从一开始就不是像徐润那样的资产雄厚的"暴发户";以后,特别是 1884 年以后,他一直在"清贫"中过日子,不可能成为粤汉铁路的两个最大的股东之一。他的每况愈下的经济情况,在那一个"唯财是问"的势利世界,只有成了"时流所讥笑"的对象,再也不能振发有为了。粤汉铁路总办下台以后,郑

① 郑官应进招商局时曾对唐廷枢说:"弟承不弃,且占股份,敢不勉竭驽骀。"《后编》第 7 卷,第 1 页。

② "盛档·郑官应致盛宣怀函",宣统三年四月八日(1909 年 5 月 26 日)。这是在 1909 年招商局董事会选举前检验股票的数字,当较可靠。

③ "盛档·郑官应致盛宣怀函",光绪八年三月十九日(1882 年 5 月 6 日)。在这封信里,郑官应附汇票 9 000 两,讲明是认购电股 200 股。

④ "盛档·郑官应致盛宣怀函",宣统二年三月七日(1910 年 4 月 16 日)。

⑤ 《庚子八卷本》第 8 卷,第 16 页。

⑥ "盛档·唐廷枢、徐润致郑官应函",光绪七年二月二十六日(1881 年 3 月 25 日)。"盛档·经元善致×××函"光绪二十三年十月八日(1897 年 11 月 2 日)。

⑦ "盛档·郑官应致盛宣怀函",宣统二年三月七日(1910 年 4 月 16 日),内有"官应携妾驻沪,如顾体面,岁非二三千不敷"等语,后实践证明岁须四千金。

⑧ "盛档·谢家福致李金镛函",光绪十一年二月十三日(1885 年 2 月 29 日)。

官应一直想要“遁迹潜修，务探真谛”[①]，这种心情是完全可以理解的。

第三个使他日益消沉的原因，是他的理想与抱负从未实现。郑官应从年轻时代起就有匡时济世的雄心，特别是看到国家面临瓜分的危机，更是愤世忧时，但始终没有一展抱负的机会。《盛世危言》问世，虽也曾热闹过一阵子，但也只是交口称誉而已（当然诋毁的人也所在多有），既没有起用他，也没有认真贯彻他的主张和方案。甲午后，他悲愤地说：“鬓斑心益壮，血热语嫌频，……何日逢知己，乘时荐国宾。”[②]1898年安徽巡抚邓华熙是推荐了他，但也从未被朝廷作为“国宾”引见过。他曾多次上书，都像泥牛入海无消息。

随着他自己的景况不佳，胆子也越来越小。1900年容闳、严复请他参加创办“中国议会”团体，他恐怕又招毁谤，拒不参加[③]；1910年写了《论共和》一书，专讲开国民大会，又恐犯忌，不敢问世。他自己声称已成“惊弓之鸟”，要做到“三缄其口学金人”[④]。同他早年《救时揭要》中所说的“天之降灾，人不得而禁之；人之弭灾，天亦不得而持之”[⑤]的人定胜天的豪气相比较，真是有天壤之别了。他终生为之奋斗的发展资本主义的商办理想，到了晚年，清政府却反其道而行之，一个一个地要收归官办。这个“倒车”他在感情上是受不了的。但他人微言轻，除了不问世事，遁迹深山外，似乎也没有更好的办法。民国以后，虽然改朝换代，但根深蒂固的封建势力却以另一种形式表现出来，资本主义的发展仍受阻碍。这时，民国时代的郑官应仍坚持“强始于富，富始于振兴工商”，并且讽劝北洋政府“宜对资本工商鼓励提倡，而不当肆为摧挫”[⑥]。在19世纪90年代，郑官应曾满怀信心地说，以中国幅员之广，人才之众，“何难驾出西人之上哉”[⑦]。历经清、民两代，他不得不说：“现

① “盛档·郑官应致盛宣怀函”，光绪三十三年一月十九日（1807年3月3日）。

② “盛档·郑官应未刊信稿”残页，第38页（铅印）。

③ “盛档·郑官应致盛宣怀函”，光绪二十六年七月五日（1900年7月30日）。

④ 《后编》第3卷，第28页。《盛档·郑官应致盛宣怀函》，光绪二十三年九月十九日（1897年10月14日）。

⑤ 《揭要》第23页。

⑥ 《后编》第7卷，第32—33页。

⑦ 《盛世危言》光绪乙未（1895年）夏月上海古香阁版（五卷本）第1卷，以下简称《乙未五卷本》。

工商业之一大阻力即在官场矣！中国人企业心不亚欧美人，苟非官场作梗，则工商发达岂可限量！”[1]经过几十年的演变，归根到底，还是一个官商矛盾，即封建主义与资本主义的矛盾，这就是他的总结。

郑官应生活在一个新旧交替的时代，这就造成了他这个人物的复杂性。我们不能说他是一个双重人格的人，但他的内心世界和言行之间，的确存在着严重的矛盾冲突。

郑官应是矛盾的时代的产物。他自称“涉足孔孟之道，究心欧美西学”[2]，这一“涉足”不能不在他思想上产生影响。几千年来名教学说的浸渍，所谓“君臣之义已定，天泽之分难越”的观念在郑官应思想深处看来是根深蒂固的，他终生不敢越出“君主立宪”一步，恐怕与此有关。还应该看到，当时中国的封建势力虽已是强弩之末，但有时却是难于逾越的。在一次御前会议上，荣禄、王文韶奏对时说：“富强之道不过开矿、通商、练兵、制械，其他大经大法，自有祖宗遗制，岂容轻改。”[3]这种“大经大法”虽看不见，摸不着，但其影响很大。使郑官应左右摇摆以及内外（前后）矛盾的一个重要原因，是他的软弱的地位。作为一个商人，他之所以为人倚重，主要是靠他那么一点“熟悉洋务”的本钱。对上他不敢多所拂逆，只能基本上顺着上面的意志干。他虽是招商局的股东，以候补道的衔头当上招商局的总会办等，其实地位是很脆弱的。假使他自不量力，敢于较量，李鸿章一个喷嚏就可以叫他“摇落”于不测之地。1897 年郑官应坚决要离开汉阳铁厂，其中一条理由就是，他曾经“直言汉厂之失”触犯了张之洞。郑官应忧心忡忡地说：“恐将来或加以不测之祸，用泄其忿。”[4]他为了保护自己，有时就沉默，有时就转弯抹角提意见，有时也说一些违心的话奉承敷衍。在同时期的资产阶级改良主义者中，郑官应还是敢于直言和勇于揭露的，但是他同冯桂芬一样，惧祸的

---

① 《后编》第 7 卷，第 33 页。

② 《后编》第 4 卷，第 15 页。

③ 费行简：《慈禧传信录》。

④ “盛档·郑官应致盛宣怀函”，光绪二十二年十二月一日（1897 年 1 月 3 日）。

心理也很严重。郑官应的软弱还表现在他拿不出更有力的思想武器，在那时要真正同封建主义斗，他手里那点“西学”是不够用的，资产阶级上升时期的哲学、伦理学、政治经济学，他也许有所接触，但没有认真学过。一直等到严复系统地介绍“西学名著”，中国资产阶级才掌握了更犀利的思想武器。因此，郑官应的理论常常显得不大成熟，软弱无力，自相矛盾，这是时代的限制。正如恩格斯所说的：“不成熟的理论，是和不成熟的资本主义生产情况，不成熟的阶级状况相适应的。”①这本来是恩格斯就空想社会主义而言的，但用来分析中国近代早期的资产阶级改良主义的思想，也很中肯。

郑官应虽是买办出身，但比起两眼只看见铜钱的徐润要高明多了。而且郑官应的言行证明他已从买办的队伍中转化出来，并且已与买办的立场决裂，成为买办的对立物了。因此，我不太同意有些国外学者把郑官应的一段买办经历同他作为一个资产阶级改良主义者混同起来。这样的混同会导致出“买办的资产阶级改良主义者”这样一个不恰当的名称。②

郑官应具有其他的资产阶级改良主义者的共同弱点（对封建主义的依赖，对洋务派的幻想，对帝国主义的幼稚认识，在一定程度上把“道”加以绝对化，害怕人民的力量，等等），但郑官应是最早提出政治改革的人；他的发展资本主义与挽救国家危亡相结合的设想，符合当时的历史潮流；他的思想格局的高度和对封建主义揭露的深度，在19世纪60、70年代也是独具胆识的。由于时代的限制，他既不可能成为岩崎弥太郎，也不可能成为福泽谕吉。但是他毕竟是中国的郑官应。他的思想光彩曾经是中国新兴资产阶级行将与封建主义进行全力搏斗的信号。郑官应的事业是失败了，但是作为一个历史人物，他仍然留下了值得我们今天继续研究和探讨的问题，并从中引出应有的历史教训。

（原载《历史研究》1982年第1期）

---

① 《马克思恩格斯全集》第20卷，第283页。

② 《十九世纪的中国买办》，第206页。

论徐润

徐润(1838—1911 年),字雨云,别号愚斋,广东香山(今中山)山岭乡人。家境贫寒。

咸丰二年(1852 年)时,徐润随他的四叔徐荣村从澳门来上海。因伯父徐钰亭原是上海宝顺洋行(Dent & Co.)的买办,所以他不久就进入宝顺洋行当学徒,学看丝茶①。郑观应、容闳都曾和他在行内先后同事。咸丰六年(1856 年),他被提升为买办间的副账房。不久,徐润开始有了积蓄,一面任买办职务,一面与人合伙自营生意。咸丰九年(1859 年),与业师曾寄圃等人合开"绍祥字号",包办各洋行丝茶和棉花生意。并与他人合股开设"敦茂钱庄"。咸丰十年(1860 年),徐润在温州开办"润立生茶号",由于经营茶叶获利丰厚,又与人合股在河口开办了"福德泉"、"永茂合"、"祥记"等茶号,并与汪乾记在宁州各地合作经营茶叶生意②。徐润发家之快,是和他参与宝顺洋行鸦片和丝茶买卖分不开的。在上海开埠初期,宝顺洋行是上海的大洋行之一,它在烟台、天津、牛庄和日本的横滨、神户都设有分行,并且最早从事长江贸易,获利极丰。当时该行靠买办把鸦片、布匹等从上海贩运到苏州及长江口岸进行销售;同时,在当地收购丝茶运回上海③。徐润的商号和茶号就是替该行代办上述业务。与此同时,徐润还积极为宝顺洋行开拓我国北

①② 徐润:《徐愚斋自叙年谱》。

③ 郝延平:《十九世纪的中国买办——东西间桥梁》(*The Comprador in Nineteenth Century China: Bridge between East and West*),第 82 页。

方口岸和日本的贸易，因此得到了洋行大班韦伯的赏识。咸丰十一年(1861年)，宝顺洋行副买办曾寄圃去世后，徐润被提拔担任该行的副买办，一跃成为总行中“华人的头目”①。徐润在担任副买办的同时，继续经营自己的买办商业，除丝茶、鸦片外，还经营烟叶、黄白麻、桐油、白蜡以及日本海货等，只要有利可图，样样都做。此外，还与人合伙开设钱庄、当铺等。这样，他既以买办商人的身份通过贱买贵卖的方式向洋行出售农副产品，又以买办的身份来媒介这些生意并从运销鸦片中获取“佣金”。

徐润投身买办行列，从事经商时，正值鸦片战争后，中国对外贸易重心北移，上海在丝、茶、棉织品、鸦片等贸易方面，已逐渐超过广州。在上海地区，洋行林立，买办蜂起。由于受太平天国运动的冲击，江南大批地主、富商涌进租界。咸丰三年至同治四年(1853—1865年)，上海租界人口由500人猛增到148 000人②，十里洋场开始形成。王韬说：这时“沪埠百货阛集，中外贸易，唯凭通事一言，半皆粤人为云，顷刻间，千金赤手可致”③。徐润就是这一类“粤人”。在十年左右的时间，他已经积累了相当可观的财产。同治二年(1863年)以后，徐润开始大量投资于房地产业。同治七年(1868年)，徐润脱离了宝顺洋行，自设“宝源祥茶栈”，并以此为基地扩展了他自己的事业。从此，他结束了正规的买办生涯，以独立商人的身份经营商业和投资。到光绪九年(1883年)中法战争前夕，他的个人资财已达3 409 423两(其中房地产占2 236 940两，股票投资823 912两，典当架本348 571两)，仅房地产一项，每月收入可达122 000余两④。这时，徐润已俨然成为上海滩饶有资产的富商之一了。

同当时一些买办出身的商人一样，徐润也不断地纳资捐官，想挤身于官

---

① 《徐愚斋自叙年谱》；赖特：《对香港、上海和中国其他条约口岸廿世纪的观感：它们的历史、人民、商业、工业和资源》(*Twentieth Century Impressions of Hongkong, Shanghai, and Other Treaty Ports of China: Their History, People, Commerce, Industries and Resources*)，第556页。

② 邹依仁：《旧上海人口变迁的研究》，第90页。

③ 王韬：《瀛壖杂志》卷一。

④ 《徐愚斋自叙年谱》。

绅之列。同治元年(1862年),开始捐纳监生,以后又捐得员外郎、郎中。到光绪二年(1876年),捐得道台①。与此同时,他也从事一些慈善赈济活动,先后任仁济医院、辅元堂董事,还同胡光墉、盛宣怀等同办赈济,以绅商名流身份结交官宦。在清军镇压太平天国的过程中,他不仅自己"毁家助饷",还积极为李鸿章"转输"军火粮饷②。作为一个买办富商,徐润逐渐为李鸿章所赏识,铺平了走向洋务派所创办的"官督商办"企业的道路。

同治十一年(1872年),李鸿章在上海创办了第一个"官督商办"的民用企业——轮船招商局。在开创之初,李鸿章遇到了缺乏资金和管理人才的困难。于是,第二年就罗致了怡和洋行买办唐廷枢和徐润任招商局的总办和会办。这时,美商旗昌洋行(Rusell & Co.)的行东曾多方争取徐润到该行任总买办,但都被徐润拒绝了。他选择了以商股身份进入招商局的这一条路③。徐润进入招商局后,果然招揽了大批股本,他自己首先入股48万两,又从亲友中招来50余万两。在1882年招商局的200万两股本中,由徐润经手所招股本有一半左右。后来,又力主购买曾一度独占长江航运的美商旗昌轮船公司,并积极添置轮船,扩建码头、栈房,自保船险,开辟海外航线等。在任职十一年中(1873—1884年),徐润对带有资本主义性质的轮船招商局的业务开拓与发展作出过贡献。光绪九年(1883年),受中法战争的影响,上海经历了一次严重的金融危机。徐润经营的事业,摊子铺得太大,周转不灵,对外欠款200余万两,无法清偿。不得已,把自己全部资产由债权人处理抵偿,实际上是宣告破产。这时,徐润因资金短缺而挪用招商局的局款162 000两的事也暴露了。后虽以现金、股票、房产抵偿,基本了结④,但他的死对头盛宣怀(也兼任招商局的会办)却借端发难,向李鸿章密报,说徐润把招商局搞得"弊窦滋生,几难收拾"⑤,徐润因此被李鸿章斥革,脱离了招商局。一直到光绪二十七年(1901年),袁世凯掌握了北洋大权,为了要把宿敌

①②④⑤ 《徐愚斋自叙年谱》。

③ 1873年7月22日福士(F.B. Forbes)致罗斯(S.C. Rose)函,转引自郝延平:《十九世纪的中国买办——东西间桥梁》第29、142页。

盛宣怀排斥出招商局，于光绪二十九年（1903年）起用徐润为招商局会办，光绪三十二年（1906年）又提升徐润为代理总办。徐润大有卷土重来之势，但三十三年（1907年）又突然被袁世凯以办理财务“失算良多”为借口而免职。在官督商办企业中，徐润作为商股是无法与“官”权相抗衡的，因此虽“有怀莫白，徒叹奈何”①，也不得不接受指驳，不敢恋栈。从此，徐润完全脱离了三十余年与他有着密切关系的招商局。

同中国19世纪60年代的几位有名的买办出身的商人（如唐廷枢、郑观应）一样，徐润也是当时封疆大吏倚重的洋务人才。同治十年（1871年），曾国藩曾委托他办理挑选幼童出洋肄业的事务。清政府最早派遣留美的四批学生，他都参与挑选。光绪十三年（1887年）后，李鸿章、刘铭传、李瀚章等也先后委托他办理平泉、鸡笼、开平、贵池、天华等矿务。但由于客观条件的限制，他在矿务事业中并未有所作为。到了晚年，徐润转而投资民族工业，光绪二十八年（1902年），徐65岁时，与人合办景纶纺织厂（织造线袜、汗衫等），到光绪三十四年（1908年），景纶纺织厂改为徐润独资经营②，这是一家我国早期民族资本的织袜衫厂，它的产品曾行销南洋一带。

宣统三年（1911年），徐润在上海去世，年74岁。著有《徐愚斋自叙年谱》一卷。

（摘自戴逸、林言椒主编《清代人物传稿》下编，第1卷，第356—360页，辽宁人民出版社1984年版，本文与王邦宪君合作，承邦宪慨允收入本书。）

---

①② 《徐愚斋自叙年谱》。

一代宗师陈翰笙

一

陈翰笙是我国著名学者。他的著作至今为国内外学者所重视。他又是一个积极投身于革命的革命家。现代中国的一些著名的历史事件,如反军阀的运动、反国民党政府的保卫民主运动、支援抗战的工业合作社运动,等等,都是同他的名字有联系的。陈翰笙曾先后在国内外著名大学执教,他是一个热爱青年、哺育后进的革命前辈和博学长者。他永远都是那样平易近人,千百个受过他熏陶的人,没有一个不被他质朴谦逊、谆谆善诱的风度所感动。一直到今天,虽已年近九十,目力衰退,但仍然不辞劳苦地把设帐教学、哺育青年看成是他应尽的责任。他是一个名副其实的教育家。

陈翰笙走过的道路是一条不平凡的曲折路程。

1897年2月5日,陈翰笙出生于江苏无锡的一个知识分子家庭。假使说在幼年时期母亲的品德教育使他懂得要做刚正不阿的人,那么,青年时期在长沙明德中学读书时的历史教员傅荣湘(南社诗人,同盟会会员)则是他思想上的启蒙人。傅老师为学生们慷慨陈述清政府的腐败卖国、列强的欺凌压迫,使国家沉沦,人民遭殃,整个中华民族都蒙受羞辱。讲到伤心激昂处,傅荣湘不禁声泪俱下。“四万万人齐下泪,天涯何处是神州?”国耻!国耻!使青年陈翰笙在心灵上受到极大震动,立志献身救国成了他未来事业的出发点。18岁的那一年(1915年),科学救国的思想浪潮把他带到美国。母亲变卖首饰仅够支付旅费,陈翰笙到美国后只得搞勤工俭学,边做工边学习。如饥似渴地追求科学知识的陈翰笙先在加州的波莫纳大学学习植物，因视力不好，看不清显微镜下的物体，遇到困难；改学地质，又限于眼力，在野外作业观察不清，画不好地形图和地质图，难有成就。正当陈翰笙苦闷彷徨之际，历史系教授韦斯脱卡特看中了他的英语水平，建议他改学历史，并协助评定学生作业，本来对历史就有特殊癖好的陈翰笙欣然改学历史。为了主修欧美历史，他学习了德文和法文。又工作又学习的学生生活是够劳累的，但是精力充沛的陈翰笙仍然积极投身于校园的学生活动，三年级时被选为学生会会刊《学生生活》的编辑委员。1920年陈翰笙以全校第二名的优异成绩毕业于波莫纳大学。在韦斯脱卡特教授的推荐下，他进了芝加哥大学研究院并取得了奖学金。这时，1917年爆发的震撼世界的十月革命，到1920年秋已有定局。俄国为什么发生革命，成了当时在美国的许多先进分子思索的问题。要了解俄国和十月革命，陈翰笙在芝加哥大学选修了俄文，开始探索俄国的问题。1921年他以《中国五口通商与茶叶贸易关系》的毕业论文，获得了硕士学位。1921—1922年陈翰笙在哈佛大学研究生院继续学习东欧史。1922年春，陈翰笙同他新婚不久的夫人到了欧洲。他在柏林大学东欧史地研究所随奥托·赫契教授研究东欧史。两年后，他写出了博士论文《1911年瓜分阿尔巴尼亚的伦敦六国使节会议》，取得了博士学位。

1924年，27岁的陈翰笙应蔡元培的邀请回国在北京大学讲授欧洲通史、欧美史学史和美国宪法史。这时，中国的政局正发生剧烈的变化。1925年上海发生了震惊全国的"五卅"惨案，在光天化日之下，日本帝国主义者公然枪杀进步工人代表顾正红，英租界巡捕房开枪屠杀游行群众。中国人民忍无可忍了，罢工、罢课、罢市的革命浪潮从黄浦江畔涌进了古老的北京城，北京的学生走出了教室，掀起了爱国示威运动。北京在沸腾，中国在震撼。就在这时，经过李大钊同志的介绍，陈翰笙结识了北京俄文专修学校的苏联教员格林涅维奇、苏联驻华使馆参赞坎托洛维奇和大使加拉罕。在李大钊的介绍下，陈翰笙同第三国际建立了组织关系。后又经加拉罕大使的介绍，他为第三国际的《国际通讯》写了不少英文通讯稿。中国的革命动态通过他的英文通讯,传播到海外。

1927—1928年陈翰笙在莫斯科第三国际农民研究所工作了一年。1928年返国后,经当时中央研究院院长蔡元培推荐,他被聘任为中央研究院社会科学研究所副所长。在他的主持下进行了当时中国规模最大的农村经济调查,协助他工作的有:王寅生、张稼夫、钱俊瑞、刘瑞生、孙冶方、秦柳方、姜君辰、石凯福(现名薛樵)和项世澄等。

1933年,陈翰笙决定成立"中国农村经济研究会"。由陈翰笙和吴觉农、孙晓村、薛暮桥、王寅生、钱俊瑞、孙冶方、冯和法、张锡昌、秦柳方、陈洪进、姜君辰、骆耕漠、徐雪寒、石西民、狄超白、千家驹、张稼夫等在1933年发起组织有500多会员的"中国农村经济研究会",陈翰笙被推任为第一届理事会主席。中国农村经济研究会创办了《中国农村》月刊,由薛暮桥主编,引导了大批知识青年参加中国革命。

1935年,陈翰笙在莫斯科东方劳动大学任特级教授。在莫斯科,由当时在第三国际负责东方工作的中国人给他办了由第三国际转到中国共产党的手续。

1936年开始,陈翰笙应美国太平洋学会之聘到美国,在纽约担任该会季刊《太平洋事务》的编辑,历时三年。1939年5月,他在党的指示下回到香港,在香港编辑英文半月刊《远东通讯》。1941年皖南事变发生,这个刊物用航空版最先向世界各地报道了真相,向全世界控诉了国民党反动派背信弃义破坏抗日民族统一战线,武装袭击新四军的罪行。同时,在宋庆龄主持下,他和中国人民的朋友埃德加·斯诺、路易·艾黎等在香港发起组织"工业合作国际委员会",由陈翰笙任秘书。当时支持中国抗战的美、英、加、澳、新、菲律宾等国都设立了中国"工合"促进委员会,成为国际上颇有影响的一个支援中国抗战的组织。在香港的"工合"国际委员会不断收到国际朋友和爱国华侨的捐款,由陈翰笙设法绕过国民党的控制,通过廖承志把部分捐款转到延安交给李富春。

1941年底香港沦陷,陈翰笙转移到广西桂林。在桂林主持了"工业合作国际委员会”桂林分会和工业合作研究所的工作，协助张锡昌创办《中国工业》月刊，并团结进步人士开展抗日救国活动。1944 年春，国民党军委会从重庆密令桂林军委会办公厅秘密逮捕陈翰笙，桂林军委会办公厅主任李济深出于对知名学者的尊重，通过陈此生转告了这一密电，陈翰笙夫妇在外国友人掩护下出走。随后从昆明乘上英国军用飞机直飞印度，这是他第三次流亡国外。

从那时起一直到 1946 年 6 月，陈翰笙一直在印度德里大学任评卷员，参加了印度全国史学会。在这期间，他冒着酷暑，几乎跑遍了印、巴、孟地区调查农村情况。1946 年 6 月，他应邀到美国华盛顿州立大学任特约教授，讲授印度史，并利用在印度调查的材料，参考卷帙浩繁的英国《皇家印度农村调查团证词》和其他资料，研究南亚的经济区域。成书后，中文版是商务印书馆 1959 年出版的《印度和巴基斯坦经济区域》。英文版是印度 1980 年出版的《南亚农业区域》。

1949 年新中国成立，1950 年陈翰笙应周总理之召离开美国经欧洲回国。曾先后担任外交部顾问、外交学会副会长、中印友好协会副会长、国际关系研究所副所长等职务。同时创办了英文《中国建设》月刊，任编委副主任（宋庆龄任主任）和中国科学院哲学社会科学学部委员兼世界史组主任。他以主要精力从事著述和研究，写了很多专著和学术论文。从 1973—1978 年，他主编了一部 300 多万字的《华工出国史料汇编》，现已由中华书局陆续出版。

现在他担任中国社会科学院世界历史研究所名誉所长兼北京大学国际政治系兼职教授、中亚文化协会理事长、南亚学会名誉会长、中国大百科全书编辑委员会委员和商务印书馆外国历史小丛书编委主任。

二

本书收集的陈翰笙的专著和文章共 46 篇。21 篇是他在 1949 年以前写的，主题是反帝反封建；25 篇是 1949 年后写的，主题是社会主义建设。两类题材反映了两个时代的历史任务。46 篇中有关帝国主义的文章共 6 篇，中国农村经济的 13 篇，外国农村经济的 5 篇，工业合作的 4 篇，论研究和教育工作的 7 篇；其余 11 篇是一些有关中外历史和历史人物的文章。当然，他的全部著作不止这么一些。可是，这几十篇专著和文章本身也足够说明作者自己的思想体系、治学方法和写作特色。

首先，陈翰笙长期以来坚持这样的观点，即解答历史学有什么用的问题。他的答案是历史学的最终目的不是写历史著作而是解决现实问题。他认为现状是历史的延长。不了解历史不能真正理解现状，错误地了解历史就会错误地理解现状，也会错误地认识未来。1949 年前最迫切、最根本的现实问题是反帝反封建。所以他集中力量研究中国农村经济，特别是土地问题。从 1929 年到 1933 年这三年多的期间，他一方面研究世界封建社会的生产关系，同时进行实地调查，历史地、科学地了解现状。最终目的是建立我国土地革命的科学依据。革命实践是他思想体系的第一个要点。

第二，是解决研究对象问题。他的研究对象是社会阶级。中国的帝王将相、军阀地主，外国的财阀和人民，只要与革命事业有关，都作为社会阶级进行研究。但是他的主要研究对象是中国农民以及与农民有关的社会阶级。他的研究不排除历史考证和统计数字，但以阶级变化为主，不沉溺于那些次要的研究方法。他写的文章里总有多种阶级的典型形象，而不是一些呆板的概念和程式。

他在 1949 年前发表的文章不仅是亿万生灵的血泪控诉，也代表正义对封建主义的庄严宣判。

第三，注重实地调查。他是一个读书极多的饱学之士，但是在治学中，特别强调实地调查。为了解工人情况，他到工厂直接找工人调查；为了解农村的情况，他到农村直接找农民调查。他特别注意第一手的材料，在大量调查的基础上，对所收集的材料，用科学方法加以整理，结合理论加以分析，然后引出必要的结论。应该承认在 20 世纪 30 年代，他带领一批同志所进行的大规模的农村调查，开创了我国学术界实地调查的一代学风。

第四，强调历史教育对人生观的积极作用。他一贯认为历史对认识社会发展规律是极端重要的。近年来，他特别致力于历史尤其是世界史的普及工作。除主编“外国历史小丛书”以外，不断呼吁要提高中小学历史教师的质量，要向青少年提供丰富的历史读物，他认为“面向世界必须了解世界”，提出了“通过学习外国历史，可以使广大青少年……掌握社会发展的普遍规律，从而确立马克思主义的唯物史观和正确的人生观”的观点。可以说，这是他根据历史经验得出的总结性的论点。

第五，在战斗中做学问。本书所收集的这些专著和文章是作者在政治动荡、战事频仍和激烈的革命斗争环境中写出来的。解放前，没有安静地进行科学研究的条件，革命的社会科学家比自然科学家困难更大，人身安全都没有保障，根本谈不上系统研究。陈翰笙的著作确实是难能可贵的惊人成就，他的著述与文章都是在反动派追捕和流亡异国的条件下的战果。他的阵地不断转移，能在什么地方，就在什么地方战斗；在什么地方，就打什么地方的仗；能打多久，就打多久。他在20世纪20年代接受马克思主义真理后，就立即投入革命实践，敏锐地把握各阶级跳动的脉搏。尽管他同欧美派大学教授所支持的《现代评论》在观点和立场上都有分歧，但仍利用这个阵地发表几十篇文章，投出匕首。由于战斗与学术活动紧密联系在一起，所以他的题材是多种多样的。但是，尽管题材不一律，内容核心只有一个，即为中国人民解放事业和世界人民的进步事业而服务。细心的读者会看出，即使文章体裁不同，但都有一个统一的思想体系，那就是上面所说的现实性、阶级性、生动性和教育性。他历来坚决反对盲目性、概念化和程式化。

第六，独特的文风。他的文章都短小精悍，不说多余的话，不用多余字，不写没有创见的文章。例如，他在1941年写的《三十年来的中国农村》(1911—1941)，只用了5 000多字就总结中国农村五个方面的变化。在论述地权集中、农民离散的一节中，指出军阀雇佣兵的来源是失地农民。在论述高利贷资本时，指出20世纪20年代前后高利贷性质的差别。这说明他的文章篇幅虽小，却富有创见。又如，《发展工业合作社要面向广大乡镇》一文只有500多字，但含义很广。细心阅读，可以看出他着重的是小城镇，通过合作经济可以使得农村多余劳动力就地就业，创造当地的商品生产的居民点。他指出无数乡镇的合作经济就是有中国特色的社会主义。他在别的场合也指出过，我国不排除外资外援，但主要是靠国内市场积蓄资金进行扩大再生产。从上述短文可以看出国内市场主要就是无数的乡镇。不难看出他的观点来源于渊博的经济史知识。

他的文章，往往是起笔不凡，一鸣惊人。文章的第一句就吸引了读者，使人非读下去不可。这个特点在英文文章里特别显著。他在1956年一篇报道渔业合作社的文章，第一句话是：Nearly a quartes of world fishing areas are in Chinese waters.西方读者当然会被这句话打动了，禁不住要读下去。

他写文章不喜欢用专门术语，而用通俗易懂的词汇，用非常具体的事实来表达自己的观点。英文文章也是这样，爱用简单句型、单音节词汇，考究音节响亮。还要求观点明确，逻辑严密，不允许模棱两可，含糊其词。他的文章富有感情，但不依靠感情的形容词或副词。例如，《难民的东北流亡》全篇是血泪控诉，但没有情感的词句。可以说在朴素中见真情。又如，《物价与中农》中，提到富农买进少女充当田役，身价有时低于牛价，劣绅也做人贩生意。寥寥数语，道尽人民的辛酸。

这几十篇文章，既有革命的思想内容，又有优美的文笔，还洋溢着崇高的人民感情，也可以当作文学作品来读。

三

几十年来，陈翰笙同志写下的中英文专著和论文不下200余本（篇），要把它们汇编成一本文集，时间跨度比较大，再加以历经动乱年月，他对自己的著述都没有保存记录。我们用了两年多的时间，找遍了国内外主要图书馆，最后才选编成这个集子。为了使读者能对他的著作有一个较全貌的了解，书后附有陈翰笙同志的全部著作目录索引。在编辑过程中得到陈翰笙同志的学生和朋友们的热情支持，主动代为搜寻、复制，出了不少的力气。

陈洪进同志还参与写了前言中关于陈翰笙同志学术评述的部分。在此我们谨致谢意。参加这本集子编辑工作的还有王邦宪、丁利刚同志。

陈翰笙同志在学术上是一代宗师，在品德上是一代师表。我们谨以这本集子作为向他的九十大寿的献礼，祝陈翰笙同志健康、长寿，战斗不息！

（原载《陈翰笙文集》，复旦大学出版社 1985 年版）

跨越四个时代的陈翰笙

年已 90 余岁被人们亲切地称为“翰老”的陈翰笙是一个传奇式的人物，他既是一个学贯中西的洋博士，又是一个忠贞不贰的老党员；既是一个载誉国际的学者，又是一个出生入死的战士；既是一个为真理而横眉斗争的强人，又是一个为哺育青年而竭尽心力的孺子牛；既是一个治学严谨的科学家，又是一个韵语浪漫的诗人。在旧中国几十年中，他历经劫波，曾经是各类反动派觅索的逋客；逃亡在美国的活动，又受到麦卡锡反共歇斯底里的追查，陈翰笙具有东方的崖岸气质、西方的科学训练、共产主义的坚定信仰。他的文化素养与傲然风骨是一个奇妙的优化组合——一个伟大时代的产物。

不久前，陈翰笙自传体的《四个时代的我》出版了。这本上下 90 余年的自叙，揭示了一些以前鲜为人知的历史片断。人们只知道陈翰老是旧中国第一个率领有志之士用阶级分析的方法对中国农村进行大规模调查的先驱者，他们的足迹踏遍了中国的岭南、漠北和江南沃土、东北原野，这些调查报告是中国也是世界文化宝库的珍品。陈翰笙在 30 年代的中国农村调查报告，到今天还被美国学术界重新印刷出版，但是人们却不知道，这场规模浩大，历时多年的农村调查却是他 1928 年在莫斯科同魏特夫、瓦尔加、马季亚尔等激烈争论的产物。这一场同国际共产主义运动权威们关于中国社会性质的争论，没有促使陈翰笙钻进马、恩、列的著作中去寻章摘句，而是推动他下定决心“一定要对中国社会作一个全面的调查研究”。半个多世纪的革命实践证明，陈翰笙对中国社会性质的论断是多么深邃，多么正确！

人们只知道，在文革中陈翰笙备受折磨，但却不知道同他风雨同舟，为革命在国内外奔波50多年的战友、夫人顾淑型同志当时已身患绝症，她要求同翰老作临终前的永别，但“造反派”的回答是“不行”；身故以后，陈翰老被押去料理后事，看到妻子的遗体停在院子的木板上，他悲痛欲绝，扶尸恸哭，而“押送者”却忙着搜取死者的遗物，连戴在手上的戒指也不能幸免。眼看到这可能是他从亡妻那里得到的唯一纪念物，翰老要求把戒指留给他作个纪念。“押送者”的回答又是“不行”，但却把戒指塞进了自己的腰包。假使世界上有魔鬼的话，大概只有魔鬼才能干出这样的事。难怪翰老要伤感地说，从此“我形影相吊，孤苦无依，经常是‘挑尽孤灯待晓天’了”。

但是陈翰笙不是向命运低头的人，灾难与痛苦都压不垮他。即使在双目接近失明，家破人亡之际，他想到的仍是国家的命运、青年的前途，诗人感慨地说：“尔今幽居东华门，岂可长期成闲散。”他在家里办起了免费英语学习班，这是一个果敢的行动，在当时是双重意义的挑战。首先，在“读书无用论”已成为“革命”潮流的形势下，他却甘冒天下之大不韪，反其道而行之，鼓励青年去读书，把青年引向“开阔眼界，增长知识”的道路上去；其次，他的英语班采取的是“有教无类”的办学方针，只要是勤奋好学，不管是工人、农民或“黑帮”，“头号走资派”的子女他都收。在那种人人自危，唯恐与“黑帮”沾边，而动辄得咎、罗织无辜的年代，劫后余生的陈翰笙却顶住了来自各方面的压力与威胁，无所畏惧，在他的东华门的斗室里，以实际行动挂起了对“造反派”造反的旗帜！十几年来，他除了受聘于北京大学等高校指导博士生和硕士生以外，每周两个半天的英语班风雨无阻，从未停止过。他自编的英语教材已由出版社争着出版了，经他辅导的学生先后已经300多人，他们有的已在国内外攻读高级学位，有的正在岗位上发挥作用。凡是接受过陈翰老教诲的青年，没有一个不被他平易近人、严格要求、谆谆善诱的精神所感动的。他们把翰老当作贴心人，除学习以外，就业、择偶的心事都愿向他倾吐。有一个已去日本的学生来信说，她将永远记着翰老的教诲，因为翰老是一位

“真正的人”。

陈翰笙是从来不知老之将至的。他虽已年过90,但仍生气勃勃。翻开他的记事本,每周七天的早中晚应办之事都安排得密密麻麻。1972年他被从湖南“五七”干校解放出来,就着手编辑《华工出国史料汇编》。当时已年近80的老人,竟坚毅地开始了这样卷帙浩繁的巨大工程,真令人难以置信。但是在学生与朋友的合作下,他如期完成了这一部350多万字的巨著。它是国内外华侨史研究工作的一个里程碑。十一届三中全会以后,拨乱反正,百废待兴,他“觉得浑身有使不完的劲儿”。对外开放,走向世界吗?那首先必须了解世界,了解世界的过去和现在。他特别关心青年们缺乏历史知识的问题,毅然承担了“外国历史小丛书”编委会主任的担子。到现在为止丛书已出版了250多种,全部出齐以后将达400多种,1 500万字。为了学术的开拓和进步,陈翰老从不吝惜他的精力,除教学与写作以外,他现在还是中国社会科学院四个研究所的学术委员,并任世界历史研究所的名誉所长,亚洲研究学会、中亚文化研究协会的名誉会长和太平洋历史学会的副会长等职。当他82岁的那一年,陈翰老挺认真地对朋友说:“谁说我82岁,我还只有28岁,年轻着呢!”从此他得了一个“二八不老翁”的雅号。

陈翰老已胜利地跨越了四个时代,在他寿辰的今天,我们敬祝他健康、长寿,以“浑身使不完的劲儿”为人民播种,为国家造福,跨越到下一个世纪!

(原载《世界经济导报》1989年2月6日)

良师益友

——汪道涵

道涵先生待人处事总是温文尔雅，从不疾言厉色，像杜甫所说的“润物细无声”。但是同道涵先生接触，不但对事物要了解，而且要深入了解，他的目光如炬、洞察精微。1998 年 6 月我从台湾开会回来，带回台湾各地出版的几十家报纸。回沪后我把大大小小几十份台湾报纸送到他家里，并且逐一介绍了各报的情况。他提出了连珠似的问题：办报人的背景如何？为什么有的报纸的版面国际新闻特别少？台南的报纸与台北的报纸区别在哪里？……这些问题我一时都答不上来。他虽然雍容大度地问，我只感到自己做事情太不深入。1990 年在华盛顿接待他时，他特别提醒我研究美国政治上的和谐之处与不和谐之处，比如总统与国会的关系；同时，在美国的国家与社会之中这类问题很多，都值得我们研究。道涵先生是复旦大学美国研究中心学术顾问，我当时是复旦美国研究中心的副主任。回国以后，我把道涵先生的意见，向谢希德主任作了汇报。谢希德主任完全同意汪道涵先生的意见，并把我主编的“中美关系研究”丛书 23 本，都陆续送给他。他对于某些书，如《美国国会与美国外交政策》及《蒋介石的美国顾问——欧文·拉铁摩尔回忆录》等特别感兴趣，并指出哪些地方还应该深入研究。

道涵先生对于青年特别厚爱。1992 年我担任上海工商学院院长。为了使工商学院迅速提高，我特聘请汪道涵、谢希德两位担任名誉院长。两位对工商学院学生关怀备至，并在 1993 年与 1997 年两次对全院师生及办学干部谆谆教导。道涵先生对学生特别指出“敬业乐群”的重要性，要“切实读书”、“切实做人”，要为中国人争气。他说，你们生长在灿烂的新中国，不应该忘记近百年你们的先人都是在屈辱和斗争中奋斗出来的。你们不应该忘记这段历史，否则就是文化的断层。

道涵先生对培养后代，始终是重视的。2002 年 9 月美国著名华侨李浩博士为了在上海嘉定开办一个新式巨型学校，在 10 年之内由初中办到大学，需筹款一亿美元，已请美国 L.S.洛克菲勒先生(L.S. Rockefeller)承担筹款并担任名誉会长。洛克菲勒先生非常尊重道涵先生并请道涵先生兼任名誉会长。2002 年 6 月 26 日洛克菲勒先生亲笔函请道涵先生兼任名誉会长以襄盛举。道涵先生认为中国在培养人才方面应该走出一条新路子，积极参与此事。在上海市教委同意下市区两级在嘉定规划土地，展开基本建设(此事因美国发生“9·11”事件后，洛克菲勒先生筹款困难而停办)。

道涵先生非常注意我国国际上的统一战线。近几年来，我所主持的七八次国际会议，他都参加。他很注意宣传国际统一战线政策。例如 1995 年应夏威夷州政府邀请的国际金融讨论会及次年上海市人民政府的回邀，在这两次会上，道涵先生精辟地阐述了我国的对外开放经济政策，使得宾主双方都感到很满意。道涵先生告诉我们，与外国人打交道必须“见微知著”，要人家懂得我们的经济开放，不是说说就算了的，必须了解对方的要求，有的放矢地去做。有一次在国际保险会议上，一位著名的国外保险界代表人物大谈保险的重要性。道涵先生在发言中，特别强调再保险的重要性，说明加强保险是互利和双赢的。那一次，还应酒店主人的敦请，道涵先生大笔一挥写了“大味若淡”横幅。外宾们都感觉道涵先生中外结合有“茹古涵今”的本领，深感道涵先生学贯中西。

美国宾夕法尼亚大学，是美国常春藤大学之一，它的管理学院——沃顿学院(Wharton)为美国最著名的管理学院，学生来自 65 个国家。每年由美国著名的《商业周刊》(Business Week)就全世界商学院在教学品质和毕业成就等十余项标准逐年评比，沃顿总是名列前茅。1997 年沃顿在上海举行的亚洲同学会，由该校校委会授予道涵先生事业荣誉奖。该奖历来由在世界上有成就的政治家、企业家获奖，这次由沃顿学院的院长亲自到上海来颁奖，道涵先生受奖以后，即席发表了精彩的演讲。

道涵先生对人总是那么情深意厚。他知道我正在写一本书《约翰公司：英国东印度公司》，每次见面时都要问：书写得怎么样了？2005 年 4 月我在医院里见到他时，他身体已经很虚弱，但还勉励我要把这本书写好，要把问题讲透。现在书已完成，道涵先生已经作古。“楼成君已去，人事固多乖”。我几时才能找到这样良师益友的长者？这片记忆，这份情谊，是我永远不能忘却的。

（原载《老先生》，香港世纪出版有限公司 2007 年版，第 137—140 页）

第三部分

国际贸易、经济合作与保险业

形成有中国特色的国际贸易与国际经济合作理论

本书是受国家教育委员会委托编写的重点教材之一。它也是多年来教学实践的产物。我曾经以本书的体系及其内容在复旦大学世界经济、国际金融、经济学、科学管理等院(系)本科生的课程中施教,并把本书作为研究生的主要参考读物,反映良好。最后决定组织编写,经过两年的逐章逐节的讨论,始成此书。

本书是从以下几点基本认识出发的:

第一,理论建设的问题。在西方资产阶级的学术领域里,国际贸易的纯理论从亚当·斯密、李嘉图到现在已历经嬗变,这是众所周知的事。但有一点值得我们注意的是,他们的理论发展总是与国际经济实践的发展相联系的。李嘉图的比较利益学说是当时急于开拓世界市场的英国新兴工业资产阶级与英国地主阶级关于“谷物法”的存废问题长期辩论的产物;从马歇尔对比较利益学说的发展到“H—O 模型”和后来的“产品周期论”、“人力资本”等学说,是资本和技术的因素在国际经济活动中日益显示其力量的这一事实在国际贸易理论中的反映;“二战”后跨国公司在国际贸易中所扮演的举足轻重的角色,促使经济学家们寻找新的理论解释,于是出现了“部门间贸易”和“企业间贸易”或“公司内部贸易”的理论。诚然,资产阶级的国际贸易理论有明显的阶级偏见和理论缺陷,但是他们的理论发展总是随着国际经济实际的发展而不断更新、补充并力图对新情况作出新解释。他们的理论一般都要接受数量(各项实际的统计数据)的检验。实践是他们衡量或筛选理论的标准。这些特点都应该引起我们的注意。马克思主义的国际贸易理论,当然也应该随着时代的发展而发展。马克思和恩格斯虽然没有能按照他们原来的计划写出政治经济学中有关国际经济的一部分,但关于国际贸易的主要思想(如国际贸易的作用、国际分工、国际价值等)已经在一些经典著作中作了很深刻的阐述。问题在于我们如何根据马克思主义的原理联系中国和世界范围的实际来发展它。马克思本人是主张事物要发展的,他的整个理论体系已清楚地表明了这一点。例如他并没有把17世纪的国际分工同14、15世纪的国际分工看成是凝固不变的同一事物。马克思承认历史发展并勇于为这些发展赋予理论上的新解释。作为马克思主义的学生,我们不应该去做马克思不愿做,也没有教导我们去做的事——固步自封。因此在国际贸易的理论建设中,有一个遵循马克思主义的原理继续发展的问题;也有一个批判地吸收西方资产阶级学说的问题。中国是一个社会主义的大国,又是一个发展中的国家,它本身就具有很多特点,在解决以上两个问题的基础上,理应结合我国的国情,建立我们自己的社会主义的国际贸易理论。

第二,理论与实际联系的问题。我们的国际贸易学当然要解释世界上的国际贸易实际,但仅止于此是不够的,更要联系中国的实际,要以中国的对外贸易实践来丰富我们的理论,并从理论上提出指导中国对外贸易实践的战略方针和政策,这样才能使社会主义中国的国际贸易学不断丰富和发展起来。有的同志担心实际情况千变万化,强调联系实际会给科学发展带来不稳定性。其实,这种担心是多余的。复杂多变的事物经过科学的抽象与概括,自然会显示出规律,必然具有一定的稳定性。这正是科学(包括自然科学与人文科学)应承担的任务。当然所谓稳定性也是相对的,事物在永不停息地向前发展,科学的稳定性也是在不稳定的发展中的相对稳定而已。科学的生命力正在于这种不稳定中的相对稳定。若谋求一劳永逸的绝对稳定,那就是理论的僵化和科学的萎缩。

第三,从世界范围的眼光来看待国际贸易的问题。国际贸易顾名思义是世界经济范围内的国际经济活动。一个国家不可能在封闭状态或半封闭状态下进行最有效率的国际贸易并从中得益；也不可能在这种条件下建立科学的国际贸易理论。只要把1979年前后中国的对外贸易的实践与理论比较一下，就可以看出其中明显的差别。因此，必须把国际贸易放在整个世界经济活动中去考察它们的关系、变化与特点。中国的对外贸易是世界国际贸易中的一部分。忽略了这一点，在实践中就会失败，在理论上就会闭塞。这就是矛盾特殊性与矛盾普遍性相互关联的辩证法在起作用。

本教科书就是基于以上三点基本认识而作出的一种尝试。我们力图使这本书成为国际贸易理论与实际相结合，贸易的纵向活动与横向活动相结合，中国与世界相结合的一本国际贸易的基础教材。本书的第一、二章阐述了马克思主义的国际贸易理论并介绍了从古典经济学一直到当代西方国际贸易学说最新理论的源流与发展。第三章的国际贸易环境提供了半个世纪国际贸易活动与运转的全球背景和东西南北国际贸易中的联系与对抗。第四章国际贸易政策把政策措施与理论分析融为一体，以期加深对政策的选择及其利弊得失的理解。第五章的国际贸易与国际收支着重从贸易的角度来展示国际收支的机制及其对国际贸易的影响和相互制约的作用。第六、七、八章国际贸易与经济发展、跨国公司与国际贸易和技术贸易都是当代国际贸易的新发展，从中又产生了一系列的新理论，这些理论在有关章节作了较具体的介绍。新实践与新理论为世界的国际贸易发展提供了新的远景。第九章国际贸易实务是国际贸易整体中的一部分。实务不但是学习国际贸易必不可少的知识，而且了解实务有助于加深对理论和政策的理解。以上各章为进入第十、十一章国际经济合作准备了条件。因为国际经济合作的基本理论与实践都是以国际贸易为基础的，实际上是国际贸易的延长。它既与国际贸易有互补作用，又有其自身的特点，是二战以后发展起来的一种国际经济关系的新形态。我们应该把它放在国际贸易的总背景中去考察与理解。在最后的两个附录中，历史地介绍了我国对外贸易和对外经济合作的发展与变迁，显示了我国对外贸易与经济合作的特点与处境，是国情介绍。全书的每一章后面都附有思考题,供教师与学生参考。

本书是在汪熙历年讲授所形成的框架与主题下,根据讲稿,由以下同志分别执笔:胡涵钧(第一、三章),陈鸿仪(第二章),叶善益(第四章),韩汇源(第五章),徐平一(第六章),胡勇杰(第七章),刘夏莲(第八章),钱人敏(第九章),赵鸣(第十、十一章及附录二),钟传水(附录一)。章汝荣、沈玉彪同志参加了编写本书的讨论。本书每章每节都经过集体讨论,多次修改。最后由汪熙审定全稿。

本书所引述的重要论点与资料均详注出处以便读者可以跟踪追索。在写作过程中也吸取了其他中外教科书的长处。前人的辛勤劳动使我们获益匪浅,无法一一列出,在此谨致谢忱。

本书初稿定稿后,承上海社会科学院汪一鹤教授,上海外经贸大学相重光教授,上海财经大学许心礼教授认真审阅;个别章节(如国际贸易与经济发展)承武汉大学谭崇台教授审阅。他们都提出了很宝贵的意见,对此我们深致谢意。本书在定稿阶段及最后的编辑工作中还得到了胡涵钧同志的襄助。

本书是想不落窠臼而走出一条新路子的尝试。我们谨以此书奉献给那些有志于国际贸易学习与研究的同志们并诚恳地希望他们对本书提出批评与建议,以便进一步改进和提高。

(本文是为国家教委教材《国际贸易与国际经济合作概论》所作的“前言”。原载复旦大学出版社 1990 年 6 月第 1 版,2001 年 3 月第 3 次印刷。)

关于建立我国国际贸易学的几点意见

随着我国对外经济的继续开放，对外贸易的活动必将有一个更大的发展。但是作为世界经济学的一门基础学科，国际贸易学的建设在我国还比较落后。到现在为止还没有一本公认合格的教科书。有一些讲义，常常以国家的外贸政策的宣讲代替国际贸易的基本理论；还有一些教材，只是罗列一些理论原理，并未与世界的实际和中国的实际相结合。关于实务与理论相结合的问题，到现在也还没有很好地解决。如何建立我国自己的国际贸易学，是当前教学和科研中的一项重要的课题。我认为以下几点意见也许可供参考。

第一，基本理论的建设。在西方资产阶级的学术领域里，国际贸易的纯理论从李嘉图起到现在，已经历经递变，这是众所周知的事。但是值得我们注意的一点是，他们的理论发展总是与国际经济的客观发展相联系的。他们并没有拘伫不前。李嘉图的地租论和比较利益学说，无可怀疑的是英国封建地主阶级与新兴的工业资产阶级关于"谷物法"的存废问题长期辩论的产物；从马歇尔的生产要素、机会成本理论到"H—O模型"，是资本和技术的因素在国内及国际经济活动中日益显示其力量的事实在国际贸易理论中的反映；而乘数论是从20世纪30年代解救经济危机的紧迫方案中诞生出来的；至于辛格与哈伯勒等关于"吸收论"的批判与反批判，则清楚地反映了第二次世界大战以后，第一世界与第三世界在国际经济中的冲突与对立。诚然，资产阶级的国际贸易理论有强烈的阶级偏见和深刻的理论缺陷，但是他们的理论总是随着国际经济活动的发展而不断更新和补充的，并力图对新情况作出解释。这一特点应该引起我们的注意。马克思主义的国际贸易理论，当然也应该随着时代的发展而发展。马克思和恩格斯虽没有能按他们原来的计划写出政治经济学中关于国际经济的一部分（即政治经济学第四、五部分），但是他们关于国际贸易的主要思想（如国际贸易的作用、国际分工、国际价值等）已经在一些著作中作了很深刻的阐述。问题在于我们如何根据马克思主义的原理，联系中国和世界范围的实际来发展它。马克思本人就主张事物是发展的，他的整个理论体系已清楚地表明了这一点。例如他并没有把 17 世纪的国际分工同 14、15 世纪的国际分工看成是凝固不变的同一事物。马克思承认历史发展，并勇于为这些发展赋予理论上新的解释。我们要坚持马克思主义，也应该这样去做，而不应当固步自封。因此在国际贸易基本理论的建设中，有一个遵循马克思主义的原理继续发展的问题；也有一个批判地吸收西方资产阶级的学说问题。这两个问题很好地解决了，才能水到渠成地建立我们自己的社会主义的国际贸易理论。

第二，体系的建立。西方资产阶级的国际贸易学说已纳入所谓“国际经济学”的范畴，它所包含的内容早已大大超过了第二次世界大战以前。作为一门涉及国际之间经济交往的学科，它究竟应该包括哪些必不可少的内容？例如与国际贸易平行的国际金融应包括在内吗？一些与国际贸易有关的国际经济的重大问题（如经济危机与国际贸易的关系，发展经济学与国际贸易的关系，南南、南北的国际贸易的实践与理论问题，等等）应该包括在内吗？我认为以上这些问题都应该包含在国际贸易学之内，因为国际贸易所涉及的范围是“国际”。当代国际之间的一些经济问题，有的是国际贸易的阻力，有的只有通过国际贸易的疏通才能很好地解决。因此，不应该把它们排斥在国际贸易学之外。此外，国际贸易的历史在国际贸易学中应放在一个什么地位？如何才能把理论、政策、历史、实务等有机地结合起来，融会贯通，浑然一体，而不是一个“杂色拼盘”？我们究竟应该建立什么样的国际贸易的体系，这是一个值得探讨的问题。

第三，理论与实际的联系。我们的国际贸易学当然要能解释世界上的国际贸易实际。但仅止于此，是不够的；更要联系中国的实际，要以中国的对外贸易实践来丰富我们的理论；更要能从理论上提出指导中国对外贸易实践的战略方针和政策。这样才能使中国的社会主义的国际贸易学不断丰富和发展起来。有的同志担心实际在千变万化，强调联系实际会给学科发展带来不稳定性。这种担心是多余的。复杂的事物经过科学的抽象与概括自然会显出规律，必然具有一定的稳定性。这正是科学（包括自然科学与人文科学）应承担的任务，当然所谓稳定也只是相对的。事物在永不停息地向前发展，所谓科学的稳定性也只是在不稳定的发展中的相对稳定而已，科学的生命力正在于这种不稳定中的相对稳定性，若谋求一劳永逸的绝对稳定，那就会导致学科的萎缩和僵化。

第四，鼓励不同学术观点的讨论和辩论。过去有一段时期，由于受“左”倾路线的干扰，对于一些重大的国际贸易理论问题，不加区别地指责、批判，无限上纲，混淆了学术讨论与政治问题的界限，因而对某些问题形成了“禁区”。这种在思想上“画地为牢”的简单做法，使我们在这一学科的发展上受阻多年。曾经有过这样的情况，有些人把参加国际分工和建立完整的经济体系对立起来，居然引述马克思的著作来批判马克思早已肯定了的国际分工。这当然是不正确的。党的十一届三中全会以后，情况已经有了很大的改进，对于一些重大的理论问题展开了讨论和争辩。这种情况应该鼓励，真理越辩越明，最终一定会有助于这一学科的发展，也必然会有利于社会主义事业的发展。

第五，资料问题。国际贸易学离开了系统的统计资料是寸步难行的。但是，迄今为止，有关部门并没有向教学、研究工作者提供有关我国对外贸易较全面、系统的资料。国际贸易总是双边或多边的活动，你不公布，别人也会公布，是无法“保密”的。结果形成这样的局面：教学研究工作者往往在外国的报刊或报告中搜寻中国的国际贸易资料。应该说，有些资料对外保密是必要的，但界限要划清楚。不必要的“保密”只能是对自己人的封锁，客观上是给教学、研究工作设置不必要的障碍，这种情况应该及早改变。

（原载《世界经济文汇》1983 年第 4 期）

中国的对外贸易

一、 鸦片战争前的中国对外贸易

中国古代对外贸易的发展

中国对外贸易的起源最早可追溯至公元前4、5世纪，但通常认为，中国对外贸易始于秦而兴于汉。

自西汉张骞出使西域起，经过两汉王朝对匈奴的不断打击，中国与西方国家间的陆路联系逐渐畅通，中国与西方各国间的贸易也通过这条沙漠商路繁荣起来。从此，中国的丝织品源源输往西方，并在西方各国享有盛誉，这条沙漠商路也因此被称为“丝绸之路”。

“丝绸之路”东自西汉的长安(今陕西西安)，横贯亚洲大陆，西达地中海东岸。当时的地中海东岸一带是商业十分发达的古罗马帝国的疆域，中国同罗马帝国的贸易就是通过这条沙漠商路进行的。由于伊朗地处中国、印度和罗马帝国之间，因此，伊朗商人长期控制着中国同罗马帝国的贸易。他们通过贩运，独占了中西贸易之利，为摆脱伊朗商人对中西贸易的控制，与中国建立直接的贸易关系，罗马商人不得不另外寻求海上通道。他们先到达印度，不久就开始了与东方国家的海上贸易。当时，中国输往罗马帝国的商品主要是丝织品，以后又增加了皮毛、铁器及其他金属品，罗马方面用于交换的物品主要有香料、药材、玻璃、刺绣品以及罗马商人从地中海沿岸带来或沿途贩来的各种宝石。公元7世纪以前，中国的主要贸易对象一直是罗马帝国，7世纪以后，阿拉伯帝国兴起并逐渐在东方贸易中取得优势地位，从此，中国的主要贸易对象便转为阿拉伯帝国。

至唐朝，中国封建社会达到鼎盛状态，政治统一，经济繁荣、文化发达，对外贸易也得到进一步发展。唐代的丝织业、陶瓷业和金属铸造业都很发达。这些手工业的产品，尤其是丝织品，便成为出口的主要产品。在唐代，中国南方经济迅速发展，造船业和航海技术也有很大进步，全国对外贸易逐渐转向南方的三大港口——广州、潮州和扬州。由于唐朝实行开明的对外开放政策，许多国家的商人纷纷来中国经商，其中不少人长期居住在中国的内陆城市长安、洛阳、兰州以及沿海港口广州、泉州、宁波等。在中国经商和居住的外国商人，以伊朗和阿拉伯商人为最多。

宋代海路贸易获得迅速发展，大大超过了陆路贸易。特别是南京，海上贸易已进入繁荣时期，当时市舶税收占全国财政总收入的20%，出现了“经费困乏，一切倚办海舶”的局面①。宋代发达的手工业为对外贸易提供了坚实的物质基础。丝织业获得很大发展，陶瓷业的发展更为迅速，丝织品和瓷器成了宋代两个最主要的出口商品。当时，与中国有着商业关系的国家东自日本、朝鲜，南至南洋各国，西至印度、阿拉伯帝国，共有亚洲、非洲和欧洲的五十多个国家。

为适应对外贸易的发展，唐朝政府曾在广州和交州设立专职官员管理对外贸易，当时有“市舶使”、“结好使”和“监舶使”等名称。到了宋代，专职官员发展为专职机构——市舶司。市舶司集外交与外贸于一身，其主要职能有：一、接待外商，并通过颁发“公凭”监督和管理中外商人的贸易活动和船舶的进出港口。“公凭”实际上是古代的一种“许可证”；二、对进口货物征税。一般是根据进口货的种类分别征实物税；三、处置舶货。进口货中很大一部分由朝廷专买。非专买部分，允许中外商人自由买卖。从其职能可以看出，市舶司不仅具有海关的某些性质，还直接经营进出口、市舶司对进口货征得的税和专买所得均上交国库。市舶制度在元代又有所发展。元朝政

---

① 林仁川：《明末清初私人海上贸易》，华东师范大学出版社1987年版，第1页。

府曾制订并颁发了“市舶则法”二十二条，使对海外贸易的管理比宋代更有条理。市舶司制度是为朝贡贸易服务的，其特点是：1.限制过严。明代甚至对贡船的期限、人员、船只都实行严格限制。2.手续过繁。外国贡使从进港，到北京朝贡，以及从北京回到原进港，中间要经过许多衙门机构、手续相当繁琐。3.给价过高。朝贡贸易是明朝政府用以怀柔远人的外交政策，为了表示天朝的“恩惠”，往往用大大超过外国贡品价值的物品赐给外国贡使，所以朝贡贸易对明朝政府不仅毫无商业利益可言，而且形成了重大的经济负担。由于明王朝实行这种不讲经济效益的朝贡贸易管理制度，不仅使明朝政府在财政上陷入困难境地，而且也严重地限制了对外贸易的进一步发展。因此，到明朝中叶以后，随着整个封建社会开始解体，这种管理制度已漏洞百出，越来越不适应社会历史发展的要求，逐渐走向解体。

明代的“郑和下西洋”对中国古代对外贸易的发展有很大的贡献。由明朝政府组织，郑和率领庞大的宝船队在1405—1433年的二十八年间，七下西洋，足迹遍布东南亚、南洋诸岛、阿拉伯半岛和东非一带，同三十六个国家保持和发展了贸易和外交关系。郑和船队所载的货物主要有丝绸、瓷器、麝香和铜钱等。船队所到之处，除表示友好外，便是与当地政府进行贸易。由于郑和下西洋的巨大影响，许多国家纷纷加入了同中国贸易的行列，使我国成为当时最大的海上贸易强国。

从公元7世纪的隋唐之际，到公元16世纪初明朝中后叶，中国的主要贸易伙伴一直是阿拉伯人。当时，阿拉伯人的海上贸易地位十分显要。在其竞争对手葡萄牙人于16世纪出现以前，阿拉伯人几乎独占了西自摩洛哥，东至朝鲜、日本的海上贸易。在唐、宋、元三个朝代长达七百多年的时间内，阿拉伯人大量移居中国。由此可见阿拉伯人在当时中国对外贸易中的地位。阿拉伯商人运来中国的物品主要有香料、象牙、珍珠宝石和刀剑等。中国用于交换的物品除了丝绸和瓷器外，还有大黄、各种铁器和原糖等。

中国古代对外贸易的特点和作用

中国古代对外贸易在其长期的历史发展过程中，形成了自己独特的特点，主要有：

1. 国家对外贸易的控制。这种控制主要表现在官方垄断经营和严格的对外贸易管理措施。汉王朝曾规定，私商未得政府许可而与外商私市者处以重刑。自唐代至明前期延续千余年的市舶制度集中体现了国家对对外贸易的垄断和集权管理。在市舶制度下，国家直接垄断了进出口经营以及进口商品的买卖权。在宋代的三百多种进口商品中，政府实行专买的就有一半以上。

2. 朝贡贸易的重要性。朝贡贸易是指中国封建王朝与邻近王朝之间的一种外贸与外交合一的官方贸易形式。

15 世纪明朝永乐以前，中国的海上贸易虽很发达，但它的性质是以皇帝为中心的封建专制政权严格控制下的官方海上贸易。它的存在和发展是为以皇帝为中心的封建官僚统治集团服务的。此种贸易的目的，在经济上是为封建统治阶级采办“海外奇珍”，满足他们奢侈腐朽生活的需要；政治上是为了羁縻海外诸国，确立宗主国的地位。由于中国封建王朝向以“天朝”自居，因此，在朝贡贸易中，对方的物品被称作“贡”，而给予对方用于交换的物品称作“赐”。同时，入贡的时间也有定期，如琉球二年一贡，安南、占城、高丽三年一贡，日本十年一贡①。由于中国封建王朝的长期强盛，这种朝贡交易维持了千年之久。朝贡贸易虽然属于一种维持和发展臣属关系的方式，但中国封建王朝与邻近王朝的贸易长期以来大都是以这种方式进行的，因而在中国对外贸易中占有很突出的地位。朝贡贸易的种种限制，严重妨碍了中国古代对外贸易的进一步发展。到了明朝中叶以后，随着整个封建社会开始解体和官营手工业的衰落，朝贡的国家越来越少。贡品大幅度下降。

3. 长期优势的出口商品。中国的手工业尤其是丝织业和陶瓷业曾长期领先世界。而中国古代对外贸易正是建筑在发达的手工业基础上的。早在

① 林仁川：《明末清初私人海上贸易》，华东师范大学出版社 1987 年版，第 1 页。

秦汉时期，中国丝绸已通过河西走廊，源源不断地输往中亚各国，甚至远销欧洲。明代中叶以后，由于东南地区种桑植棉业的发展，民间纺织业的普及，纺织品的出口大量增加，物美价廉、色彩鲜艳的各种丝绸及其他纺织品畅销世界各个国家和地区。中国陶瓷业也历来居世界首位，精美的瓷器品早就成为重要的出口商品。到了明代，由于民营瓷窑的发展，陶瓷的产量和质量都有显著的提高，大量瓷器被销售到世界各地。当时，经营瓷器远销业务的有荷兰东印度公司、阿拉伯人、日本人、缅甸人、马来西亚人、印度人、英国人和葡萄牙人。中国丝绸、瓷器在世界上长期享有很高的声誉，并且至今仍是中国的重要出口商品。

4. 明末清初，不仅是中国对外贸易的转折时期，即从实行海禁到开放海禁，而且也是海关管理的变化时代。随着官方海上贸易的衰落和私人海上贸易的繁荣与发展，原来的市舶司管理制度已越来越不能适应需要。于是到明隆庆开放海禁以后，一种新型的海商管理制度便应运而生。这种新型的海商管理制度与为朝贡贸易服务的市舶司制度相比，有较大的灵活性。第一，它取消了朝贡贸易制度下对朝贡国家、入贡时间、贡使人数的限制。第二，新的管理制度开始对进口商品一律课以水饷和陆饷（类似关税）才可上岸交易。第三，新的管理制度规定凡是纳税过的商品均可自由交易。第四，新的管理制度从抽分实物改为征收货币的饷银制，无疑是关税制度的重大变化。新的管理制度的出现，标志着新的海关管理制度的萌芽产生了。

西方近代资本主义国家的兴起及其对中国市场的争夺

16 世纪，西欧进入资本主义历史时期。新大陆的发现和新航道的开辟，给了处于资本原始积累阶段的西欧近代资本主义国家开拓殖民地、发展海外贸易的机会。在海外殖民和贸易浪潮的推动下，西欧近代资本主义国家纷纷加入了东方贸易的行列。

但自 16 世纪中叶开始，阿拉伯人在东方贸易中的优势地位逐渐被葡萄牙人以及后来的西班牙人和荷兰人所取代。自此以后，中国的主要贸易对象便转到了西方近代资本主义国家。

最早到达广州的欧洲商船是1516年一艘葡萄牙人的船只。但直到1557年(明嘉靖三十六年),明政府才允许他们在澳门定居并进行贸易。此后,葡萄牙人的活动一直被限制在澳门。

西班牙人在占据菲律宾之后,也于1575年首次来到中国进行贸易。西班牙人以马尼拉为基地,同中国福建的沿海港口——厦门、漳州和泉州保持着贸易关系。

17世纪,荷兰海上力量崛起,并在东方贸易中开始排挤葡萄牙人。1623年,荷兰强占中国台湾,作为对华贸易基地。1661年,占据台湾的荷兰人被郑成功驱逐。

但这些早期的欧洲殖民和贸易强国到17世纪末便逐渐衰落下去,其殖民和贸易利益也被英、法夺取。

17世纪中叶,英国又依靠强大的工业实力,积极倡导自由贸易,成为当时世界贸易强国。尽管英国首次与中国通商是在1637年,比葡萄牙人立足澳门晚近一百年,但在以后的两百年里,英国商人却控制着中国的对外贸易。1834年前,英国对华贸易一直控制在英国东印度公司手中。

当美国还是英国的殖民地时,美国商人就通过英国设在印度的东印度公司同中国有着间接的商务关系。1784年,美国商船"中国皇后"号满载洋参和其他货物抵达广州,首次与中国直接进行贸易。此后,中美贸易发展较快。美国商人在中国购买的主要是茶叶和丝织品,他们运来中国的商品主要是洋参、皮货以及抵偿逆差的大量白银。

虽然中法贸易关系的存在早于中美贸易关系,但早期法国商人对同中国贸易的兴趣不大。法国早期成立的几个对华贸易公司因经营不善又归于失败。所以,中法贸易远远落后于中美贸易。

中俄贸易关系是在17世纪末中俄《尼布楚条约》签订后才建立的。两国的贸易主要是恰克图一带的易货贸易。而且这种贸易是免税的。后来,俄国曾试图发展与广州的海上贸易,但鉴于沙俄对中国有明显的野心,清政府不允许俄国进一步从事与中国的海上贸易。

此外，意大利、瑞典、丹麦等欧洲国家也相继同中国建立了贸易关系。但与英、法、美比较起来，这些国家与中国的贸易比重很小。

鸦片战争前清政府的对外贸易政策

当西欧各资本主义国家积极开拓殖民地，发展海外贸易，进行资本原始积累时，中国却从明朝中后期开始，实行闭关的政策。至清代，闭关锁国政策更达其顶峰。在对外贸易上，主要表现为：

1. 清朝时期实行严厉的海禁。中外贸易曾一度中断。满族政权巩固以后，海禁才有所放松。1685 年，清廷宣布限定广州、漳州、宁波和云台山四处为对外通商口岸，并设粤海关、闽海关、浙海关和江海关实行严格的管理。1757 年，清政府又限定广州为唯一对外通商口岸，关闭了其他三个口岸。广州一口通商一直延续到鸦片战争。

2. 以英国为首的欧美列强一再要求清廷扩大通商，但都遭到拒绝。1793 年，英国女王曾致书乾隆皇帝，其中提到发展中英贸易的问题。但乾隆皇帝在回致英国女王的国书中却说道：“天朝物产丰盈，无所不有，原不藉外夷货物以通有无，特因天朝所产茶叶、瓷器、丝绸为西洋各国及尔国必需之物，是以恩加体恤……。”①由此可见，清廷对对外贸易毫不重视，也不懂贸易之利。

3. 行商制度。唐宋以来的市舶制度集管理与经营于一身。至明时，行政衙门开始负责对外贸易的管理，而对外贸易的经营则由“牙行”代替了。清代始设海关专门负责管理，经营对外贸易的机构则由明时的牙行演变为行商。所谓行商，是指清政府特许的、专营进出口贸易的中国商人。由行商组成的机构称为“公行”(cohorg)，在公行制度下，对外贸易的经营、对外商的管理甚至征税都由公行控制。外商来华后，住在由公行帮助建造的“商馆”(factory)中，活动受到严格的限制和监督。外商对其货物的销售和对中国货物的购买都得通过公行。

---

① 〔英〕斯当东(G. Staunton)：《英使谒见乾隆纪实》，商务印书馆 1963 年版，第 560 页。

清政府的闭关政策及对广州对外贸易的严格限制阻碍了中国对外贸易的发展。特别是公行制度一再引起英国商人的不满。他们认为行商制度是一种“榨取”制度，严重阻碍了英国对华贸易。1842 年英国用武力迫使清政府签订《中英南京条约》后，行商制度瓦解，清政府的各种限制对外贸易的制度便被彻底废除了①。

二、 鸦片战争至 1949 年的中国对外贸易

从清政府被迫于同英国签订了中国历史上第一个不平等条约——《中英南京条约》之后，一直到 20 世纪初，欧美列强通过战争及其他手段强迫清政府签订了一系列不平等条约。中国政府被迫割让领土，开埠通商给予列强种种特权。最后甚至连关税自主权也丧失了。中国的大门不仅被打开了，而且是处于一种毫无防御的状态。从此，在列强的控制和压迫下，中国对外贸易一直处于被动状态。

列强在华特权及对中国对外贸易的影响

1. 不平等条约中的主要条款

在中国被迫与列强签订的一系列不平等条约中，下列条款极大地影响了中国对外贸易的整个发展进程：

(1) 开埠通商。自南京条约开辟广州、宁波、福州、厦门和上海五个通商口岸以后，中国沿海和内地的 48 个港口和城市先后被迫开放，这就使得中国广大的领土都向外国列强敞开了大门。在这些商埠中，外国人有定居和经商的自由。1895 年中日《马关条约》后，列强又攫取了在这些商埠开设工厂的特权。

(2) 协定关税。鸦片战争前，清政府在判定进出口税率和海关行政管理方面完全有自主权。但 1843 年的新规则却是在列强的逼迫下制订的，大大降低了进出口税率。以后，税则又经过了几次修订。但进口税率一直被限

---

① 汪熙：“关于买办和买办制度”，载《近代中国资产阶级研究》，复旦大学出版社 1983 年版，第 292—293 页。

定在固定不变的值百抽五的水平上。由于税则采用从量征税，在多数年份里，实际税率由于物价上涨还低于百分之五的水平。不仅如此，十九世纪六十年代以后，中国的海关行政权也落入外人手中。

关税是调节进出口贸易、国际收支和促进国内工业发展的一个重要工具，而协定关税剥夺了中国运用这一工具的权利。中国人民一直反对这种不公正的协定关税制度。1929 年，经过多年的抗争，中国终于恢复了关税自主权。

(3) 领事裁判权。领事裁判权又称治外法权，也就是外国的法权推广到外国旅华的公民身上，也就是外国公民不受中国政府法权的管辖。[①]领事裁判权原则首先载于 1842 年中英《南京条约》，以后又在 1844 年中美《望厦条约》中作了更明确的规定，列强在华经济活动由于受到这一特权的保护而逃脱了中国法律的管制和政策的调节。实际上，领事裁判权成了列强在华特权和利益的保护伞。

(4) 片面的最惠国待遇原则。列强通过不平等条约在中国取得的最惠国待遇是片面的。其一，中国不能从列强那里取得相应的优惠待遇。其二，这一原则在中国不仅适用于通常的航海和通商范围，而且扩及到政治、外交等方面。这种片面的最惠国待遇使列强在中国能够“利益均沾”。而中国则成了列强共同宰割的对象。

2. 不平等条约对中国对外贸易的影响

以上的这些不平等条款在近一百年的时间内，对中国对外贸易和经济发展进程有极大的影响。使这一时期中国对外贸易带有明显的半殖民地、半封建性质。

(1) 不平等条约极大地阻碍了中国的工业发展。由于关税自主权的丧失，中国无力保护国内近代工业的发展。再加上外国竞争者不仅拥有工业和商业上的优势，而且享有不平等条约所规定的种种特权。因此中国近代

---

① 雷麦:《外人在华投资》，商务印书馆 1959 年版，第 30 页。

工业是在极其困难的条件下起步发展的。在初创阶段，近代工业（如冶炼、机械制造、棉纺、缫丝、毛纺、面粉、水泥、卷烟、火柴、造纸、陶瓷及榨油业）中的大部分在与外国的竞争中都惨遭失败，或受到严重的挫折。

只是在第一次世界大战期间，列强忙于战争放松了对中国市场及工业的控制，中国民族工业才有了一定程度的发展。

1929 年，中国恢复了关税自主权，以后，经过 1931 年、1933 年和 1934 年的三次税制修订，进口税率得以提高，作为中国近代工业支柱的棉纺织业及面粉加工业才在关税的保护下迅速发展起来。

（2）中国对外贸易的经营为外人控制。鸦片战争后，外国人不仅控制了中国进出口贸易，还渗透到中国对外贸易的运输、保险和汇兑行业。外国洋行甚至直接到中国内地加工或收购出口产品。据统计，抗日战争前，中国出口的 80％和进口的几乎全部是由外商所经营的。①中国商人处于从属地位，由于资本力量薄弱、经验不足和缺少政府的扶植而只能替外商推销洋货和收购土产。实际上，外人通过控制对外贸易把中国变成了倾销外国商品的市场和原料产地。

（3）中国的对外贸易长期巨额入超。鸦片战争以前，中国一直处于出超地位。但是，鸦片战争以后，外国大量廉价日用消费品涌入中国市场，而中国的出口由于工业落后和依赖于初级产品受到很大限制。自从 1864 年中国开始发行海关贸易报告以来，除了十九世纪七十年代的少数几年外，至 1949 年中华人民共和国成立时止，中国的对外贸易年年入超。这种巨额贸易入超主要通过外国在华投资和华侨汇款来弥补。从国际收支的观点来看，由于一部分贸易入超转为外国在华投资，②使中国对外经济关系变得灵活多了。但是由于领事裁判权和外人管辖下租界的存在，也使得中国国际收支更加难控制了。

---

① 吴承明：《帝国主义在旧中国的投资》，人民出版社 1955 年版，第 100 页。

② 郑友揆：《中国的对外贸易和工业发展（1840—1948）》，上海社会科学院出版社 1984 年版，第 115—122 页。

中国对外贸易商品结构变迁

自1868年起,中国才有了全面的、按商品记载的贸易报告。

从表1和2可以看出,七十多年来,中国的进出口商品结构发生了很大的变化。

表1　1868—1936年,中国出口商品分类(净值,百分比)

年份	总　值(1 000关两)	%	茶叶	丝　及丝织品	农产品	矿砂及金属	棉纱和棉制品	其他
1868	61 826	100.0	53.8	39.7	1.0	—	—	5.5
1890	87 144	100.0	30.6	33.9	1.0	—	—	34.5
1905	227 888	100.0	11.2	30.1	6.4	—	—	52.3
1913	403 306	100.0	8.4	25.3	15.0	3.3	0.6	47.4
1916	481 791	100.0	9.0	22.3	20.3	6.3	0.8	41.3
1925	776 353	100.0	2.9	22.5	28.1	2.9	2.0	41.6
1931	909 476	100.0	3.6	13.3	33.9	1.6	4.9	42.7
1936	452 979	100.0	4.3	7.8	25.9	7.7	3.0	51.3

资料来源:《中国海关贸易报告》。转引自郑友揆:《中国的对外贸易和工业发展》,第23页。

表2　1868—1936年,中国进出口商品分类(净值,百分比)

年份	总　值(1 000关两)	%	鸦片	棉制品	棉花	谷类、面粉	煤油	机械及交通器材	棉纱	其他
1868	63 282	100.0	33.1	29.0	—	0.8	—	—	2.5	34.6
1890	127 093	100.0	19.5	20.2	—	9.6	3.2	0.3	15.3	36.9
1905	447 101	100.0	7.7	25.6	—	2.9	4.5	3	15.0	41.3
1913	570 163	100.0	7.4	19.3	0.5	5.2	4.5	2.2	12.7	50.2
1916	516 407	100.0	—	14.1	1.6	6.8	6.2	5.3	12.4	63.3
1925	947 865	100.0	—	16.3	7.4	8.4	7.0	3.7	4.4	52.8
1931	1 433 489	100.0	—	7.6	12.6	12.6	4.5	5.4	0.3	57
1936	604 329	100.0	—	1.5	3.8	4.6	4.2	12.0	0.2	73.7

资料来源:同表1第41页。

19世纪90年代以前,茶叶一直是中国最主要的出口商品,占每年出口总值的40%—50%。自90年代起,中国茶叶的出口受到印度和锡兰茶叶的剧烈竞争后一蹶不振。与此同时，丝及丝织品的出口大幅度增加，取代了茶叶成为中国出口的首要商品。然而，二十年代末三十年代初，由于世界丝的市场萎缩以及日本丝的激烈竞争，中国丝的出口受到很大打击，出口值剧烈下降。

表中所列的农产品包括豆类和豆类加工品、籽仁和油及蛋制品。中国农产品的出口早期并不重要。1905 年日俄战争后，日本夺取了俄国在中国东北的特权，大力发展东北出口贸易，豆类、豆类加工品及籽仁和油的出口便迅速增加。第一次世界大战期间，世界市场对农产品的需求大量增加，中国农产品的出口随之增加并逐步取代了丝而占据出口的首位。同时，增加出口的还有矿砂及金属。

七十余年来中国棉制品和棉纱进出口的变化也很明显。棉纺织工业一直是中国近代工业的支柱，第一次世界大战中，中国民族工业发展最快的便是棉纺织工业。自 19 世纪 90 年代起，棉制品超过鸦片成了中国最主要的进口项目。与此同时，棉纱的进口也迅速增加。到 1915 年，中国向外国购买的棉纱逐年减少，到 1929 年，中国已成为棉纱净输出国了。[①]棉制品在继续大量进口的同时，出口也大量增加。1931 年后，由于中国几次提高了进口税率，棉制品的进口便大幅度下降。1936 年时，棉纺织品的进出口接近平衡。[②]同时，随着中国棉纺织工业的发展，棉花的进口持续增长。

1913 年前，为中国工业发展所必需的机械、铁路材料以及交通器材和车辆在进口中只占很小的比重。第一次世界大战以后，由于中国工业和公路交通运输的发展，机械、交通器材以及液体燃料的进口才有较大的增加。

列强在华势力消长与中国对外贸易的方向

鸦片战争以后，中国对外贸易几乎全部掌握在世界上几个主要帝国主义列强手中，而列强在中国对外贸易中所占份额的变化与他们在华势力的消长是有密切联系的。

---

① 雷麦：《外人在华投资》，第 39 页。
② 郑友揆，前引书，第 42 页。

一直到19世纪末，英国及其属地(不包括香港)一直支配着中国对外贸易，特别是进口贸易。70年代前，英国及其属地(不包括香港)在中国对外贸易总额中的比重高达70%以上，九十年代时仍占四分之一多。但自19世纪末20世纪初开始，英国的地位逐渐被削弱。

日本对华贸易早期并不重要。但中日甲午战争后，特别是1905年日本继承了俄国在中国东北的特权以后，对华贸易便急剧上升。第一次世界大战期间，日本趁欧洲列强无暇东顾而大力扩展对华贸易。战后，日本便逐步取代英国占据了首要地位。但1931年九·一八事变后，日本对中国(除东三省以外)的贸易急剧下降，其首要地位让位于美国。

鸦片战争后，美国对华贸易经历了几次大的起伏。一直到1913年，美国在中国对外贸易中的地位仍落后于香港、日本和英国。第一次世界大战是美国对华贸易的转折点。战前中国与欧洲国家的贸易很大一部分转向了美国。战后，以至整个20年代，美国对华贸易仅落后于日本居第二位。进入30年代，美国对中国关内的贸易便超过日本，一直占据首位。

除了美国、日本和英国外，德国、法国和俄国也是中国的重要贸易对象。中国与德国的贸易一直是逆差，而同法国和俄国的贸易一直是顺差。

抗日战争与解放战争时期中国的对外贸易①

抗战全面爆发后，为适应战时环境，国民党政府实行了一系列对外贸易管理措施。其中最主要的是统治进出口贸易和国营贸易，其目的是控制外汇的使用，保证战时急需。同时，为使外汇不致落入日本人手中，国民党政府对外汇交易也实行了严格的管制。

1937年和1938年，受日本全面侵华战争爆发的影响，进出口均有所下降。但自1939年下半年起，包括沦陷区和国统区在内的进口开始大量增加。到1941年，进口已从1937年的2.8亿美元增加到6亿多美元；而同期，出口却继续下降，从1937年的2.4亿美元下降到1.5亿美元左右。这就使得

① 这两个时期所用的数字均引自郑友揆，前引书：《中国的对外贸易和工业发展(1840—1948)》第126—235页。

1941年的入超高达4.5亿美元。

抗战全面爆发后，由于沦陷区集中着中国的绝大部分工业和人口，因而在该时期对外贸易总额中，沦陷区平均占80%以上，而国统区不到20%。

1941年太平洋战争爆发后，中国与外界的商业联系被切断，进出口都大幅度下降。1944年后，中国对外贸易实际上已陷入停顿状态。

抗战全面爆发前，中国的棉制品和其他日用工业品已大量销往东南亚各国和印度。1939年起，由于这些国家棉制品和棉纱的传统供应者（主要是欧洲国家）已陷入战争，因而给了中国向这些国家大量增加出口的机会。1941年，中国棉制品和棉纱的出口已达2千多万美元，是1937年出口额的五倍，在出口中的比重也由1937年的1.8%急剧上升到1941年的13%。但与此同时，棉制品和棉纱的进口也继续大量增加。当时主要是满足国统区的需求。1941年后，中国棉制品和棉纱的出口由于太平洋战争的阻碍而急剧下降。

这一时期，中国对外贸易方向发生了很大变化。日本作为占领国，控制了沦陷区的对外贸易。日本在沦陷区对外贸易中的比重一直高达1/3以上，超过其他任何国家。而1941年后，日本的比重更急剧上升到80%以上。

尽管日本一直试图排挤美国在远东的经济势力，但美国与沦陷区的对外贸易却日益兴旺。其原因主要是：一、当时只有美国有能力向沦陷区提供维持中国沿海工厂运转的棉花、烟叶、化学品等工业原料以及钢铁和机械设备。同时，沦陷区所必需的面粉、煤油和其他各种日用消费品也须从美国进口；二、出口方面，由于欧洲国家已陷入战争之中，使得中国传统的大宗出口商品如猪鬃、桐油及其他日用品越来越局限于美国市场。①

值得注意的是，当欧洲由于战争的影响而放松远东贸易时，中国与东南亚和印度的贸易关系却日益密切。1941年，东南亚和印度在中国进口和出

① 郑友揆，前引书，第162页。

口中的比重已分别高达 1/3 和 1/5 以上。

抗战胜利后，国民党政府立即接管了上海海关并恢复了除解放区在外全国所有对外贸易的管理。同时放松了战时对外贸易管制措施。这样，对外贸易逐渐得到恢复。

但是，国民党政府在抗日战争胜利以后不久，就发动了全面内战，使战后几年间中国经济陷入了恶性通货膨胀之中，对外贸易也陷入了混乱。通货膨胀造成的国内经济和金融的混乱以及物价的狂涨严重阻碍了中国的出口。

为制止通货膨胀的恶性循环，国民党政府动用巨额外汇储备进口日用消费品，使得 1946 年的进口高达 5.6 亿美元左右，超过出口约 4.1 亿美元。由于外汇储备的大量耗费，1946 年后，国民党政府不得不转而采取限制进口、鼓动出口的政策。这样，逆差才有所减少。1948 年以后，国民党政府在内战中节节败退，进出口均大幅度下降，最后陷入了停顿状态。

解放战争期间，联合国救济总署(简称“联总”)向国民党政府提供了价值 31 120 万美元的救援物资。此外，1948 年，美国为挽救国民党政府的政治、经济和军事危机，根据 1948 年 2 月通过的紧急“援华法案”，又提供了约 1.1 亿美元的商品援助。

解放战争期间，中国出口的商品结构发生了很大变化。制成品在出口中的比重急剧上升，由 1946 年占出口总值的 20%上升到 1948 年的占 36.7%，这主要是由于棉纺织品大量出口的结果，因为棉纺织工业在中国有一定的基础。国民党政府竭尽全力促使棉纺织工业恢复生产。并对棉纺织品的出口实行了统制。使中国棉纺织品出口在短期内大大增加。

第二次世界大战结束及日本的投降的最初几年里，中国对外贸易的方向产生了明显的转变。

在进口贸易中，美国占有绝对优势。仅以商业性进口而言，1946 年美国商品占中国进口商品总值的 57.2%、1947 年占 50.2%、1948 年占 48.4%。如果把美援也计算进去，则美国在中国进口总值中的比重即增至 1946 年的

61.4%、1947 年的 57.0%和 1948 年的 66.5%①。同时，来自日本的进口商品则猛烈下降。在战后年代里，日本在中国进口总值中所占的比重，由抗战时期的 58%—71%下降到 1%左右。②此外，受战争破坏严重的欧洲国家对中国的出口也减少到无足轻重的地步。

战后中国出口贸易方向也有了较大的变化。美国成为中国的第一大出口国。1946 年中国对美国出口商品在出口总值中的比重高达 38.7%③。以后两年的比重逐渐下降。同时，中国对东南亚国家的棉制品出口则有了显著增加。

综上所述，到 1949 年为止的百余年时间内，中国对外贸的发展状况可以划分为两个具有不同特点的时期：第一个时期从鸦片战争之后中国开始对外通商时起，至 1937 年的抗日战争全面爆发时止。这是一个中国被迫开埠通商的消极、被动发展时期。列强通过许多不平等条约，从政治、经济上控制了中国。中国被划分为各个列强的不同势力范围，中国的对外贸易的发展方向和进程深深受到同各个列强关系的影响。同列强势力侵入中国的时间顺序相一致，中国在 1858 至 1880 年间被迫开放了华北和长江沿岸的主要港口。1880 年至 1900 年间，中国西南地区也成为国际贸易的场所。本世纪初，东北又开始对外进行贸易。但是，由于中国自给自足经济的顽强抵抗，虽然外国迫使开放中国市场，但中国的对外贸易是仍未有显著的增长。仅其性质和特点发生了一些变化。第二个时期从 1937 年—1949 年为止。这是一个整个世界和中国都经历了剧烈动荡、战争和巨大变化的时期。中国对外贸易与工业发展在战争期间受到了极大破坏和损失。日本完全控制了占领区内的经济，把占领区作为经济殖民地，肆无忌惮地进行经济掠夺。同时完全控制占领区的对外经济关系，并对国民党政府实行外贸封锁，使中国无法从外国进口所必需的物资。另一方面，中国与美国的紧密传统贸易联系在这一时期里重新得到了恢复和发展。自战争结束到 1949 年这段时间

①②③ 郑友揆：前引书，第 227 页。

内，美国已取代日本成为中国最大的贸易伙伴。由于受到战争的影响，中国这一时期对外贸易值剧烈下降。战后，由于国民党政府发动内战，中国经济非但没有得到复苏，反而更加处于一片混乱之中，通货膨胀，工业恢复迟缓，财政赤字巨大，外贸逆差打破了历史纪录。国民党政府外汇和黄金储备迅速耗尽。随着国民党军事上的失败和经济上的瘫痪，中国对外贸易急剧萎缩，整个经济体系趋于瓦解。

三、 中华人民共和国成立以来的对外贸易

对外贸易统制的确立和对外贸易国营化

1949 年中华人民共和国成立后，中国的社会经济制度发生了根本变化，废除了旧政府同帝国主义国家签订的一系列不平等条约和帝国主义在中国的各种特权，收回了被帝国主义长期霸占的海关，消除了旧中国对外贸易受帝国主义控制和依附于帝国主义的局面。与此同时，没收了原属国民党政府和官僚资产阶级的进出口企业，建立了国家对外贸易管理机构和对外贸易企业。这样中国新型的社会主义对外贸易便在全国范围内建立起来，这种社会主义外贸体制，就是对外贸易的国家统制。国家统制亦即国家垄断，是指对外贸易的领导权和经营管理权必须由国家统一控制。其主要内容有:第一，政府委托外贸部对对外贸易进行集中领导和统一管理;第二，对外贸易在中央统一政策指导下有计划地进行。一切对外贸易活动，必须在国家统一的方针政策指导下，根据国家统一计划来进行。国家设置了领导和管理对外贸易的各级机构以及经营对外贸易的部门，对出口货源组织、进出口计划、经营分工、价格制定、外汇管理及使用、对外贸易运输、商品检验、海关监督以及对外联系等方向，都有明确规定。从而保证对外贸易的统一性和计划性;第三，实行严格的进出口许可证制度。

在实行对外贸易统制的同时，国家又通过没收官僚资本经营的进出口企业和新建对外贸易国营企业实行了对外贸易国营化。对民族资本经营的进出口企业则实行了社会主义改造，到 1957 年，中国对外贸易已基本上纳入

了国营的体制。

新中国成立初期实行的对外贸易国家统制和国营化对中国的对外贸易和工业发展均有着积极的意义。这是由于：

1. 新中国成立初期首要的任务是尽快恢复国民经济。国家通过对外贸易统制和国营贸易控制了外汇的使用，使关系到国计民生的商品的进口得到了保障。

2. 解放前，中国的工业化进程十分缓慢。尽快实现工业化是新中国的当务之急。这决定了中国必须实行保护贸易政策，尽快建立起完备的工业体系。而国家通过统制和国营贸易使对外贸易能够有力地配合中国的工业化进程。

3. 新中国成立后不久，美国就对中国采取敌视态度，并联合其他主要资本主义国家对中国实行经济封锁和贸易禁运。为了反对经济封锁和贸易禁运，中国的贸易企业也需要国家强有力的领导和管理以致直接经营。

4. 实行对外贸易统制，不仅充分保证了国家在对外贸易方面的领导，为私营进出口商的社会主义改造创造了必要的条件，而且对防止和打击国内外敌对分子利用对外贸易渠道进行破坏活动，也有重大作用。

1978 年以前中国对外贸易发展概述①

新中国成立初期，为迅速恢复国民经济，政府积极鼓励日用必需品和工业原料的进口，同时积极组织农村产品及加工品出口。这样，由于解放战争而停顿的对外贸易迅速得到恢复。1952 年时，进口已达 12 亿美元，出口已达 8 亿多美元。比 1948 年中国的进出口总值还增加了一倍多。

在 1953—1957 年的第一个五年计划期间，中国开始致力于建立较完备的工业体系。这一时期，成套设备的进口迅速增加，其中大部分来自苏联。为了支付从苏联进口的大量成套设备和偿还其贷款，中国的农副产品、农副产品加工品以及轻工业品，特别是纺织品，大量向苏联出口。

---

① 新中国成立后部分所用数据，除另注明出处的以外，均引自 1986 年《中国对外经济贸易年鉴》，中国财政经济出版社 1986 年版。

1958年开始的“大跃进”使工农业生产遭到了严重破坏，而且，六十年代初苏联停止经济援助，使中国对外贸易受到极大影响。由于农业陷入困境，中国不得不大量进口粮食。粮食进口的急剧增长使得1961—1965年生活资料在进口中的比重高达40％—45％，而在1960年，生活资料占进口的比重仅为4.6％。这一时期的出口商品中，农产品大幅度下降，轻工、纺织品有所增加。

1966年开始的“文化大革命”再次使中国对外贸易陷入了徘徊不前的境地。到1970年时，中国的进出口总额还不到46亿美元。

然而，自20世纪70年代初开始，中国对外贸易却获得较快的发展。到1978年，出口额已从1970年的22亿美元增长到97亿美元，增长3.3倍；进口则从1970年的23亿多美元增长到近109亿美元，增长3.7倍。如以进出口总额计算，则从1970年到1978年，平均每年递增20％以上。70年代对外贸易的迅速发展主要有以下几个原因：一、70年代初，中国同西方国家的关系改善了，中国同美国和日本的贸易得到较快的发展；二、与苏联及部分东欧社会主义国家重新有了贸易往来；三、随着中国石油工业的发展，原油大量出口。1973年以后，世界石油价格大幅度上涨，使得中国原油出口的收入大量增加；四、国内工业特别是轻工业扩大了出口能力。

70年代初，中国又恢复了中断多年的技术引进，特别是成套设备的进口。不过，与五十年代不同，其来源主要是资本主义工业发达国家。

从以上分析可以看出，新中国成立以来到1978年以前，中国对外贸易尽管获得了一定程度的发展，但总的说来，这种发展是很不稳定的，同整个国民经济一样，经历了一个曲折的发展过程。究其原因，主要有以下几点：

其一，新中国成立以后，以美国为首西方资本主义工业发达国家长期对中国实行经济封锁和贸易禁运。解放前，这些国家一直是中国最主要的贸易对象。同时，由于中苏关系在六十年代初恶化，中国同社会主义国家的贸易也受到很大限制。

其二，新中国成立以后，在当时的国内和国际环境下，中国正确地坚持了独立自主、自力更生的方针。但是，“一个时期内，特别是‘文化大革命’

中，自力更生的方针遭到了严重的歪曲，"[1]把发展对外贸易同自力更生对立了起来。在"左"的思想指导下，对外贸易长期以来只被看作一种调剂国内余缺的手段而得不到重视。

其三，对外贸易国家统制制，尽管在建国初期发挥了重大作用，奠定了中国社会主义对外贸易体系。但是，随着国民经济的发展和世界经济情况的变化，已经逐渐不适应对外贸易进一步发展的要求。在这种外贸体制下，国家统得过死，外贸企业没有活力，外贸生产和进出口与国际市场缺乏联系，不能适应国际竞争。

1978年，中共中央召开了第十一届三中全会。全会做出了全党、全国工作重心转移，集中精力发展国民经济的决定。同时，决定实行经济体制改革和对外开放。在全会路线指导下，中国对外经济贸易部门和机构开始进行对外贸易体制改革和机构调整，努力促进对外贸易的发展。

首先，中国从上到下进行了对外贸易机构调整。为了更好地发展对外经济贸易关系，在中央实行了原对外贸易部和对外经济部的合并，成立了对外经济贸易部。在地方，理顺各级外贸公司与上级公司和地方政府之间的关系。同时，为了促进扩大出口，中央各部委和地方可以成立对外贸易经营公司。这样，就打破了原来由外贸部门独家垄断对外贸易的局面。

其次，改革外贸管理体制，经贸部不再对外贸公司和企业下达具体指令和计划，外贸公司和企业有了较大程度的自主权，可以比较灵活地根据国际市场的需要组织生产和进出口。同时，在外贸公司和企业内部，实行经营承包制，出口收汇，上缴中央外汇和财务盈亏等项指标进行分解承包。这样，就调动了外贸公司和企业经营进出口的积极性和主动性，也带来了竞争性，逐步促使它们自负盈亏，自主经营。

第三，制定一系列鼓励出口的政策措施。迄今为止，经贸部已经对建立出口加工区、出口生产体系、出口专业厂和出口生产基地制定了各种优惠办

① 《红旗》杂志，1982年4月，"关于我国对外经济等问题"。

法和扶植措施，鼓励发展出口商品生产。其主要做法是：1.通过国家贷款解决发展出口商品生产所急需的部分资金。2.在税收上享受免税、退税等优惠待遇。3.优先引进发展出口商品所需要的先进技术和设备。

第四，积极利用外资和引进外国先进技术。自 1979 年到 1987 年 8 月为止，中国共签订利用外资协议额 560 亿美元，实际利用外资 333 亿美元，批准外商投资企业 8 700 多家，已投产开业超过 4 000 多家。①大部分外资企业技术先进，产品竞争能力强，经济效益好，能带动出口创汇。

第五，坚定不移地实行对外开放政策。继在深圳、厦门、珠海、汕头举办四个经济特区之后，中国又开放了 14 个沿海城市，这一开放态势仍在继续。表明中国已经意识到，任何国家都不能在封闭状态下求得发展，在落后基础上建成社会主义，只有努力发展对外经济技术交流和合作，参与国际经济竞争，才能逐步缩小同世界发达国家的差距。

通过十年来的改革和开放，中国对外贸易取得了迅速发展，从 1978 年进出口总额为 206 亿美元增长到 1987 年的 838 亿美元，增长了四倍多。在对外贸易总量增长的同时，中国对外贸易的进出口商品结构也发生了一些变化。下面具体分析中国对外贸易结构的构成和变化。

中国对外贸易结构分析

1. 出口商品结构

中国的出口商品中，初级产品的比重一向高达 50%以上。而其中食品的出口又长期占主要地位，只是到 20 世纪 70 年代中期，当矿物燃料（主要是石油）的出口大量增加以后，食品比重才有所下降。在工业制成品出口中，轻纺工业产品又一向占主要地位，而重化工业产品的出口长期以来只占很低的比重，其中机械及运输设备在出口中的比重 20 世纪 80 年代以前仅维持在 3～4%的水平。

如按《国际贸易标准分类》划分，则 1979 年以来中国的出口商品构成可列为下表：

---

① 《我国利用外资进入稳步发展新阶段》，《国际商报》，1987 年 9 月 29 日，第 1 页。

表 3　1979—1989 年，中国出口商品构成

（按《国际交易标准分类》划分）　　　　金额单位：亿美元

项　目	1979		1981		1983	
	金额	比重	金额	比重	金额	比重
出口总额	136.58	100.0	208.93	100.0	221.97	100.0
初级产品	73.15	53.6	103.60	49.6	102.65	46.2
1. 食品	27.01	19.8	30.71	11.7	52.24	14.5
2. 矿物燃料	26.54	19.5	50.54	24.2	47.01	21.2
3. 其他	19.60	14.3	22.35	10.7	23.3	10.5
工业制成品	63.43	46.4	105.33	50.4	119.32	53.8
1. 重化工业品	14.97	10.9	37.98	18.2	48.71	22.0
(1) 机械及运输设备	4.64	3.4	17.77	8.5	33.10	14.9
(1) 其他	10.33	7.5	20.21	9.7	15.61	7.1
2. 轻纺工业产品	48.46	35.5	67.35	32.2	70.61	31.8

项　目	1985		1989	
	金额	比重	金额	比重
出口总额	259.15	100.0	414.40	100.0
初级产品	140.14	54.2	150.86	34.7
1. 食品	40.27	15.6	63.07	14.5
2. 矿物燃料	73.34	28.3	46.15	10.6
3. 其他	26.73	10.3	41.6	9.6
工业制成品	118.81	45.8	283.54	65.3
1. 重化工业品	36.05	13.9	93.15	21.5
(1) 机械及运输设备	21.94	8.5	51.14	11.8
(2) 其他	14.11	5.4	42.01	9.7
2. 轻纺工业产品	82.76	31.9	190.39	43.8

资料来源：《中国对外经济贸易年鉴》1986 年第 957 页。1988 年第 359—360 页。1990 年第 296—297 页。

从表 3 可以看出 1979 年以来中国出口商品构成的以下特点和趋势：

(1) 初级产品在出口中的比重在 1985 年以前均在 50%左右，自 1985 年以后初级产品的比重迅速下降，到 1989 年，初级产品在出口中的比重下降为三分之一左右，表明中国国民经济的工业化程度不断提高。

(2) 食品在出口中的比重保持稳定，随着初级产品比重的下降，食品在初级产品中占的份额相对提高，1989 年，食品在初级产品中已占 40%以上。

同时，矿物燃料所占比重自1986年以后急剧下降，从1985年的28.3%，下降到1987年的13.9%和1989年的14.5%，主要是受世界市场原油价格下跌影响，但出口数量仍有提高，1984年，中国出口原油共2 229万公吨，1989年提高到3 691万公吨。

(3) 在工业制成品中，轻纺工业产品仍占主要地位。特别是纺织品，1985年以前约占出口的30%，1985年以后不断增长，1989年达43.8%，成为中国最重要的出口产品。机械及运输设备是工业化国家出口的重要产品，但在中国出口中所占比重却不大，1983年曾达到14.9%，但以后又有所回落，1989年为11.8%。

2. 进口商品结构

解放后，中国的进口以工业制成品为主。在绝大部分年份，消费品的进口都远远落后于机械设备及生产原料的进口，这是因为中国的进口能力受外汇限制，不得不把有限的外汇用来进口生产资料，促进本国经济的发展。

从表4可以看出，20世纪80年代以来中国的进口商品结构呈现出以下特点和趋势：

(1) 初级产品在进口中的比重一直在大幅度下降，1981年为40.4%，1985年曾下降到17.1%，以后有所回升，主要是受进口粮食增加的影响，1989年，中国进口粮食1 640万公吨，价值25.6亿美元，在进口总额中占了6.5%。

(2) 在工业制成品中，重化工业产品一直占主要地位，且比重一直上升，中国重化工业的原料和中间产品在很大程度上依靠进口，随着工业规模的扩大，这部分进口也将呈上升的趋势。

(3) 机械及运输设备自1985年以后开始增加，约占中国进口的三分之一，但由于受发达国家技术出口限制的影响一些高技术产品虽然国内很需要，但进口很少，有些甚至无法进口。

纵观中国进出口贸易的商品结构，基本上还是属于发展中国家的典型结构：出口初级产品和轻纺产品，进口工业制成品。但是，随着改革开放政策的深入和发展，中国工业的技术化程度也在不断提高，特别是引进外资、大力兴办“三资”企业以后，一批技术水平较高，在国际市场上较有竞争力的工业制成品已开始进入国际市场，并逐步改变中国进出口商品的结构。1991 年，“三资”企业出口 120.5 亿美元，占同期全国出口比重 16.8%①。

表 4　1981—1989 年，中国进口商品构成

（按《国际贸易标准分类》划分）　　金额单位：亿美元

项　　目	1981		1982		1983	
	金额	比重	金额	比重	金额	比重
进口总额	194.82	100.0	174.78	100.0	185.30	100.0
初级产品	78.63	40.4	73.25	41.9	54.38	29.0
1. 食品	38.46	19.7	39.07	22.4	28.44	15.0
2. 其他	40.17	20.7	34.18	19.5	25.94	14.0
工业制成品	161.19	59.6	101.53	58.1	130.92	70.7
1. 重化工业品	96.68	49.6	87.92	50.3	117.03	63.2
(1) 化学品及有关产品	24.73	12.7	27.88	16.0	27.08	14.6
(2) 按原料分类的制成品	22.77	11.7	25.99	14.9	53.16	28.7
(3) 机械及运输设备	49.18	25.2	34.05	19.4	36.79	19.9
2. 轻纺工业产品	19.51	10.0	13.61	7.8	13.89	7.5

项　　目	1985		1987		1989	
	金额	比重	金额	比重	金额	比重
进口总额	343.31	100.0	333.99	100.0	391.43	100.0
初级产品	58.59	17.1	70.92	21.2	101.34	25.9
1. 食品	15.63	4.6	23.14	6.9	38.67	9.9
2. 其他	42.96	12.5	47.78	14.3	62.67	16.0
工业制成品	284.72	82.9	263.07	78.8	290.09	74.1
1. 重化工业品	251.43	73.2	220.44	66.0	273.39	69.8
(1) 化学品及有关产品	38.33	11.1	42.22	12.6	60.23	15.4
(2) 按原料分类的制成品	88.48	25.8	59.46	17.8	83.01	21.2
(3) 机械运输及设备	124.62	36.3	118.76	35.6	130.15	33.2
2. 轻纺工业产品	33.29	9.7	43.63	12.8	16.70	4.3

资料来源：《中国对外经济贸易年鉴》1986 年第 959 页，1988 年第 362 页，1990 年第 298—299 页。

① 中华人民共和国国家统计局《关于 1991 年国民经济和社会发展的统计公报》，《人民日报》，1992 年 2 月 29 日。

中国对外贸易的流向

1. 概述

整个20世纪50年代，苏联及东欧社会主义国家一直是中国的主要贸易对象。“一五”期间，中国与苏联及东欧各国的贸易每年均占中国对外贸易总额的70%以上。其中，苏联又占50%。

60年代起，中国的主要贸易对象便转向了资本主义国家。而与苏联及东欧国家的贸易基本上处于停滞状态。

70年代初，中国与西方工业发达国家的关系得到改善。中国与这些国家的贸易得到迅速发展。自此，资本主义工业发达国家一直占据着中国对外贸易的主要地位。

1978年以来中国对外贸易按不同类型国家和地区分组情况见表：

表5　1978—1989年，中国对外贸易按不同类型国家和地区分组情况（百分比）

国别、地区	1978			1982			1984		
	总计	出口	进口	总计	出口	进口	总计	出口	进口
一、发展中国家和地区	16.50	19.60	13.80	19.30	25.30	11.70	15.90	23.40	8.70
二、工业发达国家	55.90	37.40	72.50	56.30	43.30	72.60	56.10	44.10	67.70
三、中央计划经济国家	14.10	15.30	13.00	7.10	5.70	8.90	7.30	6.90	7.8
四、港、澳地区	13.30	27.40	0.70	16.20	24.00	6.40	18.50	23.50	13.80

国别、地区	1985			1987			1989		
	总计	出口	进口	总计	出口	进口	总计	出口	进口
一、发展中国家和地区	14.40	22.15	8.30	13.56	17.61	9.36	12.57	13.59	11.43
二、工业发达国家	57.90	43.90	68.50	50.07	39.85	60.71	47.93	40.59	56.17
三、中央计划经济国家	8.30	9.00	7.70	9.22	8.97	9.49	9.50	8.96	10.10
四、港、澳地区	18.60	23.00	15.20	25.10	30.09	19.92	27.55	33.63	20.79

资料来源：1984、1986和1990年《中国对外经济贸易年鉴》表中四种类型国家和地区的比重加起来有时不等于100%，原表如此。

从表5可以看出，1978年以来，工业发达国家占中国对外贸易总额的55%以上。而在进口贸易中的比重有的年份更高达70%以上。这是由于中国在加速工业化进程中所必需的机械、交通器材以及各种高精尖设备几乎全部来自工业发达国家。同时，工业发达国家又是中国进口的钢材及化工原料的主要供应者。然而，中国向工业发达国家的出口却不断受到来自这些国家的保护主义政策的影响。特别是作为中国最重要的出口项目的纺织品受到的限制更为严厉。这便使得中国对工业发达国家的贸易一直存在着巨额逆差。

1978年，苏联东欧等国家在中国对外贸易中的比重为14.1%，但以后由于国家之间关系冷淡，贸易也随之下降，1985年以后，情况有所好转，但贸易比重始终在中国对外贸易中不超过10%。东欧变革和苏联解体以后，中国对东欧各国和独立国家联合体各国的贸易方式也发生了重大变化，由政府间长期贸易协定改为用可兑换货币现金交易，因此，贸易额在最近几年里会有所下降。

香港历来是中国对外贸易的重要转口港，八十年代以来，中国内地通过香港的转口贸易获得更为迅速的发展，随着大陆同台湾联系的加强，经过香港转口的大陆同台湾的贸易额也大大增加，1990年，经香港转口的两岸贸易额为40.4亿美元，约占同期大陆和香港290亿美元贸易额的14%。预计这一比重还会继续加大。

2. 中国同日本、美国及欧洲共同体的贸易关系

(1) 中日贸易关系

新中国成立后，由于日本同美国的特殊关系，中日贸易几乎处于中断状态。20世纪60年代中期开始，中日民间贸易获得了较快的发展。1972年，中日恢复邦交。1978年又先后缔结了中日政府间长期贸易协定和中日和平友好条约。这样，中日贸易迅速发展。1972年，中日贸易额仅为10亿美元，1980年时已增至92亿美元。到1985年，达到164亿美元，占中国对外贸易总额的27%。1991年，中国和日本贸易总额为230亿美元，比上年增长30%以上。

中国对日本出口的商品主要是石油、煤炭。另外还有纺织品、服装和五金矿产。中国从日本进口的主要是成套设备、建筑器材、五金钢材、化肥和工业原料等。近年来，日本对中国出口增长较快的有汽车、合成纤维织物，影像机械、精密仪器等。日本对中国出口制成品，从中国进口原料、食品的格局十分明显，而且始终对中国保持大量顺差。因此，在一定程度上限制了中日贸易的更大幅度增长。

(2) 中美贸易关系

1972 年起，中美两国恢复了贸易关系。1979 年中美建交后，两国贸易更是迅速发展。1975 年时，中美贸易额还不到 5 亿美元。1985 年时已达 70 多亿美元。1991 年，中美贸易额 142 亿美元，其中中国对美国 61.9 亿美元，进口 80 亿美元。自 1972 年以来，中美贸易以年平均 44.6％的速度增长，大大超过同期中国对外贸易年平均 17.5％的增长速度，美国已成为香港、日本之后中国的第三大贸易伙伴国。

中国对美国出口的商品最主要的是纺织品和服装，其他还有原油、鞋类、玩具，等等，中国进口的美国商品可分两大类，一类是原木、小麦、棉花等初级产品、另一类是计算机、飞机、采油设备、化肥等工业制成品和半制成品。

(3) 中国与欧洲共同体的贸易关系

1975 年，中国同欧洲共同体正式建立了关系。1978 年，双方又签订了贸易协定。自此，双方贸易关系获得较快发展。1975 年，双方贸易额为 24 亿美元。1982 年增加到 44.6 亿美元。1985 年上升到 72 亿美元，1990 年达 141.8 亿美元，其中德国位居第一，为 49.7 亿美元，其次是法国 23.1 亿美元、英国 20.3 亿美元、意大利 19.0 亿美元。

中国向欧洲共同体的出口以轻纺产品、农产品和矿产品为主。而从欧洲共同体的进口则主要是成套设备和技术，以及化工产品、仪器等。

综上所述，中国对外贸易自 1978 年以来获得很大发展，中国已同世界上一百四十多个国家和地区建立了对外贸易关系，1989 年，中国出口额占据世界出口总额的位次由 1978 年的第 32 位上升到第 14 位。但是，从中国在整个世界出口总额中的比重来看还是相当小的。1989 年，中国的出口仅占世界出口的总额的 1.40％。①

(原载《国际贸易与国际经济合作概论》，复旦大学出版社 2001 年版)

① 《中日对外经济贸易年鉴 1990 年》，第 292 页。

中国的对外经济合作

我国的对外经济合作大致经历了三个阶段:第一阶段为20世纪50年代至60年代;第二阶段为60年代至1978年以前;第三阶段为1978年以后至今。

一、20世纪50年代—60年代中国的对外经济合作

新中国成立之初,由于以美国为首的世界主要资本主义国家对我国实行经济封锁和禁运,使我国与西方发达国家的经济往来受到了阻碍。但在此期间,我国本着自力更生为主,争取外援为辅的方针,与苏联和东欧社会主义国家的经济合作发展十分迅速,其中主要包括:

1. 从50年代起,我国从苏联引进了156项成套项目和技术设备。

2. 50年代,我国新疆有色金属公司、大连中苏修船股份有限公司同苏联合资经营中长铁路。

3. 1951年,我国同波兰建立合资经营的中波轮船股份公司。

4. 1959年,我国同捷克斯洛伐克建立合资经营的中捷国际海运股份公司。

50年代,我国同苏联和东欧社会主义国家开展的经济合作对于打破当时帝国主义国家对我国的海上封锁以及对于当时我国工业化建设起了一定的作用。并且,通过引进项目的建设和举办合资经营企业,我国学到了一些技术和生产管理经验。

1960 年，由于苏联片面毁约和撤走专家，使中苏经济合作受阻，中捷国际海运股份公司也因此终止。只有作为首家中外合资经营企业的中波轮船股份公司一直在发展。如今，公司的远洋船舶已由创办初期的十艘老式旧船约十万载重吨，发展到 23 艘现代化的半集装多用途货轮达四十多万载重吨。

总的说来，50 年代，我国主要是同苏联和东欧社会主义国家开展经济合作业务。

二、 20 世纪 60 年代—1978 年以前我国的对外经济合作

我国在 60 年代至 1978 年以前开展的对外经济合作业务主要包括：

1. 在 1962 年，我国同阿尔巴尼亚建立了合资经营的中阿轮船股份有限公司(1978 年，中阿两国关系发生变化，中阿轮船股份公司终止)。

2. 1967 年，我国同坦桑尼亚建立了中坦联合海运公司。目前，中坦联合海运公司不断发展，并发挥着重要的作用。

3. 在利用外资方面，60 年代初，我国大陆主要是吸收香港、澳门地区的资金。

4. 从 1967 年开始，我国接受外商银行存款；在对外贸易中，开始使用卖方信贷(即延期付款方式)。

这一段时期，我国虽然同一些国家开展了经济合作，但是当时我国在对外经济合作的规模和方式上都存在着很大的局限性，在利用外资方面，除了吸收外商银行存款和使用卖方信贷之外，其他方式都没有开展。特别是在“十年动乱”期间，我国的对外经济合作几乎完全停止了。

三、 1978 年以后我国的对外经济合作

粉碎“四人帮”之后，特别是党的十一届三中全会以来，我国的对外经济合作发展得十分迅速。其中突出地表现在以下几个方面：

涉外经济法规的健全

1978 年以来，我国颁布了一系列涉外经济法，这些法规包括：《开展对外

加工装配和中小型补偿贸易办法》、《关于执行〈开展对外加工装配和中小型补偿贸易办法〉的几项规定》、《中华人民共和国涉外经济合同法》、《中华人民共和国中外合资经营企业法》、《中华人民共和国中外合资经营企业法实施条例》、《中华人民共和国外资企业法》、《中华人民共和国技术引进合同管理条例》、《中华人民共和国专利法》、《中华人民共和国专利法实施细则》、《中华人民共和国商标法》、《中华人民共和国商标法实施细则》、《中华人民共和国中外合作经营企业法》等四百多个与对外经济贸易有关的法律法规。

我国的涉外经济法规集中体现了：

1. 允许外国的企业和其他经济组织或者个人依照中华人民共和国法律的规定在中国投资、同中国的企业或者其他经济组织进行多种形式的经济合作。在中国境内的外国企业和其他外国经济组织以及中外合资经营企业，都必须遵守中华人民共和国的法律，它们的合法权利和利益受中华人民共和国法律的保护。

2. 中华人民共和国保护在中国境内的外国人的合法权利和利益，在中国境内的外国人必须遵守中华人民共和国的法律。

3. 对于外国的企业和其他经济组织或者个人依照中华人民共和国法律的规定在中国投资、同中国的企业或者其他经济组织进行各种形式的经济合作给予优惠待遇。这些优惠待遇主要包括：

(1) 中外合资经营企业的所得税税率为33%。中外合资经营企业合营期限在十年以上的，自获利年度起，第一年、第二年免征所得税，第三年至第五年减半征收所得税。我国的中外合资经营企业所得税税率和减免期限与世界上一些积极吸引外商投资国家相比也是非常优惠的。

(2) 在技术引进时，对外商提供贷款、垫付款和延期付款所取得的利息在合同有效期内，可以减按10%的税率缴纳所得税。

(3) 对于技术先进、条件优惠的专有技术，可以免征所得税。

(4) 用产品返销或交付产品等方式偿还价款的本息或用工缴费抵付价款的本息可以免征所得税。

(5) 租赁费在合同有效期内,减征10%的所得税。

(6) 对于中外合资经营企业、中外合作经营企业、中外合作开采海洋石油、补偿贸易、加工贸易等对外经济合作业务的进口货物的征税,我国都给予了不同程度的优惠待遇。

我国对外经济合作发展迅速

党的十一届三中全会以来的十年,是我国对外开放事业取得重大成就的十年。在这十年中,我国开展了各种形式和多种渠道的对外经济合作业务。利用外资的规模和引进先进技术的方式不断扩大,补偿贸易、加工贸易和国际租赁贸易发展十分迅速,具体表现:

1. 外商投资企业不断增加。

下表统计表明了从1979年至1989年6月,在我国外商投资企业迅速增加。在改革开放总方针的指引下,我国的国际经济合作事业取得了显著的成就。从1979年至1989年6月,利用外资全国累计批准外商投资企业18 955家,而且合资企业的家数已远远超过了合作企业。目前,我国举办的外商投资企业项目遍及我国由沿海城市到内地的大部分地区,在国民经济的建设中起着重要的作用。这不仅弥补了我国生产和建设中部分资金的不足,而且在利用外资的同时,引进了对于我国先进的适用技术和经营管理经验以及培养和锻炼了一批技术和管理人才。

表1　1979—1989年设立的外商投资企业　　单位:家

企业名称	1979—1984	1979—1985	1979—1989.6
中外合资	931	2 300	10 463
中外合作	216	3 700	7 473
外商独资	26	120	1 019
共　　计	1 173	6 120	18 955

资料来源:中国国际经济咨询公司《中国投资指南》,朗文出版集团1986年版,第343、411页;刘向东主编《利用外资知识手册》,世界知识出版社1986年版,第2页,《对外经贸研究》1988年2月10日第6期第14页。朱敏才:《我国国际经济合作发展的历程》,《国际经济合作》1989年11月第6页。

2. 补偿贸易、加工贸易和国际租赁贸易显著扩大。1984年时,全国签订补偿贸易合同已达1 100多项,外商投资设备价款6.3亿美元。①租赁合同成交累计金额已超过五亿美元。②在1987年一年中,补偿贸易合同利用外资金额4.05亿美元,加工装配合同利用外资9 300万美元,国际租赁利用外资金额达2 400万美元。③补偿贸易、加工贸易和国际租赁贸易对于我国利用外资、出口创汇起到了积极的作用。

3. 我国积极地举办非贸易性的海外投资企业。至1989年6月,中国海外投资的非贸易性企业有583家,总投资额20.88亿美元,其中中方投资8.75亿美元,占总投资额的41.9%。④我国在海外举办非贸易性的海外投资企业分布在五大洲的67个国家和地区。企业行业和性质可以分为:资源开发;工农业生产;工技贸结合;交通运输;承包工程;咨询服务;金融保险;医疗卫生;旅游;旅馆;中餐馆等。这些业务增加了我国与世界各国的经济往来,加快了我国对外经济合作的步伐。

4. 我国的对外经济援助不断扩大。在对外援助中,我国一如既往,坚持对外援助的"八项原则",对经援项目负责到底,按照不同国家的不同项目要求,积极发挥经援项目的经济和社会效益。对外援助项目自1979年至1988年,新增加受援国24个,帮助67个国家建成了331个成套项目;至1988年底帮助42个受援国设立医疗点106个。从1950年至1988年,我国先后向95个国家提供经济技术援助;帮助88个国家建成成套项目1 233个。⑤我国的对外经济援助项目普遍得到了受援国的好评,为受援国引进技术,提高产品质量和加快经济建设作出了可喜的成绩。

除此之外,我国的技术出口从1980年至1988年,共出口技术306项、金额为6.05亿美元。⑥技术引进和进口成套设备,从1979年至1988年累

---

① 刘向东主编:《利用外资知识手册》,世界知识出版社1986年版,第176—177页。

② 中国国际经济咨询公司:《中国投资指南》,朗文出版集团1986年版,第343页。

③ 《对外经贸研究》1988年2月10日第6期,第14页。

④⑤⑥ 朱敏才:"我国国际经济合作发展的历程",《国际经济合作》1989年11月,第6页。

计 3 530 项，使用金额 203.68 亿美元。[①]我国的国际劳务贸易和对外承包工程从 1979 年至 1989 年 6 月共签合同 8 061 项，累计合同金额达 112.1 亿美元。[②]

我国对外经济合作的多样化

党的十一届三中全会以来，我国的对外经济合作的方式日趋多样化。在坚持传统的合作方式的同时，我国开拓了许多新的合作领域，形成了国际经济合作多样化的格局，其中主要包括中外合资经营、中外合作经营、外商独资经营、国际技术转让、补偿贸易、加工贸易和国际租赁贸易、合作开发、合作生产、技术合作以及国际咨询业务，等等。

我国一些信托公司也已经在国际债券市场上开展了债券的发行业务。

我国建立了许多与对外经济合作业务有关的专业公司

党的十一届三中全会以来，我国已经建立了许多与对外经济合作业务有关的专业公司，如投资信托公司、国际租赁公司、对外经济技术合作公司，这些专业公司在国际投资与信贷、国际技术转让、国际租赁贸易、国际劳务贸易和国际工程承包等对外经济合作业务中起着十分重要的作用。

促进沿海地区和内地对外经济合作的迅速发展

从 1979 年，我国实行对外开放经济政策以来，我国已逐步形成了经济特区——沿海开放城市——沿海经济开发区——内地这样一个多层次，有重点的对外开放格局。1980 年起先后举办了深圳、珠海、汕头、厦门四个经济特区。1984 年开放了十四个港口城市。1985 年开辟了长江三角洲、珠江三角洲和闽南厦、漳、泉三角地区。这就推动了我国沿海开放格局向纵深发展。我国沿海城市实行对外开放以来，已有十二个城市开辟了经济技术开发区，截至 1988 年底，全国开发区共批准了“三资”企业 533 家，吸收外商投资 9 702 万美元，有 289 家“三资”企业投产。[③]目前，我国的经济开发区正在

---

①② 朱敏才：“我国国际经济合作发展的历程”，《国际经济合作》1989 年 11 月，第 6 页。

③ 刘福康：“外资规模合理区间与结构优化”，《国际经济合作》1989 年 6 月，第 15 页。

选择一批有外向潜力的企业，采取国际招标办法吸收国外厂商前来投资改造；同时，也采取中外合作生产、合作科研设计、融资租赁、国际技术转让、补偿贸易、聘请国外专家指导等方式加强老企业的改造。

实践证明党的十一届三中全会以来，我国对外经济技术合作业务广泛开展、对外经济交流和往来不断扩大。这对于我国社会主义经济建设起着十分重要的作用，从我国经济发展的现状来看，我国建设社会主义经济所需要的资金还不够充足，技术水平同世界上先进国家相比还存在着一些差距，因此，通过对外经济合作，我国可以从技术较先进的国家引进适合于我国国情的先进技术；从资本丰裕的国家吸收我国社会主义经济建设所必需的资金，这对于发展我国的生产、提高产品质量、降低商品成本和提高经济效益是十分必要的。随着引进先进技术和利用外资工作的不断深化，外资更多地投向生产性企业，既符合我国经济发展的总体规划，又能带动一些行业的技术引进、吸收消化和创新以及产品的升级换代和创造更高的经济效益。另外，我国的自然资源和劳动力比较丰富，通过补偿贸易、加工贸易和国际劳务贸易，我国可以利用这些有利的因素，加速自然资源的开发和扩大我国的出口创汇能力。

（原载《国际贸易与国际经济合作概论》，复旦大学出版社 2001 年版）

关于上海开展补偿贸易的情况调查

为了发展我国的对外经济关系，上海市自1978年以来，开展了一百多个补偿贸易项目，取得了较显著的效果，但也存在一些问题。为了总结经验，以利于更好地开展补偿贸易的工作，复旦大学世界经济系七九级的37位同学，结合教学实习，在上海市进出口办公室的支持下，对有关情况作了调查。在调查中，他们先后访问了市、郊区的一百多个企业单位，并在有关局、公司和工厂举行了多次座谈会，访问对象有560余人次。根据调查材料，写成了单位及行业调查报告109份，共30余万字，另编制了几种基本统计资料，本报告就是在这一基础上编写的。

一、概况

1978～1981年，上海市补偿贸易的项目根据申请，经批准的共有116个。这次重点调查了98个项目。截至1982年6月底，98个项目的全部补偿金额共4 911万美元，引进设备共4 983台。通过补偿贸易已偿还2 251万美元，占应补偿金额总数的45.8%。签约的客商共84家，计：香港46家，日本33家，美国2家，英国2家，西德1家。

二、效果

开展补偿贸易对提高上海工业生产的经济效益起了一定的作用，其效果是显著的。具体表现在以下几方面：

引进关键设备，加速技术改造，实现了内含扩大再生产

补偿贸易可以在对进口设备延期支付外汇或分期支付外汇的条件下，

针对行业与工厂原有设备的特点，根据缺啥补啥的原则，引进关键设备，加速技术改造，提高生产能力。上海市在补偿贸易项下引进的近五千台机器设备，除了个别情况外，大多数是比较先进和适用的。有的填补了空白（如集装箱制造设备），有的促使技术和产品升级换代（如计算机控制激光照相排版），有的结合配套设备大大提高了生产能力，扩大了出口，有的已开始逐渐由劳动密集型产品向技术密集型产品过渡（如某些手工业和纺织工业的产品）。在引进的基础上，通过消化，逐步把国外的先进技术转化为我国自己所有。如郊县一个呢帽厂引进 48 台制呢机，经过消化，改制了 300 台，生产的产品可达到出口要求。有一个无线电厂根据引进设备中的测试仪器的原理，自制综合测试仪及高频扫频仪各 18 台，效率比原设备提高 40%，节电 85%。在 98 个项目中，据不完全的统计，有 20 个项目对引进设备进行了消化，大多收到较好的效果。有的项目在引进设备的同时还引进了较先进的企业管理方法。

补偿贸易主要是以内含扩大再生产来提高经济效益的。在 98 个项目中，有土建工程的仅 31 个项目，其余项目基本上是对原有设备作部分的改造、调整或更新。就是有土建工程的项目，土建规模也不算大。如出口额在 400 万美元以上的 10 家补偿贸易工厂中，有 5 家新增建筑面积总计仅 17 020 平方米，另外 5 家没有新增任何建筑面积。补偿贸易为上海走以内含为主扩大再生产的道路开辟了有效的途径。

提高了劳动生产率，开发了新产品

补偿贸易引进的设备投产后，使有关工厂的劳动生产率都有显著提高，比引进设备以前平均增长 224.5%（据 23 家工厂的统计）。有一个工厂引进树脂拉链注塑机后，人均日产量提高 10 倍以上。由于劳动生产率的提高，产量有显著的增加，质量也有改进。手工业局所属工厂，1981 年服装产量增加 3 400 余万件，尼龙伞增加 27 万余打，涤纶花增加 42 万余朵。纺织局引进的 22 个项目中，促使质量有显著提高的有 14 个，有的还获得国家银质奖。若以每一项目投产前与投产后的年度产值相比较，上海整个补偿贸易共新增产值近3亿元。引进较先进的设备还为开发新产品创造了条件。有48个厂在实行补偿贸易以后，开发了250个新产品。某丝织厂原有的产品单调，现在开发了50多个新产品，达100多个规格，使产品升级换代，面貌一新。新产品的开发，使上海的产品结构开始有了变化。

为国家提供了新的税利

由于新增加了生产能力，补偿贸易项目在规定免税期结束后，一般都能为国家提供更多的税利。如手工业局系统实行补偿贸易后，每年可为国家提供1 300余万元新税利。某丝织厂引进设备占全厂设备总额的44%，但该项设备所创造的利润占全厂的64.5%，引进设备以后，该厂年度利润增加40%以上。据统计，1978～1981年补偿贸易项目共实现税利6 000余万元，是所有项目的国内配套金额(4 884万元)的123%，即每投放配套金额1元，可得税利1.23元。这个比例接近上海轻工业提供税利的水平(1.48元)。

带动了出口贸易

补偿贸易一般以产品返销或以加工费收入作为对进口设备和技术的抵偿，因此，它必然会带动出口。如某玩具厂根据合同以返销产品的15%偿还设备，不仅在一个月内偿清进口设备费用，一年之内还创汇18万美元。某针织厂开发的新产品，创汇率比一般品种提高60%。在正常的情况下，补偿贸易以产品返销偿清进口设备后，仍是推动出口的积极因素。如郊区的一个服装厂提前三年偿还国外设备价款50余万美元后，其产品仍保持出口兴旺的势头。据初步统计，1978～1981年98个补偿贸易项目的返销出口总额是补偿总金额的2.6倍，那就是说，通过补偿贸易，每进口1美元的设备带动了2.6美元的出口。

扩大了劳动就业

补偿贸易常常会导致生产流水线的建立或健全，甚至导致新厂的建立，因而它能为劳动就业创造条件。如手工业系统的29个项目，提供就业职位960个左右，某服装厂一个厂就新增人员863人。据统计，经营补偿贸易，新增工人的有35个厂。解决的劳动就业人数近9 000人，这还不包括农闲时的农村临时工。

三、问题

上海的补偿贸易虽有上述的一些效果，但是近年来它的发展却呈现下降的趋势。其原因是多方面的。国外近年来利率上升，市场萎缩，对补偿贸易确有一定影响，但是国内在政策、措施、做法以及部门之间的协调等方面也存在一些亟待解决的问题。

工贸关系问题

补偿贸易从业务程序来讲大体分为两个既有区别而又紧密衔接的阶段，即生产与贸易。由于我国生产单位一般不经营外贸，这两个阶段分别由工、贸两个单位经办。而工与贸从中央到地方各属两个不同的系统，各有各的任务、计划指标和业务重点。因此这两个阶段往往由于联系不够，造成阻隔，甚至相互矛盾。有的工厂叹苦经说，国际市场瞬息万变，外销价格不掌握，市场需求不了解，不能主动安排生产。外贸方面则觉得，补偿贸易大多是"小儿科"，手续费微不足道，而工作量却很大，责任又很重，存在着"没有搞过试试看，沾上手甩不脱，办了一个不再干"的思想。工贸之间互相扯皮的事时有发生。

政策贯彻问题

由于现有的管理补偿贸易的条例不够具体和完善，在补偿贸易过程中，出现了"无章可循"的情况。当然，"有章不循"的情况也是存在的。

比较突出的是税收负担问题。按规定，凡属补偿贸易项目，在补偿期间可以免税，但来料加工项目，则只免税三年。事实上，补偿贸易和来料加工常常是同时发生、互相结合的，因此就出现了究竟按哪一个标准免税的问题。如某丝织厂补偿期为七年，但按来料加工标准只能免税三年。这样，税收负担就有四年的差别。又如产品返销，由于国际市场的竞争，利润率一般比内销低。在免税期间，这个问题还不突出，一旦免税期满，外销就不如内销了。因此，工厂在免税期满后，往往就失去了继续外销的兴趣。税利是补偿贸易中的一个重要的杠杆，它究竟对补偿贸易起鼓励还是抑制作用，这是一个政策问题。外汇留存和职工奖金问题也比较突出。根据规定，实行补偿贸易的工厂，可按一定比例留存外汇，以备工厂购买设备的零配件、培训技术人员和进行技术交流之用。但是，实际的情况是，工厂留存的外汇，使用时要经过主管领导部门审批，多数是“存”而不用。这自然会挫伤工厂的积极性。关于职工奖金，根据规定，凡创汇多、盈利高的企业，“工资奖金和福利可适当增加”。引进设备的流水线，操作紧张，质量要求严格，劳动强度一般比较高，理应增加一些奖金。但奖金却未按规定落实，没有体现多劳多得的原则。工人认为“吃力不讨好”，有些在补偿贸易引进的流水线上劳动的工人，由于奖金问题得不到合理解决，要求调离工作岗位。

此外，官僚主义的拖拉作风也给补偿贸易的开展带来了一定的困难。企业单位的业务直接与海外市场的信息相关，它们希望上级或有关部门对业务的洽谈、项目的审定、合同的批准等作出敏捷的反应。但有时事与愿违。有的补偿贸易项目审批时间竟拖了将近半年，使生意几乎告吹。由于层次多，效率低，影响到企业对国外市场的灵活反应，因而削弱了竞争力。

引进设备的问题

在引进设备方面，以下两种情况比较突出：

第一，有的企业有“捞一票”的思想。企图借补偿贸易在本厂设备更新上打一个“翻身仗”，引进设备越先进越好，结果却不能充分利用，造成浪费和损失。还有一些企业借补偿贸易引进一些不必要的物品。如有个丝绸印染厂在引进设备项下，非固定资产的低值易耗品及消费品（地毯、面包车、凳子等），竟占44%。

第二，由于没有经过认真的咨询和调查研究，上当受骗，引进了一些过时的设备。如某金属餐具厂引进了8台三、四十年代的旧设备，至今还有4台堆在仓库里。有个别厂引进的设备，其性能反而低于国内同种产品。

合同问题

由于缺乏签订合同的经验，我方往往吃亏，蒙受损失。较普遍的情况是：

1. 条款不严密。如某妇女用品厂与外商签订合同时，由于在返销商品的数量、质量、规格等条款上词句不够严密，外商就对返销产品随意挑剔、削价、减少订货。据该厂反映：除工资、奖金还能自主以外，其余的生产活动在很大程度上都受制于外商。

2. 缺少必要的条款。如某工艺美术厂在与外商签订合同时忽略了保证提供来料的条款。结果，外商停止供应来料，使该厂年产值下降了20%，40余人停工待料。由于缺少必要的条款，也导致外商拖延甚至不提供进口设备的零配件或不提供技术服务。有的厂因外商不及时供应零部件，只好将两台机器并为一台使用，大大影响了设备利用率。在郊区13个项目中就有9个项目的生产经常受到零配件不能及时供应的威胁。

可行性研究问题

补偿贸易既涉及以本国工业水平为基础的机器设备与技术的进口，又涉及以世界市场为对象的返销产品的出口，其中存在着各种经营风险。因此，事先必须作较周密的调查和预测，进行可行性研究。由于缺乏经验，也由于对情况估计不足，这一步没有做好，使一些项目得不偿失。如有些项目因对三废估计不足，投产后被迫停工，只得借外币贷款偿还；有的因事先对土建工程规划不周，设备进口两年，安装厂址还不能落实；还有一些项目，设备进口后才发现原有厂房容纳不下，只得临时改建厂房或将设备移至他厂。

有些项目因事先没有对返销产品的适应性进行认真分析研究，事后发现产品返销市场过于狭窄，或质量达不到国际市场的要求，或受国外配额的限制，因而产品滞销，补偿有困难，只好负担利息，由银行垫还。

有些项目因事先没有对本厂技术水平、经营管理水平作实事求是的分析和估计，造成设备进口后，无法投产和不能充分利用，而这原来就应该是可行性研究中的一个重要方面。

多头竞争问题

有些企业常常为了本企业的局部利益，在外商面前任意“放盘”，从而形成多头竞争的局面。有个仪表系统的工厂为外商加工收音机，就因为外地“放盘”竞争，被迫将加工费由每架 1.846 港币降为 1.6 港币。另一个手表工厂也由于同样的原因，被迫将每只手表表芯的加工费由 0.28 美元降为 0.19 美元。纺织系统有两家工厂看到某服装厂为外商加工睡衣袋搞得很得法，就以停止供料相威胁，也要求参加这一补偿贸易，结果重复引进两条流水线。由于出口配额的限制，三个厂都开工不足，设备不能充分利用。像这样竞争的结果，只会使“肥水外流”，使国家遭受损失。

四、 建议

补偿贸易作为利用外资的一种形式，也同其他形式一样，有它自己的特定的缺点（如成本高，外汇风险，返销产品不易控制，外商毁约等），但是这些缺点有的是在政策上和技术上可以防范和避免的，有的则是我们利用外资必须付出的代价。我们觉得结合上海的特点来看，在一定时期内积极谨慎地利用补偿贸易这一形式，还是可取的。为了搞好这一工作，提出以下建议：

关于政策

通过几年的实践，补偿贸易已发展成为比开创时期更复杂、更多样化的贸易形式了，现行的管理条例已不能适应当前的需要。有关领导部门最好能在总结实践经验的基础上，制定和颁布新的有关补偿贸易的管理条例。在政策精神上，我们认为新的补偿贸易的管理条例应体现：鼓励的原则（免税期限、企业留存、职工奖励等不仅要有明确规定，还要有落实这些规定的具体措施，以调动企业和职工的积极性）；重视长期利益的原则（只要符合技术改造、填补空白、扩大出口等长远利益，有些近期利益，如一笔交易的得失、暂时税利的减少等，应允许有所让步或减免）；保障权利的原则（坚持对外平等互利，对内少花钱多办事，对可行性研究及对外合同的订立要有严格的要求，防止一些外商钻空子）。此外，对于一些长期纠缠不清的问题，如补偿贸易与来料加工的区别和联系，原料进口与商品返销的关税问题，都应有比较明确的规定。

关于统一领导

上海的补偿贸易应在统一规划和统一领导下进行。对客户的选择应该有一个汇总的咨询渠道,改变过去“拉郎配”或“遭遇战”的局面,要根据我们自己的规划,有目标地去找外国厂商谈判。上海的补偿贸易还应同上海的长期发展规划结合起来。进口设备的消化、发展也要有一个统一领导才能有效地进行。上海近年来引进一百多个项目,认真消化的只占五分之一,其原因之一就是缺乏一个在技术上能统管全局、调动各方面力量、联合攻关的统一领导力量。

关于体制

体制问题对补偿贸易来说和其他利用外资方式一样,是一个具有普遍性的问题。

工贸结合是一个应该认真考虑的问题。至于如何结合?结合到什么程度?则可因行业、企业、商品而异。有的可按商品(或行业)组织工贸结合的企业(如上海玩具进出口公司),有条件的企业可以自营出口(如上海机床厂)。有的可组织工贸合资联营企业(如中国金山贸易进出口公司)。我们认为:对大多数中小企业来讲,按商品(或行业)组织工贸合一企业也许是适宜的。对于这些企业应赋予它们实际的经营权,同时实行严格的经济责任制,把权、责、利统一起来,把工贸的利害也统一起来。当然工贸合一的企业上面谁来当家,能够有职有权地统一领导,也要事先研究好,以避免由于“婆婆”多,互相扯皮。

关于智力开发

补偿贸易是一种新事物,我们有些干部和企业管理者对它还不甚了了,不甚适应。要么是疏于防范,吃了亏,要么是管得过头,不利于政策的贯彻。还有一些干部因为本身经营水平低,不能适应新设备所要求的新的管理方法。因此,智力开发极为重要。建议有关部门,举办中、短期训练班(短期一个月,中期三个月),对工贸有关人员从政治、理论到实践开设一些专题讲座，介绍一些国内外情况，组织一些讨论会。对企业管理人员和财会人员要开办专门的训练班，提高他们在这方面的政策、业务水平。什么事都需要人来干，人不得力，事情是办不好的。

关于可行性研究

可行性研究涉及许多方面（政策、技术、成本核算、国内外商情、客户商誉、市场预测等），一般企业还很不熟悉这项工作。建议国家应有法令规定，任何补偿贸易都必须进行可行性研究。同时，应吸取外国经验，参酌我国情况，由有关部门设计标准的可行性研究的表格或项目。各企业在进行可行性研究时，应以此为基础，再结合本单位具体情况有所增益。可行性研究报告应由专家认真审定，并提出审定意见。由于可行性研究必须考虑国内外诸因素，因此认真做好这一工作，就可以在每一项目开始前，为工贸双方提供一个充分协调的机会。

关于合同

建议有关方面在总结补偿贸易利弊得失的基础上，参酌国际惯例和国际私法，拟定标准合同样本。其条款的考虑、词句的准确等须经专家研究。各企业单位可根据这一标准合同样本，结合本单位具体情况和项目的特点，有所增删，避免各自为政、五花八门、漏洞百出。

关于引进适用设备

补偿贸易并不要求引进世界上最先进的技术，而是引进适用技术（可能不那么先进）。所谓适用技术就是在一定的社会经济条件下，为了达到一定的目的所可以采取的各种技术中，经济效果最好的一种。先进技术可以是适用技术也可以不是适用技术。在引进以前，应分析国情、市情、厂情，从实际出发。在这一方面我们已经有很多经验教训。如嘉定畛城呢帽厂，引进适用技术，成功了；华美工艺品厂引进先进技术，失败了。这就是一个明显的对比。

关于单独设立补偿贸易账册

现行的补偿贸易条例规定：补偿贸易项目应另立专账和记录备查。但大多数企业有章不循，没有执行这条规定。因此，这次调查对有些厂的补偿贸易的重大指标，无法单独计算。补偿贸易涉及中外经济关系中国家利益是否得到保障的问题，有关单位若对经营这一贸易的得失说不清楚，那是很危险的。建议：首先，国家应颁布法令，规定补偿贸易应另立专账，以便能单独核算成本、盈亏、税利及补偿情况；其次，有关方面应举办补偿贸易财会人员训练班，讲授政策和业务知识，对他们提出严格要求，并定期检查他们的工作。

关于调动各方面的积极性

这是有关补偿贸易成功与失败的很关键的一条。现行的管理条例虽有明文规定：补偿贸易经营得好的企业“工资、奖金、福利可以适当增加”，但实际上没有真正做到；企业外汇留存也是账面上的东西，可望而不可即；消化改制成功，企业和个人既无专利权，又无适当的物质奖励。结果，工人没有积极性，企业认为没搞头。建议在新的补偿贸易管理条例中，不仅要对这些问题作明确的规定，还要有落实这些规定的具体措施，使国家利益、企业利益、个人利益在补偿贸易中互相衔接。

建议有关部门对补偿贸易继续组织力量进行一些专题调查。我们相信，来自实际的专题调查，将为今后制定政策和改进补偿贸易的工作提供有用的参考资料。

（原载复旦大学《世界经济文汇》1983年第1期，为汪熙等作为指导教师，指导并总结复旦大学世界经济系七九级学生所作调研的成果）

关于上海劳务出口的情况调查

劳务出口是对外经济合作的一个重要方面。近年来，随着国际分工合作的深入和世界经济形势的变化，劳务出口的发展十分迅速。1983 年，国际劳务合作总额已占世界贸易总额的四分之一。我国的劳务出口开始于 1979 年，到 1982 年 9 月已同 40 多个国家和地区建立了劳务合作关系，派出劳务人员 3 万余人。但是，同世界上其他国家相比，我国的劳务出口还比较落后。上海的劳务出口业务起步较晚，1983 年，上海在国外的劳务人员仅占全国总数的十七分之一，显然这同上海在全国所处的经济地位是不相称的。

我们在中国上海对外经济技术合作公司的支持和指导下，对上海的劳务出口情况进行了调查，访问了 71 位从伊拉克回来的工作人员(包括 10 位组长、5 位翻译、5 位技术人员和 51 位工人)。他们向我们介绍了在国外的工作与生活情况，给我们提供了许多宝贵的素材，使我们对劳务出口的实际情况有了一定的了解。根据调查，我们填写了 65 份《出国人员访问记要表》，完成了 10 份个人调查报告。在这些资料的基础上，我们写成了这份《关于上海劳务出口的情况调查》。

一

上海从 1981 年开始，经过对外经济贸易部的中国成套设备出口公司，对伊拉克的若干工厂，提供包括工人和技术人员的劳务合作业务。在此之前，这项业务在上海几乎是个空白。为了更好地发挥本市工业门类比较齐全、科技力量比较集中、三十多年来承接援外任务中所积累的经验比较丰富，以及海外侨胞、对外贸易往来较多的有利条件，组织全市各方面的力量积极开展多种形式的对外经济技术合作，经国务院批准，从1983年5月起，成立了“中国上海对外经济技术合作公司”(简称“上海外经公司”)，从事在国外提供劳务合作、在国外承包工程以及与外商合办企业等业务。上海的劳务出口业务在短短几年中，已取得了初步的成效。目前，上海向伊拉克、北也门、南也门、斯里兰卡、泰国、尼日利亚、苏丹、赞比亚、美国、日本等国和香港等地区派出的工作人员已达2 000多人次，其中以赴伊拉克的劳务人员数量最多，近1 800人次。对第三世界国家提供的劳务合作，主要是派出工业各部门的技术工人和技术人员，例如：纺织、服装、皮革、电器、铝制品、汽车修理、钢管、淡水养鱼、海洋捕鱼，等等；而对美、日等发达国家，出国人员主要是高级厨师。本市劳务出口已为国家创造了大量外汇。

我国人员在国外的工作，也加强了我国与各国人民之间的联系，使第三世界国家的人民更加了解社会主义中国。我国人员初到国外时，一些外国厂方对他们的技术、操作水平往往持保留态度，不敢委以重任。但我国技术人员和工人以自己的聪明才智和辛勤劳动，在很短时期内就赢得了对方的信任。他们超额完成生产任务，帮助厂方解决生产问题，与各国工人和睦相处，受到国外厂方和工人的称赞。出国人员为增进各国人民之间的友谊作出了贡献。

二

上海过去几年的劳务工作取得了一定的进展，但是工作中仍不免存在着一些有待进一步解决的问题，主要表现在以下几方面：

第一，各级组织对劳务出口的意义认识不足。劳务出口与商品出口和在国外承包工程相比，是一项创汇多、成本低、风险小、利润大的事业。对我国来说，它还可以为四化建设积累资金，为出国人员提供学习先进技术和管理经验的机会。但是由于我国这项工作开展较晚，各级组织对劳务出口业务的经济效益和现实意义还认识不足，无论是业务经营还是宣传工作，都没有受到足够的重视，以致我国的劳务出口发展比较慢。据统计：1982 年底，在拥有 450 万外籍工人的伊拉克，我劳务人员仅占 0.44%，约 2.2 万人，而上海，还不到 2 000 人。一些国家和地区为了招揽生意，不惜代价开动宣传机器。在伊拉克，到处可以看到南朝鲜的广告车，上面写着“我们热爱伊拉克，我们要把你建成美丽的花园”等标语。加强宣传，成为他们提高国际竞争力的有效方法。上海有着先进的技术和大量的熟练工人，但由于宣传工作不够，现有的技术和劳动力优势还没有充分发挥。

第二，各级主管部门，层次很多，层层过关，影响了工作效率。现在上海劳务出口业务属外经公司经营，但是在签订合同后它却要依靠各局、公司给企业下达具体任务。因此，各派人企业不能充分发挥其独立的作用，办事环节多、拖延时间长、派人速度慢、工作效率低。从合同签订到工人出国，经常要花三个月的准备时间。

第三，经营管理落后，经济效益不高。劳务出口，是指一国提供某种劳务，按合同规定与另一国业主或承包商合作。上海的劳务出口起步比较晚，严重缺乏人才，无论对国外行情还是本市的承包能力，都有待进一步了解。对业务不熟悉，容易在合同中被对方钻空子。

第四，政策不够完善，安排不够合理。

在出国人员的组织、人选问题上，有些单位存在“左”的思想，对出国人员的要求条条框框很多。而另一方面又存在着某些单位把关不严的情况。这些也都给劳务队伍的质量带来一定的不利影响。

在利益分配和待遇上，有待于进一步改进。劳务出口，可以为国家创造外汇，企业获得赢利，个人增加收入，但对企业来说吸引力不大。目前这部分外汇通过局、公司等层层提取，最后归企业的并不多，而且这部分留归企业的外汇，还受到外汇管理部门的严格控制，以致成为“看得见，摸不着”的东西，影响企业对派人出国从事劳务合作的积极性。

在工资定级上，劳务工人国外工资津贴是按国内工资级别、职称划分的。有人说，这种做法是把“大锅饭”搬到了国外，不符合“多劳多得”的原则。在加班费分配中，按合同，75%上交国家，12.5%留在组内平分，12.5%才归工人自己。因为加班费上交比例较大，工人分得的部分较小，许多工人都不愿放弃一天休息为厂方加班，而厂方则因我工人不肯加班，对我们产生不满，引起双方不和。

财会制度尚未健全，兼职会计急待培训。财会问题是一个急待解决的大问题。

在生活安排上，也有一些需要解决的问题。我们工人文化水平低，外语基础差，翻译少，在生产、生活上，工人们深感语言不通之苦。

出国前，有的单位对国外情况不了解，宣传脱离实际，使工人们对在国外遇到困难也缺乏思想准备。实际上，我国的劳务出口对象以发展中国家为主，国外条件并不好。有的住房条件差，经常发生停电停水事故；有的食品供应单调，蔬菜品种少；有的卫生条件差，流感、腹泻时常发生。在伊拉克，由于食物水质不同，出现了一些甲状腺、胃出血等病例。工人们反映，国外就医难，请病假更难。而随队医生处方权有限，既不能利用对方的医疗设备，又没有开病假的权力，不能充分发挥作用。

两年的国外生活，工人们一致认为业余生活枯燥，通信邮递时间长，国内书报杂志少，更增加了工人们的思乡情绪，影响了正常的工作和生活。

三

在全国贯彻对外开放政策，迅速加强对外经济合作的形势下，我们认为上海的劳务出口在总结前几年工作的基础上，应注意做好以下几方面的工作：

1. 正确认识劳务出口的重大意义，加快劳务出口的步伐。劳务出口是对外经济工作的一部分，它既可以增加外汇收入，为国家积累资金，又可以帮助对方国家，发展经济，加强“南南合作”。发展劳务出口是我国对外开放政策的一个组成部分，对我国社会主义现代化建设有重要作用，已经成为越来越明显的事实。

近年来，亚洲国家和地区的劳务输出发展很快，这同有关政府的扶植和重视是分不开的。我国如何在法律上和政策上更多地鼓励企业积极派人出国，职工本人愿意在国外努力工作，这仍然是值得很好探讨的课题。

我们建议上海的计划部门，在安排全年经济计划时，应把劳务出口同商品出口或其他商品生产一样，正式列入经济计划内，对劳务出口的发展制定切实可行的规划，并在人员组织和具体政策上给予保证。

2. 建立和健全劳务出口的管理体制，使劳务出口在中国上海对外经济技术合作公司的统一经营下迅速发展。要扩大劳务出口的规模，关键之一是建立和健全劳务出口的管理体制，明确国务院各部所属的国际经济技术合作公司同地方同类性质公司之间的关系，在上海市范围内，要使对外经济技术合作公司成为有职、有权、有经营能力的经济实体，统筹上海劳务出口的业务，尽快在国际市场上打开新局面。

外经公司也应配备专职人员，充分了解国外劳务市场的行情和上海对外提供劳务的能力。同时还应加强工作人员的业务能力，提高签订劳务出口合同的质量，确保我国的经济利益。应积极开展对国外的宣传和业务联系，改变坐等客户上门的状况。

3. 改变经营方法，扩大经营范围，提高国外竞争能力。迅速发展上海的劳务出口，要充分了解国际市场行情，及时掌握国外劳务出口的动态，积极主动地寻找劳务出口的机会，不断扩大上海劳务出口的影响，改变以往的被动局面。

上海的科学技术水平和劳动力素质在国内处于领先地位，从国际市场来看，上海向中东地区劳务出口，在技术水平上是有竞争能力的。应该不失时机地利用上海的优势，在近年内努力扩大这方面的业务，并且始终注意质量，树立信誉，创出“名牌”。

在出口的地区结构上也应以中东地区为基点，逐步发展到非洲、欧洲等其他国家或地区。以非洲为例，阿尔及利亚、利比亚等石油出口国都有很大的潜力。目前上海劳务出口到非洲的数量很少。可以说非洲这个市场对上海来说还是个空白。前几年上海劳务出口到发达国家去的,主要是饮食和服务等少数行业,数量也很小,也还有发展的余地。

4. 采取切实可行的措施,解决劳务出口工作中的具体问题。

在选择出国人员的过程中,应该解放思想,肃清"左"的影响。应该实事求是地按照对外经济贸易部规定的三方面条件来选审人员,纠正某些单位任意增加条件的做法,特别是防止在选派出国人员时的某些不正之风。

在外汇收入的分配和出国人员的报酬问题上,要完善财会制度。按目前上海的情况来看,要减少各级行政组织的留成,适当扩大企业的外汇所得,并合理地放松外汇管理中的过严规定。对出国人员的报酬,实行同工同酬的办法,真正做到"按劳分配,多劳多得"。

对出国人员的生活要给予妥善的安排。要积极采取措施,完善和丰富海外劳务人员的文娱生活。同时,国内应多寄送些报刊杂志给在国外工作的工人,并鼓励他们的家属多写信,让在国外的工人多了解国内的情况,安心工作。

此外,在组织劳务组时,应考虑到配备兼职的财务、卫生、电工、理发等人员;鼓励出国人员在国内学会一些外语;认真解决为出国人员提供医疗等服务问题。

(原载复旦大学《世界经济文汇》1983 年第 2 期,为汪熙、韩汇源作为指导教师,指导并总结复旦大学世界经济系 81 级学生调查组所作调研的成果)

离开了空间与时间的结合就是“隔靴搔痒”

我很荣幸能有机会评论戴伊教授的论文。我曾经有幸读过他的名著《谁掌握美国》。我愿在这里向各位推荐这本书。这是一本很出色的著作，中国已有翻译本。对戴伊教授我是久仰了，很高兴这次会议提供了我与戴伊教授会面的机会。

戴伊教授的论文，统计资料丰富，分析论述明晰。这是我看到的同类论文中最好的一篇。我之所以这样讲，并不是因为他是我过去的校友而故作溢美之词。

但我觉得他的论文也有不足之处。至少有两点：首先，关于权力下放的问题，他只提到肯定的一面；其次，他没有谈到权力下放到底会对中国产生什么影响。戴伊教授论文中的两点不足之处，其他的美国学者在这次会议上也同样有所表现。因此，我想把我的评论范围稍为扩大一些。

在大多数美国学者的论文中都有五个主要论点，即：(1)减少或完全取消政府的干预；(2)让市场决定一切，即让亚当·斯密所说的“看不见的手”决定诸如价格、外汇汇率、工资，等等；(3)权力下放；(4)私有化；(5)加速改革的过程。要使改革迅速进展得像联邦德国那样，在一夜之间就废除外汇管制；或像撒切尔夫人那样，在英国一声令下就解除外汇管制。我并不是说美国同行们的每篇论文都提出了这些观点，但似乎大多数的论文都不同程度地持有这种见解。

我理解我们美国朋友对中国的经济改革是十分关心的。从他们的字里行间，我感到美国同行们确是想探究中国经济改革所遇到的问题，并提出他们认为最好的方案，用意是很真诚的。

但我总觉得，他们所提出的建议，用一句中国成语来说，是有点“隔靴搔痒”，没有真正搔到痒处。我想引用著名经济学家马歇尔的一段话。大家都知道，马歇尔教授是英国新古典学派和剑桥经济学派的创始人。马歇尔在他的传世之作《政治经济学》一书中序言的第一句话说：“经济情况在不断地变化，每一个时代的人都从他们自己的角度去观察问题。”这句话确是真理。我想在他的名言中再改动两个字，即“经济情况在不断地变化，每一个地方的人都从他们自己的角度去观察问题。”美国朋友们由于没有注意到时间与空间的问题，所以他们难免“隔靴搔痒”了。给我发言的时间有限，我只想讲一两个问题。

第一个是关于取消政府控制，仅凭市场决定一切的问题。假使说当前中国的经济改革有任何特点的话，那就是：首先，在计划经济的基础上正在从计划经济向市场调节过渡；其次，这种转变的速度相当迅速；第三，由于这是一种带有根本性的转变而转变速度又很快，所以不可避免地会出现一些失调现象。它表现在商品价格上涨，原材料短缺而又有些人利用这种失调现象进行投机牟利。在这种情况下，政府干预对促进经济转变的顺利发展是很必要的。当然，中国政府的干预必须是能保证这种转变可以成功地进行下去。让我举一个例子吧。有些美国学者建议立即取消外汇管制。我想，即使不是经济学家，人们也会立刻预期到，这样做会发生什么样的后果。首先，外汇汇率会猛烈上升，而且促使进口商品（包括设备与原料）的价格猛烈上涨；其次，是大量外汇的流失；第三，由此而导致社会经济的严重动荡。很明显，这些情况的出现是不利于经济改革的。事实上，我认为所谓“看不见的手”是一种过时的概念。自从20世纪30年代以来，无论在美国、英国、日本、德国和法国都存在着“看得见的手”，即政府的干预。但中国政府的干预要有两个先决条件：第一，这个干预应有一个明确的目标，那就是逐步促使市场调节能发挥其功能；第二，政府的干预必须是执行正确的政策。

第二个我想涉及的是关于分权的问题(或权力下放的问题)。权力的集中与分散是几百年来一直在争辩的政府职能问题。在美国建国之初,它的政府就遇到这个棘手的问题,争辩了很多年,最后才在宪法中加以确定。在强有力的联邦政府控制之下,各州在宪法允许的范围内有一定的自治权,但各州享有的自治权范围(或反过来说,联邦政府可以干预各州内部事务的范围)则一直是有争议的。所以“大政府”与“小政府”总是美国总统选举时向选民投诉的一个问题。例如,美国的邮政是政府经营的,但邮政究竟应该是私营还是国营?这个问题争辩至今还没有解决。正如弗里德曼教授所说的,有一个“强有力的院外活动集团”反对改变美国现行邮政体制。看起来,政府权力的集中与分散是一个世界性的问题,即便在美国,在有些方面也还没有找到满意的解决方案。

当我们谈到分权问题时,必须考虑到中国的历史与文化背景。在过去的若干世纪中,当王朝权力高度集中时,就会出现繁荣与稳定。但当王朝中央权力衰退而无力集中时,灾难和混乱就会接踵而来。即便在近代,1911年孙中山领导的辛亥革命推翻清王朝建立民国以后,以上这种情况仍然存在。军阀割据、权力分散带来的灾难与外国入侵,使中国人民遭受很深的苦难。这种情景在中国人民心中记忆犹新。因此,人民倾向于认为一个强有力的中央政府是中国稳定与富强的一个前提条件。这种心理因素在集中与分散的决策中往往会起着重要的影响作用。

1949年新中国成立以后,中国有了一个从来没有过的强有力的中央政府。那时中国照搬了苏联模式,在一段时期以内,实行中央计划体制。大多数的中国人民也认为高度集中是合理的。在那时,中国最紧迫的经济建设任务也需要政府向集权方向发展。中国是一个大国,有辽阔的疆域。就像戴伊教授所说的各地区有不同的经济发展水平,经济落后地区要取得迅速发展,没有外力的支援是不可能的。这就需要中央有集中财力并有进行再分配的权力。同时,在新中国成立后,有些重大的国防项目及经济发展项目,地方政府是无力承担的,必须由中央政府统筹安排。这也包括戴伊教授所谓的"公共产品"。例如,不论是上海市还是江苏省政府都没有能力承担复旦大学的开支。这笔经费只有靠中央统一拨付。所以我个人有点害怕实行分权制,因为一旦实行分权,复旦大学的经费就没有着落了。去年当我在密歇根州立大学讲学考察时,我曾惊奇地发现密歇根州政府每年居然能拨给两个州立大学(密歇根大学及密歇根州立大学)各5亿美元。我惊叹美国州政府的财力雄厚。在中国没有哪一个省有能力提供这样的"公共产品",所以中国的中央政府必须对全国的部属学校(一般都是重点大学)提供经费。"公共产品"的支出需要财政集中。

不过,过分集中的弊端也逐渐暴露。特别是实行改革与开放以后更是如此。过分的集中会明显地产生以下的弊端:(1)挫伤了地方政府的积极性;(2)增加了地方政府的负担;(3)改革与开放无法与地方的特点相结合。例如,上海是一个高收入地区,但是过去有一大半的收入必须上缴中央政府去统筹安排。结果,长时期以来,上海缺乏资金进行自身的发展,过时的机器设备无法更新,重大的基础设施(如地铁、黄浦江隧道、通信设施及居民住宅等)不能及时上马,上海的产品逐渐失去竞争能力。长此以往,上海将退居于落后的地位。近年来由于改革与开放的深入,中央政府决定给上海更多的财政、外贸、对外经济关系以及在海外发行债券的自主权。改革与开放促使中央政府实行权力下放。

旧的观念正在转变。早在20世纪70年代中期以前,我们就已经注意到集权与分权的问题,经过将近四十年的在集权与分权上的摇摆,现在人们已经一致认为适当的分权是必要的,中央统得过死并非良策,不下放一些必要的权力,改革与开放也很难进行。当然,权力下放在执行过程中也遇到一些困难。首先,对于权力下放宽严范围理解不一致。中央政府倾向于作较严格的理解,而地方政府则倾向于把权力下放的范围逐渐扩大化,产生了"一放就乱"的弊端。问题在于权力下放没有一个明确的法律界限,因此中央政府对有些问题往往会处于失控状态。其次,官僚主义与贪污现象也影响到权力下放。地方政府中的少数人往往利用权力下放，乘机为个人或某些集团谋取私利。这反过来产生了混乱。第三，长期按老规矩办事的习惯势力也阻碍了分权的实施。例如在企业中长期的党政不分，在人们心中形成了一种习惯势力，当政企分开时，人们在思想上和行为上很难适应这种新形势。第四，假使说权力分散意味着国有经济把一部分经济控制权（如物资控制、价格控制等）分给自由市场，它必然产生价格上的双轨制，成为某些人谋取不正当经济利益的根源，引起社会上的不安定。

尽管如此，中国政府在权力下放的问题上并未迟疑。通过立法，中国政府已允许私营经济实体在法律允许范围内存在与活动；此外，还分离了土地的所有权和使用权，这涉及修改宪法，中国全国人民代表大会已通过了修正案，国务院也公布了实施办法。所有权与使用权的分离也正在企业中推行（即承包制）。在有些地区，如经济特区在权力下放方面有特别有利的条件。不过，中国当前所面临的问题倒不是权力下放得是否彻底的问题，而是如何对付物价上涨、原材料短缺、控制通货膨胀、提高企业效益和合理调整个人收入的问题。

应该看到，权力下放也并不是一个万应灵丹，权力集中也并非一无是处。在20世纪30年代经济恐慌时，当苏联进行几个五年计划的经济建设时，在20世纪50年代中国取得显著经济发展时，都是在政府干预或高度经济集中的情况下取得成就的，当然，现在客观情况变化了，经济体制（包括中央过分集权）应相应调整而有所发展，不过无限制的分权也有其明显不利之处。我们的美国同行往往倾向于把权力下放、私有化、资本主义这几样东西联系在一起，作为一个完整的方案向我们提出来。其实在社会主义制度下也会有很多可供选择的余地。中国会走上一条新路子，尽管这个任务是很艰巨的。再说，商品经济并不一定等于资本主义，正如福特汽车公司的生产计划，无论它制订得多么周密，也不等于是社会主义的计划经济一样。

我的发言即将结束。总的来讲，当我们讨论这些特定的问题时，似乎都应考虑到时间和空间的因素。假使我们都能注意到这一点，也许下一次聚会在一起讨论这些问题时就再也不会“隔靴搔痒”了。

谢谢！

（原载汪熙、[美]杜恩主编：《中国经济改革：问题与前景》，复旦大学出版社 1994 年版，第 184—189 页）

关于保险与市场经济

大约在十年前，美国通用再保险公司作出了一个重要的战略决策，就是进军全球的再保险市场。那时候美国通用再保险公司是北美最大的再保险公司，但其80%的再保险业务来自北美市场，很显然，如果美国通用再保险公司要在21世纪继续保持其在再保险业的领导地位，就必须走全球化的道路。

作为全球化战略的第一步，也是最重要的一步，美国通用再保险公司在1994年收购了世界上历史最悠久的再保险公司——德国科隆再保险公司。同时，公司也开始致力于发展在亚洲、南美洲及非洲的新兴保险市场。

中国作为世界上迅速崛起的新兴亚洲经济巨人，理所当然地成为通用科隆再保险集团合并后首先致力发展的国家。这种美国及欧洲专业再保险公司的强强联合给通用科隆再保险集团带来很多优势，德国科隆再保险公司在中国及亚洲有很长的历史渊源，第一张中国业务再保险保单可以追溯到清朝中叶。

中国市场的开发首先是由通用再保险公司的前任资深副总裁霍夫曼先生领导发起的，随后另一名资深副总裁麦嘉琪先生、我们以及其他许多人陆续加入。我们首先征询了中国各保险公司的领导层对中国保险业高速并理性发展的看法及其迫切需求，并提出通用科隆再保险集团可以对中国保险市场的发展提供服务和作出应有的贡献。我们采取的方法是以保险教育培训为先导，对市场进行培育及引导。为中国保险业培养急需的保险专业人才，其动机并不是纯商业性的。我们的做法得到了中国保险界的欢迎和好评。同时通过相互接触，我们也从中国保险业同仁那里学到了许多知识并得到很多有价值的经验。同他们一起工作、合作是一种非常愉快的经历。

几年来我们多次举办各种研讨会，并同保险学会、同业公会、上海工商学院、北京金融学院共同合作，先后在上海和北京建立了中美高级保险培训及信息中心，为中国保险业骨干人员提供了一系列的保险技术专业培训。一部分研讨会及培训班的成果就收集在本论文集中。除了上述的研究成果之外，我们还邀请了中国保险业领导和业界精英加入我们的讨论，并收集发表他们的真知灼见。

这本论文集从保险的几个主要方面对保险业的发展及市场经济作用进行了有益的研究。领域涉及保险监管及立法、宏观经济导向、保险经营及风险控制、保险精算及再保险、保险投资及税收，对产险、意外险和寿险及健康险都进行了深入浅出、融会贯通式的探讨。

在本论文集的收集和编辑过程中，我们得到了许多业界同仁和朋友的大力支持，在此我们深表谢意。尤其值得一提的是上海工商学院和北京金融学院在整个编辑过程中给予了我们很多支持。我们的同事——美国通用科隆再保险公司上海代表处的代表邱忠东先生，为论文集的收集、整理和编排做了大量的工作；还有北京金融学院的刘宝玫女士，她为论文集的采编做了大量协调工作；同时我们还应该感谢中国人民保险公司上海分公司的吕传芳女士，她为论文集中的大部分英文论文作了许多审校工作。

该论文集是我们拟出版的保险论文集之一。我们今后将继续编辑出版更多优秀的保险研究论文，为中国保险业的快速和健康发展作出我们的贡献。

汪　熙　教授

李　浩　博士

2000 年 3 月

（本文原系汪熙为《保险与市场经济》一书所作前言，原载《保险与市场经济》，复旦大学出版社 2000 年版）

人才！ 人才！ 中国保险业呼唤人才

保险业务从它诞生之日起就是一个群体业务，后来发展成国际性的业务。理由很简单，保险需要分散风险。世界上没有一个保险公司或一个国家，会愚蠢到只为了赚点利润或搞点财政收入，而把承保的风险一股脑地全都包揽下来。别的东西也许还可以"闭关"一阵子，唯有保险业则不能，否则就会窒息而毙。

因此，保险业从一开始就注定是要国际化的。中国是一个巨大的发展中国家，百业待兴，人民生活水平也在提高。物与人的风险率和风险意识也与日俱增，使中国成为当今世界上一个具有极大潜力的保险市场。据世界银行估计，到2000年中国大陆的保险业收入将达2 000亿人民币（约折合240亿美元）。有人估计潜在的规模还大得多。如今全世界的保险业都瞩目中国，纷纷挤进中国市场，这是好事。因为有更多的人来为中国分担风险；但也有隐忧，这个保险市场如何分割？中国保险业的份额是多少？要生存与发展，国家的保护固然是重要的，但从根本上讲，最主要的还是要靠自己在市场上的竞争能力。几十年来的垄断与保护，中国的保险业显得十分孱弱，人均保费收入，日本是中国的760倍，美国是中国的600倍。从保险的全部业务收入来看，中国固然比不上美、英、日、德等发达国家，甚至落在印度的后面，全世界排行最末。中国保险业只有奋起力追，在竞争中谋求发展与壮大。

同其他的行业一样，市场竞争说到底是一个人才竞争的问题。要巩固自己的阵地，扩展业务，就要开辟新险种，就要加强风险管理，就要积极投入国际市场，就要……这都需要有受过先进技术训练的、优良素质的人才。说来可怜，在偌大的中国，经国际鉴定，真正够得上精通保险精算的只有两位，通过 CPCU 和 CIU 考试取证的也是屈指可数的几个人。按人口比例计算，美国保险业从业人员是中国的 30 倍。中国人才的数量与质量远远落在别人后面，怎么竞争？中国的一家主要保险公司的高级负责人，最近不无感慨地说“保险职工所面临着的年龄老化，业务不熟，专业不对口及素质不高的等问题日益突出”。这种人才局面怎么能应付即将到来的激烈竞争？因此，我们要大声疾呼，要把中国保险人才的培养，通过各种渠道与方式(包括派出去，引进来，设立先进的专业培训学校，进行国际交流等)提到首要的议事日程。人才，人才，21 世纪的中国保险业呼唤着人才！

（原载《新闻报》1995 年 5 月 29 日）

技术·资金·速度

——从战后日本工业的迅速发展谈起

我们正在向社会主义的四个现代化进军。要实现四个现代化，没有高速度是不行的。只有唯恐我们不亡党亡国的国民党特务分子张春桥，才会肆意宣扬“不要怕降低速度”、“宁要社会主义的低速度，不要资本主义的高速度”的谬论。早在十月革命前夕，伟大的革命导师列宁在论述新生的苏维埃必须在经济上赶上和超过先进国家的时候，就曾经深刻指出：“或是灭亡，或是开足马力奋勇前进。历史就是这样提出问题的。”（《列宁选集》第3卷第169页）

历史同样给我们提出了这个严峻的问题，我们今天同样应该作出明确的回答。

党的十一大和五届全国人大根据毛主席和周总理的遗愿，已经提出了高速度发展我国国民经济的宏伟目标，制订了从1976年到1985年的十年发展规划，要求在本世纪末全面实现四个现代化，使我国国民经济走在世界前列。要把宏伟的目标变为现实，最根本的是坚持党的基本路线，坚持鼓足干劲、力争上游、多快好省地建设社会主义的总路线，坚持独立自主、自力更生、艰苦奋斗、勤俭建国的方针；同时，在坚持独立自主、自力更生的基础上，根据我国的实际需要，从外国引进必要的先进技术，适当运用外国资金，对于迅速提高劳动生产率，加快实现四个现代化，也有着重要的作用。

日本战后工业迅速发展的事实给我们提供了值得借鉴的经验

大量的历史事实说明，一个国家要在工业发展上赶超世界先进水平，首先必须突破技术关。而引进外国先进技术，对于突破技术关，十分重要。

日本战后工业迅速发展的事实，给我们提供了值得借鉴的重要经验。从1950年到1976年初，日本共花费了58亿美元，从四十几个国家和地区引进先进技术2.58万件，并在这个基础上，改造和更新了原有的陈旧落后的技术设备，以较高的速度和较低的代价，迅速发展了本国工业。根据估算，把一项科研项目应用于成批生产所需的时间，大约十至十五年，而把一项合乎专利要求的机器用于生产，平均只需五年时间，有时还可以更短一些。1950年，日本全国钢产量只有483.9万吨，钢铁工业的技术设备也很落后。从那时起，日本充分利用当时对它有利的国内国外的政治经济条件，取各国之所长，补自己之所短，相继从美国、西德、法国、奥地利等引进先进钢铁技术三百多项，到20世纪60年代末，它的钢铁工业已完全改造成为最新式的连续和自动化操作。从1954年到1973年，日本钢产量增长了十四倍半，平均每年增加558万吨。它只用了13年(1960—1973年)时间，就把钢的年产量从二千多万吨提升到一亿多吨，走完了美国花了半个多世纪才走完的路程。据日本官方调查，在1950年到1960年的11年中，日本工业的增长率平均每年递增21%，其中靠引进外国技术生产的产品，平均每年产量增长率为27%。由此可见，不断从世界各国引进先进技术，正是日本工业迅速发展的重要原因之一。

工业高速度发展的关键，在于不断提高劳动生产率。而只有把先进技术的采用与大规模的设备更新相结合，才能不断提高劳动生产率。日本从20世纪50年代起，开始进行大规模的设备增置和设备更新。从1955年到1970年，日本私人企业的设备投资增加了14.3倍。私人企业的设备投资在国民总支出中的比重，远远超过其他资本主义国家。由于不断提高机器设备的折旧率(1950 年为 4.78%，1971 年为 13.3%)，日本大部分机器设备，每隔五年左右，就根据先进技术标准更新一次。从 1951 年到 1975 年，日本钢铁工业用于设备投资的资金总额，达到 243.5 亿美元。远在 1960 年，日本钢铁工业设备投资的总额，就已经超过了英、法和西德；1970 年又超过了美国，超过了欧洲共同体六国同类投资的总和，发展成为世界上最大的钢铁投资国。大规模设备投资的结果，使日本钢铁工业建立了具有世界先进水平的生产设备，从而极大地提高了劳动生产率。日本每一个钢铁工人的平均年产量，1950 年只有 35 吨，不到当时美国钢铁工人平均年产量的四分之一；1960 年达到 105 吨，超过西德和英国；1969 年达到 301 吨，超过美国；1974 年更达到 482 吨，比 1950 年提高了 13 倍。日本从此跃居世界上最大的钢材出口国。汽车工业也在设备更新的基础上，从 1955 年到 1969 年，把汽车制造的劳动生产率提高了将近五倍。劳动生产率的不断提高，使日本工业产值保持了高速度的增长。如以 1953 年的工业生产指数为基数，到 1970 年已上升为 841%，大大超过同期美国(188%)和西德(320%)的增长率。据日本的研究机关调查，从 1956 到 1964 年，日本的生产平均每年增长 10.1%，其中技术进步和设备更新所起的作用占 48.5%，而增加劳动力所起的作用只占 7.9%。这就清楚地表明，日本战后工业迅速发展的重要原因之一，是劳动生产率的不断提高；而劳动生产率的不断提高，则是在引进先进技术的同时，不断进行大规模的设备投资的结果。如果引进先进技术而不进行设备投资，就不可能取得实际经济效果；如果进行设备投资而不引进先进技术，也必将造成资金的浪费。

这就必然要提出一个资金问题。日本庞大的设备增置和设备更新的资金，是从哪里来的呢？它的来源主要是企业的外部资金，即财政、金融机构的贷款和发行股票、公司债及国外贷款。日本垄断企业的自有资金率是非常低的。1961 年，日本企业的自有资金率只有 27.5%，到 1970 年，随着经济的迅速发展，从企业外部取得的借贷资金急剧上升，自有资金率更下降为 10%左右。再以日本的钢铁工业为例。从发展比较迅速的年代(1951 年到

1970年)来看,它的设备投资的资金来源,也是以外部资金为主。1951年到1955年钢铁企业的外部资金,在设备投资总额中的比重占75.7%,一直到20世纪70年代,外部资金的比重始终占50%以上。根据估算,如果把战后日本钢铁工业设备投资中的外部资金占整个设备投资的比重,大体上降到欧美水平(20%到30%),那么,日本钢铁工业历年扩大设备投资的规模,至少要缩小一半以上,资本积累的速度也会大幅度地递减。1959年,日本钢铁工业设备投资总额为4.46亿美元,其中外部资金占78.9%。如果把日本这一年钢铁工业设备投资的外部资金比重,降到欧美水平(当年美国为16.7%,西德为19.5%),那么,这一年日本钢铁工业设备投资的总额,就会从原来的4.46亿美元降至1.83亿美元以下,其设备投资的规模,就会低于英国、西德和法国。钢铁工业发展的速度和资本积累的速度,也必然要降到英、法和西德以下。日本钢铁工业的情况是如此,其他工业和航运等业的情况也是这样。日本垄断资本由于压低工人工资水平而又迅速提高劳动生产率,因而从劳动人民身上榨取了巨额的剩余价值。但即便如此,日本垄断企业的内部积累,仍然不能适应高速度发展的需要,而必须求助于外部资金。显而易见,战后日本工业的迅速发展,主要是利用外部资金来实现的。巨额的外部资金,使日本有可能在大量引进先进技术的同时,进行了大规模的设备投资,为经济的迅速发展提供了重要的物质技术基础。这是一个重要的事实,也是一条值得借鉴的经验。

引进先进技术和运用外国资金对于加速四个现代化十分重要

我国在实现社会主义四个现代化的过程中,按照自力更生为主、争取外援为辅的原则,也一定要根据实际需要,从国外引进先进技术,同时进行迅速的、大规模的设备增置和设备更新。我国四个现代化所需要的资金,将随着国民经济的发展而主要依靠国内的社会主义积累。但是,在这个过程中,尤其是开始阶段,还有必要运用外部资金,其中特别是外国资金。这是因为，我国目前所需要的引进技术和设备投资的资金，具有三个特点：第一，大量的是外汇资金，而不仅是国内通货；第二，数额巨大，而不是点点滴滴；第三，后继迅速，而不是断断续续。参照工业发达国家的有关数据，结合我国的具体情况，我国在四个现代化的最初阶段，每年设备投资所需要的资金，将是十分巨大的。从我国目前的技术和设备状况及劳动生产率水平来看，要满足这笔资金的要求，仅靠企业的内部积累，是缓不济急的。至于外部资金方面，社会主义中国自然不能像资本主义国家那样，由企业向私人发行股票和公司债，这样就会改变所有制的性质。政府通过贷款方式，进行大量财政投放，虽然简便易行，但也有一定的限度，过量就要导致通货膨胀。而且采用这些办法，还不能解决把国内通货变为外汇资金的问题。因此，引进国外先进技术和扩大设备投资的资金来源，最重要的是大力增加商品出口，积极发展对外贸易，从外贸顺差中取得外汇结余；同时，还应该考虑运用外国资金。

我国的出口贸易，无论在技术上和商品品种上，都有巨大的潜力，将是我国积累外汇资金的可靠而重要的来源。但是，由于我国国民经济发展的水平还不高，特别是受到林彪、“四人帮”的严重破坏，我国目前还不是一个对外贸易的大国。把一些潜在的出口能力变为现实，不仅需要时间，而且也还必须首先引进必要的先进技术，并进行巨额的设备投资。因此，在积极发展出口贸易的同时，在不损害国家主权和坚持平等互利的前提下，有必要考虑通过正常的国际信贷关系运用外国资金的问题。

说到运用外国资金，我们有些同志就觉得创痛很深。这是可以理解的。解放前，当我国还陷于半殖民地半封建的苦难深渊的时候，帝国主义列强曾经利用外债对我国进行过侵吞和掠夺，使我国人民吃了很多苦头。这是我们应该记取的教训。不如此，就是好了伤疤忘了痛，还要再吃亏。但是，我们也应该看到，旧中国所以遭受大中小帝国主义国家的欺凌和侮辱，除了社会制度腐败以外，经济技术落后也是一个重要原因。而今，苦难屈辱的岁月已经结束，社会主义中国已经屹立在世界的东方——历史条件已经不同了。

此外，战后有一些国家通过与友好国家的正常贸易和国际信贷关系，运用外国资金加速了经济发展，但又没有损害国家的独立与主权的事实也告诉我们，在坚持独立自主、自力更生的原则下，适当运用外国资金，加速四个现代化的发展，是可能的，也是可取的。这也是我们应该吸取的教训，不迅速改变经济技术落后的状况，不免还要再吃亏。林彪、“四人帮”一伙为了篡党夺权的反革命需要，打起极“左”的旗号，故意混淆新旧中国两种根本不同的社会制度，把正常的国际经济交往一律污蔑为“投降卖国”、“洋奴哲学”，荒谬到了极点。如今，林彪与“四人帮”虽已烟消灰灭，但有些同志仍然心有余悸，把引进外国先进技术看成“禁区”，把运用外国资金视若洪水猛兽。其实，从无产阶级的根本利益出发，为了加速经济发展，社会主义国家不仅不应该拒绝引进国外先进技术，而且也不应该排斥利用资本主义国家的资金。

20 世纪 20 年代初期，帝国主义对苏联的武装干涉虽已失败，但对新生的苏维埃政权仍然虎视眈眈。经济发展的速度问题，是苏联当时面临的重大政治问题。列宁在这时提出了“赢得了时间就是赢得了一切”(《列宁全集》第 32 卷第 478—479 页)的战斗口号。他在俄共(布)第十次代表大会的总结报告中明确提出了利用外资来取得最新技术装备的方针。(《列宁全集》第 32 卷第 171 页)列宁逝世以后，在苏联经济恢复和发展过程中，斯大林继续贯彻了列宁关于利用外资加强经济发展速度的方针，并于 1925 年在联共(布)第十四次代表大会关于中央委员会政治报告的结论中，进一步论述了列宁这一方针的正确性。苏联当时的国际和国内条件决定了必须尽快发展国民经济。斯大林认为，除了主要依靠本国力量外，利用外资也是一个重要途径。直到一九四六年，斯大林仍然肯定利用外资对加速苏联战后经济恢复和发展的作用。由于国际帝国主义势力的阻挠，苏联当时在引进先进技术和运用外国资金方面，并没有达到预期的规模，但从已经实现的部分来看，仍然起了相当大的作用。

对于我们来说，高速度发展国民经济，加速实现四个现代化，如同当年苏联一样，不仅是一个重要的经济问题，更是一个尖锐的政治问题，为了夺取国民经济的高速度发展，我们就要有先进的技术，同时要有足够的资金。技术、资金、速度，这三者是有密切关系的。我们过去曾经宣告，新中国是一个既无外债又无内债的国家。这一庄严宣告，标志着从旧中国遗留下来的百孔千疮的财政状况，经过社会主义革命和社会主义建设，已经焕然一新。很明显，它是对过去历史的总结，而并不是对未来国策的定论。在资本主义国家货币贬值和资金过剩的情况下，更是运用外国资金的好机会。我们运用它，是为了迅速改变经济技术落后的状况，进一步增强无产阶级专政的物质基础。当然，外国资本家把技术及其设备卖给我们，把钱借给我们，并不是对社会主义中国有所厚爱，他们追逐的是利益。但是算盘一把，各有打法。他们要赚钱，我们要速度。而正因为如此，我们在引进先进技术和运用外国资金以加速建设的时候，一定要坚持主权原则，不能损害国家主权和企业的经营管理权；一定要提高教育质量，迅速培养和组织技术队伍，在引进技术的同时，不断消化、创新，加速技术“中国化”的进程；一定要积极提高现有的和预期的偿还能力，加速挖掘和创造外汇收入的来源；一定要对企业实行严格的科学管理，不断创造先进的劳动生产率。我们只要环绕速度问题，把这些工作搞上去，就可以在不太长的时间内，逐步形成我们自己的强大的技术基础，加强自力更生的力量，迅速发展生产力，使我国国民经济居于世界各国的前列。我们有优越的社会主义制度，而没有资本主义制度不可克服的固有矛盾，没有经济危机的干扰，一定能做到像敬爱的周总理所要求的那样，“以西方资产阶级所不敢设想的速度，继续前进到更远大的目标”。到那个时候，将不是我们要运用外资的问题了，而是外国资金追逐人民币，以便从我国获得必要的技术和物资的问题了。这就是事物转化的规律。这就是历史的辩证法。

（原载《解放日报》1978 年 9 月 23 日）

第四部分

欧 美 随 想

从赫德信函想到的一个呼吁

最近翻阅了美国哈佛大学费正清教授等整理出版的前中国海关总税务司赫德写给中国海关驻伦敦办事处税务司金登干的一批信函，深有感触。这些信从 1868 年至 1907 年，共 1 437 封，厚厚两巨册，引起了国际历史学界的注意。赫德在长达四十八年的总税务司任期内不但控制了中国海关，而且还参与了一系列中国的内政与外交活动。他的信函内容涉及中国近代史中的一些重大的历史事件和问题，有的触及一些内幕的情况。它是研究中国近代史很有用的第一手材料，因而得到国际汉学家的一致好评。

但是，令人深思的是，在中国也有一整套赫德给金登干的信函，为什么不能整理出来呢？赫德给金登干的亲笔原信早已由中国海关驻伦敦办事处赠送给伦敦大学的亚非学院图书馆，中国海关驻伦敦办事处曾复制了两份副本，并于第二次世界大战爆发后送交给中国海关总署（当时在上海）。其中一份在最后一任外籍总税务司李度于 1949 年 4 月仓皇逃离上海时卷带而去。后来，李度又把这一副本转赠给哈佛大学。费正清等正是以此为基础编辑出版了《总税务司在北京》一书。那么，还有一套副本呢？有理由相信它是保存在我国有关单位手里。因为在 20 世纪 50 年代末我国出版的《帝国主义与中国海关》丛书中已经大量著录了赫德给金登干的信。如在《中国海关与中法战争》一书的第 138 至 187 页就收录了赫德给金登干的 53 封信。这些函件与费正清所编的《总税务司在北京》一书中（第 1 卷第 412 至 597 页）所收的信件在内容、词句、日期及原始编号等方面完全一样。此外，费书中的第1015至1115号函及第264至317号函都已分别收录在我国出版的《中国海关与英德续借款》及《中国海关与中葡里斯本草约》两书中。可见赫德给金登干的另一套副本是留存在中国的。可惜《帝国主义与中国海关》丛书是按专题选录的，收录的数量有限。现在哈佛大学已按时间顺序把这些信函全部披露了。因此要做研究工作，窥其全豹，还只得借重费正清等所编的《总税务司在北京》一书。

至于金登干给赫德的复信现在只有残存的抄本藏于伦敦大学的亚非学院图书馆。那么，金登干复信的全部亲笔手稿在哪里呢？据费正清推测可能是留存在中国。我认为这一假设是可以成立的，因为金登干复信的终点是在中国，而且上述的《帝国主义与中国海关》丛书中确实也收录了不少金登干的复信，并附有原始编号。其中，1898年7月15日以后的复信可能遗失，因为在《中国海关与英德续借款》一书中，编者注说："现存的档案内缺金登干(1898年7月15日)Z字第1122号以后的来函。"果真如此的话，伦敦大学亚非学院图书馆正好藏有1898至1907年的金登干给赫德复信的抄本，似可补齐。中华人民共和国成立后三十多年过去了，我们虽拥有赫德给金登干信函的全套副本，但别人已全部整理出版。金登干给赫德的亲笔复信，理应留在中国，但至今却渺无消息。我们不禁要问：金登干给赫德的信函究竟在哪里？

马克思曾经指出："研究必须充分地占有材料，分析它的各种发展形式，探寻这些形式的内在联系。只有这项工作完成以后，现实的运动才能适当地叙述出来。"(《资本论》第2版跋)"以论代史"，不顾历史事实讲歪道理，显然是违背马克思的教导的，其为害之烈，已经是有目共睹的了。1949年以来，我们从事档案工作和图书馆工作的同志在保管和整理档案材料方面做了很多出色的工作，他们的辛勤劳动受到人们的感谢和称颂。但也应该看到，有些单位还有很多珍贵的历史材料由于保管不当或没有及时整理，已在水火之灾和虫蠹鼠啮中损失了。曾经有过这样的事，19世纪70年代洋务派创办的第一个官督商办的航运企业——轮船招商局的档案资料，在一场潮水倒灌的厄运中损失很多，有的严重受潮的只好送造纸厂做原料。这个损失是无法弥补的。我们所知道的还有一些珍贵资料，由于长期封包堆存不加整理已经蠹虫横行，只剩下残纸碎片了。“逝川与流光，飘忽不相待”，让我们不要设置人为的障碍，在还来得及的时候，对这些珍贵的历史资料积极抢救、整理吧！这就是我从赫德信函所想到的一个呼吁。

（原载《文汇报》1980 年 7 月 11 日）

美国密西根大学“中国文化研究所”

中国文化研究所(Center for Chinese Studies)是密西根大学东亚研究系统的一个组成机构,建立于1961年,是一个从政治、经济、文学、语言、人类学和社会制度等各个角度研究中国历史和现状的综合性研究所。全所拥有研究人员27名(其中美籍华裔6名),计教授、副教授21名,助理教授及讲师6名。这些研究人员包括美国当前研究中国历史和现状问题的知名学者,如费维恺(A. Feuerwerker)、奥克桑柏格(M. Oksenberg)、淮丁(Allen Whiting)、莫菲(R. Murphey)及孟罗(D. Munro)等人。所长费维恺是研究中国近代经济史专家,也是费正清学派研究中国近代史的一名重要成员。

该所1972年至1980年间出版有关中国问题的著作和专题论文共238本(篇),平均每年约三十余本(篇)。其中关于先秦及明清史、中国社会经济史、1949年后中国经济发展的规律与模式、战后中国的对外关系等著作,都曾引起学术界的重视。该所的出版物有三种:(一)《密西根中国研究集》,是丛刊性质,现已出版42本,包括明清史和19世纪及20世纪的中国文化和社会经济等专著。(二)《密西根关于中国史的中、日文著作摘译》,也是丛书性质,现已翻译出版6册,包括宋、明两代的商业与漕运、近代中国的丝织业、交通运输业及典当业等。其中有一本是翻译日本研究中国现代化问题的书目概览。(三)非丛书类书籍:《〈战国策〉索引》。

该所虽有自己独立的经费预算、人员编制和研究计划,但又与密西根大学文科各系密切协作,从事教学和培养工作。文科各系的中国学专家都与该所有一定的业务协作关系。近年来各系与研究所共同开设108门有关中国学的课程，并每年接受和培养这一领域的研究生180名左右。近二十年来已颁授一百余名硕士学位和六十余名博士学位。因此，中国文化研究所既是一个研究中心，又是一个培养中国学人才的机构。在这方面颇值得我国借鉴与学习。我国现行的高教与科研制度，使社会科学的研究机构与大学的教学机构截然分离，有时甚至相互抵销力量。如何在体制上以及人员和业务的交流与协作上解决这个问题，以便使研究工作与培养人才更好地结合起来，这是一个值得重视的问题。

在密西根大学的东亚研究系统中设有“亚洲图书馆”。该馆与中国文化研究所有密切联系，馆长为美籍华裔万维英。该馆藏有中、日文书籍三十五万余册（其中一半以上为中文图书）及中、日文微缩胶卷二万余盘（其中有日本收藏的中国善本小说67种，前北京图书馆收藏的明代以后的地方志和英国国家档案馆收藏的有关中国的档案资料等）。该馆还收藏有中华人民共和国成立以后出版的期刊、报纸和28 000件有关“红卫兵”的出版物和材料。1949年以后中国发行的社会科学出版物都集中在“现代中国参考阅览室”。此外，还有十二万余册研究中国的西文书籍藏在密西根大学研究院图书馆可供借阅。亚洲图书馆编有馆藏书刊目录共26卷。该馆是美国收藏中文图书超过十五万册以上的少数图书馆之一。

中美建交后，密西根大学正在执行一项“与中华人民共和国进行学术交流”的计划，文、理、工、医各院系（所）均有一定的交流名额。中国文化研究所每年提供一至二名“客座学者”的经费，邀请文、史、哲、政治、经济、人类学、社会学等各科有资格的学者到该所进行研究和交流。

密西根大学的中国文化研究所的经费除由学校拨款外，主要是依靠福特基金的捐赠（过去14年的捐赠总数将近二百万美元）。最近又获得梅隆基金的赠款，用以添置图书和资助那些从攻读中国语言直到获得博士学位的研究生。由于掌握中国语言的难度较大，时间较长，这种奖学金就显得非常必要。近年来该所正在开展一项争取300万美元捐款的运动。

该所由于所长费维恺氏的领导有方，计划安排得宜，再加以有研究人员及经费充裕的优势，最近10年来发展较迅速，已在美国成为继哈佛大学东亚研究中心之后，研究中国现状与历史的一个后起之秀的学术机构。

（原载《社会科学(上海)》1980年第6期）

美国的“思想库”

物资可用仓库储存，思想也可储存，从而形成“思想库”。在美国，就有大小不同的一万七千多个“思想库”，集中着历史、经济、政治、法律、核物理、空间技术等诸多学科中上百万个专家学者的智力。从历届下野的政府官员基辛格、万斯、黑格等，到眼下被称为“正在上升的明星”的中国问题专家、年轻的哈丁博士，都与思想库有千丝万缕的联系，有的就是其中的要员。

美国“思想库”代表不同势力的利益集团、不同的思想流派，其历史可追溯到六十多年前。第一次世界大战以后，面临一系列世界问题，美国朝野各界都意识到拯救国家危机的严重性，于是由一些智囊人物组成的“思想库”便应运而生。此后，20 世纪 30 年代的经济危机、二次大战后美国上升为世界超级大国、20 世纪 60 年代的越南战争、日本和西欧经济恢复对美国的挑战，以及七十年代以后与苏联的争霸、科学技术飞速发展等诸多因素，都对思想库数量的增加和质量的提高起了直接的推动作用。

美国思想库按其归属分类，有无所归辖的“独立”机构，及附属于大学、议会及军事系统等四大类。下面择其地位较显著者，作一简单介绍。

对外关系委员会 创建于 1921 年，目前拥有 2 233 个会员。该会会刊《外交季刊》创办于 1922 年，曾经引起过列宁的重视，现仍在出版发行。该会经常发表有影响的报告，如三十年代的《战争与和平的报告》，包括六百八十二个备忘录，对美国后来的一系列政策发生过很大的影响；直到现在，还是历届总统上任后必读文件之一。早在六十年代，该会就组织了一批专家从美国的利益出发研究中国问题，明确提出要注意与中国发展双边关系。这些报告对美国的世界战略起过重大的影响，为尼克松访华在舆论上铺平了道路。

布鲁金斯研究所 成立于1927年，以研究美国的经济、政府机构和对外关系为主要任务。对美国政府决策有重大的影响。该所善于吸收各大学的博士准备生，在为他们提供条件和基金从事研究的同时，也从这些年轻人活跃的思想中汲取自己所需的新思想。

传统基金会 这是里根政府的主要智囊团，声称要“不懈地为决定美国未来的社会而斗争”。最近特别成立了“亚洲研究中心”，表明了它们对太平洋区域的政治、经济和战略决策的关注。

哈佛大学肯尼迪学院科学与国际事务研究所 以研究国际战略、核裁军、能源问题、空间战略等为主要研究任务。这所附属于大学的思想库能紧密结合美国实际进行研究，文理交叉、多学科渗透是该所的一大特点，从所长到主要研究员，都是很有成就的物理学家。正因如此，他们的研究更具科学性和可行性，所以经常接受华盛顿的咨询。

当前，美国思想库的发展有两个特点：第一，大量应用电子计算机，如布鲁金斯研究所设有“社会科学计算机中心”，为各项研究课题设计计算的程序及模式。1983年该所的一些主要课题，如失业与社会福利问题、国际裁军问题等都是与电子计算机大量运算数据相结合的。兰德公司1982年仅软件发展的金额已达200万美元。第二是发展多学科特别是文理交叉的研究，越来越多的自然科学家加入思想库，增添了思想库的活力。

（原载《文汇报》1984年8月27日）

从《美国万花筒》说起

王作民同志写的《美国万花筒》，是一本很好的游记，也是一本对美国社会了解与观察的纪实。作者以一个新闻记者特有的敏感性加上流畅的笔触，把读者带到美国的四方八面，同一些不同阶层的美国人会面。作者不但亲自跋涉采访，而且亲自探视女犯监狱，亲自抚摸一下从月球带回来的石头，甚至亲自尝尝赌博的味道——摆弄一下大赌场的“角子老虎”。作者细腻的铺叙，使我们就像自己在和不同类型的美国人娓娓面谈。谈的都是人间小事，但却能感触到美国的脉搏。作者离开美国四十年后，旧地重游，行程万里。她的全部旅程可以说是一次美国人民友好情谊的接力赛。

难得的是，热情的友谊并没有妨碍作者对美国冷静的观察与思索。在她的笔下，美国是一个快速发展的社会，一个充满矛盾的社会，一个美丑兼备的社会。

凡是到过美国的人，都会感到美国社会节奏很快，变化很多。这使我想起 1885 年恩格斯访问美国的一段话：“他们这个前进最快的民族，对于每一个新的改进方案，会纯粹从它的实际利益出发马上进行试验，这个方案一旦被认为是好的，差不多第二天就会立即付诸实行。”(《美国旅行印象》)100 年过去了，看来美国还保持着这种精神面貌。这也许就是《美国万花筒》作者所说的“美国人永不停步，不断进取的精神”。作者特别赞赏美国人的苦干、实干精神。她所遇到的教授、司机、农民……没有一个不在争分夺秒地苦干、实干，把美国推向前进。我因而联想起现在我们有些青年只知道羡慕美国人高水平的生活，却不知道美国的富裕，是从披荆斩棘、胼手胝足中得来的。我们的青年人应该知道，自己不付出艰辛劳动，光垂着口水去羡慕别人，是没有出息，是很可耻的事。王作民对美国是一个充满矛盾的社会这一点，印象深刻。美国的富裕甲天下，但是76%的国民财富却集中在五分之一的人手里，还有五分之二的人只占有2.3%的财富。今天在7个美国人中，就有一个挣扎在贫困线上。美国号称是法治的国家，但载之于宪法的皇皇巨文“所有的人生而平等”就没有做到，若是做到了，马丁·路德·金牧师就不会惨遭暗杀了，今天美国就不会有那么多人哀悼和怀念金牧师了。《美国万花筒》的作者多次提到美国的治安问题。据统计，美国有将近一半人，夜间不敢只身外出。美国的富裕并没有消除社会的不安。记得四十年前，我对芝加哥大学的印象是校园古色古香，非常幽静。四十年后，我应邀重履故地，校园还是那样古色古香和幽静，但几乎在每一个街口的转弯处都多出了一些新设立的白色紧急电话，以备人们在遇到暴力袭击时，可以就近用电话紧急呼救。美国的人均收入已属于世界高水平的行列，它的技术已经能上穷碧落，探索宇宙奥秘，但却无法解决方圆十几条街的校园中的人身安全。

要了解美国很不容易。这一方面是由于这个国家实在太复杂，太庞大；另一方面也由于我们的思想方法与偏见的障碍。多少年来，对美国只能说丑，不能说美。在“左”倾当道的年月，谁把美国说得越丑越时兴；反之，则要倒霉。其实，这是一种闭关自守，失去信心的表现。可喜的是党的十一届三中全会以后，正确的思想路线重新开阔了我们的眼界，敢于面对现实，这是中国兴旺发达的标志。《美国万花筒》的作者承认美国这一个美丑兼备的国家，就了解美国而言，这是一个突破。对美国犯罪率高，种族歧视，贫富悬殊，美国人“心灵深处的寂寞”。势力集团对政治的控制……王作民没有吝惜笔墨把它们暴露出来；但是，她也没有讳言，在美国“处处碰到人们在玩命地干”。至于图书馆对读者服务之热情周到，使她感到“受宠若惊”。她认为这并不完全是由于“谋生”压力的鞭笞，而是“从早期拓荒者开始形成的凭着双手干一生的传统，已经成为美国人的习性，这种习性并没有因生活水平提高而消退”。每一个民族都把它的未来寄希望于下一代，而具体的体现就是教育。《美国万花筒》对美国的教育从幼儿教育一直到博士生都作了详细的介绍。美国对“智力投资”的重视，有些是我们想象不到的。它们的教育有特点，以教育方法而言，美国从小学起就培养学生勤于思考，鼓励他们向老师举手提问。他们不培养“书呆子”，而需要成绩既好又充满活力的人。

王作民的旅行从亲身经历中体验到美国人民对中国的友好情谊，但是这些友好人士也提出了一些唐突的问题，说明他们对中国情况的极端隔膜。《美国万花筒》的作者说得对：“友谊基于了解。”这六个字向我们提出了在未来的岁月中，我们还有很多“做不完的工作”。

（原载《解放日报》1986 年 2 月 2 日）

林肯的一封家信

译者按：林肯出身于美国中西部一个胼手胝足的农村家庭，自幼从事农业劳动，后依靠勤奋的自学成为律师。1861 年被选为美国总统，领导解放黑奴的南北战争，至今仍深受美国人民的怀念和尊敬。1848 年 12 月，林肯的兄弟约翰斯登（林肯的继母带过来的儿子，自幼同林肯生活在一起）写信给林肯，商借 80 元还债。下面是林肯于同月 24 日的回信。这封信一直被奉为是一篇思路清晰、坦率直言的典范作品，它具有林肯一贯的朴实无华、诚挚动人的文风。此信曾收入美国出版的《世界伟人信函的宝库》一书。

亲爱的约翰斯登：

你向我商借 80 元，但我认为现在就答应借 80 元给你是很不合适的。以前好多次，当我接济了你一点后，你总是说："我们现在很可以过得去了。"但是不久你又陷于同样的困境。这只能是由于在你身上存在着某些缺点的缘故。我知道这些缺点是什么。你并不懒惰，但你是一个懒散的人。自从我认识你以来，你似乎没有哪一天是好好地干过一整天活的。你并不太厌恶劳动。但只是由于你认为从干活中挣不了多少钱，所以你不大肯认真地干活。这种无所作为地浪费时间的习惯，是整个症结所在。了解这一点对于你很重要，而对于你的孩子们则更为重要。之所以对于孩子们更重要，是因为他们来日方长。不养成这种懒散的习惯比养成这种习惯后再去改掉要容易一些。

你现在需要一些现款，而我建议你应该竭尽全力地干活。为那些肯付给你现金的人去干活。

让父亲和你的孩子们照顾你家里的事情——搞庄稼活，而你可以出去找一些工资高的活来干，或用劳动来抵偿你的债务。为了保证你的劳动有一个较好的报偿，我答应你，从现在起到 5 月 1 日止，凡是你从劳动中挣得的、或以劳动抵偿债务的每一元，我都额外地再补贴你一元。

这样，你若每月挣 10 元，就可以从我这里再得 10 元，每月的劳动收入就有 20 元了。我提出这个建议并不是要你远走圣路易斯或到加利福尼亚的铅矿、金矿去找工作。我的意思是，在离家近的柯尔斯镇去找一些你能找得到的、挣钱最多的工作。

你若这样干，很快就会从债务中解脱出来。更重要的是，你将会养成一种勤劳的习惯，使你不再负债。假使我现在就替你清偿了债款，明年你又会和过去一样地深陷于债务之中。你说，你已经窘迫到几乎愿以将来进天堂的位置来换取这七八十元。这是你把在天堂的位置估得太廉价了。我敢肯定地说，假使你接受我的建议，只要工作四五个月，你就可以挣得七八十元。你又说，假若我把这笔钱借给你，你可以用田契来抵押，到期不能偿还，就把田产转让给我。真是废话！假使你有土地尚且不能过活，没有土地你又怎么活得下去？

你一直对我是很好的，我并不是以怨报德。相反的，假若你根据我的建议去做，你会发现它对你的好处比八个 80 元的价值还要大。

你亲爱的兄弟

A·林肯

（原载《解放日报》1988 年 6 月 21 日）

巴黎的小巷文化

走在巴黎的街上，同纽约、伦敦不同，除了宽敞的大街以外，还有密如蛛网的街间小巷，它们纵横交错，有的只容得一辆汽车行驶，有的干脆禁止汽车进入。这些街巷的两边，大多是一幢接一幢的五六层楼的楼房，古色古香，加上卵石铺路，走在这里就好像自己也是巴尔扎克时代的人物。据说这种街景使巴黎具有一种特别迷人的气息。这些街巷往往不长，几个转折又会走上繁华大道，汽车奔驰，彩灯闪烁，好像又进入了另一个世界。但是，我欢喜的还是这些街间小巷。

巴黎从公元 987 年加佩王朝建城到现在也有 1 000 年的历史了，够得上算是欧洲的一座历史名城。帝王曾在这里度过豪华的岁月，人民也曾在这里树立起断头台；这里是英雄人物显赫与落魄之处，也是文豪、诗人们潦倒与写出不朽之作的所在。巴黎既现代又古老，历史的遗迹到处可见，特别是在那街间小巷的深处。左拉名著《小酒店》中的金珠街那种 19 世纪 70 年代的建筑“沿马路的房子有六层，每层一排十五扇窗，百叶窗是黑的，外面是碎的……”这种街巷，现在还能看到。据考证，巴黎今天的伊斯莱特街，就是左拉当年笔下的金珠街原型。

巴黎蕴蓄着丰富多彩的历史。偶然间，你会不知不觉地闯到一个名人的故居。在参观巴黎国家歌剧院时，我们无意间在附近的卜农街 2 号发现了巴尔扎克的故居。由歇尔曼·布蕾丝蕾教堂向北走，简直就踏上了文学艺术之旅。与旁波巴街相交的杰苦伯街 2 号是瓦格纳谱写《彷徨的荷兰人》的地方，再过去十几家——18 号，是梅里美写作《卡门》的处所。沿塞纳河岸左侧折回，就到了伏尔泰街河岸的 27 号，在这里这位开辟资产阶级思想的先锋者结束了他的一生。至于波特莱尔街 11 号到 27 号，则是缪塞、波特莱尔和安格尔等著书、写诗和绘画之处。在这些平凡朴实的街巷里，生活着这么多不平凡的天才。有的曾在这里饱受贫困屈辱，历经折磨，但他们却奉献出不朽的乐章，传世的巨著和价值连城的绘画，而今成了人类的瑰宝。

在蒙帕拿斯地区，昔日画家蛰居之处，现已不复存在了，不过西蒙著名的咖啡屋仍然开业至今。其中洛冬德咖啡屋则是当年列宁、托洛茨基等常来的地方。

巴黎是迷人的，迷人处就在这些街间小巷。

（原载《联合时报》1990 年 4 月 20 日）

巴黎的地铁

凡是到过巴黎的人，没有一个不称赞巴黎的地铁的。老巴黎的朋友告诉我，在巴黎若迷了路，只要往地铁里一钻，就行了。因为地铁四通八达，而且路标明确，指示周详，进了地铁，东连西接，总会到达目的地。

巴黎的地铁在世界上是有名的。它有两个系统，一个是普通地铁（建于 1900 年）；一个是快车地铁（建于 1965 年），全长 556 公里，东西南北横贯交错共 18 条路线，430 个站头。现在每年还在不断推掘新线路，地铁最深处离地面 31 米，平均深度 4—12 米。地铁来往都经过塞纳河，在河底联结两岸，使巴黎基本上成为“无河区”。巴黎一千多万居民的交通主要依靠地铁。据 1987 年统计，该年巴黎地铁的总运载量达 14.7 亿人次；圣佛尔站（世界上最大的地铁站）1987 年一个车站的运转量达 7 000 万人次，地铁不但连接郊区而且直接连通火车站与飞机场，真所谓踏进地铁，无路不通。

巴黎地铁收费按路程远近计算，以市中心为基点，逐渐向外推展，由近及远分成若干圈区。市区划在一二圈区区内，每月月票为 173 法郎（约合人民币 138 元），不论次数，听凭乘坐。但若超过票上所规定的圈区，则须另加票价。

巴黎庞大的地铁系统，再加上面的公共汽车，基本解决了巴黎人的“行”的问题，乘客似乎都很彬彬有礼，还没有见到过那种“非雷锋精神”的“穷凶极恶”的挤车现象。看来几千年前管仲把人的礼仪揖让与经济生活挂上钩，倒是颇有点辩证唯物主义的味道。在巴黎遥知上海终于开始造地铁了，虽然在时间上比巴黎的地铁迟了将近100年，但毕竟是已经开始了。万事开头难，重要的是事情已经开始了。

（原载《联合时报》1990年7月27日）

第五部分

印度史与英国东印度公司研究

有关1857—1859年印度民族起义的几个问题

一

作为英国殖民主义者侵略工具的东印度公司，从17世纪开始，在它侵略和统治印度的两百五十多年中，通过对印度财富"抽血式"的掠夺[①]，对印度手工业无情地绞杀，对印度领土疯狂地兼并，对印度人民残酷地杀戮，终于没有花费一个先令，用"血手起家"的办法，在印度建立了一个庞大的英印帝国。这是举世所公认的事实。正是这个被马克思认为"在亚洲专制基础上所栽培起来的欧洲专制"，比印度神庙中可怕的神怪还要更可怕的东印度公司[②]，却被英国资产阶级宣称为是"人类所从来没有过的，用意最纯正，行为最慈惠"的统治机构[③]。伦敦《泰晤士报》甚至说：东印度公司对印度的统治"将被历史公认为是英国在亚洲杰出的成就"[④]。无怪乎一直到现在，剑桥大学的斯皮尔教授还在发表这样的议论：英国统治印度的重大"功绩"在于，虽然明知道西方化的印度会导致民族独立的要求，但英国还是"自愿"地向印度传播了"西方文明"[⑤]。

---

① "抽血"这个词，不是我们强加在英国殖民主义者头上的。远在1875年，当英国的索尔兹巴立侯爵任职印度事务大臣时，为了研究如何才能更有效地榨取印度财富，曾经建议："既然印度必须流血，那么抽血的针头，就应该对准血液充盈的地方……。"(R. Dutt: The Economic History of India in the Victorian Age, 1956年伦敦第8版，序言第13页)

② 《马克思恩格斯文选》(两卷集)，1954年莫斯科中文版，第1卷，第323页。

③ O.T.Burner: *Rulers of India—Clyde and Strathnsirn*, 1891年牛津版，第156页。

④ *A Reprint of the Special India Number of the Times*, 1930年伦敦版，第5页。

⑤ P.Spear: *From Colonial to Sovereign*, *The Journal of Asian Studies*, 1958年8月17卷4期，第576页。

看来斯皮尔比他的先辈还要更进一步。根据他的逻辑，印度今天所获得的政治上的独立，并不是印度人民一百多年来英勇斗争的结果，而是英国殖民主义者对印度“西方文明”的赐予。像这些赤裸裸的颠倒黑白和粉饰捏造，十足证明资产阶级对待历史的虚伪与妄诞的态度。

在殖民主义的历史中，殖民地人民的反抗斗争的历史，更是殖民主义者要倾其全力加以掩饰、歪曲，甚至横加诬蔑的。这是因为殖民地人民的反抗斗争，必然是掠夺者与被掠夺者、统治者与被统治者之间的矛盾尖锐激化的结果。对于这些矛盾的揭露，无异是对殖民主义者残暴罪行的最集中的控诉，也是殖民地体系必然崩溃的最显明的征兆。

1857—1859 年印度民族起义的历史，正是被殖民主义者所捏造、歪曲和横加诬蔑的一个典型的例子。

一百年来，这个印度人民伟大的反殖民主义斗争的历史，一直是资产阶级和马克思主义者之间激烈争辩的问题。这个争辩是从马克思主义者的奠基人开始的。马克思和恩格斯对于 1857—1859 年印度民族起义运动，自始至终都寄予深厚的同情和关怀，密切注意到它的发展和变化。远在起义的前五年(1853 年)，马克思在《不列颠在印度统治的未来结果》的一篇论文里，就已经指出，争取民族独立和摆脱外国统治是印度当时所面临着的主要历史任务。马克思在整个起义过程中，发表了一系列的论文，把这次印度人民大规模的反英运动提高到民族起义的水平作了十分深刻的分析。一直到现在，英国作家怀特还利用了大起义一百周年的机会，在伦敦“今日历史”的杂志①上发表了一系列连载的文章，对 1857—1859 年的印度民族起义的历史进行了粗暴的歪曲。怀特把这个大规模的起义运动说成是：“……地区性的军事叛变，印度老百姓始终很少参与其事”；把英国统治者残酷的镇压说成是：“一百年前英国兵士令人惊异的、坚韧不拔的勇气和体力”的表现；把哈法洛克(Havelock)、尼可荪(Nicholson)、霍得荪

① J.W. White：*The Indian Mutiny*，*History Today*，1957 年 7 卷 5 期。

(Hodson)等这些杀人不眨眼的大刽子手,说成是"一代英豪"。所有这一切,都被怀特认为是英国人应该从这次"印度兵变"中所得到的"主要印象"。这说明,一百年过去了,但是关于1857—1859年印度民族起义历史的争论还没有结束。

二

英国殖民主义者在1857—1859年印度民族起义的过程中,对起义人民进行了极其残酷的镇压。其残酷的程度可以说是历史上所少有的。但是资产阶级对于他们这些惨无人道的残暴罪行却极尽其掩饰和美化的能事。

起义爆发不久,英军就开始了大规模的屠杀。英国将军——刽子手尼尔(Neill)在贝拿勒斯和阿拉哈巴德不分昼夜地把无辜的印度人民送上了绞刑架。根据当时一个英国军曹的回忆,在他行军的时候,看见仅仅一棵榕树上就吊死了130个印度人。从贝拿勒斯到阿拉哈巴德的路上,被英军杀害而悬挂在树上的尸体,常常是连绵数里,一望无尽①。为了发泄杀人的兽欲,"文明"的英国人发明了集体屠杀的办法。他们在印度村庄的周围同时放火,使全村的人——老的、小的、男的、女的、卧病在榻的、母亲怀抱着婴儿的,在顷刻之间立时化为灰烬。即使有人冒死冲出烈火,也会被防守在外边的英军当场射杀,还是不得不倒死在血泊里②。勒克characterized陷落以后,英军把起义的印度军民放在干柴烈火上活活地烧死,当受刑的人,忍不住烈火的熏烧,从火焰中冲出来时,又被英军用刺刀戳回到火堆里,直至烧死为止。《泰晤士报》的随军记者,追忆当时的情景时,在日记里写道:"那种凄厉的叫声和可怖的情景,使我至死难忘。"③在那时候,印度士兵只要稍有"不忠"的表现,就会成批地绑在炮口上活活地轰死。在拉合尔,第35步兵营的印度士兵

① J.W. White:前揭文。

② C. Ball: *Indian Mutiny*, 1卷第243—4页,转引自V.D. Savarkar: *The India Wai of Independence 1857*, 1947年孟买版,第191页。

③ W.H. Russell: *My Diary in India*, 1860年伦敦版,第1卷,第302页。

仅仅因为被加上了“用煽动性的语言教唆暴动”的罪名，就被当场绑在炮口上受到粉身碎骨的“惩处”[①]。这不过是随便举几个例子。英国殖民主义者，这种没有人性的残杀以及他们在德里、勒克恼、詹西等地的屠城和抢劫的暴行，真可以说是罄竹难书。

对于这些屠杀的罪行，殖民主义者是怎样来“处理”的呢？他们的办法有三种：第一，公开地为残酷镇压辩护。刽子手尼尔，在大屠杀以后，曾经振振有词地说：“我做了这一切，都是为了有利于我的祖国；重建我国的威信和权力，镇压这个最野蛮的、残酷的叛乱。”[②]英国的历史家甚至说尼尔的屠杀正足以表明他对人类慈爱的心怀[③]。第二，采取釜底抽薪的办法，把有关英军残暴屠杀的材料，索性从档案中抽掉，把这些事实干脆从历史上抹去。大起义时，全印总督坎宁受到某些殖民主义分子的攻击，认为他对起义的镇压过于“软弱”。坎宁的僚属建议他公布一些残酷镇压的材料，来回答这些“诽谤”。坎宁把这些材料紧紧地锁在抽斗里，说：“我宁愿受到任何诽谤，也不愿公布这些材料。这些材料的公布会严重地玷污我的同胞们的声誉。”[④]英国历史家凯伊在写了九大部有关1857—1859年印度民族起义的历史以后，却说：“我虽然藏有很多有关我们官员们所干的那些恐怖的严刑峻罚的文书材料，可是我一个字也没有写它，这样一来，这些事情就不会公诸于世人了。”[⑤]我们完全有理由相信，像这样被英国官员“紧紧地锁在抽斗里”、被英国历史家拒绝“公诸于世人”的英军残暴罪行，是不可胜数的。第三种掩饰的办法是以“客观主义”的姿态，列举了一些英军的暴行，但却着重地把起义者正义的反抗加以渲染、歪曲和捏造，好像英国人一切残暴的镇压都是为了报复，为了“惩罚”。马克思对此曾经愤慨地加以揭露。他在1857年9月16日的《纽约论坛报》上，以第一次鸦片战争时，英军在中国“奸淫妇女，损害儿童，焚烧乡村”的暴行为例，指出“如果以为一切残忍之事都出自士兵方面，

① J. Cave-Browne: *The Punjab & Deihi in 1857*, 1861年伦敦版，第1卷，第230页。

②③ Savarkar：前揭书，第206、205页。

④ H.S. Cunningham: *Rulers of India—Earl Canning*, 1891年牛津版，第126页。

⑤ Savarkar：前揭书，第151页。

而一切人类慈悲之事都出自英人方面，就真是错误了”①。马克思举出一个实例：当起义爆发以后，《泰晤士报》首先披露的关于“士兵”在德里和米路特的“暴行”，实际上是一个英国传教士在距德里1 000里以外的地方，凭空虚构出来的②。在起义爆发以后，英国资产阶级为了挑起世界舆论对印度民族起义的歧视，为了替自己残酷的镇压找借口，曾经神话般地捏造了印度士兵在德里和米路特“残杀妇孺的暴行”。这种“暴行”被捏造、渲染到如此程度，甚至连当时在现场目击起义的英国人也觉得未免做得太过火了③。英国著名的政治家、曾经两度担任维多利亚女王首相的比康斐尔伯爵，在和友人来往的私函中，也不止一次地承认，即使在当时上流社会所流传的关于印度士兵“暴行”的报道，也都是一些捏造出来的“荒诞无稽之谈”④。当然，在起义过程中，起义者对英国人也曾经加以杀伤，这是事实。但是这决不是什么“暴行”，更不是相互残杀的问题。在士兵方面，这是正义的反抗和报复；在英国殖民主义者方面，则是非正义的镇压和残杀，这里面有本质上的区别，我们一定要划分清楚，作出公正的历史评价。资产阶级的历史家，总想把双方的杀戮并列起来，等同起来，最后就把殖民主义者的罪行掩盖起来。英国的历史家布莱特在论述到这些情况的时候就采取了“各打五十大板”的办法，他说：“残酷的行为双方都有，对于这些必须有所隐讳掩盖才好。”⑤但是资产阶级真的“隐讳掩盖”了吗？没有。在英国，每一个儿童都要读到关于印度起义者的“康波尔屠杀”，用以证明“东方的邪恶”，但是对于尼尔“报复”的残杀却略而不谈。马克思在论述这个问题时，曾经极其正确地指出：士兵的报复行为是英国殖民主义者长时期以来，统治和压迫印度的暴行的一种反映，是“以集中形式表现的反映”⑥。

---

①② 中山大学历史系编译：《马克思印度论文集》，1955年油印本，第54—55页。

③ Mrs. D.D. Muter: *My Recollection of the Sepoy Revolt 1857—1858*, 1911年伦敦版，第34页。

④ G.E. Buckle: *The Life of Benjamin Disraeli*, 1929年伦敦版，第1卷，第1496、1501页。

⑤ F. Bright: History of England，转引自R. Dutt：前揭书(Victorian Age)第224页。

⑥ 中山大学历史系编译：《马克思印度论文集》，1955年油印本，第54页。

自从英国人踏上印度的土地以后，英国统治阶级对印度的企图一直就是“贵族想把印度征服，财阀想对它进行掠夺，工业资产阶级想用自己廉价商品使它屈服”①。经过了两百五十多年政治上的欺诈，经济上的掠夺，军事上的征战，终于使英国统治阶级逐步地实现了他们的企图，并在这个基础上建立了一个庞大的英印帝国。但是，印度人民不能忘记，这个庞大的英印帝国是在英国人的屠刀下、印度人的血泊中建立起来的；印度人民不能忘记，在英国人的统治之下，当他们无力缴付田赋时，茅屋被烧成灰烬，男子遭受到中世纪恐怖的刑罚，妇女被奸淫侮辱的情景②；印度人民不能忘记，当孟加拉的原野近千万的农民饥饿垂死，辗转沟渠的时候，总督府却过着一掷千金、仆从如云的豪华生活③；印度人民不能忘记，当英国的棉织品在“自由贸易”的旗帜下，像洪水一样地泛滥到印度的时候，印度棉纺织工人的累累白骨已经堆满了印度平原；印度人民不能忘记，为了维护殖民主义者的利益，几个世纪以来，不计其数的无辜者屈死在英国的屠刀之下。远的不讲，1806 年的维罗尔的屠杀，1855 年拉吉马哈尔山区的大屠杀，在那时候对印度人来说都是记忆犹新的。在这些大屠杀中，哪一次不是成百、成千的印度人民惨遭杀害？④对于所有这一切，难道印度人不该愤怒，不该复仇吗？甚至一个参与镇压起义的英国刽子手格兰特（H. Grant）将军，也不得不隐晦地承认，1857—1859 年的印度民族起义，只是“把若干世纪所聚集起来、徐徐燃烧的火种，煽成了烈火”⑤。这个若干世纪所聚集起来的所谓“火种”，是英国殖民主义者在两百五十多年中对印度人民所欠下的血海深仇。对于这个，难道印度人民不该用火药和刺刀索还吗？

三

在所有的资产阶级关于 1857—1859 年的印度民族起义的史册中，有一

---

① 《马克思恩格斯文选》（两卷集），1954 年莫斯科中文版，第 1 卷，第 331 页。

② A.B. Keith：*Speechs & Documents on India Policy 1750—1921*，1922 年伦敦版，参阅柏克（E. Burke）演讲词。

③ H.E. Busteed：*Echces from Old Calcutta*，1897 年伦敦第 3 版，第 109、201—227 页。

④ L. Natarajan：*Peasant Uprisings in Indin*，*1850—1900*，1953 年孟买版，第 29—30 页。

⑤ H. Grant：*Incidents in the Speoy War 1857—58*，1873 年伦敦版，第 2 页。

个共同的特点，那就是把英国殖民主义者对印度起义人民残酷的镇压描绘成是英国人的“英勇”和“伟大”。他们大量地、有系统地叙述英军在勒克恼的防守、在德里的围攻、在中印度的“围剿”中的“英勇”事迹，把一些顽固的殖民主义分子和大刽子手们，如劳伦斯兄弟、尼尔、尼可荪，甚至霍得荪之流都拟塑成伟大的历史人物，使他们在殖民主义历史中占有永垂不朽的地位。这一切都不外乎是向殖民地人民宣布：英国的统治是不可动摇的，英国人的“英勇”是举世无匹的。一个英国作家曾经明白宣称：对1857—1859年印度民族起义的镇压，使得英国的“立国精神，经此一番磨炼，乃越是发扬光大起来”①。资产阶级为了要发扬他们的“立国精神”，把历史当作了他们的政治工具。但是，事实上在起义的过程中，特别是起义的初期，当起义的力量团结一致向英国统治者勇猛地冲击的时候，平日耀武扬威的殖民主义者，却表现得惊惶万状，懦弱无能，丑态毕露。米路特虽然是英国殖民者的军事重镇，但是当起义者决心发动起义，在摩尔街(Mall Street)横刀跃马向英国兵营冲击的时候，那些平日不可一世的英国文武官员们，为了逃命都溜得无影无踪了②。马克思当时曾经尖锐地指出：“我们不得不对米路特的英国指挥官的行为表示惊诧。他追赶起义者的软弱状态，比他在战场上的迟迟出现更不可理解。”③在那如火如荼的起义的日子里，英国殖民者的政治中心——加尔各答无时无刻不在惊惶中度日子。虽然起义军离加尔各答还有好几百里，平时骑在印度人民头上、目空一切的英国高级官员们，现在却沉不住气了，一个一个地溜上了兵船，准备随时逃命④。那些在辽阔的起义地区逃不了的英国人，这时也顾不得平日的威风，整日躲在屋顶上，想借此苟延残喘⑤。在5月12日，驻乌德的总督代表亨利·劳伦斯还在强词夺理地向乌

---

① 《印度小史》，商务印书馆1927年版，第96页。

② Mrs. D.D. Muter 前揭书，第27—28页。

③ 《马克思恩格斯关于殖民地及民族问题的论著》，中央民族学院研究部1956年版，第177页。

④ Red Pnmpklet，第105页，转引自 Savarkar 前揭书269页。

⑤ M.R. Gubbins：*An Account of the Mutinies in Oudh & of the Siege of the Lucknow Residency*，1858年伦敦版，第103页。J.W. Sherer：*Havelock's March on Cawnpore—1857*，伦敦版(无出版年月)第35页。

德军民宣扬英国统治的“德政”；但是半个月以后，在起义军围攻炮击之下，也不得不摇头叹息“对乌德的兼并是一件最不正义的事情”①。原来在大炮轰击下，顽强的殖民主义分子也是会吐露真情的。从米路特开始发难，只不过20多天，起义的烽火就以燎原之势向恒河下游和双河流域蔓延。在这时候，平日好像“稳若磐石”的英国统治，突然“像梦幻一般的消逝了”。这些历史的事实，告诉我们一条真理，那就是不管殖民地统治者如何貌似凶恶，只要殖民地人民真正团结一致，集中力量向他们进行勇猛的冲击，就可以揭开他们的画皮，看到他们的懦弱无能、束手无策、失败死亡的一面。殖民主义者为了要标榜他们的“立国精神”，虽然力图抹杀和贬低这些历史事实及其重大意义，但是事实终究是事实。于是他们便不得不找出一些理由来掩饰起义初期节节败退以及在起义者英勇冲击面前所表现的懦弱畏缩的丑态。正是在这种政治思想指导下，殖民主义者运用了他们“客观主义”的分析，强调了起义初期，英国如何存在着严重的“太平思想”，因而“没有戒备”；英印兵的比例在起义时又如何“有利”于起义阵营，等等。这些论点和分析实质上是英国殖民主义者在标榜所谓“立国精神”时的遮丑布。这里我们要提出几个问题：第一，难道英国人真有“太平思想”吗？第二，英国人对于加强武装统治（提高欧洲籍兵员的人数比例）难道真的“并不去想办法”吗？第三，欧洲兵的人数比例较低，对于促成起义的爆发究竟有多大的作用？

俗话说得好——“作贼心虚”，以掠夺和杀戮印度人起家的英国殖民主义者，对于印度的统治可以说从来就没有存着“太平思想”。他们晓得印度人民终有一天会忍无可忍地站起来算总账的。曾经一度代理过全印总督的麦特加夫爵士（Sir. C. Metcalfe），远在1814年就说：“我们在印度的地位从来就是朝不保夕的……现在一阵旋风就能把我们扫除于印度之外。”10年以后（1824年）他更明确地说：“全印度时时都在等待我们倾覆的时机。到处的人民将会因为我们的颠覆而兴高采烈。”无怪乎他要预感到“总有一天当我

① The Honourable Lady Inglis: *The Siege of Lucknow* (*A. Diary*), 1892年伦敦版，第11页。

一觉睡醒的时候，会发现英国已经失去了印度"[1]。在大起义的前夕；当坎宁就任全印总督的时候，在伦敦的告别宴上，他曾经忧心忡忡地说："我们不能忘记，在印度的天空上，尽管现在还是晴朗宁静的，但是一片小小的乌云可能升起，开始时它只不过只有拳头那么大，但是逐渐扩展弥满，最后终将形成暴风骤雨，使我们陷于危殆。"[2]就拿大贺须(Dalhousie)来讲吧，这个狂热的殖民主义分子，在他统治了印度八年以后，交出总督官印的时候，虽然发表了一篇冠冕堂皇的文告，好像在他统治下的印度充满了升平气象。事实上，对于当时英国在印度武装力量的削弱，在内心里比谁都焦急的却正是他。大起义以前英国在印度境内欧洲兵逐渐减少这是事实。在 19 世纪的 30 年代，从加尔各答到阿拉哈巴德至少经常驻扎 6 个欧洲兵的联队；到大贺须时代，减为 2 个联队；坎宁接任以后，从巴拉格甫尔到阿格拉的 750 英里内，只剩下一个联队了[3]。在那时候，欧洲兵和印度"士兵"的比例大体上是 1∶7，后者在数量上远占优势[4]。为了这些变化，大贺须曾经向伦敦政府坚决提出增兵的要求。事实上 1853 年英国政府曾经同意增加欧洲籍兵员 8 000 人。但是由于克里米亚战争和侵略波斯的战争，驻印度的欧洲兵不但没有增加，反而陆续从孟加拉地区抽调了 6 个联队。为了这件事，大贺须曾经向伦敦政府提出强硬的抗议，他说："假使再要我们派兵到波斯湾去，……我对于我们在东方所保持的安全和巩固的地位，是否不致遭受袭击，将失去信心。"[5]可以看出，英国殖民主义者并不存在着什么"太平思想"，他们随时都在注意要保持足够的武装力量来统治印度。有名的殖民主义者亨利·劳伦斯远在 1843 年他还没有担任驻乌德的总督代表官职以前，就已经感觉到

---

① H. Mukherjee：*1857 and Our Struggle for Freedom*，New Age 1957 年 6 卷 8 期，第 16 页。

② H.S. Cunningham：前揭书，第 36—37 页。

③ H.S. Cunningham：前揭书，第 78 页。

④ 大起义前，英印籍兵员人数的比例说法不一：Cunningham、Grant 的数字是 1∶5；Roberts 的数字是 1∶7；Burne 的数字是 1∶8；A. Mills 甚至提出 1∶12 的比例。根据核对比较的结果，1∶7 的比例是较接近当时实际状况的。

⑤ H.S. Cunningham：前揭书，第 78—79 页。

要对印度人民加强武力统治的必要性,他说:"我们是依靠剑来统治印度的,但是我们各处的军事力量都很薄弱。"①对于这种"薄弱"的军事力量,英国殖民主义者不是"不去想办法",而是在那疯狂扩充领土、征服殖民地的19世纪中叶,他们虽明知印度危机四伏,却无法兼顾。我们知道,在19世纪中叶,一个庞大的英印帝国已经出现。这时候,英国已经利用了印度的资源和人力,在中东和远东进行了一系列的侵略战争。这些侵略战争迫使它不得不削弱了在印度的军事统治力量。正是在这个意义上,马克思认为1857年的印度民族起义是与亚洲各民族的反英运动分不开的,是与当时英国侵略波斯的战争和侵略中国的第二次鸦片战争分不开的。②

在起义的时候欧洲籍兵员的比例较低,对于促使当时起义的爆发有没有作用呢?我们认为在任何时候,统治力量的削弱对于反抗者来讲总是一个有利的机会。但这只是问题的一面。另外一面是:应该看到,由于殖民主义者对印度人民残暴的统治,对印度生产力严重的破坏,这场反殖民主义者的斗争是不可避免的。这种反抗不是任何统治者横加镇压就能制止的;当然也更不是调整一下兵员的比例就能吓唬掉的。我们敢说,即使当时英印兵的比例不是1∶7,而是1∶3、1∶2,甚至1∶1,也不能制止起义的爆发。起义首先在米路特开始,而米路特恰恰是英国在印度的军事重镇,在那里英国拥有最优势配备的欧洲籍兵营,从兵员比例上说,米路特是当时全印度欧洲兵在人员上压倒土兵的唯一据点③。但是偏偏在这里首先爆发了,并且成功地爆发了起义。这难道不清楚地说明,英印兵的比例,对起义的爆发来讲并不是什么决定性的因素吗?其实,英印兵1∶7的比例,并不始于1857年,远在18世纪末叶,当约翰·休尔(J. Shore)担任总督的时候就一度出现1∶7或1∶6的比例。英国著名的资产阶级历史家马丁甚至认为

① Leut-Generl M. Innes: *Lucknow & Oudh in the Mutiny*, 1895年伦敦版,附录11,第331页。

② 《马克思恩格斯关于殖民地及民族问题的论著》,中央民族学院1956年版,第175页。

③ R.G. Wilberforce: *An Unrecorded Chapter of the Indian Mutiny*, 1894年伦敦版,第10页。但根据O.T. Burne的材料,当时米路特英印兵的比例是1∶2(见前揭书第20页)。

从1800—1850年英印兵的比例基本上都在1∶7左右，1820年时代，则悬殊到1∶9左右①。为什么在那时候没有爆发像1857年这样声势浩大、地区辽阔、印回团结、一部分封建势力与人民大众结成联盟、持续达两年多的民族大起义呢？这难道不是英国资产阶级自19世纪以后，从经济、政治、宗教、文化等各方面对印度的各个阶层和阶级加紧掠夺和压迫，到了1857年终于激起了民族仇恨总爆发的结果吗？

四

资产阶级论述1857—1859年印度民族起义时，在标榜英国殖民主义者"英勇"和"伟大"的同时，总是把起义者描绘成是怯弱的、缺乏战斗意志的乌合之众。请看一个英国作家笔下的起义军："营中的灯火闪闪于黑暗之中，可是一到天亮，灯光渐稀，以至于乌有，那屯在平原上的千军万马，一个都没有了。原来他们反抗的精神，忽然于那天夜里完全消失。恐惧悄悄进入他们心里，所以一到天明，大家纷纷四散……"②资产阶级之所以要对起义者这样诬蔑，十足证明：面对着汹涌澎湃的反殖民主义斗争的浪潮，恐惧确实已经悄悄进入了他们的心里，因而不得不对于历史横加歪曲。

历史的事实和资产阶级的评价相反，在1857—1859年的印度民族起义中，伟大的印度人民表现了不屈不挠的英勇斗争的精神。殖民主义者，原以为用一套威胁的办法和残暴的镇压就可以唬退印度人民，扑灭起义。但是事情的发展并不如他们想象的那样顺利。在起义以后的第10天，驻旁遮普的行政长官约翰·劳伦斯写信给围攻德里的英军统帅安松(Anson)将军，指责他迟迟按兵不动。劳伦斯责问安松："请你只要回顾一下整个的印度史，在哪一次当我们采取强有力的行动时曾经失败过呢？"在同一封信里，劳伦斯甚至估计只要"采取强有力的行动"再配合沟通起义内奸"当我们的军队

① M. Martin: *The Progress & Present State of British India*，1862年伦敦版，第189页。
② 《印度小史》，商务印书馆1927年版，第94页。

开向德里城时;德里的城门自会打开的"①。但是,在伟大的民族起义斗争中"整个的印度历史"并没有按照殖民主义者所想象的那样去发展。德里的城门没有自行打开,只是经过了134昼夜的战斗,英军遭受到严重的伤亡以后,才从城墙缺口爬进去的。德里陷落以后,有些英国政论家估计,不出8天整个起义就会平息。但是马克思这时却作出了相反的估计,他说:"德里的陷落虽然会在土著士兵阵营当中造成惊慌,但若认为这就足以扑灭起义,阻止它的进展,或者恢复不列颠统治,便是大错特错了。"②不但在德里陷落以后,甚至在勒克恼陷落以后,马克思仍然和资产阶级的估计相反,他在1858年6月15日的《纽约论坛》报上指出:"尽管英国人采取了大规模的军事行动,首先攻陷了德里,随后又攻陷了继德里以后的士兵起义的另一个指挥部——勒克恼,但是还远不能使印度达于平定的局面。事实上,真正的困难可以说只不过是刚刚开始。"在同一篇论文里,马克思更明确地指出:"勒克恼的攻陷并不能使乌德省随之而屈服;甚至即使乌德省的屈服也并不能使印度随之而达于平定。"③历史证明马克思对当时形势的估计达到了惊人准确的程度,而事态的发展又是和资产阶级的愿望完全背道而驰的。

在勒克恼陷落以后,起义军除在乌德和罗希尔汗德继续坚持游击战以外,在中印度和英军进行了一系列的激战。当起义军从科皮尔撤退以后,英国统帅部又以为从此局势大定,好像起义运动已经基本镇压下去了。就在这种幻觉之下,他们决定解散中印度兵团。1858年6月1日军团的统帅罗士(H. Rose)将军发表了一篇不可一世的吹嘘文告说:"毫无疑问,本军所获得的荣誉是举世无匹的。"④事实上正当罗士在他军营里狂妄地发表吹牛文告的头一天,起义军已经陈兵瓜洛尔城下,第二天就赶走了英国统治者的走狗——新儿亚王公,占领了山势险峻的瓜洛尔城,在那里重新举起了起义的

---

① Roberts: *Forty—One Years in India*, 1897年伦敦版,第101—102页。

② 《马克思恩格斯关于殖民地及民族问题的论著》,中央民族学院研究部1956年版,第180页。

③ Karl Marx: *Articles on 1857 Revolt*, New Age 1957年,6卷8期,第23页。

④ T. Lewe: *Central India During the Rebellion of 1857 & 1858*, 1860年伦敦版,第298—299页。

大旗。接下来就是坦提河·托皮(Tantia Topi)在中印度英勇不屈地进行了十个月以上的游击战。为什么马克思对形势的估计总是和资产阶级相反,而又总是如此精确呢?我们认为,最主要的原因是他抓住了这次印度人民反英斗争的本质——民族起义。在起义爆发以后的三个月,正当英国资产阶级叫嚣着起义不过是“地区性”的“兵变”的时候,马克思就已经指出:“孟加拉军队中爆发的那种有蔓延性的阴谋,如果缺乏本地居民暗中的同情和支持,是不会具有这样波澜壮阔的规模的;这同样是很明显的,英国人在取得供应和运输方面所遭遇到的巨大困难——这是他们的军队集中缓慢的主要原因——正说明农民对他们是不怀好感的。”①但是资产阶级的看法不同,他们认为1857—1859年的起义“实际上只不过是军事系统的叛乱,在印度半岛上广大的老百姓仍是忠诚的”②。罗士虽然从他的亲身体验中,不得不承认大起义并不仅仅是“兵变”而已,但是却把这个伟大的人民性的运动说成是少数王公的“政治阴谋”③。英国殖民主义者之所以要歪曲起义的性质,贬低它的全民性,是完全可以理解的。因为只有把英印之间的民族矛盾,缩小为印度士兵与英国统帅部之间的矛盾,或少数王公与东印度公司之间的矛盾,才可以在很大程度上掩饰他们统治印度的罪恶历史。马克思曾经愤慨地指责资产阶级这种歪曲事实的说法。他指出:“至于说印度人对起义漠不关心、甚至说他们忠于不列颠统治的议论,那全是一派胡说。”④马克思在屡次分析起义的形势时都估计到人民群众的因素,估计到起义军在人民群众支持下展开游击战的可能性。马克思这些科学的分析在以后起义的进程中都准确地应验了。

所以,1857—1859年印度民族起义的重要特点之一,应该是在极其残酷的镇压和英勇的反镇压的斗争中,起义者在人民群众的支持下,在辽阔的地

① 马克思:“印度的起义”,见《历史教学》,1958年第1期,第17页。

② J.A. Froude:*Lord Beaconsfield*,1890年伦敦第3版,第158页。

③ O.T. Burne:前揭书,第15页。

④ 马克思:“印度的起义”,见《民族问题译丛》,1958年第1期,第2页。

区，不屈不挠地把斗争进行到底。在起义的后期，由于参与起义的封建势力纷纷叛变，使斗争进入了极其艰巨的阶段。那时候要是没有人民群众的支持，起义是没有办法坚持下去的。可以这样说，由于封建势力的叛变，愈是在起义的后期，起义斗争的人民性也愈加强烈。正是因为如此，我们对于坦提阿·托皮在印度中部不屈不挠的游击战是不应该忽视的。我们知道在瓜洛尔陷落以后，并没有如英国统治阶级所想象的，从此就可以一举而将中印度的起义镇压下去，相反的，在坦提阿的领导下，把起义运动推进了一个新的阶段——一个不屈不挠的游击斗争阶段。根据有案可查的记载，当时至少有 14 个以上的英国将、校（其中至少有 3 个以上是将军衔）率领着步、骑、炮三军在坦提阿的后面、侧面和前面，不分昼夜地追踪、包围和截击。但是中印度的起义军，在以后的十个月，仍然像矫健的神龙一样越过了汹涌的产巴尔河，翻越了险峻的文底耶山，抢渡了防守严密的纳巴达河，穿过了班斯氏拉的丛林沼泽，纵横驰骋在 16 万平方英哩的中印度区域。当坦提阿冲进了昔日摩诃剌陀王国的拉格甫尔地区以后，引起了英国朝野极大的震动，他们害怕坦提阿的军旗会煽起西部辖区的起义烽火，从而波及整个南部地区。有一位英国历史家说：这件事“若发生在 12 个月以前，就会使英国的权威遭受到致命的打击”①。坦提阿在极其艰巨的情况下能在中印度地区坚持了十个多月的斗争，是与当地人民群众的热情支持分不开的。尽管那些反动的封建王公、地主们看见起义的大势已去，对起义军采取了卑劣的敌视态度，但是恰恰是这些封建王公、地主所辖属的人民群众和军队却带着武器和粮饷投入了起义。甚至梅尼荪（G.B. Malleson）在叙述到起义军在中印度的斗争时也不得不承认“坦提阿和他的追随者，获得了人民的同情，他们能既不用勒索又不必花钞票而经常得到大量军需品的支援”②。

印度民族大起义是英印之间民族矛盾的大爆发，这是当时的主要矛盾，

① G.B. Malleson：*History of the Indian Mutiny 1857—1858*，1879 年伦敦版，第 2 卷，第 343 页。

② G.B. Malleson：前揭书，第 345 页。

这一主要矛盾会以各种形式表现出来。印度“士兵”的军纪松弛就是这种矛盾表现的一种形式，是民族仇恨在“士兵”内心中的一种反映。在这里，分析一下“士兵”的阶级成分是很必要的。一个在19世纪40年代初在英印军中供职的法籍军官瓦伦讷(E. Varenne)，曾经说：这些“士兵”大都是来自“丧失了自己所有一切财物，甚至连劳动工具都丧失了的穷人”。在那时，“庄稼人、织工、无业的手工业者”都变成了“士兵”的后备军①。这些人都是当时英国殖民主义者在印度所造成的一切灾难的最后承担者。随着英国殖民主义者狰狞面目的日益显露，这些“庄稼人、织工、失业的手工业者”终于弄清楚了，到底是谁使他们“丧失了自己的所有一切财物”。印度士兵虽然由于在军队中替英国人卖命，因而享受一些较优裕的待遇，但是他们和城市与农村中惨遭迫害的千千万万个印度人民有着血肉相连的关系。英国殖民者贪婪的掠夺和残暴的统治在印度人民中间所造成的饥饿、死亡以及各种深重的灾难，不能不在印度“士兵”内心里引起深刻痛楚的反映和共鸣。当时拥有12万“士兵”的孟加拉兵团，有70%—80%的兵员都是来自乌德省②。英国殖民者在1856年吞并乌德的那种赤裸裸的背信弃义的行径，很自然地引起了孟加拉“士兵”极大的愤慨。这些内心的痛苦和愤慨，再加上长时期来英印军中严重的种族歧视，更使“士兵”感到反抗的情绪难以抑制。在这种情况之下，“军纪的松弛”就作为一种反抗的形式而出现了。还应该指出，这种民族仇恨的反抗情绪，又通过“士兵”感染到印度的各个阶层。“由于孟加拉兵团和乌德人民密切相连的关系，‘士兵’所感受到的痛苦就会传播到成百的村庄。在那里，群众紧张地担忧着和热切地谈论着自己父亲、丈夫和兄弟的命运”③。由此可以看出，起义以前，在“士兵”里存在着普遍的“军纪松弛”现象以及后来爆发了与群众紧密结合的反英斗争，这决不是偶然的。

资产阶级(包括一些印度的资产阶级政治家)习惯上都把孟加拉地区和

① 斯捷比利格：《英国侵略中东史》，五十代出版社1954年版，第110页。

② CAVE—BROWNE：*The Punjab and Delhi in 1857*，1864年伦敦版，第83页。

③ H.S. Cunningham：前揭书，第83页。

孟加拉的知识分子划在起义斗争以外。孟加拉知识分子是被英国统治阶级作为统治印度的工具来培养的，他们和孟加拉的地主阶级又有千丝万缕的联系。这些因素决定了当时孟加拉知识分子对待英国统治的改良主义的态度。这是事实，但是它只不过是事实的一面。另外一面是，作为印度人，作为也是被压迫的对象之一，他们也有民族自尊心，也有要求民族自由和独立的愿望。一位印度作家说得好，他说："假使真的认为他们（当时孟加拉的知识分子——引者）是甘心情愿做英国人的奴隶，那对于我们的祖先是不公平的。"①和孟加拉的印度知识分子关系非常密切，而又受到他们尊敬的一个英国传教士杜夫（A. Duff）曾经说过这种发人深思的话，他说：在孟加拉"对英国人的不满，深深地潜伏在千百万人的心里……虽然，无可怀疑的，同时有很多人对我们的统治也颇为满意，但是若把这个就当作对我们统治的归服，那就只能是一种误解"②。在米路特爆发起义后的第 11 天，孟加拉的"印度爱国者"的报纸上，出现了麦克齐（H.C. Mukherjee）的文章，他说："……但是最近孟加拉军队的叛变有一个特点——它们从一开始就吸引了全国的同情……没有任何一个印度人不感觉到英国统治印度所加在他身上的深重苦难——这种苦难是与屈服于异族的统治分不开的。"③我们不应该忘记，当时的孟加拉知识分子，即使像这样婉转地表达他们自己反抗异族统治的情绪，也逃不过英国殖民主义者的制裁。因为紧接着在 6 月 13 日，总督坎宁勋爵就通过"立法手续"颁布了严格的新闻检查制度，但是镇压永远不能绞杀被压迫的人民追求自由的愿望。另一个著名的孟加拉诗人班勒齐（R. Banerjee）在 1858 年起义还在继续的时候，为了逃避文字检查，用 14 世纪刹帝利语言写出了如下的向往自由的诗句：④

"谁愿意过那低贱的屈辱生涯？

谁愿意在脚上套上奴隶的镣铐？

---

① H. Mukherjee：前揭文。

②③ 转引自 H. Mukherjee：前揭文。

④ 转引自 H. Mukherjee：前揭文，第 16 页。

朋友啊，世世代代做奴隶，
简直就像在地狱里一样，
哪怕只有一天的自由，
也能让我尝到天堂的味道！”

尽管那时候英国统治者执行着严格的文字检查制度，但是透过这些含蓄的字里行间，从诗人向往自由的诗句里，从英国人自己的回忆和观察中，可以看出当时的印度知识分子对于反抗异族压迫而爆发的起义运动的内心情感。正是这种情感种下了后来印度资产阶级所领导的民族独立运动的种子。

（原载《历史研究》1959 年第 8 期）

《约翰公司：英国东印度公司》前言

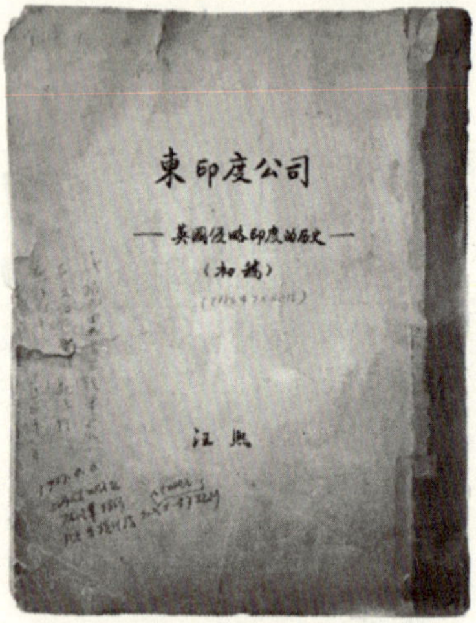

汪熙先生 20 世纪 50 年代
有关东印度公司的书稿原稿

2007 年出版的《约翰公司：
英国东印度公司》封面

现在已是万籁俱寂，东方黎明初晓。我刚写完《约翰公司：英国东印度公司》①的最后一个字，遥望远方，浮想联翩。

每当我写到印度人民在东印度公司压榨下过着非人的生活时，不禁热

① 东印度公司一般都称为“约翰公司”以区别于荷兰、法国……东印度公司。有些学者以“约翰公司”为题专门论述英国东印度公司。如 1882 年凯尔瑞（W.H. Carey）曾著有“尊敬的约翰公司的昔日大好时光”（The Good Old Days of Honorable John Company）在印度出版，叙说 1600 年以后东印度公司的历史。2000 年 10 月，在“茶叶的沉思”（Tea Muse）中，皮瑞特（J.N. Pratt）著“约翰公司与茶叶输入英格兰”（John Company and Tea's Arrival in England），说明英国东印度公司将茶叶输入英国原委。

泪泉涌，心潮难平。想到中国人的过去，自己也有着切肤之痛。自鸦片战争以后的百余年，中国已经不是完全独立的国家。在那艰苦的岁月里，印度兄弟们所受的痛苦，我们都有，我们是同命运的苦兄弟。第一，在旧中国，国家主权丧失，帝国主义在中国设立了海军和陆军的据点，形成蹂躏中国的军事根据地，就像孟买、马德拉斯、加尔各答和其他的被占领印度领土一样；第二，在旧中国，海关、盐税都掌握在外国人手里，就同鸦片、食盐紧握在东印度公司手里一样；第三，在旧中国，天文数字的战败赔款与英国在印度取之不尽的"印度公债"一样；第四，在旧中国，大批的领土被帝国主义割裂与英国东印度公司随心所欲地侵占和并吞印度领土没有什么两样；第五，在旧中国，各国帝国主义"磨牙吮血，杀人如麻"地残杀中国人民，同英国殖民主义者在印度大起义时，不分男女老幼疯狂残杀，"出门无所见，白骨蔽平原"没有什么两样。"人为刀俎，我为鱼肉"，几百年来，中印兄弟同在苦难之中度过那难熬的岁月。

帝国主义为加强控制，总说上帝注定中印人民生下来就是低人一等，该受奴役的。印度的革命领袖尼赫鲁说，有人告诉我们说英国人"上帝赋予他们以主宰我们的权利，使我从属于它"①。印度的"公园凳子都标有'欧洲专用'的字样"②以示印度人民低人一等。同在印度一样，帝国主义也在中国租界的公园里，明目张胆地挂着"狗与华人不准入内"的牌子③，其侮辱与糟蹋中国人的程度不亚于印度。他们想让人知道印度人和中国人生来就是劣等民族，该受他们的奴役。几百年来，我们确实同遭迫害，只是"怅望千秋一洒泪，萧条异代不同时"而已。

是不是世界上真有这些高贵的种族主宰我们的权利，使我们从属于它？中国与印度革命，戳穿了这些谎言。

---

① 尼赫鲁：《印度的发现》，齐文译，世界知识出版社 1956 年版，第 427 页。

② 尼赫鲁：《印度的发现》，齐文译，世界知识出版社 1956 年版，第 382 页。

③ 罗苏文：《沪滨闲影》，上海辞书出版社 2004 年版，第 53—57 页。罗苏文：《上海传奇——文明嬗变的侧影，1553—1949》，上海人民出版社 2004 年版，第 343 页。

在中国，最早看出东印度公司狰狞用心的，是第一任驻英大使薛福成，他在1893年说："英人初借[东印度]公司之力，蚕食五印度，未几，而沃壤数万里，尽为所并。""此殆宇宙之奇变，古今之创局也！"[①]后来康有为在《公车上书》中也有论述，但语焉不详。迄今为止，尚未看到我国有系统论述英国东印度公司的书。但英国人没有忘记，他们于2002年5月24日在伦敦大英图书馆特意举行大型展览会，对英国东印度公司的"丰功伟绩"极尽吹嘘之能事[②]。是的，历史不应忘记。我不揣冒昧谨以《约翰公司：英国东印度公司》献给读者，特别是青年读者，让我们都了解到在人类社会中还有这么一段人吃人的历史。中印两国都有一段辉煌的古代文明交往，在近代又是在同一苦难中煎熬出来的，我们千万不能忘记这段历史。

执笔至此，在远方，瑰丽斑斓的旭日已经升起，中印两国好像喷薄欲出的东方明珠。逝者已矣，灾难已成过去，让我们牢记历史，讴歌未来。是为序。

汪 熙

于复旦校园

2006年12月

① 薛福成：《庸盦全集》，光绪丁酉春三月上海石印本（海外文篇卷2），第6—7页。更早的清嘉庆七年，1802年工部侍郎苏楞额上禀嘉庆曾说："英吉利之凶狡，在西无人不知。"也没有说清楚是怎么一回事。

② http://military.china.com/zh-cn/history2/06/11027560/20050401/12212.... 美联社伦敦2002年5月23日电。

《约翰公司：英国东印度公司》鸣谢

首先要感谢恩师陈翰笙先生，1957年，我根据他的嘱咐把东印度公司的初稿写成寄给他审阅。他随即将稿送交三联书店，并签了合同，准备出版。后因情况变化，原稿几乎遗失，就搁下来了。一搁就是几十年。后来到英国、法国、美国看了些材料。1992年下定决心，打散了原始篇章和结构，重起炉灶，乃有此稿。现在稿已完成，翰笙先生已经作古。长者已矣，感激之情，无以言表。

其次，我的复旦大学的研究生王邦宪在他研究生时期曾整理了东印度公司的大事记和东印度公司参与中国的活动，以后他成功地经营商业（香港上市公司，东方鑫源常务董事兼副总经理），到现在还在为我搜集一些东印度公司宝贵的图片资料。邦宪持之以恒，苦心孤诣，几十年如一日。现在复旦的研究生秦岭在百忙中为书目注解及附录等做好了编纂工作。这些都值得我感谢的。

我要感谢北京图书馆、上海图书馆、复旦大学图书馆、美国国会图书馆，为本书提供了丰富的资料，这些资料，对历史事实作了忠实的叙述和评论。我在引用时均标明出处以志不忘。

我还要感谢我的妻子董幼娴，她始终不懈地鼓励和支持，使我在耄耋之年完成了一心向往的任务。对于张金美女士不辞辛劳地抄写与打字也谨表示诚恳的感谢。上海社科院出版社社长朱金元先生和上海人民出版社曹培雷编辑对这一项目始终呵护关怀，令人难忘。

六十年前，我曾经访问过加尔各答和孟买。当时“二战”甚炽，但加尔各答的紧张与繁华和孟买的海滨船影至今仍深藏在脑海中，栩栩如生。印度友人谦和友好之情令人铭感难忘。半个多世纪过去了，中国和印度发生了翻天覆地的变化。“山川异域，风雨同天”。谨以此书作为向印度兄弟鸣谢的礼物。

《约翰公司：英国东印度公司》后记

本书写完后，言犹未尽，想给青年朋友们再说几句话。本书虽然是讲的英国东印度公司，但也是资本原始积累的一个具体而微的缩影，让它的历史使你们对“原始积累”这个概念有一个感性认识。我希望你们在读这本书时，要想到兄弟印度人民所受的苦难。不但如此，还应该想到自己的国家。一百多年前，同那时的印度一样，在中国有一群帝国主义环侍在我们周围，用东印度公司那一套来奴役我们，为了反抗，我们的先人经历了一百多年的血与火的斗争！

今天的中国，天空是一片晴朗，往者已矣。中国虽然已经站起来了，但我们以及我们的子孙丝毫不能忘记那些侵略者奴役我们的屈辱日子，要奋发图强。除了把英国东印度公司作为历史知识告诉你们外，这也是我写这本书的一点初衷。留此以为志。

汪　熙

2006 年 11 月

第六部分

“盛宣怀档案资料”主编前言

第一卷　甲午中日战争·主编前言

本书所辑资料，时间自光绪二十年四月末(1984年6月初)叶志超准备率军赴朝鲜起，至光绪二十一年十二月(1896年1月)湘、淮军复员和收回辽东、山东各地为止。主要内容有：(一)部队调动、饷械供给、前线军情和战况的函电；(二)战略部署和进攻、放手、撤退的指示和请示；(三)各国调停、广岛拒收和马关议和的函电和文件；(四)与各省督抚通消息和商调增援部队的函电；(五)日本海军舰只活动情况的报告和派驻海参崴的情报员李家鏊刺探沙俄动向的报告；(六)与驻美公使和在华各洋行洽购兵舰、军械、弹药的函电；(七)战争爆发后增添电报线路和用招商局名义租用外轮的函电。

盛宣怀档案中之所以有上述资料，是因为当时盛宣怀身兼津海关道、轮船招商局督办、中国电报局总办和总理后路转运事宜四个职务。轮船是运送部队、武器弹药和粮饷的工具。电报是当时通讯联络的最迅速的方法。总理后路运转事宜是战争爆发后设立的战时职务。这三项职务与战争的关系不言自明。津海关道在甲午战争中处于特殊地位。甲午战争中中国一方的主要当事人是北洋大臣李鸿章，中国作战的主力是李鸿章所统辖的淮军和北洋海军，而津海关道就是北洋大臣办理外交和军务的主要助手。津海关道“管理直隶中外交涉事件，并新、钞两关税务，以及钤辖海防兵弁”。(《新设津海关道未尽事宜七条》，见《李文忠公全集·奏稿》，卷十七。)为了“钤辖海防兵弁”，津海关道兼充“北洋行营翼长”。津海关道又和北洋大臣同驻一地，可经常出入北洋大臣幕中参与各项重要事务，“实掌北洋枢要”。

由于盛宣怀在当时兼任了以上职务，就使他在甲午战争中成为上下联系，内外交通的枢纽，因此在他的档案中留下了这一重大事件的珍贵史料。淮军将领想要增募部队、请求优给武器弹药，除正式递呈申请外，又托盛宣怀向李鸿章进言。几次重要的战略部署、战役进攻或攻或防，以及丁汝昌、叶志超等主要将领的请战、乞假也是通过盛宣怀向上呈请和下达指示的。从盛宣怀致北京翁宅的密电可知他曾多次建议翁同龢向朝廷请旨，调动非淮系部队。这些密电实际上都是由李鸿章直接授意的，它也反映了李鸿章和翁同龢之间的某些联系。

部队调动和饷械供给的函电，是考查甲午战争中部队名称、人数、武器弹药的种类和数量，以及部队进退日期、地点的可靠材料。淮军将领的私函和前线电报局人员的函电则反映出部队的纪律和在战场上所表现的真实情况。其中有些资料可供核对当时各将领向朝廷所作的战况奏报的真实性，或纠正那些根据传闻和虚假奏报所作的错误记载。此外，目击"高升"号被击沉的"飞鲸"号船主瓦连德航海日记，及乘"操江"号被俘的丹麦电匠弥伦斯关于截击、被俘及羁留日本战俘营的亲身经历的函件等，都是有关丰岛海战第一次披露的资料。

本卷分上下册。上册收录盛档中原已按日誊录成册的《电报钞存》八册，时间起自光绪二十年六月十五日（1894 年 7 月 17 日），止于光绪二十一年正月初四（1895 年 1 月 29 日）。从各册所誊录的起讫日期可知，在原档中所遗失了光绪二十年八月二十八日至九月十三日的那一册。现将所存八册依次合编成上册。下册选录盛档中有关甲午战争的函牍、日记、报告及未誊录成册的电报。

参加编辑本书的单位有上海社会科学院历史研究所、复旦大学历史系、华东师范大学历史系、上海师范学院历史系、上海图书馆、上海人民出版社等单位。参加本卷编辑工作的有朱子恩、吴民贵、李家寿。复旦大学历史系七八届毕业生十人，作为毕业实践，参加了部分摘录工作。

第二卷　义和团运动·主编前言

本书收集了盛档中有关义和团和八国联军的资料。它们绝大部分是第一次刊出，有很高的史料价值。

在义和团和八国联军时期，盛宣怀在幕前虽不活跃，但却是一个幕后的风云人物。这是历史的机遇所造成的。

八国联军攻陷北京，慈禧与光绪出走西安，不久就在西安组成了以荣禄、王文韶、鹿传霖为首的军机处，仍然掌握着中国的最高权力。但是孤悬在西安的行在基本上是与世隔绝的。当时大理寺少卿兼中国电报局总办的盛宣怀正滞留在上海，他所掌握的中国电报局成了逃亡的清政府与外界交通信息的唯一渠道。代表清廷在北京议和的全权大臣奕劻和李鸿章，只有通过北京至大沽的陆上电线与由大沽至上海的海底电缆将议和进展情况通知盛宣怀，再由盛宣怀经由上海至西安的陆线传递给逃亡在西安的慈禧与光绪；而北京的议和代表又通过这一渠道得到慈禧等对议和条件审定的旨意。

各省的将军、督抚，特别是像刘坤一、张之洞、袁世凯等有势力的封疆大吏，也都是通过盛宣怀以电讯与西安行在保持密切联系。

在这期间，中国驻欧、美、日各国公使只有依靠了盛宣怀在上海的中转，才能及时得到西安行在的指示并向西安行在和清政府在北京议和代表报告各国政府的态度与动向，这些驻外公使自然也是通过盛宣怀与各疆吏之间互通消息、交换意见。

因此，以电报局总办留驻在上海的盛宣怀俨然成了这一时期北京议和代表、西安行在、各省将军、督抚和各驻外公使之间电讯交汇的总枢纽。处事精细的盛宣怀把他所经手的来去电报都留存了副本或底稿，这些材料构成了中国近代史中关于义和团运动的一套罕见的珍贵史料。

此外，盛宣怀长期担任海关道，素有精于洋务、善于同洋人打交道的名声，又领有清政府会办商务大臣驻沪办事的官衔。因此，在那时候很自然地成为清政府和东南各省督抚在上海的外交代表。当时很多震惊中外的外交事件，如东南互保、衢州教案、日军厦门登陆等都是在盛宣怀直接参与下处理的。因而在盛档中还保存了有关这些历史事件的材料。有些材料的完整性与系统性超过了官方档案。如日军在厦门登陆受到英、美海军的联合抵制，而被迫撤出厦门的经过，在美国国务院档案中虽有所反映，但其始末详备的程度远不及盛档。还有一些史料，如《中国国会自立军勤王讨贼的檄文》，也是其他中国近代史资料书所未见的。

季平子、傅德华、吴民贵、陈宗海等教授在酷暑严寒中对浩若烟海的盛档进行了爬梳整理，再次均致以谢意。

这套丛书为上海社会科学院历史研究所、复旦大学历史系、华东师范大学历史系、上海师范大学历史系、上海人民出版社、上海图书馆等单位的协作项目。盛档自开始出版到现在已二十余年了，“逝川与流光，飘忽不相待”，当年本丛书三个主编中的陈旭麓、顾廷龙先生已先后作古。但当初“筚路蓝缕”创业艰苦之功不可没。今幸得一机遇能将此稿付梓，一可慰已故者在天之灵，一可飨海内外学者。

上海图书馆，特别是上海人民出版社朱金元编审对这研究项目始终呵护关怀，使盛档出版在四分之一世纪后又得与读者重新见面。抚今追昔，本项目虽历经曲折而不堕，我愿与编者读者一道向你们深致谢意。

第三卷　辛亥革命前后·主编前言

《盛宣怀档案资料》是根据上海图书馆收藏的盛宣怀档案资料整理编辑的，由于内容多、数量大，按专题分卷出版。

盛宣怀(1844—1916 年)字杏荪，又字幼勖，号愚斋、止叟，江苏武进人。他从一八七零年开始充当李鸿章幕僚，进入官场后，运用官督商办和商办的形式，陆续经办轮船招商局、中国电报局、华盛纺织总局、汉阳铁厂、中国铁路总公司、中国通商银行、汉冶萍媒铁厂矿有限公司等新式企事业，并担任这些企事业的督办、总办或董事会长。他在清政府的官职也步步上升，从海关道擢至邮传部大臣，并先后参与了一些重大外交活动，倡办了北洋大学堂和南洋公学。成为晚清炙手可热的大员。

盛宣怀四十多年的官场生活和洋务活动，遗留下大批档案资料。这些档案资料品类繁多，有奏折、电报、公牍、函札、条陈、说帖、条约、合同、公示、传单、会议录、家信、日记、账册以及照片、地图，等等。除了他自己的去文来件外，有许多是别人送给他或他通过各种渠道取得的，来途很广，甚至有些官方档案如与外国签订的约本，也落入他的私档。其中很大部分带有机要性质，有的还写上了“阅后付丙”字样。内容涉及政治、经济、军事、外交和文教各个方面，以政治和经济两类所占比重较大，反映了 19 世纪 70 年代起四十余年间中国发生的许多重大事件和变革。

1939 年即盛宣怀死后 23 年，他的后裔曾从这批档案资料中，挑选部分奏稿和电稿，编印了《愚斋存稿初刊》一百卷及补遗十二卷，许多他们认为有碍盛宣怀官声、私德的都不收或作了删改。为了保持事物的本来面目,向史学界提供一批原始资料,以利对近代史的研究,我们整理出版这一套档案资料。

《辛亥革命前后》共收档案资料411件,依次分别编入《清末腐朽政情》、《关于四川保路运动》、《关于武昌起义》、《关于汉冶萍公司问题》、《关于“二次革命”》和《盛宣怀的匿产复产活动》等六目。时间自1903年迄1915年,包括辛亥革命的准备阶段及其失败以后,反映了清朝政府和袁世凯勾结帝国主义破坏和篡夺革命的全过程。有关他们怎样对付四川保路运动、武昌起义的许多函电,是逐日逐时发出的,一天之中多至十数起,较多地填补了这方面已刊史料的不足。其中陶湘的“齐东野语”和盛国华函札,都是从京津向盛宣怀发出的密报,所述革命前夕清朝政府内部的腐败和倾轧,以及革命后光怪陆离的政坛变幻,不仅多为官书所讳言,也是一般私家记载所罕见。盛宣怀与辛亥革命,一直是研究辛亥革命史的重要课题之一,因此本书的出版,无疑是我们研究这个课题富有说服力的第一手资料。

盛宣怀档案资料卷帙浩繁,头绪众多,尤其是虫蠹鼠啮,年久漫漶,给整理工作带来不少困难。加上我们水平有限,因此在资料选辑和考订注释等方面,难免存在缺点和错误,恳望得到各方面同志们的指正。

参加编辑本书的单位有上海社会科学院历史研究所、复旦大学历史系、华东师范大学历史系、上海师范学院历史系、上海图书馆和上海人民出版社等单位。参加本书编辑工作的同志有(以姓氏笔画为序):左钧如、齐国华、李家寿、季平子、陈正青、武曦、徐元基、黄苇、葛正慧等。

还有一些同志在编辑本书以前,曾对全部盛宣怀档案进行了清理分类工作。参加这一工作的先后有:陈匡时、夏东元、方诗铭、汤志钧、吴乾兑、余先鼎、张铨、赵清、蔡幼纹等同志。

第四卷　汉冶萍公司·主编前言

汉冶萍煤铁厂矿有限股份公司(简称汉冶萍公司)是中国历史上第一家用新式机械设备进行大规模生产的钢铁联合企业。

汉冶萍公司从光绪十六年(1890年)湖广总督张之洞创建汉阳铁厂起，到最后熄炉停炼为止，先后经历了官办、官督商办、商办三个时期。

由于公司规模大、时间长、资料品类繁多，全书分上、中、下册出版。上册从光绪十五年(1889年)十一月到光绪二十三年(1897年)十二月；中册从光绪二十四年(1898年)正月到光绪三十四年(1908年)二月。上、中两册收录官办及官督商办时期的资料。下册从光绪三十四年二月起到民国五年盛宣怀去世止，选收商办时期的资料。

盛宣怀的数十年官场生活和洋务活动，曾留下了大批档案资料。他在掌管汉冶萍公司的二十余年中，所遗函电、公牍、条约、合同、会议录、账册等资料甚多。所有这些密函、合同以及其他大量函电，为我们勾勒了汉冶萍公司在官办、官督商办、商办各个时期清晰的轮廓，展示了公司从创立、发展以至气息奄奄走向衰败的过程。它的结束与日本方面关系密切，所以有大量与日本官方、银行、银团及私人方面的材料，当时属于机密，外人全无知晓，如今公布于众，显得弥足珍贵。它的出版无疑对历史研究(中国近代史和中国近代经济史)和现实都具有重要意义。下册书稿虽经专家多年整理、辛勤校勘，因世事蹉跎，又无力筹得巨款，只得长期埋没达十余载。特别是顾廷龙先生及陈旭麓教授均已先后作古，主编仅存熙一人，未能完成此应尽之责,时运偃蹇,愧对故人,思之可为浩叹。

这套丛书为上海社会科学院历史研究所、复旦大学历史系、华东师范大学历史系、上海师范大学历史系、上海人民出版社、上海图书馆等单位的协作项目。出版到现在已二十余年了,“逝川与流光,飘忽不相待”,本丛书三个主编中的陈旭麓、顾廷龙先生当初筚路蓝缕创业之功不可没。今幸得此一机遇将此稿付梓,一可慰已故者在天之灵,一可飨海内外学者。

上海图书馆,特别是上海人民出版社朱金元编审对这一研究项目始终呵护关怀,使盛档出版四分之一世纪后又得与读者重新见面。抚今追昔,本项目历经曲折不堕,我愿与编者和读者一道向你们深致谢意。

第五卷　湖北开采煤铁总局
荆门矿务总局·主编前言

本书共收盛宣怀秉承李鸿章旨意在湖北早期经办矿物的资料420件，包括奏折、札、谕、禀、详、信函、章程、合同、报告等，绝大多数系第一次刊出。时间自1875年迄1881年，少数几件延续到1885年。由于这期间湖北的矿务实质上处于试办状态，没有成长起来即遭夭折，因此外界了解情况甚少。到目前为止，已出版的书籍中，这方面的资料只有寥寥十几条，但它在近代中国的工矿企业史上却又很重要。盛宣怀是当时湖北矿务的主要经办人，保存了试办过程中的大量文书资料。虽然经过了一百多年，资料难免有所散失，但总的来看还是比较完整的。现在，我们整理出版这批资料，对研究我国近代矿业发展史有较高的参考价值。

本书第一部分"湖北开采煤铁总局"，占全书资料的绝大多数。从1875年5月开始，经过约九个月的酝酿筹备之后，湖北开采煤铁总局于1876年1月间正式成立，至1879年7月18日(光绪五年五月底)结束。这部分资料较充分地展现了湖北开采煤铁总局兴办、勘矿、经营以及结束的全过程，反映了洋务派官僚及其他各色人等对矿务的思想面貌，生动地揭示了他们之间的关系和矛盾，同时也提供了早期旷工的工作与生活状况。从使用西法在全省范围进行较大规模的勘探来看，在中国近代化史上是最早的。湖北开采煤铁总局存在虽不到三年半的时间(连盛宣怀商本筹备阶段在内，也只有四年零两个多月)，却给以后湖北矿业和冶炼业较大的影响。例如它对大冶铁矿的勘定，和对 1890 年汉阳铁厂的建设具有重要的作用。

第二部分“荆门矿务总局”。该局是湖北开采煤铁总局于 1877 年 11 月起在当阳采运煤斤业务的继续。它从 1879 年 6 月开始招商集股，8 月设局，到 1881 年 10 月李鸿章饬令裁撤，实际经营时间仅两年余。这部分资料虽较少，但基本情况是清楚的。关于停办过程则相当详尽，它一方面说明了地方封建势力的压迫，另一方面也暴露了荆门矿务总局经营上存在的问题。最后还收录了荆门矿务总局结束以后有关荆门煤矿的两段资料（1882 年至 1884 年）。

为方便读者，本卷编有大事记和湖北开采煤铁总局统计表作为附录，以供参考。

这套丛书为上海社会科学院历史研究所、复旦大学历史系、华东师范大学历史系、上海师范学院历史系、上海图书馆、上海人民出版社等单位的协作项目。

参加本卷编辑和注释工作的还有葛正慧、齐国华、朱子恩。参加部分工作的有黄苇、左钧如、李家寿、陈正青。

第六卷　中国通商银行·主编前言

本书辑录了有关中国通商银行函稿 565 件，并银行往来电报钞存 8 本，时间自光绪二十二年（1896 年）九月迄至民国二年（1913 年），少数几件延续到民国九年。至于“附录一　中国通商银行成立前筹设银行的活动”，更追溯到早期 1887 年的材料。

中国通商银行是中国人自办的具有资本主义性质的第一家银行。它是中国近代资本主义经济产生和发展的一个重要组成部分。但是有关中国通商银行早期的档案资料，过去出版的不多，系统的更少。盛宣怀是中国通商银行的创办人，在他遗存的档案中有该行大量函电资料，绝大部分均未刊出过。因此，整理出版这部分资料，无疑对研究中国近代资本主义发展史，以及中国近代金融业的产生，提供了富有说服力的第一手资料。

盛宣怀档案中关于中国通商银行的资料，有开办银行的奏议、章程、条陈、合同以及盛宣怀与总董等有关人员的来往函电、银行历届账略、盈亏总结、押款清册等。这些资料反映了中国通商银行的筹建经过、资本来源和企业经营管理状况；生动地解说了中国通商银行与外国资本、封建势力既相依赖又相矛盾的错综复杂的关系；完整地提供了中国通商银行在辛亥革命前后的经营活动和发展的艰难历程，从而展示了中国自办的第一家银行的产生过程、特点及其历史概貌，对探索中国资本主义的发展规律具有重要的参考价值。从历史角度看，我们不应该忘记，它在营造我国早期现代金融环境和培养我国自己金融人才方面的贡献。

中国人民银行上海分行档案室，选录了中国通商银行总董会议和公信录的若干未刊资料，作为本书的附录。在此，谨向中国人民银行上海分行档案室有关同志，以及金融研究室的洪葭管教授，致以谢意。

谢俊美教授在酷暑严寒中对浩若烟海的盛档进行了爬梳整理，后又经黄逸平教授审阅，在此均致谢意。

这套丛书为上海社会科学院历史研究所、复旦大学历史系、华东师范大学历史系、上海师范学院历史系、上海人民出版社、上海图书馆等单位的协作项目。盛档自开始出版到显现已二十余年了，“逝川与流光，飘忽不相待”，当年本丛书三个主编中的陈旭麓、顾廷龙先生已先后作古。但当初“筚路蓝缕”创业艰苦之功不可没。今幸得一机遇能将此稿付梓，一可慰已故者在天之灵，一可飨海内外学者。

上海图书馆，特别是上海人民出版社朱金元编审对这研究项目始终呵护关怀，使盛档出版四分之一世纪后又得与读者重新见面。抚今追昔，本项目虽历经曲折而不堕，我愿与编者和读者一道向你们深致谢意。

第七卷　上海机器织布局·主编前言

本书辑录了有关上海机器织布局以及它的后身华盛纺织总厂各类书信、电报、奏稿、文札等共697件，附录8件。时间大体从光绪二年八月(1876年3月)迄至民国三年六月(1914年8月)，是我国近代较完整、较系统的工业资料。

上海机器织布局是近代中国第一家机器纺织企业，它初创于1876年。开头的创办者均因招股未成而失败。后经郑观应、龚寿图、经元善等历任总办的十年艰苦努力，始于1890年建成于上海杨树浦，并享有十年专利和减免税厘的特权，不意投产经营三年之后因清花车间火灾而遭焚毁。1894年，盛宣怀奉委规复，在旧址上创建华盛纺织总厂。盛宣怀长袖善舞，通过招商顶替等方式，使企业产权渐归盛氏。尽管华盛经营颇多曲折，但它积极引进西方先进设备，采用现代化生产方式给人留下深刻印象。上海机器织布局的创建、演变从一个方面展示了中国近代棉纺织业生长、发展及其曲折命运，同时揭示了中国民族资本主义产生的另一种途径。

由于种种原因，上海织布局的资料过去并不多见，系统出版的更少。为此，我们特意编撰了这本书。本书主要采集了盛宣怀档案中关于织布局(含华盛纺织总厂)珍贵的第一手资料，其中包括盛宣怀同李鸿章、郑观应、经元善、马建忠等洋务派人物的往来信函、电文、奏稿、条陈、企业借据、抵押租赁契约、聘任协议、洋行订购合同及账册、簿记，等等。这些资料真实记录了企业创办的经过，筹资的渠道及管理制度的特点，深刻地揭示了企业内部种种复杂的官商关系以及与外国资本主义势力的纠葛，生动展现了企业在发展过程中所遇到的种种艰难曲折与反复，从而展现了上海织布局产生、发展、演化的历程。通过这些珍贵资料的附录、出版，必将可以进一步推进中国近代工业史、近代经济史的研究，促进对中国资本主义发展规律的探索。

陈梅龙教授作文论述“上海机器织布局的性质”时曾经说：“十九世纪的后半叶的洋务运动，并不是一个历史的喜剧，它促进了近代中国民族资本主义的萌发，而又没有为其发展挂上风帆。相反，由于它本身的种种痼疾，限制了这种发展，而为官僚资本主义的生长拧上了发条。”（《近代史研究》1986年第3期）洋务运动的历史作用问题，历来就是中国近代史学者聚讼不已的事，好在这个结论也仅仅是一家之言，不是顶重要的。重要的是历史学家们能否言之有据地同意或不同意这个结论，或另有发明。

陈梅龙教授在酷暑严寒中对浩若烟海的盛档进行了爬梳整理，后又经黄逸平教授审阅，在此均致以谢意。

这套丛书为上海社会科学院历史研究所、复旦大学历史系、华东师范大学历史系、上海师范大学历史系、上海人民出版社、上海图书馆等单位的协作项目。盛档自开始出版到现在已二十余年了，“逝川与流光，飘忽不相待”，当年本丛书三个主编中的陈旭麓、顾廷龙先生已先后作古。但当初“筚路蓝缕”创业艰苦之功不可没。今幸得一机遇能将此稿付梓，一可慰已故者在天之灵，一可飨海内外学者。

上海图书馆，特别是上海人民出版社朱金元编审对这研究项目始终呵护关怀，使盛档出版在四分之一世纪后又得与读者重新见面。抚今追昔，本项目虽历经曲折而不堕，我愿与编者和读者一起向你们深致谢意。

第八卷　轮船招商局·主编前言

本书辑录了有关轮船招商局各类书信、电报、奏稿、文札、合同、账目以及一些“阅后付丙”不足为外人道的机要文件等共 1 300 多件，时间大体自同治十一年(1872 年)迄至乙卯年底(1916 年初)。这些资料基本上都是以前从未发表过的。

轮船招商局是洋务派在自强、求富的口号下，继官办军事工业以后创办的第一个“官督商办”企业，也是洋务企业中延续时间最久的一个经济实体。它是 19 世纪末叶在中国特定历史条件下的产物。作为一个官僚直接控制下中国早期的资本主义性质的企业，它是一个封建主义与资本主义性质相结合的畸形胎儿。在招商局的历史里，仍可以看到典型的资本主义活动(它以追逐利润为目的，它的股票在市场上随市价成交买卖)以及中国资本原始积累的特殊形态；又可以看到当时扑向中国的外国资本，如旗昌、怡和、太古等轮船公司同招商局的激烈竞争。当然，还可以看到中国早期的民族资本在招商局内部与外部所经历曲折发展的过程；不少资料还生动反映了晚清官场现形记的生动场面。所有这一切都使招商局的历史呈现出丰富多彩的内容。说它是一部中国近代史的缩影也不为过。也许正因为如此，近年来，轮船招商局已成为国内外学者研究中国近代史的一个引人注目的课题。例如至今为止争论不休的招商局的性质(封建性、买办性及民族资本属性)问题；大买办进入招商局的功过问题；购买美商旗昌轮船的利弊问题；与英商太古、怡和订立齐价合同的得失问题；与同时期成立的日本邮船会社的比较问题，等等。

盛宣怀的政治生涯与经济活动几乎是同招商局的命运共始终的，先是依靠直隶总督李鸿章的支持，后来是依靠他自己在招商局的股权优胜。盛宣怀由买办、督办逐渐演变成招商局的大股东，一直是招商局的直接控制者。因此在他所遗留下来的档案中，有一大批是招商局的珍贵原始资料。这些罕见的资料几乎触及招商局发展过程中的每一个方面。这些档案资料可为国内外学者今后对招商局这个庞然大物进行探颐索引、深入研究提供较坚实的资料基础。

招商局的创办与发展固然与李鸿章这一封建大吏的活动与支持有关，但也把当时一些著名的资产阶级改良主义者卷了进去。因此这本集子里，有不少郑观应、马建忠、经元善等人的亲笔函电。这些未刊资料无疑是弥足珍贵的。

本卷资料大体上分两部分：一部分是有关招商局的奏稿、函稿、章程、报告、与外国航运企业签订的合同和洽谈记录及业务统计等；另一部分是原档中已编订成册的来往电报。这两部分资料，我们将它编辑成上下篇，按时间顺序排列。

汪熙、吴民贵、陈宗海、陈正青等同志在酷暑中对浩若烟海的盛档进行爬梳整理；陈潮、杨苏荣同志参加了考订工作；其后又经陈绛教授全力审核校勘，并得到徐元基研究员的鼎力支持，使该书得以问世。

这套丛书为上海社会科学院历史研究所、复旦大学历史系、华东师范大学历史系、上海师范大学历史系、上海人民出版社、上海图书馆等单位的协作项目。盛档自第一卷出版到现在已二十余年了，“逝川与流光，飘忽不相待”，当年本丛书三个主编中的陈旭麓、顾廷龙先生已先后作古，但当初筚路蓝缕创业艰苦之功不可没。今幸得此一机遇将此稿付梓，一可慰已故者在天之灵，一可飨海内外学者。

上海图书馆，特别是上海人民出版社朱金元编审对这一研究项目始终呵护关怀，使盛档出版四分之一世纪后又得与读者重新见面。抚今追昔，本项目虽历经曲折而不堕，我愿与读者和编者一道向你们深致谢意。

第七部分

“美国管理协会·斯米克管理丛书”主编前言

第一辑主编前言

这一套丛书是在美国管理协会(American Management Association)出版的一系列自学丛书的基础上,加以挑选、翻译而成的。美国管理协会简称“AMA”,是美国也是世界最大的一个企业管理的教育、培训和出版机构。它在世界各地拥有7万多会员(大多是全球著名企业的高层负责人),在美国各大城市设有九个分支机构,在欧洲、加拿大和墨西哥都有海外培训中心。近年来,又将活动延伸到东南亚、日本和中国。它经常在世界各地举办高层次的管理科学研讨会。AMA的一项重要活动是组织有成就的企业家和学有专长的学者编写各种类型的企业管理书籍加以出版。它有自己的出版机构——“阿玛康姆”(AMACOM)。近年来已出版这类书籍200余种,这些出版物的特点是:第一,各书的作者都是企业家或学者,或是二者兼而有之,他们本身就是实践和理论的结合体,因此都能言之有物,切中要害。第二,这些书的选题和内容都反映和介绍了当代管理科学的最新发展和成就,因此深受企业界的欢迎,有的书被奉为圭臬,再版多次,历久不衰。第三,因为是自学丛书性质,内容深入浅出并附有图表、统计、问答和测试题,便于读者理解和吸收。

在我国经济改革方兴未艾,市场经济城乡崛起之际,我们觉得,当前一个最迫切的任务是,让投身于这一崭新事业的公私企业家们能接触和掌握世界上最新的和行之有效的管理知识。通过思想更新,把他们自己装备起来,在激烈的市场竞争中取胜。当然,我们也想到那些正在学习或即将从事企业经营的年轻人。AMA提供的知识,具有很大的启迪性和规范性,可以作为人们别具一格的自学教材。

正是出于这样的愿望，我们在与 AMA 总裁和他们的负责人接触之际，有机会阅览了他们大部分的出版物并在此基础上，组织了专家认真评选，从中选出了当前我国最需要的，值得参考的 10 本书。接着，我们就组织了一批学者进行翻译和校订，并为每一本书写了内容简介。经过集体的努力，终于完成了这一套覆盖面比较广的管理丛书。由于每本原著写作的风格不同，所涉及的内容各异，我们虽尽量保证翻译质量，但疏漏之处在所难免，我们诚恳地欢迎读者的批评与建议，以便再版时得以改正。

在本丛书出版之际，我们要感谢美国 AMA 和 AMACOM 的合作，按法律程序顺利地解决了版权转移问题。我们还要感谢上海工商学院孙丕晋副院长以及复旦大学、上海财经大学、上海大学商学院和上海工商学院的李葆坤、王明初、章汝荣、舒子唐、罗茂生、夏善晨教授及斯米克集团的丘宝华先生等所组成的专家组，从大批原著中认真挑选了应该译为中文的好书。参与翻译和校订的学者们都在规定的期限内交稿，他们严肃的工作态度和不辞辛劳的投入，对本丛书倾注了不少心血，支撑了它的成长。最后，我们要特别感谢上海人民出版社的朱金元先生，他的卓识远见和高效率的编辑组织能力，保证了这套书的及时出版。

成套地介绍西方企业管理的理论和实际经验，对我们来说还是一个尝试，我们相信这样做，对经济改革是一件有意义的实事。我们谨以此奉献给那些敢于投入经济改革，开拓跨世纪伟业的人们，祝他们成功！

汪 熙

复旦大学教授，博士生导师

上海工商学院院长

李慈雄

斯坦福大学管理学博士

斯米克集团总裁

1995 年 8 月 上海

第二辑主编前言

本丛书的第一辑十本在出版后不久就再版而三版。这是一个重要信息。它说明这套丛书受到社会的热烈接纳。文化现象往往是经济发展直接或间接的反映，这套丛书的畅销，说明它已被当前经济改革的大潮推上浪尖，适应了那些不愿辜负形势、雄心勃勃、建功创业的读者的需要。这些信息鼓舞了我们，再加上读者殷勤的督促（有的是强烈的要求），我们决定出版第二辑。经过与 AMA 国际部总裁范拉尼（D.A. Fanellie）先生和亚太区总裁埃布斯隆（P.M. Absolom）先生磋商，我们选定了现在的十本，构成本丛书的第二辑，作为向读者的回报。

读者们可能已熟悉，美国管理协会（American Management Association，简称 AMA）是美国也是世界上最大的一个企业管理和教育培训及出版机构，它在全世界已拥有十万多个企业和个人会员。总部设在纽约的 AMA，它的活动近年来已扩展到欧、亚、美、非几大洲。哪里有经济发展，哪里就有它的足迹。

在 AMA 的出版物中，来自实践又通过抽象思维上升到理论的论述；来自企业或个人成功和失败的经验与教训的分析；经过实践检验，屡奏奇效的解决难题的方法与策略等，都给每一本书注入了强大的生命力。它的出版势头，历久不衰，我们精选的第二辑是 AMA 新近出版物中优中选优的结果。

在本丛书第二辑出版之际，我们要特别感谢 AMA 和它的出版机构 AMACOM 的通力合作。我们还要感谢上海工商学院孙丕晋副院长及复旦大学、上海财经大学、上海大学商学院和上海工商学院的李葆坤、王明初、章汝荣、舒子唐、夏善晨等教授及斯米克集团的吴一鸣先生等，他们的认真工作为这套丛书的出版奠定了基础。感谢上海工商学院蒋珍一女士，她在头绪纷繁的翻译工作中，发挥了有效的组织协调作用。

最后我们要特别感谢上海人民出版社的朱金元先生、曹培雷女士。他们下决心编辑出版这套丛书的卓识远见和高效率的编辑组织能力，保证了这套丛书能及时问世。

和以往一样，我们希望这套丛书对读者接触新事物和事业开拓有帮助。我们期待着读者的赞赏和批评。

汪 熙

复旦大学教授，博士生导师

上海工商学院院长

李慈雄

斯坦福大学管理学博士

斯米克集团总裁

1996 年 12 月　上海

第三辑主编前言

“是你们的《成功之路》扶起了我；是你们的《成功之路》改变了我自己。是这本书教我怎样去做人，怎样保护自己，怎样才能走向成功。是你们的书改变了我的人生！”

这是读者对“美国管理协会·斯米克管理丛书”第二辑中的《成功之路》一书读后的感受和称誉。

读者赞誉的信，我们收到已经不止一次了。但像这样率真而又充满激情的信还是头一次。这是一位在工作和事业中遭受挫折，心灰意懒，几乎支撑不下去的青年人从南方寄来的信。读了信以后，我们的心情很不平静。一方面，庆幸这套丛书对读者多少起了一些鼓舞和启迪作用；另一方面，这些没有想到的社会影响，促使我们思索，我们能做得更好一些吗？社会责任感，使我们觉得肩负的担子很沉重。读者们向我们奉献了真情，我们只有涌泉相报，以加倍的努力，出更好的书。

细心的读者也许会注意到，在这次出版的“美国管理协会·斯米克管理丛书”第三辑 10 本的原著中，除了 3 本是 1996 年出版的以外，其余的 7 本都是 1997 年出版的。美国的新书这么快就在中国翻译出版了，这在中国恐怕还是少见的。在这里，我们要特别感谢“美国管理协会”(AMA)和它的出版机构 AMACOM 把大量最新出版的书优先提供给我们精选、翻译，并不失时机地办妥版权转让的法律手续。这就使我们有条件把美国刚“出笼”的好书，“热腾腾”地奉献给读者。

我们还要感谢上海工商学院、复旦大学和上海财经大学的孙丕晋、舒子唐、李葆坤、王明初、邬性宏、章汝荣等教授和亚太管理培训中心的吴一鸣先生所组成的专家组，他们从大批原著中认真挑选了这一辑书。翻译和校订者们的严谨工作态度和热情支持也是我们难以忘怀的。上海工商学院的蒋珍一女士在组织联系方面做了不少工作。

我们要衷心感谢上海人民出版社的朱金元先生、曹培雷女士和他们的同事们，他们的卓识远见和编辑才能保证这套丛书的及时出版。

最后我们要感谢千千万万位读者，他们的热情支持和激励，常使我们怀着感谢和鼓舞的心情在工作中度过许多不眠之夜。请告诉我们要怎样才能做得更好。

汪　熙

复旦大学教授、博士生导师

上海工商学院名誉院长

李慈雄

斯坦福大学管理学博士

斯米克集团总裁

1998年2月22日　上海

第四辑主编前言

这套丛书是当代影响最大的一套管理丛书。它的总编纂者是美国管理协会(American Management Association),简称AMA。AMA是美国也是世界上最大的一个企业管理的教育培训和出版机构,它在美国各大城市设有9个分会,在加拿大、欧洲、南美和日本等地都设有海外分支机构。它的会员近7万余人,大多数是全球著名企业负责人。

AMA的一项重大贡献是组织有成就的企业家和专家编写各类专题的企业管理书籍,传授他们的成功之道。这套丛书的特点是反映了当代管理科学的最新发展成就以及所面临的新问题。它的出版深受各国企业界和学术界的欢迎。其中很多书不断再版,历久不衰,影响极大。

我们和AMA曾多次联合召开研讨会和组织培训,在长期合作的基础上,AMA决定提供他们每年的最新出版物,由我们组织专家挑选、审议和翻译出版。

我国的经济改革方兴未艾,市场经济在城乡崛起,广大的公私企业家都渴望能掌握最新的和行之有效的管理知识和技能,以便在国内外激烈的市场竞争中取胜。我们相信这套丛书的出版在很大程度上会满足这一需要。

在这一套丛书出版之际,我们要感谢美国AMA的诚意合作并按法律程序解决了版权问题,还要感谢复旦大学、上海财经大学和上海工商学院的专家参与了审议、挑选和翻译工作。

最后,我们要感谢上海人民出版社的朱金元编审、曹培雷女士和诸位编辑们，他们的卓识远见和高效率的编辑组织才能，保证了这套丛书每年都有10本新作问世。

汪 熙

复旦大学教授、博士生导师

上海工商学院名誉院长

乔治·韦泽斯比

美国管理协会总裁兼首席执行官

李慈雄

斯坦福大学管理学博士

斯米克集团总裁

1998年12月7日 上海

第五一八辑主编前言

这套丛书是当代影响最大的一套管理丛书。它的总编纂者是美国管理协会(American Management Association),简称 AMA。AMA 是美国也是世界上最大的一个企业管理的教育培训和出版机构,它在美国各大城市设有九个分会,在加拿大、欧洲、南美和日本等地都设有海外分支机构。它的会员近 7 万余人,大多数是全球著名企业负责人。

AMA 的一项重大贡献是组织有成就的企业家和专家编写各类专题的企业管理书籍,传授他们的成功之道。这套丛书的特点是反映了当代管理科学的最新发展成就以及所面临的新问题。它的出版深受各国企业界和学术界的欢迎。其中很多书不断再版,历久不衰,影响极大。

我们和 AMA 曾多次联合召开研讨会和组织培训,在长期合作的基础上,AMA 决定提供他们每年的最新出版物,由我们组织专家挑选、审议和翻译出版。

我国的经济改革方兴未艾,市场经济在城乡崛起,广大的公私企业家都渴望能掌握最新的和行之有效的管理知识和技能,以便在国内外激烈的市场竞争中取胜。我们相信这套丛书的出版在很大程度上会满足这一需要。

在这一套丛书出版之际,我们要感谢美国 AMA 的诚意合作并按法律程序解决了版权问题,还要感谢复旦大学、上海财经大学和上海工商学院的专家参与了审议、挑选和翻译工作。

最后,我们要感谢上海人民出版社的朱金元编审、曹培雷女士和诸位编辑们，他们的卓识远见和高效率的编辑组织才能，保证了这套丛书每年都有10本新作问世。

汪 熙

复旦大学教授、博士生导师

上海工商学院名誉院长

乔治・韦泽斯比

美国管理协会总裁兼首席执行官

李慈雄

斯坦福大学管理学博士

斯米克集团总裁

附　　录

一、访谈与评介

汪熙访谈录

一、 早年求学与留美生涯

访谈者(下简称访):汪先生,您父亲是汉口轮船分局招商局局长,之后任中德欧亚航空公司的总裁,这样的家庭背景,对您选择在四川大学学经济和到美国留学有何影响?

汪熙(下简称汪):我出生在安徽休宁,但我实际回去的时间很少。因为我总是跟着父亲四处流动。我父亲用过去的话说就是官僚资产阶级,他对我读书没有什么影响,关键还是时局的影响。我在南京读高中,抗战爆发后,南京不能呆了,就逃难到重庆。重庆读完高中,然后去成都读大学。这是受时局的影响,我父亲已不做事情,在逃难。大学毕业以后,大概在1943年,我在重庆的一家保险公司做事情。正好有国民政府组织留美考试。抗战时期生活很苦,这是抗战多年来政府组织的第一次出国考试,我想去试试,结果考取了,就出国了。①

访:据我们所知,当时有一千多人报名,只录取三分之一,您为什么想到美国去读书呢?

汪:当时想法是能出国就最好。因我在川大学经济,想进一步深造,所以就考经济类。那时很多地方都被日本包围,很难出去。从重庆乘飞机出

① 具体时间为1944年,相关情况参阅张仲礼口述《我的学校生活与教研生涯》注释。

发，直飞印度的加尔各答，要飞过喜马拉雅山。当时10次飞行中就会有一到两次要出事，我们那次没出事。然后从加尔各答乘火车到孟买。坐美国运兵船到美国。那也是很危险的。每天早晨，船长都叫我们穿上救生衣到船舷上，准备跳海，因为早晨是最危险的时候。后来绕过澳洲南边，到美国的西海岸。路上大约30天。因为船不是直走的，而是zigzag，怕日本的潜艇。

当时出国说是自费，考取了之后，你要自己拿钱。但那时的自费和现在比起来，等于是公派。因为自费是要你拿钱去买外汇，但是外汇的官价和黑市有很大差别。我结了汇之后，再把外汇卖掉，得到些钱。在黑市结的法币，再用官价卖。我预售了外汇500美金就出国了。

访：您去美国前有一定的英语基础吗？能讲一下在美国读书的情形吗？

汪：去以前英文有一定的基础。在重庆有些美国朋友，经常交流，基本可以会话，比那些完全不懂英语的要好一点。可是到了美国之后，还是有些不够用，尤其是学习。我一开始选择的是芝加哥大学，可是已开学半个学期，发现语言不行，也没有学分。就和校长讲，可否先找附近的学校让我练习一下英文，中国人也会少一些。校长就介绍我到附近的比诺特大学学习，当时我是学校唯一的中国人。在我之前是李宗仁的儿子，我去的时候，他已经离开了。去美国以后，一直读的还是经济。但我对历史充满兴趣，一直选修历史学的课程。经济史学得很好。还记得在国内大学时有一位教历史的先生，一个姓梅的法国留学生，我是他的得意门生。有时考试的时候，他表扬我说："汪熙啊，我给他101分！"虽有些夸大，但意思是我答得很好，他很满意。所以，我对历史一直很有兴趣。但我想，学经济更符合当时的客观情况。

访：当时国内是不是很需要经济、管理方面的人才？

汪：那是最需要的。我在比诺特大学学习后，就到芝加哥大学和哥伦比亚大学学习了一个学期，暑假时与哈佛大学陈观烈（原复旦大学世界经济系教授）、谭崇台（武汉大学商学院教授）、陈文蔚（美国马瑞特大学经济系、商学系教授)一同到康奈尔大学共度暑假。我一直想学国际贸易，在入学资料中发现还有保险系，就在宾夕法尼亚大学，所以我就申请了这个学校。读了国际贸易和保险。在那里我也一直选修关于历史方面的课程，不过我的主修仍是国际贸易和保险。在美国五年对我影响很大，虽然我后来搞的是历史，但研究方法与在美国学到的有很大关系，有很多算是学院式的研究方法。

二、 转行与在上海社科院的工作经历

访:能谈一下您回国时的情形吗？为什么从经济学转向历史学？

汪:我的转向应当是形势所迫。因为我回国的时候刚刚解放，那时讲国营经济，不需要资产阶级那一套。我学的东西，什么工商管理、保险，就一点用处也没有。外交都是封锁的，美国也不让我们做生意。国家不需要像我这样的人。所以我就转到了上海社科院。[①]我搞经济史，因为我原来爱好也在这方面。当时虽说我们有可能留在美国，但我们与现在留美学生情况不同，我们都一心想回来，认为自己事业在国内，不像后来人们不愿回来，我们那时都想回来。不回来的也有，但很少。我们有机会还是争取回来，觉得回来是我们应该做的事情。

访:回来的时候，没有想到自己学的东西会有可能用不上吗？

汪:没有，根本没有想到。我们年纪轻，中国要发展，我们要好好工作，所以就回来了。我所学的基本上没有什么用处。"文革"后重新分配工作，我就从社科院调到复旦来了。后来又进历史系。我有一个很好的朋友陈观烈和我同一年去美国，他知道我当年学的是国际贸易，他就把我拉到了世界经济系。这样，我就能比较好地发挥专长了，这与回国时完全不同。在复旦

① 汪先生1947年12月从美国回到中国后，1948年3月—1949年4月在广州民禾相油出口公司工作，同时在暨南大学兼课，1949年5月—1952年10月在公私合营银行重庆和成银行工作，1952年1月—1953年4月进入北京中国人民银行高级干部训练班培训，1953年4月—1954年5月担任中国民主建国会北京市委会干部，1954年5月—1956年10月在上海公私合营银行徐汇区办事处工作，1956年10月调到中国科学院上海经济研究所工作，1958年9月上海社科院成立后，经济研究所合并到该院。

时，国家教委委托我编了一本《国际贸易与国际经济合作》，销量还算不错，重印了三版。

访：转行对您容易吗？

汪：没办法，你只能搞历史了，别的东西都不能搞了。没有国际贸易这些东西，要不就搞马克思主义政治经济学或者什么的，我选了经济史，而且也很喜欢，搞得很有味道。私下对原来学的本行也没有研究了，有些遗憾。

访：您能谈谈在上海社科院的情况吗？

汪："文革"开始后，张春桥说社科院是个烂摊子，要砸烂。所以，我们搬到奉贤农场去劳动。[①]那时还叫做兵团。第一兵团、第二兵团……我们是第六兵团的。我们不属于劳动群众，所以不能开会学习，每天只能劳动。大约五六年之后，上海因为天气热，工厂需要人，又抽调了我们当中身体比较好的回市里"战高温"。我算身体好的，所以就回来了。我这样"战高温"有三四年吧。因为我身体最好，就把我分到劳动强度最强的一个厂——"耐火砖厂"，那是很"结棍"[②]的。"战高温"的时候，邓小平上台了。他上来后的一个措施，就是把支援战高温的知识分子一律派回到原来的岗位上去。大部分人都愿意回去，发挥自己特长。有人问我填到哪里，我说复旦，就调到复旦了。

三、 复旦教学与科研生涯

访：您为什么选择复旦？

汪：我和复旦是有渊源的。我中学是在复旦附中念的，在徐家汇那边。复旦还有另一所附中，就是现在的复旦附中，在国权路那里。那时的复旦附中就是徐家汇的李鸿章祠堂。我对复旦有感情，我愿意到复旦来。"文革"刚结束，复旦很乱。刚到复旦没多久，就被调到外面做"盛宣怀档案"工作，陈旭麓[③]是

---

① 汪先生 1968 年 12 月从上海社科院下放到上海市直属机关"五·七"干校，1970 年 7 月被安排到上海耐火材料厂工作，1976 年 2 月调入复旦大学历史学系。

② 上海方言，"厉害"的意思。

③ 陈旭麓（1918—1988），湖南双峰人。早年毕业于上海大夏大学，建国后任华东师范大学历史系教授。

组长，我是副组长，还有上海图书馆的馆长也是副组长。[①]

访：谈谈您的第一篇学术论文和获得过的奖励。

汪：我的第一篇论文，来复旦以前就写了。那时在社科院，是在印度民族大起义100周年的时候写的，写完之后，就寄给我的老师陈翰笙[②]，他说很好。后来在《历史研究》上登了出来，那是1959年。顺便讲一句，我最大的遗憾就是我们最宝贵的时间被冲击掉了。我回来以后，不断地受到“革命”的冲击，不是这个运动，就是那个运动，我们从美国回来的知识分子，总是卷入这些运动当中，不得安宁，没有时间好好坐下来写东西。应该说我一生最宝贵的时间都在“革命”当中，给浪费掉了。所以到后来，稍微安静一点，我才写一点东西，还有很多东西都来不及写。现在对我来讲，挣些时间而已。我的时间不多了，所以写点东西，把应该写的写完。当然，能写多少很难讲。

获得过的奖项，我记不得了。有一篇《论晚清的官督商办》，是1979—1985年上海市哲学社会科学优秀论文奖。其他还有好多，当时上海市每年都有评奖，我大概有十多篇，有的是一篇文章两个奖。我的文章基本在两份杂志上发表，一个《历史研究》，一个《复旦学报》，当然《世界历史》也有一些。

访：您到复旦教书是第一次走上讲台？

汪：不，以前也上过课。在社科院的时候，也有人请我去讲。我刚从美国回来的时候，也在复旦银行系讲过课。当时历史系的学生也不是很多。有的学生被耽误了很多年，下乡多年，年纪大了，再重新拿起书，多少年没有读书了，大家都比较刻苦。当时只有本科生，我主要教书、写文章。当然，教书写文章是有些不同的。写文章用来教书，感触更深一些。那个时候在复旦的好处，跟我原来想象的差不多。有一个比较宽松的学术氛围，不像有些地方卡得很紧。我写过一篇文章《略论中美关系史的几个问题》。在“文革”

① 指顾廷龙（1904—1997），江苏苏州人。早年毕业于燕京大学，曾任上海市历史文献图书馆、上海图书馆馆长、名誉馆长等职。

② 陈翰笙（1897—2004），江苏无锡人。原名陈枢，留美硕士、留德博士，曾任中央研究院社会科学研究所副所长、中国社会科学院世界历史研究所所长等职，1955年当选中国科学院学部委员。

刚刚结束后发表的，引起了不小的反响。我觉得研究中美关系，应当是辩证的，不应当是孤立的，不仅有中美两方面，还有国际的各种因素，也就是客观的历史分析的态度。我考虑到中美关系史过去的研究方法不是正确的道路，这对国家也是不利的。片面地、不真实情况地反映，对国家掌握政策也是不利的。所以我想来想去，就写了这篇文章。文章在当时算是第一炮，引起了轩然大波。最有代表性的是中国社科院近代史研究所有几个人写文章批评我。在过去的话，我肯定是右派。苏联也有人攻击我的文章，认为我是代表美国的利益，替美国人说话。批评我的人很多，什么资产阶级买办利益的学者、美国的买办走狗……复旦大学很注意这个问题，把它仅仅限定为学术上的争论，若是在别处，这就是政治上的问题了。在这里，这是学术问题，应当讨论而不是上纲上线，这很不错。从这个时候开始，情况也开始变化，有很多人站出来，支持我的意见。这样一来，我的日子就好过一点。这就是复旦的好处。它对学术问题的讨论是很宽松的，并没有对我上纲上线。后来我才知道，系里的压力也很大，党总支专门开了会讨论，但没跟我讲。《世界历史》杂志社支持我，认为文中提的问题恰当，没有正式反驳我的文章。

访：您怎样看待复旦历史系给您的保护？

汪：我觉得在这个事情上，历史系党总支的做法很正确。以宽松的态度对待学术问题，不来追究我，都没有找我谈话。当时骂我支持我的都有。但和“文革”不同，不上纲上线了。我自己在“文革”时，根本就不写文章了，也不愿意写文章了。当时历史学是影射史学，是说假话，我不搞那一套。历史系总的来讲，环境还是不错的，和复旦总的环境差不多。对学术讨论都是一种宽松的态度，这是很不容易的。“文革”期间，历史系有许多派系，各派系好像有不共戴天之仇，这对于学术打击很大。

访：您的留美经历对您研究中美关系史，甚至写这篇文章有帮助吗？

汪：有帮助。我们那一辈没有到美国的人，始终是把美国人当作敌人来看待。应该看到美国可能是敌人，也可能是朋友，两方面都可能，这是国家利益的问题。我对美国的认识，要比完全没有到过美国的、完全凭着脑子想的人要好一点。

访:您来到复旦之后,先后在哪几个系科工作过?

汪:主要是两个系了,一个是历史系,后来把我调到了世界经济系。因为当时世界经济系恢复了之后,不是很齐全,像国际经济贸易这样的专业都没有,根本不能称其为世界经济系。所以就把我调过去,让我把国际贸易专业建立起来。因为当时世界经济系的系主任就是我留学时的同学陈观烈。去了几年,把班子搭起来,人也培养出来。后来我觉得历史系还有很多工作没有做,也需要我回去。所以又回到了历史系。在世经系的时候,我在美国学习的世界经济方面的、国际经济保险方面的知识基本上都用上了。后来历史系近代史组需要人,有一度,我做了近代史组长。之后我就再也没有离开过历史系了,也不想离开历史系。我的博士点设在美国研究中心(下简称美研中心)国际关系专业。但我培养的人都在历史系。因为当时美研中心的主任是谢希德①,我是副主任,所以我在美研中心的时间多一点。

访:美研中心是什么时候成立的?请您谈一下美研中心的情况。

汪:美研中心成立已经是很迟的事情了。谢(希德)校长很重视它,就连美研中心的房子都是谢校长募集起来的。现在它是全国的一个基地。当时却都是兼职的,现在才稍许有些专职人员。各个系都有,像谢校长是物理系的,历史系、中文系都有。把各个系研究美国的都放在一起,有些虚的味道。现在有了专职的人员,也不过五六个人。

访:您还记得当时系里开设的主要课程吗?您教过哪些课?

汪:很多,拉美史、外国史、中国史、经济史都有,我不太记得了。当时学生一进来就把研究方向定下。你是拉美史,你是经济史,你是国际关系史。定专业有它的好处,但是对本科学生来讲,太早了一点。因为当时大家的知识准备还不充分,从中学一上来,就定专业,知识面就太狭窄了。现在,有的学校到大三还不分专业,实际上应该这样。我教近代史、近代中美关系史,

---

① 谢希德(1921—2000),福建泉州人。1946 年毕业于厦门大学数理系,1951 年获美国麻省理工学院物理学博士学位。1952 年回国到复旦大学任教,历任现代物理研究所所长、副校长、校长等职。

另外还和别人轮流讲课。当时学校的各种讲座挺多的，我也作过一些。还记得当时我在管理学院的大礼堂开讲座，来听的人不少。讲完了以后，问问题的人也很多，我觉得这很好。

在教书方面，我总是要做充分的准备，并且希望同学提问题。我找到一些东西，这是关于中美关系史的课堂讲义，我当初都把它写成稿子(先生拿出几本很厚很旧的讲稿)。我上课就把这个带去，这是我的底稿，同时还预备一些材料。这是我发给学生的材料，因为需要抄的太多，在黑板上板书已经来不及，我就把它印成材料发下去，让学生自己看。他们的专业是中美关系史，非要深入下去不可。因为你们现在面比较广，这有好处，你们的基础会打好一些，但是也妨碍了你们的深入。应该讲第二步就是深入了。你们现在就应该心里有些想法，哪些是爱好的就可以继续深入，这不妨碍你们的基础学习。

访：您对学生有什么样的要求？

汪：我上课要提出问题的。所以学生如果没有准备，常常就会答不出来，有时乱讲一通，我一听就知道不对。有一次上课的时候，有个同学头一天没看书，贸贸然就来上课了。那天我刚好点到他名，他答不上来，就冷场，很尴尬。我喜欢能够提出问题的学生，有的学生从头到尾不讲一句话，这是我们中国与外国习惯不同。外国学生喜欢问问题，我们中国不喜欢。学生对老师应该多提问题。在中国，对老师提问题好像不礼貌，所以不去思考，你怎么教，我怎么写，我怎么记下来，就算完成任务。这是我们中学遗留下来的习惯。我那时常请外国人给学生讲课，就要私下里和学生打招呼，让他们一定要提问题，要是没有，也要凑几个人提问题。讲完后如果没有一个人提问题，外国老师觉得很糟糕，觉得自己讲得不好。其实学生有没有问题呢？有问题，种种原因让他不好意思问，或者由于英语讲得不好。所以后来我告诉他们要是不行的话用中文问，但是常常要动员再三，才有几个人提问题。上次我请了一位康奈尔大学的教授，我请他在美研中心讲了一次课，列席的一般都是硕士生，但是问题很少，再三动员，才提出些问题。我常上完课问学生有什么问题，有问题提出来。我点到某某同学，问有什么问题，逼他才会提出来。有时候，我会检查大家的笔记。因为大家都埋头苦记，我想看看他们都记些什么东西。我就收上来看看，这也带一种鞭策的作用。当时有股风气，叫"读书无用论"，所以有的研究生不好好读书，我有几次到宿舍去看他们，了解他们的情况。那时有的博士读书条件很艰苦，我从研究费用里头每个月拨几十元钱给学生。在美国的时候，有好的资料，我拿回来，能够翻译的，我就叫学生翻译。

一般来说，我的毕业生毕业之后我负责写推荐信。在中国有很不好的习惯，就是乱写推荐信。甚至不认得的人也写。对我而讲，只有我亲手教过的学生我才写推荐信，所以我得罪了很多人。当时叫我写的人有的很够格了，很有交情，我都没有写。康奈尔大学的高家龙①教授就跟我讲，他们刚刚收到推荐信的时候，觉得这样好的学生真是难得的天才，一定要好好注意他。后来却发现这个学生不像推荐信里说得那么好，差得很远。第二次，他们就很严格了，但是严格的结果和推荐之间还是差得很远。他们后来说中国人搞的还是孔孟那一套，与人为善，叫我推荐，我总是说好的，而这种东西在美国是不行的，应该实事求是，好就好，坏就坏。做学问方面，我常对学生讲，要他们不要专钻牛角尖钻到一个狭窄的方向，这样虽有些好处，但影响全面发展，所以我希望他们能"博"一点，这对他们研究有好处。虽是学历史的，世界经济也应熟悉一些，我就让他们去世经系听课。

访：您觉得，历史系和复旦给了您什么样的资源或者说提供给您什么样的帮助？

汪：我的很多东西都在《复旦学报》上发表。复旦的图书馆对我来说不能算没有帮助，但我作研究的大部分材料不是从校内渠道获得的，不像美国的费维恺②他们的资料主要都是从哈佛图书馆来的。研究主要是我在自己

---

① 英文名 Sherman Cochran，美国康奈尔大学历史系教授。曾任康奈尔大学历史系主任、亚洲研究中心主任，同时兼任上海社科院经济研究所客座教授，主要从事中国近代经济史研究。

② 英文名 Albert Feuerwerker，美国密歇根大学历史系退休教授。曾任该校中国研究所所长，主要从事中国近代史、中国近代经济史研究。

家里单干的。不过学校和历史系也有很大的帮助，那篇《略论中美关系史的几个问题》，如果不是学校和系里的宽松态度，可能对我影响很大。这点很不容易，我希望以后复旦能保持这种态度。因为宽容对学术有好处。

访：您对谢希德教授有什么印象？

汪：第一，她这个人是非常宽容大度的。谢老师的经历非常不平凡，“文革”期间也被打成“牛鬼蛇神”，身体上受到很大的伤害，她的腿有“流火”①，走起路来很痛。她的丈夫后来一直有病，经常到医院里去探望他。但即使在这样的情况下，她的工作还很积极、努力，这是很不容易的。第二，她对事业是很忠诚的。美研中心要造房子，是她筹集募捐的，是美国政府的钱。现在虽她已经作古，但美国研究中心的房子还没有造完，这也是她留下来的“遗产”。她任校长的几年中，复旦搞得也不错。我跟她共事有一段时间，从待人接物、工作态度等各方面来讲，她都是一个值得怀念的人。无论在专业上、还是对复旦大学，她都有很大的贡献。

访：您在复旦主持过哪些比较重要的学术交流活动？

汪：次数太多了。记得的有 1985 年的中美关系史讨论会，费维恺也参加了。后来还有几次，一次是中美经济关系的讨论。还有 1997 年 5 月的“百年来中美关系研讨会”，另外，关于百年来中美经济关系的讨论会规模也很大。关于中美文化关系对国家成长的影响、中美农业的讨论会，等等，都有很多有名的学者来参加。这几个讨论会都有书，或在中国出版，或在美国出版，“中美关系研究丛书”中也有。

四、编辑“盛宣怀档案资料选辑”、“中美关系研究丛书”

访：您在《略论中美关系史的一些问题》的文章里，提到了美国历史学家费维恺的一本论中国早期工业化的书，您说当时没有关于盛宣怀的第一手

① 谢希德年少时被确诊为股关节结核，腿病让她走路一直不便。

的资料，很可惜。这和您后来积极参与编辑盛宣怀的档案有没有关系？

汪：当然有关系了。我看了他的书，我们是很好的朋友。他的书写很好，运用的完全是第二手的资料，这很不容易。从1979年到现在，盛宣怀档案（下简称“盛档”）的出版延续二十多年了。

访：您经济学方面的基础，对于研究盛宣怀有什么样的帮助？

汪：我的学术背景对搞盛宣怀研究特别有利，因为盛档主要材料都是经济方面的，我容易理解。但这不是我一个人做的，是集体的，是大家一起搞的。这个工作是很艰巨的，浩如烟海的档案，从里面一页一页地翻有关的材料，再集中起来。我们现在把它搞出来了，一些台湾学者非常欣赏，香港也需要，日本人也需要。因为这是原始材料，从这里面可以发现历史真实。盛档整理和出版，一共有6个单位，上海师大、华东师大、复旦、上海社科院、上海图书馆和上海人民出版社。这是二十多年前搞的，后来中断了，原来的稿子保存在我这里。开始的时候，出版经费由出版社负担，后来吃不消了，因为不挣钱，后来的出版经费，都是我“化缘”化来的①，《上海机器织布局》是请上海外贸局支援的；《中国通商银行》是我的朋友、工商银行的总经理支持的；《义和团运动》是我的德国朋友支援了9万元左右；《轮船招商局》是招商局集团公司支援9万元。他们直接把钱给了出版社。

访：费维恺的《中国早期工业化》的前言中就提到您和陈旭麓、顾廷龙先生主编的这套宏大的文献。

汪：是呀。现在我还将出版的“盛档”陆续寄给他。费维恺写这本书的时候，没有接触到原始档案。他是通过各种博士论文搜集的二手材料写的。后来我曾带他到上海图书馆去看了这档案，他甚为惊奇。但他的书已经出来了，没办法利用这些档案，所以我现在跟他讲，他当初没有这些资料便已经写了这一很有名的书，现在已经有了这么多（的资料），他应该做进一步的

① “盛档”于1979年开始出版，中间一度停止，从2000年开始又恢复了出版工作。陈旭麓和顾廷龙都已经去世，因此汪熙教授对访谈者表示希望在有生之年亲手将自己参与主编的这部分“盛档”出齐。因此，除了担当主编之职外，还亲自劝募捐助。

研究了。

访:您主编了一套“中美关系研究丛书”,能讲一下这套书的情况吗?

汪:那套书也是二十年前启动的,复旦历史系和美研中心负责编写,还要继续出下去。这套东西是一年一辑或者一年两辑,这是国内中美关系史延续最久、始终都没中断的一套书。这套书跨经济、政治、历史、国际关系等学科,跨度很广,既有国内学者的成果,也有国外学者的成果,编这套书的有老一代学者,也有年轻一代的学者。这套书是中美关系史研究的一个综合。

五、 历史观与自我学术研究的定位

访:您怎样看《研究中国近代史的取向问题——外因、内因或内外因相结合》这篇文章?

汪:应该说可以代表我的历史观。我美国的一个好朋友叫柯文①。他虽是费正清的学生,却不完全同意费正清的理论。费正清用“西方冲击反应论”解释近代中国历史。而柯文认为中国的历史是自己的历史,有自己的东西,写《在中国发现历史》,阐述其“中国中心观”。我和柯文是很熟的朋友,我很赞赏他的看法,但我和他的观点又不太一样。他主要偏重于中国内部的因素。其实不一定,外因也很重要,我写了《研究中国近代史的取向问题》一文,它代表了我对历史的看法。这个和我研究中美关系史的历史观是一样的。因为要研究中美关系史,既要研究中国也要研究美国,这样才能找出历史的原因。

访:经济学的一些治学方法,有没有被您运用到历史学的研究中?

汪:我认为学科本身除了它自身的规律以外,基本的研究方法和研究态度都是差不多的。当然,学科相互补充是比较好的。对我而言,可以通过我原先的学科基础来介入这些历史中的经济问题。对不懂的人来讲,经济史方面,就缺乏这方面的知识积累。

① 柯文(Paul A. Cohen),美国哈佛大学费正清东亚研究中心研究员,麻省威斯里学院历史学系教授,主要从事中国近代史研究。

访:您能否解释一下您书房中的对联“板凳要坐十年冷,文章不写一句空”。

汪:我想表达的意思是,有些学生在学习的过程中,会旁骛到其他东西,有时教师也是这样。这怎么讲呢?我不能说这不好,但对于做学问不行,一定要肯做冷板凳。你要真正潜心地研究下去,如果心里想得太多了、太杂了,是不行的。写文章,也不要空话连篇,每一句话都要实实在在,要有根据。

访:您认为自己到底是经济学研究者、国际关系研究者,还是历史学研究者?

汪:因为时间的关系,我很难对自己定位,再给我二十年、三十年时间我就可以明确地定位了。就我目前这个情况,我认为还是个历史学研究者,也是国际关系学研究者。像“盛档”一类的资料我还要搞一套。我还要出版一本相关东印度公司的书。五十多年前就写好了,将稿子寄给三联书店,三联书店用了,按照规定付给了我200元钱。我说稿子改好了,再寄给你,稿子他们也看过了,认可了。结果“文革”时,红卫兵批斗我,说我是资产阶级反动学术权威,稿子没交出去,就先拿人家钱,简直是利欲熏心。叫我把钱退给三联书店,当时退钱很困难,200元钱不是一小数目。下放的时候,正好碰到我们每个人只有30元钱,我还有三个孩子。这个稿子一放就放了几十年。现在我退休了,我想我还应该把它写完,我在大学读书时就想搞东印度公司。后来出国了,就没有继续做这个东西。回国初期总算把它写出来了。碰到三联书店这个事情受到批判,又不想做它了。后来把稿子给上海人民出版社,他们说很好,要出版。我想隔了这些年,我有很多东西要补充,就再放一放,一放放到现在。我还是想把它出版,这应是我今年的一个成果。所以在定位上,还是历史学研究者。

另外我还计划撰写《美国海军与中美关系》,这本书材料已经搜集,这几年大概去美国九次。美国有个海军历史博物馆,他们把材料都提供给我。我搜集了大批有关美国海军在中国活动的情况,没有时间,没有时间了!再给我三十年的时间才好，我就要用剩下来的时间把美国海军和中美关系当中的问题写出来。这个成果既是历史的又是国际关系方面的。所以我总定位的话，还是历史与国际关系两个方面。

访：在您做得这么多研究当中，您对哪些成果最欣赏？

汪：应该讲，自己看自己的东西，满意的不大有。只能说，比较满意的有《研究中国近代史的取向问题》，还有《关于买办与买办制度》、《略论中美关系史的几个问题》、《"门户开放"政策的一次考验》等论文。

（原载《史林》2004年增刊，于文、张骏、诸君文、秦岭整理）

汪熙：中美关系介于冲突与不冲突间

汪熙先生虽早已步入耄耋之年，却仍孜孜不倦进行学术研究。1999 年不幸中风后，他右半身偏瘫，但仍以顽强的毅力坚持读书、写作。2007 年出版的《约翰公司：英国东印度公司》一书便是他在病后完成的第一本史学专著。之后，他又不遗余力地投入到美国海军与中美关系的研究中，并于 2013 年出版了《美国海军与中美关系》一书，当时他已是 93 岁高龄。

当今中美关系错综复杂，让人心生雾里看花之感，该如何准确把握现实中的中美关系？如何进一步推动学界的中美关系史研究？记者带着这些疑问，采访了长期研究中美关系史的学者汪熙。

一、漂洋过海与史学结缘

《中国社会科学报》：汪先生，谢谢您接受我们的采访。您是资深的经济学家、历史学家和美国研究专家，能否与读者分享一下您进入这一学术研究领域前的求学经历？

汪熙：我出生在安徽休宁，年少时总是跟着父亲四处流动，当时的时局对我的求学经历影响很大。我在南京读高中，抗战爆发以后，南京不能待了，就逃难到重庆。在重庆读完高中后，去成都念大学。大学毕业后，大概在 1943 年，我在重庆的一家保险公司做事，正好有国民政府组织留美考试，也是抗战多年来政府组织的第一次出国考试，我想去试试，考取后就出国了。

由于当时很多地方被日本包围，很难直飞美国，只能从重庆乘飞机出发，直飞印度的加尔各答。当时要飞过喜马拉雅山，这个航线10次飞行中就会有一二次飞机出事。然后，再从加尔各答乘火车到孟买，最后坐美国运兵船到美国。由于早晨是最危险的时候，所以每天早晨，船长都会叫我们穿好救生衣到船舷上，准备跳海。运兵船绕过澳洲南部，到达美国西海岸。为了避开日本的潜艇，航线都不是直行，而是曲折前进的。

当时出国是自费，我自己凑足经费后就去了美国。对于留学的学校，我一开始选择了芝加哥大学，半个学期后，发现语言不行，也没有学分，就和校长讲，可否先找附近的学校让我练习一下英文。校长就介绍我到附近的比诺特学院学习，当时我是学校里唯一的中国人，英语学得很快。在我之前李宗仁的儿子也在该校学习，但我去的时候，他已经离开了。去美国以后，我还是一直读经济，出于对历史的浓厚兴趣，也一直选修历史学的课程，经济史也学得不错。

留美经历对历史学研究有很大帮助。我们那一辈没有到过美国的人，始终把美国人当作敌人看待，但我觉得我们应该看到，美国人可能是敌人，也可能是朋友，这需要分析，也关系到国家的利益。

二、 内外因相结合研究中美关系

《中国社会科学报》：谈到中美关系研究，学界评价您在推动中美关系史、国际关系史的研究方面作出了重大贡献。在改革开放之初，您就率先发表《略论中美关系史的几个问题》，引起学界内外广泛关注，产生了重大影响。您能回顾一下您的中美关系史研究吗？

汪熙：我认为中美关系研究，不仅要研究中国，还要研究美国，不仅要研究美国对中国的影响，还要研究中国对美国的影响，这些我在《求索集》中专门讨论过。我们既要研究两国相互间的影响，又要研究这种影响的根源，还要研究这种影响的结果是什么。

我们过去研究美国如何“侵略”我们，我们如何反抗，美国为什么“侵略”

我们，什么原因导致了这样"侵略"的结果，美国的"侵略"与其他国家有什么不同。而美国学者一般不会谈美国"侵略"中国，他们的视角主要放在西方文明对中国近代的发展，以及对社会、经济转型的影响上，认为中国现代化的模式是西方文明冲击的结果，即费正清的"冲击—反应"模式。而他的学生柯文则持有不同的观点，认为中国经济发展是中国内部的事情，应该研究中国社会的内部因素，即"中国中心论"。对这两种研究取向，我有赞同和不同的观点，并且认为应该内外因相结合进行研究，不能只片面重视一种研究取向。

《中国社会科学报》：怎样才能把中美关系研究与当代国际关系研究结合起来呢？

汪熙：时至今日，这个问题的重要性越来越凸显了。以前中国的综合国力还比较羸弱，但如今中国是正在崛起的大国，讨论世界形势和国际关系离不开中美关系研究。如今的中美关系介于冲突与不冲突之间。2011 年，美国提出了亚太地区再平衡战略，意味着美国在亚太地区会对中国区域影响力进行遏制，但很多现实的问题又注定了中美之间不会爆发大规模的冲突。

美国对中国的态度很审慎，它想要了解中国的战略意图。近期，美国国防部长查克·哈格尔访华就是出于要摸清中方战略意图的考虑，而中日关系又成为牵涉中美关系的重要考量。

三、 在实践中摸索跨学科方法

《中国社会科学报》：大学期间，您学经济的同时也选修了历史，之后您的研究方向也涵盖了经济和历史，二者间跨度比较大，但您都做得很好。今天学界已认识到跨学科研究的重要性。作为先行者，您认为怎样才能做好跨学科研究？能否谈谈相关的经验？

汪熙：从我个人的经历来讲，跨学科研究是从实践中摸索起来的。我曾在四川大学学习经济学，后来留学美国。在美国学习的内容比较繁杂，我在芝加哥大学学习了经济学理论，利用暑假在康奈尔大学修读了经济史，而在宾夕法尼亚大学沃顿商学院，我则学习了经济史、国际经济学、经济周期理论等知识。

我在比诺特学院学习后，就到芝加哥大学和哥伦比亚大学学了一个学期，暑假时与哈佛大学的陈观烈、谭崇台、陈文蔚一同到康奈尔大学共度暑假。我一直想学国际贸易，在入学资料中发现宾夕法尼亚大学有保险系，就申请了该校，主修国际贸易和保险专业的同时，也选修了与历史相关的课程。在美国的5年对我影响很大，虽然我后来搞的是历史，但研究方法与在美国所学有很大关系，很多算是学院式的研究方法。

求学期间，虽然所学内容与跨学科没有直接关系，但我的导师每次授课都会提到跨学科的内容。每上一门课，我都会在课后与老师及时沟通。老师会问一些非常宽泛的问题，其中囊括不少跨学科的研究思路。但当时老师不会告诉我，这是跨学科的研究方法，只是潜移默化地让我逐步了解跨学科的概念。学生时代，我对跨学科的重要性没有太多的直观感受，直到我开始自己授课时，才逐渐发现跨学科的意义所在。

那时候的留学生都认为自己的事业在国内，一心想要回国。我回国以后，国内当时讲国营经济，不需要资产阶级那一套，我所学的东西，包括工商管理、保险等内容一点用处也没有，只能到上海社会科学院搞经济史。后来我在复旦教书时，开设过不少与跨学科相关的课程，比如国际贸易理论、中美经济关系、中美关系史等。讲义中也有不少与跨学科有关的内容，因此在授课过程中，跨学科研究的思路也逐渐影响了我的学生，自然而然地形成了这一传统。所以我认为不是先有跨学科这一概念，再去考虑跨学科研究，而是在研究过程中自然而然地掌握了跨学科的方法。

四、 治史四部曲：史料、观点、构思、表达

《中国社会科学报》：您认为哪些治史原则是非常重要且学者应该坚持的？

汪熙：我认为有四点原则非常重要：第一是史料。要充分掌握和弄清史

料。第二是观点。只有弄清史料之后才能有观点。第三是构思。有了史料、观点之后，才能构思该如何讨论这个问题。第四是表达。用什么表达方式也很重要。以上四点是研究历史应该坚持的原则。

《中国社会科学报》：您很早就在《历史研究》上发表论文，后来又发表了《试论洋务派官督商办企业的性质与作用》、《研究中国近代史的取向问题——外因、内因或内外因结合》等多篇文章。论文写作上有什么心得呢？

汪熙：我来复旦以前就写了我的第一篇论文。那是1959年，我在上海社会科学院，写在印度民族大起义100周年之际，之后刊发于《历史研究》1959年第8期。写完之后，就寄给我的老师陈翰笙，他说很好。

《论晚清的官督商办》一文获得了1979—1985年上海市哲学社会科学优秀论文奖。在此基础上，我于1983年在《历史研究》上发表了《试论洋务派官督商办企业的性质与作用》一文。我的文章基本在两份杂志上发表，一个是《历史研究》，另一个是《复旦学报》，《世界历史》也有一些。

顺便讲一句，我最大的遗憾就是我们最宝贵的时间被浪费掉了。我回国以后，不断受到各种运动和“文革”的冲击，不是这个运动，就是那个运动，我们从美国回来的知识分子，总是卷入这些运动当中，不得安宁，没有时间好好坐下来写东西。

五、勤思善问　心无旁骛

《中国社会科学报》：文章千古事，薪火有传人。您花了不少心思培育学生，可以谈谈培育人才的心得吗？

汪熙：我培养的学生中，像金光耀、王立诚，都在史学界作出了自己的贡献，吴心伯则从历史跨学科至国际政治，主要从事中美关系及亚太地区政治与安全问题的研究。

培养研究生，我有几点心得体会：首先他们要有良好的英语能力，不但能看，还要能讲，要熟练地与国外学者交流。我做导师的时候，就要求自己的学生一定要参加我接待外宾的活动，让他们去主动交流，有的学生还很不习惯。

我喜欢在课堂上提问，让学生回答。如果学生没有准备，要么回答不上来，要么乱讲一通，我一听就知道不对，知道他没有思考。有一次上课，有学生头一天没有看书就来听课。刚好提问他，他答不上来，就冷场，气氛很尴尬。我喜欢能提出问题的学生，也一直鼓励学生要多提问、多思考，这一点非常重要。

中国与外国的文化习惯不同，外国学生喜欢提问题，中国学生不太喜欢。不仅如此，我还让研究生参与到我与国外学者共同的学术研究工作中。我与国外学者合著过四本书，研究生在搜集资料、参与课题的过程中也学到了很多知识。包括与杜恩(James A. Dorn)合写的《中国经济改革：问题与前景》、与魏斐德(Frederic Wakeman)合编的《中国现代化问题——一个多方位的历史探索》，还有一些论文也在国外发表，像《“门户开放”政策的一次考验——美国白银政策及其对东亚的影响(1934—1937)》、《研究中国近代史的取向问题——外因、内因或内外因结合》。在这些交流与合作的过程中，学生有机会不断与西方学者交流探讨，提高自己的英语水平，不断学习新的思想和研究方法。

其次，跨学科研究非常重要，所以我要求学生要具备跨学科研究的能力。我比较重视经济学，因为经济学涉及的方面比较多，包括政治学、社会学、历史学等，我自己在讲授国际贸易理论时，会告诉学生当时最前沿的经济学观点，开阔他们的眼界。

再次，我认为学术争鸣是好事，学生要敢于和不同的观点辩论。我的好朋友柯文曾写书反对自己导师费正清的观点，即便他自己也觉得不好意思，但学术上观点不同，就应该敢于站出来争辩，即使对方是自己老师，也可以与他持有不同的观点。

《中国社会科学报》：那您对今天的青年学者有什么期望与建议？

汪熙：我希望青年学者在做研究的过程中，不要旁骛到其他东西。做学问一定要肯坐冷板凳，要真正潜心研究。如果心里想得太多、太杂是不行的。写学术文章，也不要空话连篇，每一句话都要实实在在，要有根据。当然我也希望今天的社会环境能够给青年学者多一些支持，让他们的生活环境更好。

后　记

虽然汪熙先生已年近95岁，但在谈起旧事时仍神采飞扬。他每天依然保持阅读大量文献、史料和史学杂志的习惯，出于对时事政治和国际问题的关心，他还托人从美国寄来最新的军事资讯，其治学态度恰似风华正茂时。采访结束时，记者看到汪先生书房中间挂着顾廷龙先生送给他的对联，上面写着“板凳要坐十年冷，文章不写一句空”，这副对联正是对汪先生学术生涯和治学精神的最好诠释。

最近，他正着手撰写自己的自传，配有大量的图片、轶事，作为最后一批早年留美的学者，他的传奇经历也让我们非常期待这部自传的问世。

（原载《中国社会科学报》，2014年8月25日）

史料·观点·构思·表达

一、 史料问题

我们要正确地了解历史,解释历史,就必须掌握大量的史料,并且要认真、严肃地对待这些史料。正确的观点只能从历史事实中得出来,离开事实的观点十有八九是错误的,而且离开了事实也不可能产生正确的理论。

占有史料,有一个大量和可靠的问题。这是一个量与质的关系问题。占有大量的史料,并不一定意味着可靠。然而量与质既有区别又有联系,是相辅相成的两个方面。

我认为在大量和可靠的问题中首先是一个大量的问题。要做到大量占有史料,就要求多读、勤记。

收集资料,先要解决量的问题,有一定的数量后,才能从大量中求综合,从比较中求核实,从正反中求全面。

在史料问题上还要着重注意以下两个问题:(1)特别注意第一手的原始史料,诸如日记、函稿、回忆录、会议记录,等等。当然有启发性的好的论点也是需要收集的。(2)在史料问题上要防止孤证,孤证乃史学之大忌。

二、 观点问题

史料与观点哪一个处于主导地位?在这个问题上过去有长期的争论。我以为史料与观点是统一的。观点应该是对客观事物规律性的总结,从这一方面看,离开了史料就不可能产生观点;另一方面,世界上也没有离开了观点的史料,《史记》里的“太史公曰”,《资治通鉴》里的“臣光曰”都代表了司马迁和司马光的观点。其实不“曰”,观点也在材料中了。如果我们没有正确的观点去分析史料,那就可能被史料引入歧途,被材料所驾驭,写出来的文章只能是史料的堆砌。

然而,我们讲统一并不意味着带有观点找史料,“凭框取材”;也不意味着用观点来代替史料,所谓“以论代史”。我们要把马克思主义作为研究的指导,但并不是将它作为一种公式,到处套用。我们既要用正确的观点驾驭材料,又要允许用材料来发展观点。这也就是毛泽东所讲的:“详细地占有材料,在一般原理指导下,得出正确的结论。”当然,经过实践检验的“正确的结论”也可以再对“一般原理”加以补充和发展。这样,“一般的原理”就更加丰富,更加有生命力,更加能发挥它对材料的挖掘、鉴别、取舍、综合的指导作用。这就是所谓主观与客观的统一,材料与观点的统一。

我们研究历史的也要有一个原则。我同意刘知幾的看法,就是要“直书实录”,不能因“爱而不知其丑,恶而不知其善”。“善恶必书是为实录”。最怕随风倒,所谓“叙事以时势为转移”,那就失去真实,也失去了一个历史学家的品德。

三、 构思问题

所谓构思也就是将材料和观点组织起来,进行逻辑思维的过程。对材料进行综合分析、筛选、逻辑化的工作。大致分成四个阶段:

第一,选题。首先要确定这个题目值不值得搞,同时也要了解别人或前人对这个问题的研究已达到什么水平。一旦题目确定了,就要将主题贯穿于自己文章的始终,这叫作主题明确。下笔千言,离题万里,是不行的。

第二,思路。主题明确后,就要考虑表达主题的思路,包括正面的论点、反面的论点、假设的论点、批判的论点,等等。要求思路清楚,脉络分明。

第三,结构。文章的结构要做到完整严密。开头、结尾以及高潮等均要合乎逻辑的安排。考虑文章的结构,是一个全局性的问题,随着结构的调整，史料的安排也要作相应的调整。

第四，提纲。这是一个施工的蓝图，只要写个条条框框就行了。它对全文起一个协调和控制的作用。当然，提纲在写作的过程中如发现不行也可否定，另起炉灶或作局部调整。

四、 表达问题

这是一个文字和技术问题。我们不要过分地强调追求文字的华丽，舍本求末。但也应看到“文以载道”，材料和论点主要是通过文字表达出来的。因此，文字的表达也是不可忽视的。

写文章有四忌：

1. 忌枝蔓，不要一条思路里套一条思路，拖拖拉拉的。

2. 忌生造，不要自己乱造一些谁也不懂的新词汇。

3. 忌累赘，一句能说清楚的，不要化为二三句话。

4. 忌艰涩，不要故弄玄虚，要流畅一些，通俗易懂，又要有点文采。

同时，写文章也有四要：

1. 要流畅，文章写好后要朗读几遍，要像杜甫那样“新诗改罢自长吟”。

2. 要明白，文章要使人一看就明白在讲什么问题。

3. 要生动，不要搞板板六十四的教条语言，枯燥无味。

4. 要呼应，论点与论点，首与尾都要前后呼应。这主要在构思时解决，但写作时要从文字上加以注意。

此外，写文章还要注意炼字、炼句。我国古代的文学家都很注意炼字。陆游说：“炼字未妥姑弃置。”袁枚说：“一字千改始安心。”这都说明他们很重视炼字、炼词。不能把炼字看成是一个孤立的文字技巧问题，它与全局也有关系。古人说得好：“篇之彪炳，章无疵也；章之明靡，句无玷也；句之清英，字不妄也。”（《文心雕龙》）有很多人文字表达不清楚，追根溯源，常常是“篇”、“章”的问题没有解决，即结构混乱，主题不明。因此，就不容易做到“句无玷”、“字不妄”。所以表达的问题不仅是一个文字技术问题，而是与整个的主题、结构、构思都有关系的。

最后，我还要提请大家注意划清几个界线：勇于锻炼和急于求成；颇具新意和没有根据的标新立异；积极钻研和钻牛角尖；思路广阔和漫无根据；文采焕发和追求华丽；积累资料和食而不化；言之有物和材料堆砌。

总之，做学问、搞研究要做到有严谨的材料、开阔的思路、正确的观点（什么是“正确的观点”以后再专题讲）、实事求是地分析。只有这样，才能搞好史学研究。

（原系1984年在复旦大学历史系作的专题报告，谷玉记录整理）

读《近代史思辨录》

最近，广东人民出版社出版了陈旭麓同志撰写的《近代史思辨录》一书。这是一部对中国近代历史发展逻辑的思辨之作，值得一读。

历史发展是有规律可循的，而探寻规律却要艰苦的思辨，中国近代史尤其如此。近代中国八十年的历史，是在民族矛盾和阶级矛盾极其错综复杂的历史背景下展开的。鸦片战争以后，中国经历着一个千古未有的变局，国家命运升沉起伏，革命变革波澜迭起。不同于夷狄的西洋人入侵了，从来没有过的工业无产阶级和资产阶级出现了。举国上下面临着“古今之变局，宇宙之危机”。在侵略与被侵略、统治与被统治、新与旧、前进与倒退的激烈冲突中，中国的政治制度、对外关系、文化思潮、生产方式等等，都按照它们各自的固有规律，扭结交织、依存渗透地辩证发展着，形成了壮观瑰丽而又扑朔迷离的历史篇章。探究它的内在联系，寻求它的发展规律，是历史学家义不容辞的责任。陈旭麓同志的这部思辨录，正是他三十余年中对若干近代史上重大问题穷究探索的记录。其中有涉及全局的综论，有个别事件的考察，有人物思想的分析，也有文献书刊的论争，形式多样，面广而具有一定的深度。

历史规律不是超时空的抽象公式。作者反对历史研究中的“简单化、公式化的论析”。本书最大的特点，正是驳陈说，立己见，勇于探赜索隐，敢于触及“禁区”。他把近代历史发展逻辑归之为“新陈代谢”；他对人口膨胀与社会矛盾激化的关系，提出了“正比——反比——正比的矛盾规律”；他认为

“近代中国是在革命与改良的不断变革中曲折前进的”。他的种种见解,引起了学术界的注意。他对诸如爱国与卖国、革命与改良、洋务与崇洋等问题的剖析,不落窠臼,读起来别具新意,发人深思。

作者进行历史思辨的原则是“事实第一,立论第二”,这构成了本书的第二个特色。即不是由概念推论存在,而是从存在去思辨事变的由来及其递嬗的轨迹。作者对重大历史事件的论述(如戊戌维新、辛亥革命、五四时期的文化思潮等)和对著名历史人物的评价(如光绪帝、谭嗣同、章太炎、宋教仁、孙中山等),都能在严格考订史实的基础上,根据事实立论。全书把史与论科学地结合起来,进行论述。

多年来,陈旭麓同志有些文章曾在史学界引起一些争议,如革命与改良、义和团运动、中体西用、史学方法论等问题的论述及对李秀成、冯桂芬、瞿秋白等人物思想的评定,学者们曾有不同意见。中国近代史本来就很复杂,在学术界有点争议原是好事。但在“左”的思潮当道、文网密布的日子,谁要不在设定的框框里思考、说话,就会遇到麻烦。手持棍帽者,环伺有人。陈旭麓对于争议,有他自己的态度,即“既不苟同,也不护短”。因此在这本集子里,有不少驳论与反驳论的记录。这些记录,在一定程度上反映了作者思想深化与发展的轨迹,显示了作者在茫茫史海中探索与思辨的甘辛,也从一个侧面映照出近代史学坛上的若干思想交锋,可供读者思索和参考。这是本书的特点之三。

文字峭拔、笔墨酣畅,是本书的又一特点。全书各篇文章在写作时间上跨度很大,但文风一贯,读来有引人入胜之乐,而无艰涩木僵之感。历史文章要写得使人爱看、耐看,是很不容易的。

本书不足之处是很少涉及近代经济史问题,比较研究也略嫌不够,有若干文章的资料出处不尽详备。

(原载《人民日报》1985年5月10日)

关于《朴斋晚清经济文稿》

记得在1981年,《盛宣怀档案资料选集》出版到第二辑(《湖北开采煤铁总局·荆门矿务总局》)时,我把这本书,寄给素有交往的美国著名经济史学家费维恺(Albert Feuerwerker)听听他的意见。他对这本近四十万字著作,能重现一百多年前萌芽的中国煤铁矿,甚为钦佩。但令人惊讶的是,他对这本书的附录(大事记以及采煤量与销售、动用官本与费用分析、工资标准等统计表)赞不绝口,备加表扬。他说:有了这些附录及其说明,就概括了全书的精华。我当时回忆这份附录是徐元基教授在庞杂的账单和文字资料中梳理出来的。

我认识徐元基教授20多年,这时(1981年)才感觉到他那综核资料、量化分析的扎实工夫。从此我对他写的文章,特别仔细地看,总能发现他议论风生,思想缜密,证佐确凿,往往引发思考。

徐元基教授的研究还有一个特点,必须从基础工作做起,不随便苟同别人的意见。在近代经济史中,对一些重要问题,他常能见微知著,不惮辛劳地用事实和理论辩说清楚。例如:中国早期纺织业的重大空白问题、官督商办问题、电报齐价合同问题、周学熙资本集团是否民族资本问题、盛宣怀铁路计划是否有其合理性的问题等等……这些问题涉及近代中国经济史上的主要人物如:李鸿章、盛宣怀、袁世凯、郑观应、经元善、周学熙等,情况相当复杂,要反复核对事实,并研究当年以及现代学者的论述,探赜索隐,钩深致远,才可能把事情弄得一清二楚。

徐元基教授写文章不轻易动笔，字斟句酌。对别人的意见力求正确理解，对材料仔细排比勘对。他对问题不是泛泛而谈，都抓到痒处。对论辩又留有很大的空间，不像有些人一下子把问题说死，几乎毫无回旋的余地。这种学者风度给人印象深刻。

几十年的交往感受，我认为徐元基教授的论文是我们学习的榜样，他的文风是我们学习的楷模。

2008 年 7 月于复旦校园

（本文原系汪熙为徐元基《朴斋晚清经济文稿》一书所作序言，原载《朴斋晚清经济文稿》，河南大学出版社 2009 年版）

关于决策和教训

很多古往今来的历史过客和当世的芸芸众生在他们成功与失败的节骨眼上都有着三样东西在起作用，那就是：能力、机遇和决断。仔细分析那些成功与失败者，莫不是在这三者的结合点上见高下。

当然，成功与失败不是没有转化的，失败转化为成功；成功转化为失败，人世间比比皆是。迈克尔·尤西姆教授别出心裁地挑选美国历史上、行业中可垂之久远的失败与成功的事例，有根有据地找出它的来龙去脉，抓住转化的契机，看它实际发展的进程：有的一发不可收拾，一败涂地；有的出现奇迹转化为成功，显示了历史光辉。这些都是活生生的事实，有的人物就在我们的身边，在今天的报纸、杂志上常常看到的，如当今“股神”——全球最大的富豪沃伦·巴菲特（Warren Buffett），他化腐朽为神奇，拯救了命已垂危的所罗门公司，至今还为人称道不已。

著者尤西姆教授以资深管理学者的理论与经验，在成功与失败的关键时刻加以评论或加以按语，其精辟之处，使读者对复杂的事物洞若观火，收到加倍的效益。

正如尤西姆教授在本书中文版前言中所说的“本书所叙述的九个成功与失败的故事，揭示了人们在领导方面经受考验时所必备的一些素质”。我相信每一个中国读者在阅读过程中，必定有一个深刻的检测和认真思考的过程，设想自己身临其境会怎样处理。经过这样的阅读，在前进的道路上我们会更接近成功或离失败远一些。

本书是沃顿学院系列(Wharton School Series)第一册,我们对此应有所解释:

沃顿学院(Wharton School)是美国常春藤学校宾夕法尼亚大学下属的4个本科生学院和12个研究生及专业学院之一。沃顿学院是美国第一所商学院,成立于1881年,素以教学和研究以及毕业生在企业服务的实践成绩著称于世。现有11个专业系,17个研究中心,4 600个攻读MBA和博士学位的学生,参加行政管理教育(Executive Education Programs)的学员有8 600名。现全球有校友8万名。

沃顿学院因办学成绩优异,在历年专业机构的评审中均名列前茅。如2001年美国《商业周刊》(Business Week)对全美25家著名大学的MBA学生根据详细项目逐一评比,沃顿学院被评为第一名。又如2002年1月伦敦《金融时报》(Financial Times)对全世界100名学校的MBA评比,沃顿学院被评为全球第一名(其他名列前茅的MBA依次排序是:哈佛、哥伦比亚、斯坦福、芝加哥大学等商学院)。沃顿学院过去对中国的人才培养也有贡献(如上世纪30年代上海银行创办人金融奇才陈光甫就是沃顿学院的毕业生)。上世纪80年代中国经济突飞猛进,中国学生到沃顿学院求学的人日增。趁此机会我们将沃顿学院教学所用的讲义和教授们的著作介绍给中国读者,并听取一些建议,藉此可收到交流、切磋之效。

这就是"沃顿学院系列"的缘起。

2002年5月于复旦校园

(本文原系汪熙为迈克尔·尤西姆《大决策　大教训——九个经典领导案例》一书所作前言,原载《大决策　大教训——九个经典领导案例分析》,上海人民出版社2002年版)

国外研究我国近代政治、经济史动态简况

20世纪50年代中期以后，美国历史学界在费正清所主持的"中国政治、经济研究计划"的推动和组织下，大力展开了对我国晚清到民国期间的政治史和经济史的研究。50年代后开始陆续出现专著，其中较突出的有：

刘广京（现在哈佛大学）

1.《19世纪中国的轮船企业》，载《亚洲学报》第18卷，第4期，(1959年8月)。

2.《唐廷枢之买办时代》，载《清华学报》第2卷，第2期(1961年6月)。

3.《1862年—1874年英美轮船公司在华竞争》，哈佛大学出版社1962年版。

4.《1813—1885年中英轮船公司在华竞争》，载《中日经济发展》论文集。伦敦1964年版。

费维恺（现在密执安大学）

1.《中国早期工业化：盛宣怀与官办企业》，哈佛大学出版社1958年版(本书逐一论述招商局、电报局、纺织局、通商银行等企业)。

2.《十九世纪中国的工业化——汉冶萍公司》，载《中日经济发展》论文集。伦敦1964年版。

3.《1870—1911年中国经济》，安阿伯1969年版。

4.《1912—1949年中国经济》，安阿伯1968年版。

5.《20 世纪早期外人在华企业》，密执安大学 1976 年版。

此外，香港中文大学全汉升在香港出版了《汉冶萍公司史略》。

以上这些书和文章的特点是，第一，比较集中地研究 19 世纪中叶以后中国新兴工矿、交通事业的发展及其失败的原因，并进而同日本明治维新以后工业迅速发展的情况作比较，探求中国和日本出现两种不同结果的原因。他们的结论大多排斥了外国侵略对中国经济发展的阻滞作用，因而是带有很大的偏见的。第二，大量运用了剑桥大学所藏的怡和洋行档案及哈佛大学所藏的琼记、旗昌洋行的档案。他们对第一手的原始资料作了很深入的梳爬、筛选工作。剑桥与哈佛大学也以它们的档案资料能为科学研究所用而引以为荣。这些作者对中国方面的资料（如招商局、电报局、织布局、通商银行、汉冶萍公司等）只限于引用第二手已经发表了的资料。这使他们的著作在质量上受到一定的影响。第三，研究工作的稳定性。刘广京 1958 年在哈佛大学的博士论文选题是《1862—1877 年中国的两个轮船公司》。毕业以后，1959、1962、1964 年即连续环绕这个专题写了一系列的论文和书，所以能较深入地把这个问题搞透。费正清在 1968 年担任美国历史协会主席时，发表的主席演说“七十年代的任务”（载《美国历史评论》第 74 卷第 3 期）特别推荐了刘广京关于中外航轮（中国方面即招商局）在长江水域活动的这一本书。费维恺也是如此，在 1958 年写了《中国早期工业化》一书以后，1964—1976 年写了一系列关于中国经济历史状况、汉冶萍公司、外国在华企业等书和文章。现在基本成一家之言。全汉升的《汉冶萍公司史略》也是先在大陆、后在台湾地区写成专题论文，最后在香港成书的，历时十有余年。

（原载《历史研究》1976 年第 3 期）

二、国外访学报告

1981年访英分析与评价①

一、英国病

自第二次世界大战以后，特别是七十年代以后，英国经济就逐渐陷于困境，大有每况愈下、沉疴难起之势，人们称之为“英国病”。其实“英国病”是由来已久的。十九世纪五十年代是英帝国的全盛时期，但从八十年代起就已经走下坡路了。第一次世界大战前夕，英国钢产量仅为778万吨，只占美国钢产量的1/4，不到德国的一半。机器制造业的产值仅占世界总产值的12.2%，远不及美国(51.8%)和德国(21.3%)。尽管当时伦敦还不失为世界金融中心，但大英帝国的颓势已经显露，维多利亚王朝的盛世早已一去不复返了。

第二次世界大战结束，英国赢得战争，但失去了帝国。一度依靠海上霸权所占领的比它本土大150倍的领土，在风起云涌的民族独立浪潮中一一失去了；经济危机的频繁袭击(从1950年到1979年共七次)促使它摇摇欲坠，难以自拔；作为大英帝国象征的英镑，已经面目全非(1949年和1967年先后两次贬值。1900年1英镑的购买力只相当于1946年的34.5便士，1975年的7.5便士，1979年的4.5便士)。战后，1956～1966年间，英国经济曾一度出现了剑桥经济学家所说的“黄金时代”，但好景不长，进入七十年代后就一

① 本文是汪熙1981年访英后发表的一篇论文，原题为《英国保守党经济政策的评价》。

蹶不振。从战后一个较长的时期来看，英国经济的增长率是比较缓慢的。在1948～1979年的三十一年间，英国国内生产总值的年平均增长率仅为2.5%，而且呈现极不稳定的下降趋势（如1973～1978年的增长率仅0.9%，其中工业增长率为零）。在整个六十年代，西德、法国和日本的国民生产总值都分别在1960年、1965年、1967年超过了英国。1978年按人口平均计算的国内生产总值（5 514美元）只接近美国和西德的一半，也远落后于法国、日本和意大利。1948～1978年间，英国在资本主义世界工业生产所占的比重由10.2%降至4.3%，出口贸易的比重由12.4%降至6%。去年年底到今年年初，英国正经历着从1979年7月开始的战后第七次经济危机，生产急剧下降，通货膨胀和失业并发症极为严重。

二、恶性循环中的英国经济

二次世界大战后，英国历届政府都不同程度地采用了凯恩斯主义的经济政策，认为社会总需求的扩大会刺激经济成长，需求本身会创造自己的生产；因此采用扩大财政赤字，运用利率政策，增加社会福利等措施来调节"有效需求"，人为地刺激经济。工党执政期又在此基础上，大力推行国有化并进一步扩大社会福利的政策。历年来两党都支持巨额的军费支出（英国军费支出占国内生产总值的比重历来仅次于美国，大于法国和西德）。其结果是：国有化企业年年亏损，福利措施耗资过多，公共开支庞大，财政赤字达到经济无法承受的地步。1955年公共开支和财政赤字分别占国民生产总值的41.8%和2.79%，到1975年已上升为59.06%和11.4%。从1949年到1976年的二十八年中，有二十三年是赤字财政。历年的财政赤字必然积累为通货膨胀，从而导致了物价上涨。1969～1979年，纸币与铸币的流通数量由30.06亿英镑增至97.01亿英镑；英镑M_3（除纸币，铸币外，还包括活期存款，储蓄存款等）由161.31亿英镑增至586.45亿英镑。同期内零售价格上涨2.75倍，其中食品价格上涨2.77倍。物价上涨迫使工人为提高工资而进行斗争，并使企业留存的利润有所下降。据英国官方报告说："1980年前三个月同1979年同期比较，个人可供支配的收入增加了20%，而工商企业未分配的收入则减少了20%”（《1981～82年财政和预算报告》第21页）。历年来，英国企业利润率有下降的趋势，1960年平均净利润率为13%，1970年为8%，1980年为5%。利润率下降的结果使投资增长缓慢。英国投资的年平均增长率在发达的资本主义国家中是最低的。如1970～1973年间，英国为1.8%，而日本为11.1%，美国为8.5%，法国为6.4%。因此，英国工业设备老化，更新缓慢，劳动生产率低。1951～1975年，英国劳动生产率平均年增长为1.8%，落在西德（4.3%），法国（4.5%），日本（6.5%）的后面。这样就大大削弱了英国工业品在世界市场的竞争能力。于是出口减少，国际收支长期出现逆差，在每一次经济危机的袭击下，它都比其他发达的资本主义国家陷得更深，恢复得更慢。近年来北海石油开发成功，石油大量出口，国际收支已由逆差转为顺差，但英镑汇率因此上升，增加了英国出口产品的成本，进一步削弱了英国工业品在世界市场的竞争能力。相反，英镑升值却为进口创造了有利条件，导致外国商品涌进英国市场的“进口冲击”，使英国工业受到沉重的打击。在过去不景气年代一直处于不败地位的英国化学工业，去年也被迫减产23%。汽车、纺织、钢铁与造船工业也进一步萎缩。工业萎缩扩大了失业面。据英国政府《1981～82年财政和预算报告》统计，1980年全年失业人数为230万人，占劳动力总数的9.6%（据《剑桥经济政策评论》估计为250万人，占10%）。这一数字还不包括工业中的60万季节工和服务行业中另一个60万“隐蔽失业”人数。剑桥大学应用经济系预测1981年的失业率将达15%。失业人员的增加及工业生产萎缩，意味着国内消费的缩减、政府对亏损企业补贴和社会福利开支的增加。于是赤字——通货膨胀——工资上升——经济衰退（投资减少，生产下降，失业增加）——政府开支扩大——赤字增加的另一个恶性循环又开始了。

三、 保守党的经济政策

撒切尔首相的经济政策是一次货币主义的实验。弗里德曼学说的中心内容是控制货币增长率以确保经济稳定。他认为要抑制通货膨胀实现经济稳定，最根本的措施是控制货币供应的增长率，使它与经济增长率大体上相适应。如果靠征税或借债等财政政策来筹集资金，只能改变收入再分配，不能抑制通货膨胀。货币主义者还主张充分发挥市场机制作用，鼓励私人竞争，减少政府对经济的干预。

撒切尔首相是货币主义的忠实执行者。她把通货膨胀当作今天英国经济的首要敌人，采取坚定的措施降低通货膨胀率。1979 年她公布了有名的“中期财政策略”：

中期财政策略

按 1978～1979 年价格计算

	1979～1980	1980～1981	1981～1982	1982～1983	1983～1984
货币供应量（增长百分比）	7—11	7—11	6—11	5—9	4—8
公共开支（亿英镑）	745	745	730	710	705
财政赤字（亿英镑）	85	70	55	15	5
财政赤字占国内生产总值的百分比（%）	4.75	3.75	3	2.25	1.5

（资料来源：英国财政部《1980～81 年财政和预算报告》）

在压缩通货的同时，撒切尔政府又大力削减政府开支和政府的“公共借款需求”(PSBR)

政府收支与借款

按 1979～1980 年价格计算（亿英镑）

	1979～1980	1980～1981	1981～1982	1982～1983	1983～1984
政府一般总支出	888	915	915	900	875
政府一般总收入	784	795	825	840	850
财政调整				1	2
政府一般借款需求（GGBR）	104	120	90	70	45
公共借款需求（PSBR）	99	115	80	65	40
PSBR 占国内生产总值的%（按市场价格）	5.0	6	4.25	3.25	2

（资料来源：英国财政部《1981～82 年财政和预算报告》）

一眼可以看出，撒切尔首相的政策重点是在降低通货膨胀率，紧缩政府开支，减少赤字。她相信只有这样做才能稳定英国经济，挽回颓势，并进一步使经济回升。用英国政府的话说，就是："政府的目的是通过'中期财政策略'降低通货膨胀率，为生产和就业创造一个可靠的条件。"《1981～82 年财政和预算报告》。为了达到紧缩信用的目的，英国银行一度把贷款最低利率提升到 17%(1980 年 11 月又降到 14%，后又降到 12%)。

以"中期财政策略"为中心，撒切尔政府还采取了削减所得税(降低最高税率，提高起征点等)的措施，这一减税的受益人约 130 万。削减所得税后，政府少收部分，由提高间接税——增值税来补偿(1981～1982 年预算对石油公司及银行所得税有所增加；同时，又进一步提高了烟、酒、汽油及汽车牌照税等间接税)。

减少国家干预是撒切尔首相政策的又一重要内容。政府削减了国家企业局的权力，撤销了 3 000 多个政府的计划、咨询和监督机构，取消了物价管制委员会。同时，又把一部分政府控制的石油、航空等企业的股票出售给私人，鼓励私人企业发展。

此外，保守党政府已提出限制工会权力的立法，包括限制纠察人数，限制"闭户"制度(即工会规定工厂不能雇用非工会会员的制度)，减少罢工工人享受的社会福利等。

应该指出，撒切尔首相的政策并不是保守党的一党政策。有些重要政策实际上是上届工党政府政策的继续，如社会福利政策和自 1976 年起工党政府就开始执行的削减政府开支、促使英镑升值和提高利息率的政策(利息率的提高使英镑在国际金融市场上成为有利可图的投资对象，增加了对英镑的要求，是促使英镑升值的一个因素)。但是也应该承认，大胆地、全面地贯彻货币主义的经济政策则是从撒切尔首相开始的。迄今为止，实行这一政策的结果是双重的，对于通货膨胀率的控制起了一定的效果。通货膨胀率由 1980 年 5 月的 22%下降到 1981 年 3 月的 12.05%，预测今年内可降到 8.5%。对政府开支和公共借款需求的控制，则并无成效。1980～1981 年，这两者都超过原来的预算指标，财政赤字原预算是85亿英镑，实际数是135亿英镑，超过预算数50亿英镑。公共开支占国内生产总值的44.5%，也超过前一年的实际数(41.5%)。

撒切尔首相的货币主义政策，虽在压低通货膨胀率方面取得一些进展，但一些不利因素仍然存在(如英镑升值，出口竞争能力削弱；公共借款需求无法压缩；社会福利支出庞大，企业投资率不高等)，同时有些政策本身对收缩通货也起着抵消作用(如1979～1980年度，由于提高了增值税，促使物价上涨2%)。积重难返的老大难问题和新情况下的新问题纠集在一起，使得1980年经济衰退更加深化了。1980年生产直线下降，同1979年相比，国内生产总值下降2.5%，制造业产值下降9%；小汽车产量下降13.7%，第一次跌到100万辆以下的水平(923 700辆)；钢产量下降46%(1 140万吨)。企业倒闭6 876家，比1979年增加50%，失业人数已激增到230万人。经济学界和产业界一致公认，当前英国的经济衰退是三十年代以后历次衰退中最严重的一次。政府也公开承认去年的"经济衰退比一年前预期的要厉害，特别是工业生产下降与失业急剧上升"(《1981～1982年财政和预算报告》)。

四、对保守党经济政策的评价

对于保守党经济政策的评价毁誉不一。牛津和剑桥的经济学界对撒切尔首相的经济政策持否定态度，可以说是针锋相对，态度鲜明。今年三月政府公布了第三次预算案后，英国牛津、剑桥等45所高等院校的364位经济学家联合签名发表声明，反对撒切尔首相的经济政策。他们说：

"1. 政府认为紧缩通货就能永远控制通货膨胀，从而导致生产与就业的自动复苏，这在经济理论和事实上都是没有根据的。

2. 现行政策使衰退深刻化，破坏我们工业的经济基础，威胁社会与政治的稳定。

3. 存在着可供选择的其他政策。

4. 现在已经是时候了，应该抵制货币主义的政策，并紧急考虑有希望带来经济复苏的其他选择。”

声明发表后轰动一时。那么，什么是这些教授的“其他选择”呢？

剑桥大学应用经济系在他们出版的《剑桥经济政策评论》(1981年4月，第7卷第1期)中，除提出剑桥的财政政策模式以外，对政府的经济政策进行了猛烈的抨击。他们开宗明义地说，当前政府的政策“无论说得怎样花言巧语，从头到尾都是错误的”。作为凯恩斯主义者，他们十分强调社会总需求，说：“政府认为不需用财政或货币来刺激需求，经济就可以自然复苏，这一想法是可笑的”，“不刺激需求，将继续萧条下去”，“促进工业与贸易的决不是货币政策。它减少国内需求，促使外汇率上涨，削减利润与投资，迫使企业倒闭”。他们认为“价格是由成本决定的。成本是进口成本、税款和人工成本。而人工成本是由劳资双方协议决定的，有组织的劳工要想方设法保持他们货币工资的实际价值。政府紧缩财政与通货并不能制止工资协议的压力。”他们认为，政府若坚持目前的政策，“将迅速导致英国工业的萧条与破坏，从长期看并无复苏前景”，而只会“导致从现在起到1983年，每年损失相当于国民总产值5%的产量”的严重后果。他们建议：“促进生产力最好的办法是在一定的时期内扩展需求”，在目前情况下，“除实行进口控制与外汇控制(改变英镑升值情况——引者按)外，别无其他挽救经济危机的选择。”

在工商企业中，银行界一般是倾向于支持撒切尔首相的经济政策的。这一立场当然同保守党的高利息率政策给银行普遍带来的可观利润是分不开的。如米特兰银行的经济学家萨特金在《米特兰银行评论》(1981年春季号)中，认为撒切尔首相虽然成功地使通货膨胀率开始下降，但关键的问题是工会的集体谈判使工资上涨率并没有相应地下降，1980年第二季度工业制成品价格比去年同期上涨18.5%，但人工单位成本却上涨25%(《1981～82年财政和预算报告》第21页)。这样就使公私企业的利润受到严重挤压，其结果是生产与就业下降。尽管如此，萨特金对经济前景是乐观的，他预测复苏已经在望，好景即将到来，但他也忧心忡忡地认为政治风云变幻莫测，一旦保守党下台，经济政策也许会“改弦易辙”，那一切又当别论了。

至于企业家对政府政策的评论则有分歧。一个颇具规模的仪器公司的业务负责人，认为撒切尔首相的政策对该公司不利，因为英镑升值影响出口，而削减政府开支又缩小了国内市场。英国工业联合会干事长不像银行那样乐观，在今年3月说："经济衰退前景的严重时期已经过去的说法是不正确的"。但是在工业界也有持不同态度的。这一部分人认为撒切尔首相的政策方向对头，对经济可以起有利的推进作用。伦敦的工商业联合会说，伦敦和英格兰东南地区经济衰退已经结束，经济前景比过去一年半都好。

英国工会对保守党的政策向来持否定的态度。英国有势力的"运输与一般工人工会"的牛津区负责人对保守党表示了明显的不满情绪，认为撒切尔首相企图削弱工会的力量。他认为，首相对工人的政策是迫使工人接受低工资。他说，现在失业最严重的行业恰恰是低工资的纺织业，因此撒切尔首相所说的"工人不愿接受低工资是自愿失业"这个论点是站不住脚的。这位地区工会领导人也不承认工人频繁罢工，是影响生产与导致衰退的因素。他说，有记录表明欧洲工人罢工较英国更多，但在汽车行业中，德国汽车工人的工资却比英国汽车工人工资高35%。

尽管保守党内部对撒切尔首相的经济政策也抱有怀疑，甚至有反对的，但是作为执政党的经济政策，正在坚定不移地贯彻下去。政府方面认为，剑桥大学那些教授所提出的财政模式的两个要点——控制进口、由国家干预降低英镑汇率，作为调动国内需求的方案并不可取。他们认为，只有对进口不加控制，才能促使英国企业家改善经营，加强竞争能力。企业缺乏竞争能力，从长期看，将会失去市场。政府方面认为，最好的办法是控制通货膨胀，稳定物价，增加收入与利润，扩大储蓄与投资，刺激经济的供给（生产）方面。至于因收缩通货与信用而带来的萧条与失业，原是复苏前应付的代价，是一定要吃下去的一帖苦药。

关于英国经济的前景，不少人认为英国的经济衰退已到了底点。理由是，物价上升已经缓和，工业生产自今年年初已开始有好转的迹象。若以1975年为基数，1981年1月物价指数为89.1%，2月份已降至87.9%；全部工业生产的总指数1981年1月为98.3%，2月已上升为99.1%，这是工业生产7个月来的第一次回升。1981年2月份制造工业和全部工业的生产指数，又比1月份分别上升了0.9%和0.8%。一个银行企业研究机构认为："这显示了三十年代以后的一次最严重的经济衰退可能已经终止"。

当然，英国在客观上也具备一些复苏的条件。如通货膨胀率已初步控制住了；零售价格的上涨率（按年率计算）已从1980年5月的21.9%降到1980年底的15%；北海油田使石油达到自给并能出口；国际收支已出现稳定的顺差；英国某些工业部门（航空、电子、发动机）的技术在世界上还保持先进的水平；伦敦至今仍不失为世界的金融中心等等。但是，要充分发挥这些优势，使英国经济从"底点"复苏起来，并不是一件容易的事。

（原载《外国经济参考资料》1981年第6期，原题为"英国保守党经济政策的评价"）

1984年访美总结报告

党委:校长:

熙应芝加哥大学邀请赴美参加学术讨论会,历时两月(1984年10月11日—12月10日);其间,也应邀访问了八所大学,特将情况汇报如下:

学术讨论会 此次讨论会由芝加哥大学牵头,被邀请参加的有中国学者两名(另一名为北京大学罗荣渠教授),日本学者两名,美国学者六名。讨论的主题是“三十年代至四十年代中日美三国关系”。参加者都环绕主题提供论文一篇(具体题目自己选择);逐篇讨论。熙提供论文为《1934—36年美国白银政策对东亚国际关系的影响》,约两万余字(按英文字计算)。应邀学者都是在这一方面有研究的专家,各篇论文皆立论持平,从学术上探讨,反映了这些年代中国遭受侵略的各个方面。论文集将由芝加哥大学出版社出版;同时拟分别在中国复旦大学出版社和日本东京大学出版社出版中、日文译本。(附件一)

访问交流情况 在芝加哥大学参加讨论会的间歇期间,接受邀请访问了密执安大学(安阿伯)、密执安州立大学(东兰辛)、俄亥俄州立大学、康乃尔大学、印第安那大学、马里塔学院、加州大学(伯克利)。在这些学校分别结合自己的专业作了有关中美经济关系的现状与前景、中美关系史研究及当前我国经济改革与对外贸易等专题报告。听众多为教授和研究生,表现了渴望了解中国的热情,态度友好。归纳起来,他们所最关心的是三件事:(1)中国政策的稳定性;(2)中国经济改革中的物价问题及成功的可能性;

(3)如何进一步有效地加强中美之间的学术交流。

校际交流问题 在访问各校期间,也应邀同各校负责国际交流的人员(副校长、教务长、研究生院长等)就扩大或加强与复旦的校际交流,提供访问学者名额等交换了意见(仅限于交换意见,因未授权作出决定)。他们态度友好,对同复旦建立或加强联系表示了极大热情,并提出了初步具体意见供本校领导考虑。(附件二、三、四)

提供两名访问学者名额 密执安州立大学愿向我校提供两名访问学者名额(半年或一年),并资助全部费用,请校领导考虑。并盼能迅速提供名单。(附件五)

图书馆协作 芝加哥远东图书馆是美国有名的图书馆,该馆愿与我校图书馆建立密切交流关系,并愿在本校建立新式图书馆的基建设计方案和科学管理(电脑化)方面提供技术咨询意见。已带回该馆馆长来信及建议和一套有关图书馆的基本资料(附件六),请校领导考虑。

电脑中心的组织问题 现在美国较具规模的大学没有一个不设有电脑中心。这种中心一方面为本校科研服务;一方面承接外单位的业务。没有电脑中心,学校的科研任务(包括文、理科)是没有办法搞上去的。这次着重看了康乃尔大学与俄亥俄州立大学的电脑中心及其组织机构情况,并带回材料(附件七),请校领导考虑。

来华访问的学者 在开会和访问期间,会见了一些知名学者,他们都在1985年有访华计划,或原来就预备到上海来参加国际性会议。这些人都是当前各该领域的第一流学者或专家,建议在抵达上海时可邀请来本校作学术报告,促进学术上的交流(附件八、九、十、十一)。

赠送 此次在美查阅资料,有些档案卷帙浩繁,在短期内无法摘阅完毕,熙购买了此项档案资料的显微胶卷六卷(有五卷已随带回国,有一卷须明年三月始能购到寄回),这些显微胶卷都是原始档案,我国图书馆都无此收藏,约百十万字(约美金200余元),拟赠送给复旦图书馆收藏(附件十)。

此外，复制了最近西方国际贸易理论的论文约40余篇，200余页（约合美金70元左右），拟赠送给世界经济系资料室供教学研究参考。

以上为熙此次访美基本情况，特汇报如上，请审核。附件十一件，请校领导逐一加以批示转发各有关部门，并再由熙向有关部门提供详细情况。

汪　熙

1984年12月27日

附件十一件。

又，在分赴各校访问时，分别晤见我校在美学习或研究的刘少川、吴嘉静、陆谷声同志，他们学习与工作勤奋，身体与精神状态良好，并此附闻。

附件一

关于复旦大学出版社出版芝加哥讨论会论文集事

此次芝加哥大学主持的学术讨论会的主题是“三十年代至四十年代中日美三国关系”。中、日、美学者共提供论文十篇。据熙参加讨论所知各篇论文均立论持平，并无歪曲历史情况，学术价值较高。现该论文集拟在美、中、日三国分别出版。英文版由芝加哥大学出版社出版；日文版由东京大学出版社出版；中文版，熙初步承诺由复旦大学出版社出版（须由校领导批准才算正式）。

这是第一次同时由三国文字出版的书籍，学术价值较高，若由我校出版社出版，当有一定影响。出版时间可定为1986年。全书约30万字左右，出版社对内容提法有最后审订权。

若由我校出版社出版，芝加哥大学历史系主任AKRIA IRIYE教授将于今年9月将最后定稿本携华，由我与出版社洽谈出版中文版事宜。全部论文翻译工作或由我校出版社负责，或由熙负责组织力量并审校，均无不可。

此事是否可行，请转批给复旦出版社，以便遵示办理。

汪 熙

1984 年 12 月 27 日

附件二

密执安州立大学与复旦建立校际交流事

密执安州立大学（东兰辛）与四川大学联系较密切，最近几年已先后为四川大学提供了二十余名奖学金名额（有文科，也有理科），该校曾与我国十一所大学建立校际交流关系，唯其中与川大及北大联系较密切。该校曾多次访问我校并建议建立交流关系，但迄今进展迟滞。

这次，该校“亚洲研究中心”主任华纳·科恩（WARREN COHEN）教授约我到该校讲学时重提此事，希望同我校建立交流关系，并提供与北大订立的交流协议书供我校参考（附件 A、B）。

建议：该校虽非美国第一流大学，但也颇具规模，在历史、国际政治、农科、生物化学等方面颇为知名，对与我校建立交流关系，用心亦诚。该校拟逐渐缩小交流单位，集中于几个中国的重点大学（复旦是其中之一），故对其提出的交流建议似可考虑。

该校校长今年将来华访问四川大学，建议趁其来华之际，邀请来复旦会晤交换意见，为今后具体交流打好基础。据科恩教授告诉我，该校校长极乐意接受复旦邀请，顺道来上海晤谈。是否由我校相应部门或校领导发出邀请函。该校校长为：CECIC MACKEY　教务长兼国际交流计划 RALPH H. SMUEKLER

该校地址为：MICHIGAN STATE UNIVERSITY，EAST LANSING，MICHIGAN 48824 U.S.A.

附件A. 密执安州立大学与我国建立交流关系名单(缺)

B. 密执安州立大学与北京大学互惠交换协议(中英文本)

汪 熙

1984 年 12 月 27 日

附件三

俄亥俄州立大学校际联系事

熙此次应邀往俄亥俄州立大学参加第十四届俄亥俄州亚洲学术研究会第 14 届年会时,曾与该校副校长、社会科学院院长及东亚研究中心主任会晤。该校为美国在册学生最多的一所大学(五万余人)。该校历来与武汉大学联系较多,有研究生及教授级交流关系,每年为武汉大学提供奖学金多名。现甚愿与我校建立交流关系,曾将与武汉大学互惠交流协议书交我带回(此协议书因误打包在资料类内海运运回,故须两月后才能收到,届时当补为送上)。

该校科系齐全,在化学、农科、历史、国际问题、社会学等领域均有所长,设有亚洲研究中心。现负责人为美籍华裔 CHUNG-MIN CHEN(陈中民)教授,对与祖国的学术交流极为热心。另,该校美籍华裔历史系教授 SAMUEL C. CHO(朱昌峻)也极热心,愿意积极推动此事。

曾与该校主管国际交流事务的助理副校长鲍伯格女士晤谈,鲍表示对与复旦建立交流关系极感兴趣。

建议:由我校相应部门或有关校领导致函鲍伯格,希望就校际交流事进行磋商,必能得其积极反应。鲍地址为:

MS. FRANCILLE FIREBAUGH, PROVOST OFFICE, THE OHIO STATE UNIVERSITY, COLUMBUS, OH 43210 U.S.A.

副本请寄:PROF ESSOR CHUNG-MIN CHEN, DIRECTOR, EAST ASIAN STUDIES CENTER, THE OHIO STATE UNIVERSITY

COLUMBUS，OH 43210 U.S.A.

汪　熙

1984 年 12 月 27 日

附件四

加强与加州大学(伯克利)的校际交流事

熙应邀往该校作学术报告时曾与该校中国研究中心主任高若思(JOYCE K. KALLGREN)教授及主管国际学术交流的卡赫尔(CAHILL)教授晤谈(附晤谈纪要—附件 A)

该校与我校已签订有关交流协议，但该校与北京大学交往较密切，关键问题在于该校对赴北京大学讲学或研究的教授肯照常支付在美薪金，故其国内收入不减少。但因限于资金，此一办法不能行之于来复旦的教授。其实北大所提供的宿食等条件，复旦也都是能办到的。

该校设有东亚研究所，下设中国、日本、东南亚研究中心，与我校国际政治系颇为对口，而且该所所长斯卡拉皮诺教授与中国研究中心主任高若思(KALLGREN)教授，均对与复旦加强交流关系具有热情。现我校陆谷声同志正在该校讲学研究。目前该所与上海国际问题研究所联系较密切，去年已提供教授级及研究生级名额两名。

建议：谢校长今年三月访问该校时，能否就两校在已签订的协议基础上进一步加强联系交换意见。

斯卡拉皮诺教授地址为：PROFESSOR ROBERT SCALAPINO INSTITUTE OF ASIAN STUDIES，460 STEPHENS HALL，UNIVERSITY OF CALIFORNIA，BERKELEY，CA 94720 U.S.A.

TEL：(415)642－2809

高若思教授地址为：PROFESSOR JOYCE K. KALLGREN，CENTER FOR CHINESE STUDIES，UNIVERSITY OF CALIFORNIA，BERKELEY，

CA 94720 U.S.A.

TEL:(415)642－6510

附件 A:与卡赫尔及高若思教授晤谈纪录(中英文本)

汪　熙

1984 年 12 月 27 日

附件五

密执安州立大学提供两名访问学者名额事

应邀访问密执安州立大学时，该校东亚研究中心主任华纳·科恩(WARREN COHEN)教授愿意向我校提供两名访问学者名额，其内容如下:(1)文科;(2)副教授以上;(3)时间半年或一年(自 1985 年 9 月开始)

科恩教授说，根据过去的经验，选派学者的英语一定要达到较高水平，俾能参加或主持讨论会(能听能讲)，必要时结合专业讲一两个专题，否则双方得益不多。希望我们尽快将遴选名单连同学术简历寄去，并要求我附加一封推荐信。

建议:校方尽快按上述条件遴选两名学者，连同学术简历及推荐信寄:

PROFESSOR WARAEN COHEN, ASIAN STUDIES CENTER, MICHIGAN STATE UNIVERSITY, EAST LANSING, MICHIGAN 48824 U.S.A.

汪　熙

1984 年 12 月 27 日

附件六

关于芝加哥大学远东图书馆建议与我校图书馆建立交流关系事

芝加哥大学远东图书馆是美国有名的图书馆，设备齐全(藏书丰富，管理电脑化)，该馆馆长 JAMES CHENG(郑炯文)为美籍华裔。对祖国极具热情，为芝大提拔的年轻馆长之一，表示很愿同我校图书馆加强联系，建立关系。郑有来信一封，对今后馆际交流提出初步的具体意见(附件 A)，并附来介绍图书馆的基本资料一袋(附件 B)。

按我校正在搞图书馆的基本建设，电脑管理是今后图书馆的发展方向。在当前设计施工时不能照老框框设计，似应预先考虑此点，留有将来发展电脑系统的余地。郑馆长及芝大图书馆的总馆长任克(MARTIN RUNKLE)均为这一方面专家，可提供很多有用的咨询意见。

建议：(1) 由我校有关部门函复郑炯文馆长，表示欢迎建立校际关系，盼其在二月访华经过上海时访问本校，可当面进一步商洽合作事宜。

(2) 由我校图书馆与华东师大图书馆陈馆长(陈誉)及上海图书馆学会联系，商议如何协调起来接待芝加哥大学图书馆总馆长任克先生并请其作报告事。(我们当然只能分担其在上海的一部分费用)，并通知任克先生。

(3) 请校领导将此件批转校图书馆有关同志，熙可再向校图书馆有关同志详细介绍情况，并面交本件附件之 B 袋材料。

附件 A：郑炯文馆长信(另存)

附件 B：有关图书馆材料(已送)

附件 C：任克先生履历(另存)

汪　熙

1984 年 12 月 27 日

附件七(略)

附件八

芝加哥大学何炳棣教授来访事

何炳棣教授为美国知名历史学家，著作丰硕、功力极深，有些著作可称为传世之作。现任芝加哥大学讲座教授，在美极负盛誉。何教授热爱祖国，在奥运会期间，每逢电视屏幕上升起五星红旗，必起立致敬。

何教授拟于今年(时间未定)来华作短期访问讲学，同时，拟：(1)回浙江金华探亲(有四十年未回故乡)；(2)到宁波天一阁阅看古籍藏书；(3)游览黄山一次。在上海时拟以复旦为居住基地(短期，约二周)，在江南地区进行上述活动。

建议：(1) 由本校相应部门或领导致函何炳棣教授，欢迎他访华时来复旦讲学(国际旅费及上海以外地区费用自理)。

(2) 在复旦讲学期间可住在复旦外宾招待所(何愿意费用自理，我校是否酌情招待，可请校领导决定)。

何炳棣教授通讯地址为：PROFESSOR PING—TI HO, DEPAPTMENT OF HISTORY, UNIVERSITY OF CHICAGO, CHICAGO, 60637 U.S.A.

汪　熙

1984 年 12 月 27 日

附件九

关于芝加哥大学 AKRIA IRIYE (入江昭)教授来访讲学事

入江昭教授是美籍日裔学者，哈佛大学博士，现任芝加哥大学历史系主任。入江昭教授是美国近代东亚关系史权威，著述甚丰，是美国学术界少数后起的“明星”(其他如布洛克林研究所的哈丁等)，是一个做学问而有较大发展潜力的人；也是这次芝加哥大学学术讨论会的主持人。

入江昭拟于 1985 年 9 月偕夫人(法国文学博士)访华，并将此次三国学者讨论会的学术论文带沪与复旦大学出版社商洽中文版的出版事项。此外还拟访问北京。

建议：(1) 由本校相应部门函入江昭教授，欢迎他访华在沪期间到复旦作学术报告并负担其在沪期间食宿费用(几天时间)。

(2) 到沪后可与复旦出版社商洽出版事宜(假使本校同意出版的话)。

入江昭教授通讯地址：PROFESSOR AKRIA IRIYE, DEPARTMENT

OF HISTORY, UNIVERSITY OF CNICAGO, CHICAGO, 60637 U.S.A.

汪　熙

1984 年 12 月 27 日

附件十

关于复旦同斯卡拉皮诺(SCALAPINO)教授合作召开中美经济关系学术讨论会事

斯教授为美国加州大学(伯克利)东亚研究所所长。是美国当前有影响的学者。1984 年斯教授集中美国一批知名学者筹组国际关系研究委员会,简称 CIRS(US COMMNITTEE FOR INTERNATIONAL RELATIONS STUDIES)。CIRS 与上海国际问题研究所联系较密切,曾挑选该所研究生赴美研究,并提供高级研究员进修一年基金。此外,还与该所在夏威夷举办过太平洋地区国际讨论会。

此次,熙应邀访问加州大学(伯克利)时,斯曾邀约在其家中作客,表示愿与复旦在以下几个方面合作:(1)选派资深教授赴美研究(研究生名额已满);(2)合作展开学术讨论会;(3)合作研究项目。

曾初步讨论 1986 年在上海与复旦合作筹办关于中美经济关系的国际讨论会:双方各自邀请中美学者十人左右(列席观察员数目可适当增加,但不宜太多);会期不超过五天(或更短一些);美方自负来去国际旅费,复旦负责上海期间美方学者食宿费用;会后出版论文集。

建议:(1) 谢校长三月访问加州大学(伯克利)时能否与斯会晤,进一步商谈会议学术合作问题。

(2) 斯教授将于五月参加与上海国际问题研究所联合召开的会议,可否就便请其到复旦作学术报告,并在上海再就 1986 年联合召开国际会议事进一步商谈。

斯教授通讯地址为:PROFESSOR ROBERT SCALAPINO, INSTITUTE

OF EAST ASIAN STUDIES，460 STEPHENS HALI，UNIVERSITY OF CALIFORNIA，BERKELEY，CA 94720 U.S.A.

TEL：(415)642-2809

汪　熙

1984 年 12 月 27 日

附件十一

关于捐赠显微胶卷事

熙此次在美购得康乃尔大学所藏司戴德（WILLARD STRAIGHT）及其夫人的档案显微胶卷六卷（约二百余美元）。司为 19 世纪末、20 世纪初美国实行金元外交时代表美国财阀（摩根、哈里曼）在中国的代理人，积极为美国资本侵入中国大肆活动，与湖广铁路有密切关系。司戴德档案包括其在华活动的书信、日记及与中美两国政府往来函件。档案价值极高，中国尚无图书馆有此收藏。现拟将所购司档显微胶卷全部赠送给复旦大学图书馆，以有助于研究教学工作。

建议：请校方指定本校图书馆负责此项工作的同志，熙将亲自将此项材料及目录和发票（供记录财产目录用）送交图书馆有关人员接收。

汪　熙

1984 年 12 月 27 日

1986—1987年访美总结报告

党委、校长：

熙1986年6月—1987年6月应密歇根州立大学(MICHIGAN STATE UNIVERSITY，以下简称MSU)亚洲研究中心邀请赴该校讲学研究一年。MSU地处密州首府东兰沁辛(EAST LANSING)，建校于1855年，距今已132年。现有14个学院，注册学生五万余人(全年学校经费开支美金五亿元，其中州政府拨款2.5亿元，其余经费来自基金与捐助)。全校占地5 263英亩(相当于3 200余华亩)，为全美校园最大，院系较完全的州立大学之一。学校管理尤著声誉，仅1986年我国家教委会就派了三个代表团赴该校了解大学管理的经验。

现将访问情况汇报如下：

一、讲学 在MSU定期讲授中国对外经济、中美经济关系、美国对外政策分析、中国经济改革、亚洲经济发展前景等系列专题课。此外，又应邀赴密歇根大学(安阿伯)、比诺特学院、俄亥俄大学、俄亥俄州立大学、马瑞特学院及哈佛大学费正清研究中心讲课。借此，也与美国各方学者进行了交流。

二、收集资料 熙现承担两个国家项目：一是国家教委的教材项目《国际贸易与国际经济合作概论》；另一个是博士点项目《中美关系史》。这两个项目均迫切需要在美收集资料。这次除了充分利用MSU图书馆收集资料外，还特别利用该馆的馆际互借制度向美国全国各图书馆借阅书籍及缩微胶卷。后又亲赴波士顿的哈佛图书馆及华盛顿的国家档案馆、国会图书馆与美国海军历史研究中心收集资料。特别是在美国海军历史研究中心收集到不少珍贵的第一手资料，对于了解美国外交政策的一个重要因素（美国海军扩张政策的影响）大有裨益。这个问题在过去中美关系研究中还是一个空白点。据说熙是该研究所成立以来，第一个利用该所资料的中国学人。这一年购买和复制了图书、显微胶卷332本，论文43篇。这些资料对完成上述两个项目及今后教学研究都有极大的帮助。

三、参加学术讨论会 1987年4月，全美亚洲研究学会（AAS）在波士顿举行年会。这是美国学术界一年一度的盛事。熙应该会邀请参加年会，并应邀参加一个讨论组，作为三位主题发言人之一。提交的论文将汇编出书。在参加AAS会议时，看到美国国际交流委员会展出的北大、南大及复旦三校的语言学习合作计划。现带回一本供参阅。（附件一）

四、进行校际交流工作

1. 与MSU国际学院院长SMUKLER多次晤谈。该校拟与复旦建立校际联系。该校校长拟于1989年初访问复旦，并拟邀请谢校长先行访美洽谈。按该校已与四川大学与西北大学建立姐妹学校关系，每年给四川大学奖学金20名（因四川省与密州结成姐妹省，其中一半奖学金由州政府拨款）。

2. 与MSU文学院长JOHN EADIE多次晤谈，EADIE院长建议与复旦建立合作关系，先从两方面开始：第一，与复旦合办一个"托福"训练中心；第二，与复旦建立联合培养博士生计划。EADIE院长将于今年10月份访问复旦，拟就这些合作项目与复旦具体磋商。EADIE院长曾托熙带信一封给谢校长（附件二）。此为原件，复制件已于七月初送呈谢校长。

3. 与MSU管理学院院长LEWIS多次晤谈。该院愿与我校管理学院建立合作关系。MSU管理学院在美颇负盛名。该院可能于1989年给复旦管理学院奖学金一名，培养旅馆与旅游专业人才。此事已转知郑绍濂同志。LEWIS院长将于今年底或明年初访问复旦，届时可具体洽谈。

4. 联系短期讲学。联系了下列较著名学者来复旦短期讲学。计有：a.哈佛大学PAUL COHEN教授。COHEN教授专攻历史，近年曾著《中国历史的发现》一书，分析美国学者对中国近代史的研究，鞭辟入里，名重一时，特请其于9月顺访复旦时讲学一周。b.MSU顾应昌（ANTHONY KOO，顾维钧之侄）教授。顾为MSU大牌教授，极具威望，每年均应北京体改委员会邀请来北京供咨询。8月底过沪，拟请顺访复旦，讲若干专题。c.俄亥俄大学SAMUEL CHU（朱昌峻）教授，系研究中日甲午战争及张謇之专家，九月应邀赴南京，参加有关张謇的讨论会，邀请顺访复旦，讲学一次。d.MSU经济系KREININ教授，系美国国际贸易学知名学者，所著国际贸易教科书已出第四版，颇负盛名。拟请于1988年下半年专访复旦，讲学一个月，介绍西方国际贸易与金融的最新理论。此事已与洪文达同志联系。e.MARIETTA COLLEGE的WEN-YU CHEN（陈文蔚教授），为该院第一位"资深杰出教授"，名载"美国名人录"，曾任美国劳工部咨询顾问，对宏观经济学有较深造诣。陈教授1988年5月将应邀赴武汉大学、四川财经学院讲学，顺访上海时拟邀请讲学四天。

五、建立图书馆联系 加州大学洛杉矶分校（以下简称UCLA）的东方图书馆素负盛名，近年来藏书与业务有直追伯克利分校之势。经与该馆馆长JAMES CHENG多次洽谈，极愿与我校图书馆建立交换关系。拟先从两校出版社的图书、杂志的交换开始，根据相互要求，逐步扩大交换范围，总以能互惠实利为原则。熙在征得复旦图书馆（焦宗德同志）同意后，已建议双方直接联系洽商具体办法。

六、筹备"中美经济关系——现状与前景"的学术讨论会 此会由复旦美国研究中心与美国学者联合召开。早在1985年即由谢校长与美国加州大学东亚研究所所长斯加拉皮诺教授就会议的规模、内容等确定了基本原则。熙在美一年，与斯教授多次函电往返洽商，并又在波士顿面谈，现已初步确定讨论题目、参加人数、会议时间（1988年3月28—31日）及会议地点（复旦大学）。并已经国家教委会批准。此会有大量准备工作，现正在积极筹备中。此次会议为较高层次的中美学者会聚一堂，专门讨论中美经济关系的学术讨论会，事属创举，收获必多。

七、赠书

1. 熙在美樽节之余，选购了有关研究美国的最近出版的新书20余本(平均每本约20余元)，捐赠给美国研究中心。

2. 由于美国学者与学术机构的热情赞助，初步获得一批赠书：a.在俄亥俄大学SAMUEL CHU教授热心协助下，为复旦美国研究中心征集到有用的二手图书约600册，并代为包装海运(运费由复旦自付)，现已安全到达我校。b.与MSU图书馆建立了长期赠书的联系。根据这一联系关系，只要我校指定所需要的图书类别，该馆愿将多余复本捐赠我校。熙曾经实践了这一渠道的可行性。今年四月受上海工商学院委托代为征集捐赠图书，当即自MSU复本部选出管理方面图书100余本(有的是1986、1987年出版的)，由该馆代为包装托运，运费则由上海工商学院支付，共约150美元(每磅美金0.55)。最近得通知，书已全部运抵上海。今后我校院系若有些需要，均可循此联系办理，既可得需用图书，又可节约不少外汇。(以上涉外活动均事先或事后与本校外事口联系，并将归口外办统一部署安排)。

八、与复旦学生的接触 在美期间，熙曾多次与过去的学生和同事接触。如世经系的魏尚进、俞炜、陆丁、刘丽丽；历史系的吴嘉静；美国研究中心的王建伟、林至敏(多次通长途电话)。他们的学习和生活都很好。还有管理学院的杨红军也有过接触。如魏尚进在宾州大学，上一学期每一门课都是A，吴嘉静在MSU历史系获得优秀助教奖。他们读书都很勤奋。当然，对祖国的政治局势也表示密切的关心。

在由美回沪经过香港时，遇见我以前的研究生王邦宪(现任香港大华有色金属出口公司进口部副经理)。据王说，有一位自称为复旦新闻系毕业的学生，在香港穷途潦倒，到处“打秋风”。香港复旦校友看不过去，凑款接济。他的行径近于招摇撞骗，有的校友受骗甚至达港币六万余元。现他已遁往澳洲，据说仍继续打着复旦校友招牌招摇。王邦宪建议复旦校友会清查此事，以免败坏校誉。详情可径函王邦宪查询(地址：香港湾仔港湾道26号，华润大厦4108—4110室，大华有色金属出口公司)

九、关于对外学术交流的意见 熙窃以为在对外开放与改革的总形势下，不但自然科学需要对外交流，社会科学也有此需要，以便有分析地吸收国外成果，来丰富和提高我国的学术水平。熙曾检视了 1984—1986 年中国学者（文科）受邀访学的情况，在这一期间，我国共有 26 个学术单位的 54 名学者受到邀请。其中：中国社会科学院 12 名（占 22%），北京大学 7 名（占 13%）。其他机构一般是 1—3 名（复旦为 2 名）。可以得出这样的结论，中国社会科学院比较积极利用这一交流渠道。在大学中，北大则对此机会比较积极加以利用。1981 年当鲁斯基金开始这一中国学者（文科）计划时，康乃尔大学与密州大学曾迭次邀请复旦学者，但均未能成行，遂使这一名额为中国社会科学院美国研究所得到。

谨汇报如上，请审查。

附件三件（略）

汪 熙

1987 年 8 月 21 日

1990—1991年访法、访美总结报告

熙于1990年1月16日应法国高等社会科学院(EHESS)邀请作关于中国近代化历史研究的系列演讲,历时一个月。此次讲座,据法方反映,“汪教授根据他对中国近代史的深刻理解及切身体验,就所考察的问题作了清晰而生动的论述”。(附白吉尔教授总结及译文)。

在法讲座告一段落后,又应美国“国际教育院”所属“国际关系研究委员会”邀请赴美研究一年。熙因国家教委指派的一项重点任务——《中美关系史,1784—1970》一书在写作中亟需收集美方第一手档案材料,征得校方领导同意,由法径赴美国。

在美一年(其中,1990年7月26日—9月22日因爱人患乳腺癌住院开刀,回沪护理两个月),其主要情况如下:

一、查阅收集教学研究所需材料　在美主要时间沉浸在国会图书馆(手稿部)、杜鲁门图书馆及海军历史研究中心图书馆,查阅有关中美关系史的第一手材料,收获是丰富的,如:发现了拉铁摩尔在抗日战争时期受命于罗斯福总统出任蒋介石政治顾问时的回忆录手稿;谢伟思的口述历史(500页);杜鲁门对华决策的内部会议记录,以及美国海军对美国在太平洋及亚洲政策的影响,等等。特别是在国会图书馆电脑中查索到自1861年(即120年前)起有关中美关系的论文索引及近十年来有关中美关系的新书目近600余条目。这些材料极有助于教学研究及编辑明年准备出版的《中美关系史百年书目》(中、英、日文条目)。各项收集到的材料已经复

制装载三箱海运回国。拟于用毕后，全部赠送给历史系资料室保藏，以供使用。

二、写作与编辑出版 此次访美期间在美国与中国写作、编辑出版了下列书籍及论文：

1. (英文)汪熙、霍尔登主编:《中美经济关系:现状与前景》。1990 年加州大学出版社出版。

2. (中文)同上。1990 年复旦大学出版社出版。

3. (英文)汪熙、杜恩主编:《中国经济改革:问题与前景》。1990 年芝加哥大学出版社出版。

4. (英文)汪熙:《对门户开放政策的一次考验:1934—1937 年,美国白银政策对东亚的影响》,载柯文,入江昭编《美、中、日对 1931—1949 年战时东亚的看法》。1990 年美国学术资源出版社出版。

5. (中文)汪熙主编:《国际贸易与国际经济合作》(国家教委重点项目)。1990 年复旦大学出版社出版。

6. (中文)汪熙、吴心伯:《司载德与美国对华"金元外交"》。载《复旦大学学报》1990 年第 6 期、1991 年第 1 期。

在美收集的一部分第一手资料有助于上述研究工作的完成(如 4、5、6 项等)。

三、筹组国际学术讨论会 在美期间与加州大学(伯克利)东亚研究所所长韦克曼(Frederic Wakeman)教授共同筹组明年(1992 年)5 月在复旦联合召开的中美学者关于"中国追求现代化的历史考察"的学术讨论会。该会将汇集中美第一流的历史学家,就会议的主题提出高质量的论文加以探讨。现中美双方邀请的学者及会议费用资金已基本商妥,正报请教委批准中。

四、接待前上海市长朱镕基在华盛顿的访问 1990 年 7 月 14 日朱镕基市长率团访问华盛顿。熙事先与美国复旦基金会联系,筹组安排了酒会接待朱镕基、汪道涵同志一行,与美国有关人士晤面,洽谈甚欢,有助于促进中美之间的了解。

五、争取研究美国学的奖学金名额 美国著名的三大学术团体之一“美国学术学会”(其他两个是:美国科学院,美国社会科学院),为推动美国学的研究曾分配给复旦奖学金名额一名。经与该会主席凯兹(Katz)教授(普林斯顿大学教授)洽商后,多给复旦奖学金名额两名,以供本校资深学者赴美进行美国学的研究(即研究美国的文化、社会、政治、经济、法律……)。

六、争取图书 经与“美国图书馆”联系,将最新出版的有关美国早期历史的图书共21卷海运中国,赠送给复旦的美国研究中心。已运出,将于今年6—7月间运抵复旦。

七、促进两岸交流 在美期间,一些原在台湾的老朋友、老同学,或相约晤面(如前台湾银行常董唐功楷),或专程自台湾来美访晤(如现任“中央日报”董事长、海基会委员楚崧秋)。睽别多年,把握甚欢,交换了促进两岸交流的意见。(关于此节另有专题报告向党委统战部汇报)。

八、指导博士生 在美期间对博士生鹿锡俊(现去日本)及吴心伯(现仍在校)博士论文的提纲及写作,通过书面及面谈(1990年7—9月曾返沪)均有详细指导或反复研讨,并代为收集有关书籍及材料,携回上海供参阅。对指导研究生工作并未停顿。

在美期间除与我国驻美大使馆经常保持联系外,未与其他官方与非官方的中、美组织联系往来。因研究工作紧迫,也未接受邀请作报告(如威斯康辛大学,马里兰大学,瑞奇蒙德大学等均曾专程邀请,皆因忙于工作,婉言谢绝)。

总括而言,在法、美讲学研究一年是有收获的。若非亲历美国收集第一手档案材料(这一次集中在20世纪初及40年代),很难完成国家教委托付的重点项目的科研工作。此行是成功的,收获是丰硕的,可以告慰于领导。

汪　熙

1991年5月14日

附件

白吉尔(M.C. Bergere)教授关于汪熙访法讲学总结(译文)

复旦大学的汪熙教授应法国高等社会科学院的邀请于 1990 年 1 月 17 日至 2 月 15 日访问巴黎。汪教授在访法期间作了三次系列演讲:两次在高等社会科学院现代中国研究所;一次在国立东方语学院。

三次演讲的题目是:

1. 晚清的中国现代化(英语,1 月 25 日)

2. 十九世纪末、二十世纪初中国的买办(英语,2 月 1 日)

Professor WANG Xi, from Fudan University, visited Paris from January 17th to February 15th 1990, at the invitation of the Ecole de Hautes Etudes en Sciences sociales (EHESS) where he was associate-Professor during his stay.

Pr. Wang Xi gave three lectures: two at the Center for Research and Documentation on Contemporary China of the EHESS (on January 25th and February 1st) and one at the Department of Chinese studies at the National Institute of Oriental Languages and Civilisations (on February 6th)

The topics of these lectures were:

1) Chinese modernization in the late imperial period (in English)

2) The Comprador in late 19th & early 20th century China (in English)

3) The problems of modernization in present-day China (as seen through historical previous experiences) (in Chinese)

In each of his lectures, Pr Wang Xi gave a clear and vivid account of the topic he was surveying. Drawing on his intimate knowledge of Chinese modern history and on his personal experience of Chinese politics he was a fascinating lecturer. He answered with great patience and humour numerous questions put on by audiences of young researchers and graduate students. His visit to our Center has been a very stimulating experience for all of us.

Marie Claire Bergère

Marie-Claire BERGÈRE, directeur d'Etude à l'Ecole des Hautes Etudes en Sciences Sociales, Professeur à l'Institut National des Langues Orientales

白吉尔教授关于汪熙访法讲学总结(原文)

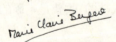

3. 从历史的经验看当代中国的现代化(汉语,2 月 6 日)

汪教授根据他对中国现代史的深切理解及切身体验,就所考察的问题作了清晰而生动的论述。他是一个很有吸引力的演讲人。他以极大的耐心和幽默感回答了年轻研究者及研究生所提出的问题,他的访问对我们中心全体人员都是一种激励。

白吉尔(M.C. Bergere)

高等社会科学院主任

国立东方语学院教授

1990 年 3 月 12 日

1991年访日总结报告

会议缘起

1969年曾在东京举行过一次日美学者联合召开的有关太平洋战争的讨论会。会后，分别在日本和美国出版了论文集，成为大学指定参考书，引起学术界的重视。事隔22年，国际形势又有很大的发展，在珍珠港袭击五十周年之际，日本再次召开太平洋战争的国际学术讨论会，除日、美学者以外，并扩大邀请了与太平洋战争有关的国家：中、英、俄、澳洲、新西兰、朝鲜学者参加讨论。会后，将分别在日、美出版论文集。

会议

会议由前一桥大学法学院院长，现日本国际大学教授细谷千博为首的组织委员会发函邀请，一切具体筹备、接待工作由日本国际文化会馆（私人机构）办理，全部会议在富士山下的阿玛内卡湖畔举行，共四天（11月14—17日）。正式与会者43人（计日本17，美国10，英国5，俄国3，中国2，德国2，菲律宾1，朝鲜1，澳洲1，新西兰1），提供论文29篇（有的是作为评论员参加，不提供论文）。会议相当坦率、争论较多之处，仍在于日本在太平洋战争中的责任问题。本人提供论文，题为“太平洋战争与中国”，运用了大量中、美、日资料（特别是日本资料）说明太平洋战争实际是日本侵略中国战争的延长。是日本在中日战争中陷于泥淖，力图挣脱此一困境而采取的饮鸩止渴的措施；也是日本军国主义者趁欧战之际，企图囊括东南亚，攫取重要战略物资（主要是石油）的一种战争冒险的侵略活动。论文阐述了中国的观点与立场，并根据史料分析了太平洋战争与中日战争的关系（这些都是过去论者所忽略的），受到与会学者的重视。

NBC的采访

会议进行的第三天，休息时，美国NBC电视台对本人作了专访（约5分钟）询问了由于太平洋战争联系到中日关系的前景的问题。本人答以在1972年日本前首相田中访华签署中日邦交正常化文件时，周总理曾对田中说"中日是两个伟大的民族"，并说明对中日关系采取向前看的态度。但"前事不忘，后事之师"（载1972年9月16日《人民日报》）。我们希望在互惠互利的基础上发展中日友好关系，但过去不幸的事，不应再发生。据告之这次采访将在12月8日珍珠港袭击50周年日在美国播出。（NBC电视台在会议期间对其他若干学者也进行了采访）

会后座谈

17日全体会议结束后，组委会又邀请了八位学者在国际文化会馆举行小型座谈会，请社会名流参加提问。八位学者中，计日本3人，美国2人，英国1人，中国1人，俄国1人。参加讨论会的社会名流，有日本政府官员（如首相办公室外事处主任，外务省文化处处长，外务省新闻处处长，海上自卫队指挥等）；驻日大使馆人员（如朝鲜驻日大使，美国驻日大使馆文化参赞，苏联驻日大使馆参赞等）；传播界（如日本NHK电视台，美国洛杉矶时报，基督教箴言报，华尔街日报，日本每日新闻，朝日新闻等），其他为各大学教授，各基金会人员，金融机构代表（如三和银行等），共约130余人。八位讨论者各发言10分钟，然后接受提问。我在发言中重申了周总理所说中日应友好，但"前事不忘，后事之师"的道理。在回答问题时，本人追述了日本前外相重光葵在他的回忆录中曾说在太平洋战争期间，日本军国主义者把在中途岛战役中的受挫及以后若干失利的海战战役的失败都向日本人民秘而不宣，重光葵说"这是一种脆弱的表现，不是强者的表现"。但是直到今天还有少数日本人否认南京大屠杀，认为这是"虚构"的，这实在令中国人震惊。假使如此铁一般的事实都能否认，那日本人还有什么事情干不出来。正如重光葵所说的这种向人民隐瞒事实，歪曲事实，不是强者的表现，是脆弱的表现。未来属于敢于面对事实的强者。“前事不忘，后事之师”，我们研究历史，不是在历史中寻找敌人，而是寻找“老师”，寻找经验、教训，使过去不幸的事不再发生，使我们的后一代生活得更美好一些。当时在座谈会上就有一名日本学者，一名美国学者（早稻田大学教授後藤乾一及美国哈佛大学教授入江昭）支持我的观点。会后在酒会上，国际文化会馆的负责人加藤韩雄请我把“前事不忘，后事之师”的汉语写在我的名片后给他保存，表示永志不忘。

与齐赫文斯基的谈话

齐氏是苏联科学院院士，苏联历史学会会长，也是这次应邀参加会议的学者，在会上发言不多，表现比较沉闷。在交谈中，我询问他对苏联形势前景的看法，他说，他不像两位与会的青年苏联学者，对前景持乐观态度，认为总会逐步恢复正常。他认为戈尔巴乔夫的一些顾问不是好参谋。我询问齐氏，叶利钦曾提出要调整俄罗斯的边界，他是如何看法（俄罗斯有大片领土与中国为毗邻边界）。齐氏说，调整边界是很复杂的问题，估计叶氏不过说说而已，这在苏联内部各加盟国之间也是很棘手的问题。至于国际边界，估计叶氏会持更谨慎的态度。

应邀赴鹿儿岛经济大学演讲

会前（11月10—12日）应鹿儿岛经济大学邀请，由东京赴该校作学术报告，参加者为教授及研究生，讲题为“中国的经济改革”。讲述了中国经济改革的发轫、过程及发展前景，以及经济改革时中国经济发展的重要性。根据负责接待的田尻利教授的来信，听众对报告的反映很好。

汪 熙

1991年11月28日

三、汪熙先生学术著述目录系年

傅德华 编

本“目录系年”以《复旦大学教职员著译书目》(文科分册)、《笃志集》、《切问集》,汪熙先生著的《求索集》(1999年版),以及他主编的“中美关系研究丛书”和“盛宣怀档案资料选辑”书后“目录”、包括亲属提供的“汪熙先生著述成果选留目录”等为基础,编就而成。编排顺序为先专著,再报纸、期刊,后为论文集,并以时间先后排列。疏漏及不当之处在所难免,恳请读者指教。(凡篇目左上角带“*”者表示此文已收入《求索集》1999年版)

1959年

*《有关1857—1859年印度民族起义的几个问题》,《历史研究》1959年第8期;见《求索集》,上海人民出版社1999年版,第481页

1963年

*《从轮船招商局看洋务派经济活动的历史作用》,《历史研究》1963年第2期;见《求索集》第23页

1976年

《从英美烟公司看帝国主义的经济侵略》,《历史研究》1976年第4期

《国外研究我国近代政治、经济史动态简况》,《历史研究》1976年第4期

1978年

《技术、资金、速度》,《解放日报》,1978年9月23日

1979 年

《辛亥革命以后》，陈旭麓、顾廷龙，汪熙主编，收入《盛宣怀档案资料选辑》第一辑，上海人民出版社 1979 年版；“盛宣怀档案资料”第三卷，上海人民出版社 2016 年新版

*《略论中美关系的几个问题》，《世界历史》1979 年第 3 期；见《求索集》第 233 页

*《从汉冶萍公司看旧中国引进外资的经验教训》，《复旦学报》1979 年第 6 期，见《求索集》第 118 页

1980 年

*《从赫德信函想到的一个呼吁》，《文汇报》1980 年 7 月 11 日；见《求索集》第 574 页

*《在非经济领域也要有点竞争》，《解放日报》1980 年 7 月 21 日；见《求索集》第 627 页

*《关于买办和买办制度》，《近代史研究》1980 年第 2 期；见《求索集》第 175 页

《美国密西根大学“中国文化研究所”》，《社会科学（上海）》1980 年第 6 期

1981 年

《湖北开采煤铁总局　荆门矿务总局》，陈旭麓、顾廷龙、汪熙主编，徐元基、季平子、武曦编，收入“盛宣怀档案资料选辑”第二辑，上海人民出版社 1981 年版；“盛宣怀档案资料”第五卷，上海人民出版社 2016 年新版

《英国经济的一些情况》，此文系应中国社会科学院许涤新院长，邀请参加“访英学术代表团”访问英国，返回后撰写的报告，《北京经济研究参考资料》1981 年 8 月 12 日

《英国保守党经济政策的评介》，《外国经济参考资料》1981 年第 6 期

1982 年

《甲午中日战争》，陈旭麓、顾廷龙、汪熙主编，季平子、齐国华编，收入“盛宣怀档案资料选辑”第三辑，上海人民出版社 1982 年版；“盛宣怀档案资料”第一卷，上海人民出版社 2016 年新版

*《论郑官应》，《历史研究》1982 年第 1 期；见《求索集》第 506 页

*《鸦片战争前的中美贸易》，此文与邹明德博士合写。《复旦学报》1982 年第 4、5 期，后收入《中美关系史论丛》，复旦大学出版社 1985 年版；见《求索集》第 293 页

1983 年

《帝国主义工业资本与中国农民》，陈翰笙著，陈绛译，汪熙校，复旦大学出版社 1983 年版

《英美烟公司在华企业资料汇编》（共四辑），参与整理编辑，中华书局 1983 年版

《关于上海开展补偿贸易的情况调查》，《世界经济文汇》1983 年第 1 期

《关于建立我国国际贸易学的几点意见》，《世界经济文汇》1983 年第 4 期

《一个国际托拉斯在中国的历史纪录——英美烟公司在华垄断活动剖析》，《复旦学报》1983 年第 5 期；原载陈翰笙著、陈绛译，汪熙校《帝国主义工业资本与中国农民》附录，复旦大学出版社 1985 年版，第 94—104 页；见《求索集》第 348 页

*《试论洋务派官督商办企业的性质与作用》，《历史研究》1983 年第 6 期；见《求索集》第 154 页

1984 年

《汉冶萍公司》，陈旭麓、顾廷龙、汪熙主编，朱子恩、朱金元、武曦编，收入“盛宣怀档案资料选辑”第四辑，上海人民出版社 1984 年出版《汉冶萍公司》（一），1986 年出版《汉冶萍公司》（二）；“盛宣怀档案资料”第四卷（一）

(二),上海人民出版社 2016 年新版

《美国的"思想库"》,《文汇报》1984 年 8 月 27 日

*《论徐润》,此文与王邦宪君合作。摘自戴逸、林言椒主编《清代人物传稿》下编,第 1 卷,第 356—360 页,辽宁人民出版社 1984 年版;见《求索集》第 538 页

*《史料·观点·构思·表达》,复旦大学历史系专题报告,谷玉记录整理,1984 年;见《求索集》第 623 页

《我国三十五年来的中美关系史研究》,与王邦宪合作。《复旦学报》1984 年第 5 期,收入《求索集》第 246 页时,标题改为*《回顾与前瞻新中国成立以来中美关系史的研究》

1985 年

《陈翰笙文集》,陈翰笙著,汪熙、杨小佛编,复旦大学出版社 1985 年版

*《一代宗师陈翰笙》,原载《陈瀚笙文集》,复旦大学出版社 1985 年版;见《求索集》第 543 页

《中美关系史论丛》,汪熙编,收入《中美关系研究丛书》第一辑,复旦大学出版社 1985 年版

*《读〈近代史思辨录〉》,《人民日报》1985 年 5 月 10 日;见《求索集》第 571 页

*《一个国际托拉斯在中国的历史记录——英美烟公司在华活动剖析》,陈翰生、陈绛译,汪熙校《帝国主义工业资本与中国农民》附录,复旦大学出版社 1985 年版,见《求索集》第 348 页

《关于上海劳务出口的情况调查》,《世界经济文汇》1985 年第 2 期

1986 年

*《从〈美国万花筒〉说起》,《解放日报》1986 年 2 月 2 日;见《求索集》第 614 页

1987 年

*《研究事物矛盾的两个方面》，选自《美国对中国的反应》（中译本）“主编前言”、复旦大学出版社 1987 年版；见《求索集》第 577 页

《贸易保护主义对中美经济关系的影响——中美纺织品贸易争端》，汪熙主编，王邦宪编著，收入《中美关系研究丛书》第二辑，复旦大学出版社 1987 年版

《美国外贸逆差缩减出现新势头》，《世界经济导报》1987 年 2 月 16 日

1988 年

《美国特使在中国》，汪熙主编，屠传德著，收入《中美关系研究丛书》第三辑，复旦大学出版社 1988 年版

《美国对中国的反应》，汪熙主编，（美）孔华润著，收入《中美关系研究丛书》第四辑，复旦大学出版社 1988 年版

*《林肯的一封家信》，《解放日报》1988 年 6 月 21 日；见《求索集》第 617 页

*《一台演砸了锅的戏》，摘自《美国特使在中国》（1945 年 12 月—1947 年 1 月）“前言”，复旦大学出版社 1988 年版；见《求索集》第 607 页

1989 年

《中美经济关系：现状与前景》，汪熙、（美）霍尔德编，收入《中美关系研究丛书》第五辑，复旦大学出版社 1989 年版

《中国行政权下放的问题》，芝加哥大学出版社 1989 年版

（1989 年(Wang Xi: The Problem of Decentralization in China, in J.A. Dorn and Wang Xi ed. Economic Reform in China. The University of Chicago Press, Chicago, U.S.A. 1989.)

《中美贸易问题：中国的观点》（与陈亚温合写），原载汪熙、（美）霍尔登主编：《中美经济关系：现状与前景》《中美关系研究丛书》第五辑，复旦大学

出版社 1989 年版

《考验与挑战：中美关系 1989—1999》，《解放日报》1989 年 1 月 13 日

《跨越四个时代的陈翰笙》，《世界经济导报》1989 年 2 月 6 日

1990 年

《国际贸易与国际经济合作》，汪熙主编，复旦大学出版社 1990 年版、2001 年版

《"门户开放"政策的一次考验——美国白银政策几其对东亚的影响（1934—1937 年）》，美国学术资料出版社 1990 年版；《复旦学报》1991 年第 1 期；见《求索集》第 390 页；本文于 1994 年获上海市 1986—1993 年哲学社会科学优秀成果论文三等奖；

Wang Xi：A Test of the Open Door Policy：America's Silver Policy and Its Effects on East Asia，1934—1937，in Akira Iriye and Warren Cohen ed. *American*，*Chinese*，*and Japanese Perspective on Wartime Asia*，*1931—1949*.（Wilming，Delaware，1990。张姗姗译，董幼娴校）

《美国国会与美国外交政策》，汪熙主编，收入《中美关系研究丛书》第六辑，复旦大学出版社 1990 年版

*《巴黎的小巷文化》，《联合时报》1990 年 4 月 20 日；见《求索集》第 631 页

*《巴黎的地铁》，《联合时报》1990 年 7 月 27 日；见《求索集》第 633 页

《司戴德与美国对外"金元外交"（上下）》，与吴心伯合写，《复旦学报》1990 年第 6 期、1991 年第 1 期

*《宾夕法尼亚大街的两端》，摘自《美国国会与美国外交决策》"主编前言"，复旦大学出版社 1990 年版；见《求索集》第 594 页

1991 年

《巨大的转变——美国与东亚（1931—1949）》，汪熙主编，（美）入江昭、

孔华润主编，收入《中美关系研究丛书》第七辑，复旦大学出版社 1991 年版

《重视中国美国学的信息建设》，《美国研究》1991 年第 2 期

1992 年

《院外集团与美国东亚政策：30 年代美国白银集团的活动》，汪熙主编，（美）迈克·罗素著，收入《中美关系研究丛书》第八辑，复旦大学出版社 1992 年 5 月版

*《论盛宣怀》，1992 年“洋务运动学术讨论会”发言提要；见《求索集》第 503 页

*《历史是一面镜子》，摘自《院外集团与美国东南亚政策》“主编前言”，复旦大学出版社 1992 年版；见《求索集》第 589 页

1993 年

《美国对华直接投资（1980—1991）》，汪熙主编，张任著，收入《中美关系研究丛书》第九辑，复旦大学出版社 1993 年 4 月版

《中美特殊关系的形成——1914 年前的美国与中国（1784—1914）》，汪熙主编，（美）韩德著，收入《中美关系研究丛书》第十辑，复旦大学出版社 1993 年版

《中美关系史上的一次曲折——从巴黎和会到华盛顿会议》，汪熙主编，项立岭著，收入《中美关系研究丛书》第十一辑，复旦大学出版社 1993 年版

*《研究中国近代史的取向问题——外因、内因或内外因结合》，《历史研究》，1993 年第 5 期；见《求索集》第 3 页，收入 Approaches to the Study of Modern Chinese History: External Versus Internal Causations, in F. Wakeman Jr. and Wang Xi, ed. China's. Quest for Modernization—A Historical Perspective. University of California. U.S.A. 1997；《笃志集》，复旦大学出版社 2000 年版，第 204 页

*《形成有中国特色的国际贸易与国际经济合作理论》，本文是为国家教

委教材《国际贸易与国际经济合作概论》所作的“前言”。原载复旦大学出版社 1993 年再版本;见《求索集》第 555 页

*《“以夷制夷”失灵了》,摘自《中美关系史上的一次曲折——从巴黎和会到华盛顿会议》“主编前言”,复旦大学出版社 1993 年版;见《求索集》第 601 页

*《值得探索的“特殊关系”》,摘自《一种特殊关系的形成——1914 年前美国与中国》(中译本)“主编前言”,复旦大学出版社 1993 年版;见《求索集》第 586 页

《太平洋战争与中国》,此文系应日方邀出席“太平洋战争 50 周年”学术讨论撰写的论文,载《太平洋战争》,东京大学 1993 年版。后收入中华美国学会丛书《战争与和平》论文集,中国社会科学院出版社 1996 年版;见《求索集》第 438 页

《21 世纪的中国》,应韩国学者邀请参加“二十一世纪的亚洲”学术讨论会撰写的论文,载《二十一世纪的亚洲》,韩国建国大学 1993 年版

1994 年

《中国现代化问题——一个多方位的历史探索》,汪熙、(美)魏斐德编,收入《中美关系研究丛书》第十二辑,复旦大学出版社 1994 年版

《中国经济改革:问题和前景》,汪熙、(美)杜恩编,收入《中美关系研究丛书》第十三辑,复旦大学出版社 1994 年版

*《离开了空间与时间的经营就是“隔靴搔痒”》,原载汪熙、(美)杜恩主编:《中国经济改革:问题与前景》,复旦大学出版社 1994 年版,第 184—189 页;见《求索集》第 560 页

*《经济上和学术上的“闭关自守”都不是好办法》,摘自《中国经济改革:问题与前景》“主编前言”,复旦大学出版社 1994 年版;见《求索集》第 619 页

1995 年

《国际商务谈判》，汪熙、李慈雄等主编，(美)弗兰克·L.阿库夫著，刘永涛译，谢毅校，收入“美国管理协会丛书”第一辑，上海人民出版社 1995 年版

《产品竞争的优势：质量·功能而发展》，汪熙、李慈雄等主编，(美)劳伦斯·R.奎特，南希·C.波蕾兹拉著，夏善晨、陈海晶、谢根华译，夏善晨校，收入“美国管理协会丛书”第一辑，上海人民出版社 1995 年版

《降低成本指南——企业经理提高利润之道》，汪熙、李慈雄等主编，(美)小哈里·菲吉著，姜云龙译，罗茂生校，收入“美国管理协会丛书”第一辑，上海人民出版社 1995 年版

《推销妙语 300 句》，汪熙、李慈雄等主编，(美)特里·加姆布尔、(美)迈克尔·加姆布尔著，周仲良译，收入“美国管理协会丛书”第一辑，上海人民出版社 1995 年版

《销售秘诀——调动顾客的购买需求》，汪熙、李慈雄等主编，(美)加里·米切尔著，章汝荣、王晶、王根华，会立平译，收入“美国管理协会丛书”第一辑，上海人民出版社 1995 年版

《怎样当好项目经理》，汪熙、李慈雄等主编，(美)琼·努特森、(美)艾拉·比茨著，黄志强、张小眉译，收入“美国管理协会丛书”第一辑，上海人民出版社 1995 年版

《适时管理与人》，汪熙、李慈雄等主编，(美)沙琳·亚黛尔、(美)希莱著，郭镜明、郭宇锋译，周仲良校，收入“美国管理协会丛书”第一辑，上海人民出版社 1995 年版

《企业协作的策略——企业小组的高效运作》，汪熙、李慈雄等主编，(美)哈林顿·麦金著，谢毅译，收入“美国管理协会丛书”第一辑，上海人民出版社 1995 年版

《永远留住顾客——最富成效的经营策略》，汪熙、李慈雄等主编，(美)琼·库勒·坎尼、唐纳德·卡普林著，奚红妹译，谢毅校，收入“美国管理协会丛书”第一辑，上海人民出版社 1995 年版

《职业生活处事要则》，汪熙、李慈雄等主编，(美)迈克尔·C.托马塞特著，赖月珍译，袁履庄校，收入“美国管理协会丛书”第一辑，上海人民出版社1995年版

*《人才！人才！中国保险业呼唤人才》，《新闻报》1995年5月29日；见《求索集》第566页

*《美援的背后》，原载任东来著《争吵不休的伙伴——美援与中美抗日同盟》一书序言，广西师范大学出版社1995年版；见《求索集》第605页

《回顾与展望：1979—1993年我国中美关系史研究》(此文与王立诚博士合作)，原载资中筠、陶文钊主编：《架起理解的桥梁——中美关系史研究回顾与展望》，安徽大学出版社1996年版

1996年

《蒋介石的美国顾问——欧文·拉铁摩尔回忆录》，汪熙主编，(日)矶野富士子整理，收入“中美关系研究丛书”第十四辑，复旦大学出版社1996年版

《中国人的美国观——一个历史的考察》，汪熙主编，杨玉圣著，收入《中美关系研究丛书》第十五辑，复旦大学出版社1996年版

*《太平洋战争与中国》，原载细谷千博、本间长世、入江昭、波多野澄雄编：《太平洋战争》，东京大学出版社1993年版；后收入“中华美国学会丛书”《战争与和平》论文集，中国社会科学院1996年版；见《求索集》第438页

《析美国对华直接投资(1989—1994)》，与张耀辉合写，《复旦学报(社会科学版)》1996年第2期

*《回顾与展望：1979—1993年我国中美关系史研究》，此文与王立诚博士合作。安徽大学出版社1996年版；见《求索集》第255页

*《中美经济关系研究述评》，此文与王立诚博士合作。原载资中筠、陶文钊主编：《架起理解的新桥梁——中美关系史研究回顾与展望》，安徽大学出版社1996年版；见《求索集》第270页

*《美国有个麦卡锡》，摘自《蒋介石的美国顾问——欧文·拉铁摩尔回

忆录》中译本“主编前言”，复旦大学出版社1996年版；见《求索集》第609页

1997年

《金元外交与列强在中国(1909—1913)》，汪熙主编，吴心伯著，收入“中美关系研究丛书”第十六辑，复旦大学出版社1997年版

《市场经济与中国农业：问题与前景》，汪熙、(美)段志煌主编，收入“中美关系研究丛书”第十七辑，复旦大学出版社1997年版

《把握时间做好经理》，汪熙、李慈雄等主编，(美)露丝·克雷恩著，刘永涛译，谢毅校，收入“美国管理协会丛书”第二辑，上海人民出版社1997年版

《一个小企业主的日记》，汪熙、李慈雄等主编，(美)安妮塔·F.巴拉提纳著，张小眉、黄志强译，收入“美国管理协会丛书”第二辑，上海人民出版社1997年版

《与难相处的人共事》，汪熙、李慈雄等主编，(美)威廉·伦丁、(美)凯瑟琳·伦丁著，周仲良译，邬性宏校，收入“美国管理协会丛书”第二辑，上海人民出版社1997年版

《领导能力的9项自然法则》，汪熙、李慈雄等主编，(美)沃伦·布兰克著，夏善晨、谢根生、罗茂生译，罗茂生校，收入“美国管理协会丛书”第二辑，上海人民出版社1997年版

《创建和维护企业良好的声誉》，汪熙、李慈雄等主编，(美)戴维斯·扬著，赖月珍译，袁履庄校，收入“美国管理协会丛书”第二辑，上海人民出版社1997年版

《让员工热爱你的公司》，汪熙、李慈雄等主编，(美)杰姆·哈里斯著，徐曼倩译，孙丕晋校，收入“美国管理协会丛书”第二辑，上海人民出版社1997年版

《成功之路》，汪熙、李慈雄等主编，(美)理查德·孔斯著，章汝荣、宋涛译，收入“美国管理协会丛书”第二辑，上海人民出版社1997年版

《如何对付工作和生活中的压力》，汪熙、李慈雄等主编，(美)约翰·纽

曼著，谢毅译，收入“美国管理协会丛书”第二辑，上海人民出版社 1997 年版

《第一次当经理》，汪熙、李慈雄等主编，(美)劳伦·皮·培葛尔著，徐曼倩译，收入“美国管理协会丛书”第二辑，上海人民出版社 1997 年版

《经济助理与秘书手册》，汪熙、李慈雄等主编，(美)劳伦·皮·培葛尔著，徐曼倩译，收入“美国管理协会丛书”第二辑，上海人民出版社 1997 年版

*《论晚清的官督商办》，《历史学》1979 年第 1 期；见《求索集》第 69 页；本文于 1986 年获 1979—1985 年上海市哲学社会科学优秀成果优秀论文奖

*《能看清楚点吗》，摘自《美国对中国的反应》“主编前言”，复旦大学出版社 1997 年版；见《求索集》第 583 页

*《美国也有不称心的时候》，摘自《金元外交与列强在中国 1903—1913》“主编前言”，复旦大学出版社 1997 年版；见《求索集》第 598 页

1998 年

《企业文化：排除企业成功的潜在障害》，汪熙、李慈雄等主编，(美)杰克琳·谢瑞顿、(美)詹姆斯·L.斯特恩著，赖月珍译，张震校，收入“美国管理协会丛书”第三辑，上海人民出版社 1998 年版

《培训人才八步法——风格与人际关系》，汪熙、李慈雄等主编，(美)汤姆·W.戈特著，郭宇锋、韩镜明译，胡怡舫校，收入“美国管理协会丛书”第三辑，上海人民出版社 1998 年版

《处事风格与人际关系》，汪熙、李慈雄等主编，(美)罗伯特·博尔顿、(美)多萝西·博尔顿著，周仲良译，收入“美国管理协会丛书”第三辑，上海人民出版社 1998 年版

《顾客是总裁》，汪熙、李慈雄等主编，(美)福勒·麦斯尼克著，罗汉、陈燕玲译，邬性宏校，收入“美国管理协会丛书”第三辑，上海人民出版社 1998 年版

《管理员工的诀窍》，汪熙、李慈雄等主编，(美)帕特里西娅·J.阿迪苏著，黄志强译，张小眉校，收入“美国管理协会丛书”第三辑，上海人民出版社

1998 年版

《绩优公司的最佳做法》，汪熙、李慈雄等主编，(美)杰克·费茨-恩兹著，孟俭译，收入“美国管理协会丛书”第三辑，上海人民出版社 1998 年版

《市场营销——攻心为上》，汪熙、李慈雄等主编，(美)巴里·费格著，王国新译，孙丕晋校，收入“美国管理协会丛书”第三辑，上海人民出版社 1998 年版

《说服对方就是成功》，汪熙、李慈雄等主编，(美)诺伯特·奥布琼著，袁履庄译，尤志文校，收入“美国管理协会丛书”第三辑，上海人民出版社 1998 年版

《塑造引人注目的个人形象》，汪熙、李慈雄等主编，(美)斯蒂芬·G.舍曼著，谢毅译，刘永涛校，收入“美国管理协会丛书”第三辑，上海人民出版社 1998 年版

《销售谈判技巧》，汪熙、李慈雄等主编，(美)罗伯特·E.凯拉著，张耀辉、尤志文译，尤志文校，收入“美国管理协会丛书”第三辑，上海人民出版社 1998 年版

1999 年

《中国知识分子的美国观(1943—1953)》，汪熙主编，张济顺著，收入《中美关系研究丛书》第十八辑，复旦大学出版社 1999 年 4 月版

《鉴往知来——百年来中美经济关系的回顾与展望》，汪熙主编，顾云深、石源华、金光耀编，收入“中美关系研究丛书”第十九辑，复旦大学出版社 1999 年 10 月版

《计算机定时炸弹——如何对付“千年虫”》，汪熙、(美)乔治·韦泽斯比、李慈雄等主编，(美)敏达·泽特琳著，邱忠东译，张震校，收入《美国管理协会丛书》第四辑，上海人民出版社 1999 年版

《精干型企业》，汪熙、李慈雄等主编，(美)丹·迪芒塞斯库、(美)彼得·海因斯、(美)尼克·里奇著，罗汉译，邬性宏校，收入“美国管理协会丛书”第

四辑，上海人民出版社 1999 年版

《领地争夺游戏——理解并终止工作中的地盘之争》，汪熙、李慈雄等主编，(美)安妮特·西蒙斯著，刘春发译，尤志文校，收入“美国管理协会丛书”第四辑，上海人民出版社 1999 年版

《一切都可谈判》，汪熙、李慈雄等主编，(美)埃里克·Wm·斯科皮克、(美)拉里·S.凯利著，谢毅译，刘永涛校，收入“美国管理协会丛书”第四辑，上海人民出版社 1999 年版

《推销员成功之道》，汪熙、李慈雄等主编，(美)乔什·戈登著，宋小岐译，周仲良校，收入“美国管理协会丛书”第四辑，上海人民出版社 1999 年版

《圆满完成项目要诀》，汪熙、李慈雄等主编，(美)保罗·B.威廉斯著，袁履庄译，尤志文校，收入“美国管理协会丛书”第四辑，上海人民出版社 1999 年版

《逆向思维：释放你潜在的创造力》，汪熙、李慈雄等主编，(美)德姆·巴雷特著，刘永涛译，谢毅校，收入“美国管理协会丛书”第四辑，上海人民出版社 1999 年版

《质量测定与高效运作——美国最佳公司的成功经验》，汪熙、李慈雄等主编，(美)理查·M.霍德盖茨著，黄志强、张小眉译，黄志强校，收入“美国管理协会丛书”第四辑，上海人民出版社 1999 年版

《招聘面试中的 96 个关键问题》，汪熙、李慈雄等主编，(美)保罗·法尔科恩著，孟俭译，罗汉校，收入“美国管理协会丛书”第四辑，上海人民出版社 1999 年版

《情感：潜在的动力》，汪熙、李慈雄等主编，(美)费恩·拉尔斯顿著，曹珍芬译，蔚文林校，收入“美国管理协会丛书”第四辑，上海人民出版社 1999 年版

*《一个立体研究的尝试》，见《求索集》第 580 页

《中美贸易的历史、现状和前景》(与胡涵钧合写)，原载顾云深、石源华、金光耀主编：《鉴往知来——百年来中美经济关系的回顾与前瞻》(“中美关

系研究丛书”第19辑)，复旦大学出版社1999年版

2000年

《中国通商银行》，陈旭麓、顾廷龙、汪熙主编，谢俊美编，收入《盛宣怀档案资料选辑》第五辑，上海人民出版社2000年版；“盛宣怀档案资料”第六卷，上海人民出版社2016年新版

《艰难的抉择——美国在承认中国问题上的争论》，汪熙主编，(美)唐耐心著，收入《中美关系研究丛书》第二十辑，复旦大学出版社2000年9月版

《保险与市场经济》，汪熙、李浩主编，复旦大学出版社2000年版

《当好优秀经理》，汪熙、李慈雄等主编，(美)弗洛伦斯·M.斯通、(美)兰迪·T.萨奇斯著，费鹤年、徐曼倩译，张震校，收入“美国管理协会丛书”第五辑，上海人民出版社2000年版

《不用惩罚手段的纪律——变不良雇员为优秀员工的有效策略》，汪熙、李慈雄等主编，(美)迪克·格罗特著，黄志强译，张小眉校，收入“美国管理协会丛书”第五辑，上海人民出版社2000年版

《企业权力的学问》，汪熙、李慈雄等主编，(美)詹姆斯·卢卡斯著，刘永涛译，华颖校，收入“美国管理协会丛书”第五辑，上海人民出版社2000年版

《电话促销——行之有效的客户开发术》，汪熙、李慈雄等主编，(美)保罗·戈尔登著，陈永辉译，赖月珍校，收入“美国管理协会丛书”第五辑，上海人民出版社2000年版

《个人魅力》，汪熙、李慈雄等主编，(美)安德鲁·杜布林著，尤志文、陶友兰、刘春发译，尤志文校，收入“美国管理协会丛书”第五辑，上海人民出版社2000年版

《企业称雄的法宝：技术战略企业权力的学问》，汪熙、李慈雄等主编，(美)麦克·赫鲁比著，宋小岐译，周仲良校，收入“美国管理协会丛书”第五辑，上海人民出版社2000年版

《创建技术品牌》，汪熙、李慈雄等主编，(美)查克·佩蒂斯著，成良译，

华颖校，收入“美国管理协会丛书”第五辑，上海人民出版社 2000 年版

《敢为人先——25 个著名企业的故事》，汪熙、李慈雄等主编，(美)大卫·博利埃著，罗汉译，袁履庄校，收入“美国管理协会丛书”第五辑，上海人民出版社 2000 年版

《领导的科学与艺术——培养有效领导必需的技巧与个人品质》，汪熙、李慈雄等主编，(美)老诺曼·弗里根、(美)小哈里·杰克逊著，肖忠华译，收入“美国管理协会丛书”第五辑，上海人民出版社 2000 年版

《破除企业管理定势》，汪熙、李慈雄等主编，(美)唐纳·米歇尔、(美)卡罗尔·科尔、(美)罗伯特·梅兹著，赖月珍译，收入“美国管理协会丛书”第五辑，上海人民出版社 2000 年版

《美国在承认中国的艰难决策·序》，复旦大学 2000 年

2001 年

《上海机器织布局》，陈旭麓、顾廷龙、汪熙主编，陈梅龙编，收入“盛宣怀档案资料选辑”第六辑，上海人民出版社 2001 年版；“盛宣怀档案资料”第七卷，上海人民出版社 2016 年新版

《义和团运动》，陈旭麓、顾廷龙、汪熙主编，季平子、傅德华、吴民贵、陈宗海编，收入“盛宣怀档案资料选辑”第七辑，上海人民出版社 2001 年版；“盛宣怀档案资料”第二卷，上海人民出版社 2016 年新版

《美国文化渗透与近代中国教育——沪江大学的历史》，汪熙主编，王立诚著，收入“中美关系研究丛书”第二十一辑，复旦大学出版社 2001 年 7 月版

《28 天赢得新客户》，汪熙、李慈雄等主编，(美)CJ.海顿著，金邵潮译，收入“美国管理协会丛书”第六辑，上海人民出版社 2001 年版

《你想谈成更多买卖吗》，汪熙、李慈雄等主编，(美)迈克·斯图尔特著，袁履庄译，收入“美国管理协会丛书”第六辑，上海人民出版社 2001 年版

《磋商销售——高层次、高利润的双赢销售法》，汪熙、李慈雄等主编，(美)马克·汉南著，赖月珍译，收入“美国管理协会丛书”第六辑，上海人民

出版社 2001 年版

《成功面试的技巧——如何获得称心的工作》，汪熙、李慈雄等主编，(美)约翰·D.德雷克著，黄嘉宇译，收入"美国管理协会丛书"第六辑，上海人民出版社 2001 年版

《有效管理的四大要素——选聘、指导、评估、奖励》，汪熙、李慈雄等主编，(美)唐·R.马歇尔著，陈永辉译，收入"美国管理协会丛书"第六辑，上海人民出版社 2001 年版

《重点客户管理》，汪熙、李慈雄等主编，(美)泰瑞·R.贝肯著、黄嘉宇译，收入"美国管理协会丛书"第七辑，上海人民出版社 2001 年版

《曝光：利用传媒塑造企业形象》，汪熙、李慈雄等主编，(美)泰瑞·R.贝肯著、黄嘉宇译，收入"美国管理协会丛书"第七辑，上海人民出版社 2001 年版

《完成成长手册——用自我管理掌握你的人生和工作》，汪熙、李慈雄等主编，(美)泰瑞·R.贝肯著、黄嘉宇译，收入"美国管理协会丛书"第七辑，上海人民出版社 2001 年版

《打造顶级品牌：定位与策略》，汪熙、李慈雄等主编，(美)泰瑞·R.贝肯著、黄嘉宇译，收入"美国管理协会丛书"第七辑，上海人民出版社 2001 年版

《如何购买信息技术》，汪熙、李慈雄等主编，(美)泰瑞·R.贝肯著、黄嘉宇译，收入"美国管理协会丛书"第七辑，上海人民出版社 2001 年版

《美国教会在中国办理大学的反复与曲折·序》，复旦大学 2001 年版

2002 年

《轮船招商局》，陈旭麓、顾廷龙、汪熙主编，汪熙、陈绛编，收入"盛宣怀档案资料选辑"第八辑，上海人民出版社 2002 年版；"盛宣怀档案资料"第八卷，上海人民出版社 2016 年新版

《当代中国贸易(1972—2001)》，汪熙主编，胡涵钧著，收入"中美关系研究丛书"第二十二辑，复旦大学出版社 2002 年版

2003 年

《说服的艺术》，汪熙、李慈雄等主编，（美）哈利·米尔斯著，黄志强译，收入“美国管理协会丛书”第八辑，上海人民出版社 2003 年版

《代理商的销售》，汪熙、李慈雄等主编，（美）哈罗德·J.诺维克著，黄嘉宇译，收入“美国管理协会丛书”第八辑，上海人民出版社 2003 年版

《人力资本的投资回报》，汪熙、李慈雄等主编，（美）雅克·菲兹-恩兹著，尤以丁译，收入“美国管理协会丛书”第八辑，上海人民出版社 2003 年版

《革命性经验：天生领导人的 108 项技能》，汪熙、李慈雄等主编，（美）爱德华·布兰克著，袁履庄，赖月珍译，收入“美国管理协会丛书”第八辑，上海人民出版社 2003 年版

《命名强力品牌》，汪熙、李慈雄等主编，（美）弗兰克·德拉诺著，陈永辉译，收入“美国管理协会丛书”第八辑，上海人民出版社 2003 年版

《在当前时代中的中美关系·序》，复旦大学 2003 年版

2004 年

《汉冶萍公司》（三），陈旭麓、顾廷龙、汪熙主编，朱子恩、朱金元、武曦编，收入“盛宣怀档案资料选辑”第四辑，上海人民出版社 2004 年版；“盛宣怀档案资料”第四卷（三），上海人民出版社 2016 年新版

2005 年

《150 年中美关系史论著目录》（中、英文），汪熙、（日）田尻利主编，傅德华副主编，收入“中美关系研究丛书”第二十三辑，复旦大学出版社 2005 年 5 月版

《漫漫长路　上下求索——“中美关系研究丛书”20 年》，《社会科学论坛》，2005 年第 6 期

2007 年

《约翰公司：英国东印度公司》，上海人民出版社 2007 年版

《良师益友(汪道涵)》,收入《老先生》,香港世纪出版有限公司,2007年版,第137—140页

2009年

《朴斋晚清经济文稿·序》,见徐元基著《朴斋晚清经济文稿》,河南大学出版社2009年版

2010年

《"帕奈号"(Panay)事件》,《学术界》2010年第8期

2011年

《中国的不平等条约:国耻与民族历史叙述》,汪熙主编,王栋著,王栋、龚志伟译,收入《中美关系研究丛书》第二十四辑,复旦大学出版社2011年版

2012年

《南海! 南海!》,《学术界》2012年第4期

2013年

《美国海军与中美关系》,汪熙、秦岭、顾宁编著,收入"中美关系研究丛书"第二十五辑,复旦大学出版社2013年版

后　记

在本书的资料搜集与编辑整理过程中，汪熙先生的儿女汪松、汪楠全力协助配合，外孙女贾琳提供了帮助。复旦大学图书馆的陈永英、纪文兴、刘鸿庆老师，复旦大学历史系资料室于翠艳、李春博老师，中国社会科学院美国研究所赵梅、魏红霞研究员，也都在资料搜集过程中给予了热情细致的帮助。我们谨在此向所有帮助过我们的汪熙先生的亲友和同事们表示衷心的感谢！

编　者

2017 年 12 月 5 日

图书在版编目(CIP)数据

求索集/汪熙著;贾浩,傅德华编.—修订本.
—上海:上海人民出版社,2017
ISBN 978-7-208-14921-2

Ⅰ.①求… Ⅱ.①汪… ②贾… ③傅… Ⅲ.①经济学
-文集 Ⅳ.①F0-53

中国版本图书馆CIP数据核字(2017)第302179号

责任编辑 张晓玲
装帧设计 范昊如 李疑飘

求索集(修订版)
汪熙 著 贾浩 傅德华 编
世 纪 出 版 集 团
上海人民出版社出版
(200001 上海福建中路193号 www.ewen.co)
世纪出版集团发行中心发行 常熟市新骅印刷有限公司印刷
开本 720×1000 1/16 印张 31.5 插页 6 字数 426,000
2017年12月第1版 2017年12月第1次印刷
ISBN 978-7-208-14921-2/K·2705
定价 98.00元